曹林 著

时评中国3
——用温和的坚定抗拒冷漠——

北京大学出版社

目 录

自 序　世界越充满不确定，越考验评论的正直与良知 1

第一辑　抗疫观察

> 2020，就这样被疫情占据。这些评论，与其说是观察和评论，不如说是对一段正在进行中的历史的记录。我不是作为一个冷静的旁观者在评论，而是作为一个经历者，一起经历了初期的恐惧、焦虑、悲情、壮烈，经历了那个全民为一个人守夜的深夜，经历了全民情绪碾过一个个"假想敌"的悲愤，经历了种种议题中的撕裂，经历了热泪盈眶和众志成城。疫情不断在变化，刷新着人们的认知，也推翻、修正和重构着之前的判断。那时的事实没有变，但今天的视角在变化，时光之流中的我们在变化，所以看那时的评论可能会产生恍惚和错置之感。我没有修改那些文字，因为，每一个字，都是那种情境下真实和真诚的你我，把这些带着历史体温的文字一并打包给你。

- 时评这样写　把握大事件的舆论水温 3
- 建议铁路民航取消退票费为防疫做贡献 5
- 请别用"封城"的说法：城外听着安全，城里听着不安 7
- 请停止挖路和泄露隐私，别以违法之毒攻肺炎之毒 9
- 盲目要求员工提前返岗有违法律和专业 12

响应"最高法"公众号为8人正名,拔掉人心中这根刺 15

愿红十字会能读懂公众骂声中有劲使不上的痛感 17

别骂抢双黄连的人,他们是疫情迷信链的受害者 20

各地拼命吹自己,反让人对防控不太放心 23

发现近来盛传的众多谣言有几个共同点 26

不是欠不欠理,大理就是抢劫 29

这一页是翻不过去的,没有道歉的纪念很苍白 31

如果那是谣言,这十多天人们造过多少谣 33

没有疫情教育的"停课不停学"不如不学 36

我不觉得喊"武汉加油"是没文化的表现 40

不办几个"高级黑"刹不住过度防控的妖风 43

那段"汉骂"你们听得想笑,但我听了想哭 46

"狠人狠话"中拼命的武汉,让人看到希望 49

信不信,"逼捐"的多是那种自己分文不掏的人 52

如何理解钟南山说"疫情不一定发源在中国" 55

不配合记者的张文宏,是对新闻的最好尊重 58

武汉人的刚,刚得气壮山河 61

保护老实人张文宏,别让他招惹敌意 64

读懂民意的水温才不会被烫着 67

间歇性疯癫骚动,都是特效药思维给害的 69

医护集体放弃申领补助?应像强制休息一样"强制"发放 72

全民为湖北下单带货的样子真暖 75

要专业的张文宏,也要"出圈"的张文宏 78

别忘了,媒体报道决定了疫情记忆方式 81

第二辑　不同观点

> 在评论教学的过程中，我一直跟学生强调，当你在下笔评论的时候一定要明白，你的读者不是脑子里一片空白，等着你的观点去填充，读者是有观点和判断的，你的观点是跟他的观点进行对话。你的观点价值在于"不同"，而不是跟他相同。评论不是真理对谬误的批判，而是合理性与合理性的对话、碰撞和补充。当评论能提供一种有合理性的不同角度时，才能成为一块有价值的拼图。我在评论实践中，也致力于提供一种不同视角，与多元视角对话，在时事观察上做出我的知识贡献。读者可能会忘记我的观点，但也许能记住我在很多问题上独到的视角。

- 时评这样写　在别人停止思考的地方多思考五分钟 ……… 87

很多地方开始尝到舆论监督凋零的苦果 ……… 91

请允许我的正能量跟你的不一样 ……… 99

面对说不了话的孩子遗体，看你们想如何制造反转 ……… 103

对不起，我反对给一线医护子女加分 ……… 106

再请停止加分，别拿公平当人情，别慷教育之慨 ……… 109

愿倾尽所能致谢医护，但请不要"逼捐"我们的公平 ……… 112

当英雄是自己的事，请把医护当凡人一样呵护 ……… 115

看丑陋摘桃子吃相，更明白我为何反对加分了吧 ……… 118

我也不支持用公务人员拉动消费 ……… 121

张文宏的谦虚让人不安，别跟卖茶叶蛋的比收入了 ……… 124

别被朋友圈里奔涌的摆摊浪潮忽悠了 ……… 127

本科休克式改革会毁了清华新闻教育 ……… 130

幸亏告"赵薇瞪我"的人没向湖南广电举报 ……… 134

别跟着魔鬼逻辑去反思，别滑向"报复社会有理"论 ……… 137

宽容偷外卖的贫困学生，难道不是对贫困的侮辱？ ……… 141

对张玉环案，别急于替受害者说"迟到的正义" ……… 144

不要把看不看 NBA 当成敌我标准 ………… 147
干部拒绝提拔受处分，背离法理不合情理不讲道理 ………… 150
别盯着骗保和殉情，让人窒息的是农村妇女自杀 ………… 153
我身边怎么就没看到过几个"娘炮" ………… 156
咱不欠国家孩子，求求专家别提收费建议了 ………… 160
性侵会毁掉一个人，性侵指控一样会 ………… 163
别透支丁真流量，别让他的传播超过实力 ………… 166

第三辑　不平则鸣

写评论快二十年了，我注意到一个现象，"不平则鸣"是评论最大的内驱力，公平仍是当下国人最大的价值诉求：当一个事件触动和刺激了人们普遍的不公感，某个人某件事动了人们的公平奶酪时，舆论就会咆哮起来，形成潮水般奔流和传染的愤怒。2020 年诸多轰动舆论的事件，多与公平相关，尤其是教育公平。这一辑记录了人们在这些公平议题上的敏感，以及我对这些讨论的态度。

- 时评这样写　在锚定靶子中让评论写作"热启动" ………… 173

是什么让艺人膨胀到把高考舞弊当励志佳话宣讲 ………… 177
给了山东理工大学补错机会，却说没有先例，真太蠢了 ………… 180
为何被顶替的都是农家女？恶人总挑弱者中的最弱者欺负 ………… 183
不是苟某被顶替案，是邱某顶替案！ ………… 187
顶替案中那些"替别人原谅"的恶臭嘴脸 ………… 190
无论如何都应该感谢苟晶这名举报者 ………… 193
对苟晶少些恩主意识，就会少很多反转愤慨 ………… 196
小学生写博士论文，我不信评委都瞎了眼 ………… 200
这个处理结果告诉我们，原来评委真瞎了 ………… 203

钟美美是教育包容度的一块试金石 ……… 206

放过钟美美吧，一个孩子处在风口浪尖不是好事 ……… 209

上热搜的浙大能否经得起"类比正义"的考验 ……… 213

刻意选择周五深夜发，这样算计舆论真不好 ……… 216

未婚未育怎么成了争议？杨丽萍认真回应就输了 ……… 219

理解"恰饭"，就是不喜欢"养肥被宰"的恶心感 ……… 222

道歉一文不值，故宫根本没读懂公众的愤怒 ……… 225

忍不住嘚瑟是特权天性 ……… 228

镜头里农民的泪水让我们良心很痛 ……… 231

刘强东的兄弟与嗜血的社会达尔文主义 ……… 234

翟天临的人设算什么，我只在意招考公平的人设 ……… 237

声援反杀不是支持杀人，我们只是反杀 ……… 240

这句硬气的话注定要写进自媒体新闻史 ……… 243

天使和鸡贼们，放过那些无辜陪葬乘客的灵魂吧 ……… 246

昆山反杀案后，人民用咆哮进行正当防卫 ……… 250

不要让基层公务员白了头又寒了心 ……… 253

不会水的警察是否必须以命救命救轻生者 ……… 257

任何对清华学姐的延伸阐释只会走向引战 ……… 260

第四辑　媒介素养

现代社会越来越成为一个新闻化、社交化、媒介化的社会，我们身处新闻信息漫漫、过载的媒介环境中，被各种媒介在具身和精神上双重嵌入，成为媒介化的人。获得信息、与人交流、日常消费、工作事务，都需要借助某种媒介完成。媒介不仅构成了一种生活的环境，还结构化一种利益，越能利用和掌握媒介，便越能获得媒介信息利益。如何对媒介上的信息进行判断；如何跳出"信息茧房"和"过滤泡",看到真实的社会;如何获得能给自己带来帮助的有效信息——这就是媒介素养所包含的专业知识。媒介素养,应该成为人文素养、公民素养、通识知识不可缺少的核心组成部分。

- **时评这样写　借助比喻和意象的延伸去拓展思维** ………… 265

感谢《南方周末》,一篇有缺憾的报道胜过鸦雀无声 ………… 269

媒体不盲目乱放信号,盲目扎堆者自然会减少 ………… 272

拒绝妖魔化,国人的世界观别被营销号毁了 ………… 275

谣言美学,正能量谣言如美颜般让人上瘾 ………… 278

新闻学院不是帮着大学擦舆情屁股的 ………… 281

看待洪灾别带美颜和远景视角,这是起码的良心 ………… 284

没想清楚的话,劝你最好别报新闻专业 ………… 287

一个杀妻碎尸案可以反思出多少大道理 ………… 292

贺平安早受些舆论监督,就不至于活成全民笑话了 ………… 295

美颜和磨皮:融媒体官宣评论的"低级红"陷阱 ………… 298

官员越玩装聋作哑术,媒体越好做新闻 ………… 302

新闻业不适合养老,须不断用新闻证明自己 ………… 305

男孩跳桥身亡,一个本不可能完成的新闻叙述 ………… 309

怎么就泼妇了?向西安维权女士学八种讲理技巧 ………… 312

每个寡头企业都潜伏着"视觉中国"式舆情爆炸 ………… 317

过了三十还信"那一年岳云鹏14岁"就没救了 ………… 320

为什么说"状元之死"百分百是胡编的 ………… 324

面对那块可能改变命运的屏幕,少点阴阳怪气 ………… 328

不要嘲讽《南方周末》的新年献词了,你不配 ………… 332

反杀案定音:舆论油门和司法刹车的精妙配合 ………… 336

新华社记者不听社长的，只听事实的 ………… 339

"扶贫干部与女贫困户结婚"的报道为何让人反感 ………… 343

关于性侵，几种不要脸的逻辑 ………… 346

学了四年新闻去做"公号狗"，不丢人但丢了魂 ………… 349

好像本科毕业已经不配找工作一样 ………… 353

第五辑　冰点暖评

我最珍视的评论，仍是收在这一辑的暖评。写一篇带着愤怒意气的尖锐评论，并不难，但写出一篇既触及现实又给人以温暖的评论，并不容易。暖评实践坚持六年了，读者的反馈支撑着我的自信，有时候温和的坚定，比不妥协的犀利，更能打动人心。我用这些带着温度的文字表明，并不是"歌颂""鸡汤""鸡血""英雄"才能带来温暖，冰点视角的冷静思考，一样能柔软人心，一样能"用一个思想影响另一个思想"。评论员往往有两个心灵，一个金刚怒目，一个慈眉善目。

● 时评这样写　善于从小处着手，以小见大 ………… 359

她没能走上考场，但所有人都给了她满分 ………… 363

不埋在仇恨中的陶勇医生，能否让人心柔软一些 ………… 366

我喜欢店员这份战胜职业性冷漠的善良 ………… 369

医生被"宠着"，让人安心，也让人惭愧 ………… 372

目睹无数悲剧之后，"尬暖新闻"是野蛮的 ………… 375

城市打破寂静重生烟火气，需成都式刺激 ………… 378

像盯着赵英明老公那样，盯着对医护的承诺 ………… 381

外卖最熟悉，送外卖的却是我们最陌生的人 ………… 384

读懂钟南山说的"看的不是病，而是病人" ………… 387

案板下的女孩映出一个社会对读书的信仰 ………… 390

解禁占道经营，城管也终于不必再承受骂名 393

对快乐教育仇视到容不下一个孩子的笑容 396

别让"用命改变学生命运"的正能量单薄无力 399

报北大考古的女孩给了很多人一记闷棍 402

我没忍住粗口，也没忍住眼泪 406

你我有幸可以不必去感知信息的价值 409

哀悼李咏，为一辈子逗我们笑的人哭一次 413

不要把卖米的奋斗贩卖为无力和焦虑 416

边灌着"归来仍少年"的"鸡汤"，边走向圆滑厚黑 419

我为什么不忍批评"反全职太太"的张桂梅 423

多数人可能都没有藐视绩点的资格 426

很多孩子变坏，都是从第一次被冤枉开始的 429

我不是"小编"，我写的不是文案 432

四川人把被网暴吓得瑟瑟发抖的女孩护在身后 435

谁不是说着"凡尔赛"的话，过着"拼多多"的日子 438

第六辑　读书杂记

这一辑会分享一些读书方法和写作技艺。一个人的批判性思维，正来自他在读书写作实践中所积累的东西。一边读，一边写，一边总结，批判性思维就是在这种"读、写、思"的往返流转中层累晶化。读书怎么避免"读了白读"？怎么克服读大部头著作前三十页的枯燥感？如何锁住知识和积累材料，从而在写作时信手拈来？如何通过批判性思维给写作加分？本辑结合时事案例给出了一些经验。

- 时评这样写　多读书，积累写作问题意识和对话资本 443

以记忆之网和写作锁住知识，避免读了白读还给书本 447

释放写作想象力 451

现在之书、未来之书、过去之书 453

"抖音"毁不了我们,但无脑"鸡汤"会 457

浙江这篇高考满分作文侮辱了语文 461

让我目瞪口呆的是那些力挺争议作文的功利理由 466

高考作文是在给那些有批判性思维的人加分 470

写高分作文,押题最 low,高手押的是时粹 478

后　记　越近中年,越不敢有半点懈怠和辜负 487

自 序

世界越充满不确定，越考验评论的正直与良知

前段时间，我给大学生评论大赛出了一道题："如果此时你站在2019年末的时间点，跨过2020年，给2021年的人们说几句话，你会说些什么？"这不是考验对时间穿越的想象力，而是一个包含着三重时间维度的哲学拷问。常人的生活时间观是单一且线性的，而在哲学视野中，"存在"是一个多维时间概念，人的时间蕴含着多种可能生活的维度，内含着在无数方向上展开的可能性。如果没有经历2020年，站在2019年末憧憬2020年，这是一种想象；如果跳过2020年，直接站在2020年末憧憬2021年，这也是一种想象。经历了跌跌撞撞的2020年后，心中是无法抹去2020年的，负载着2020年的我们已经回不去2019年了。

出了这道题后，我也在问自己，怎么答这道题？能对未来说些什么？2020年12月31日，很多人都在朋友圈转发2019年12月31日《人民日报》一篇题为《武汉发现不明原因肺炎，不能断定是SARS》的新闻，那时的人们根本没注意到这条新闻，根本无法想象，整个2020年中国和世界都被这条新闻所支配。就像现在这个时间点，人们根本无法预测2021年将被今天哪条似乎无关紧要的新闻所支配。经历了2020年，人们心中写满了迷茫和不确定。

2019年与2021年的对话，既无法对2020年有先见之明，且经历之后的后见之明，又很无力，能说些什么呢？面对魔幻般的世界与未来，面对唯一可以确定的"不确定"，我们能做的就是在当下做确定的自己，用良善而稳定的价值观去对抗世界的波谲云诡。世界越充满不确定，越考验一个人的正直与

良知；环境越变幻莫测，越衬托出正直人性的可贵。无论是2019年、2020年，还是2021年、2022年，无论世界和未来如何不确定，我们不随风摇摆，不轻易改变，不被蛊惑，不兴风作浪，坚持那些确定的价值，保持正直与良知，尽心尽力洁身自好，生活如常，便能泰然处之。

这不是一碗闭眼假装岁月静好、"浓汤宝"调制出的"鸡汤"。2020年看到了太多的丑陋、卑鄙、下作和无耻，看到了太多的跳梁小丑，更能体味到正直与良知的重要，看到不确定之中那种确定的良善人格之伟岸。岁末盘点时，媒体关于2020年的叙事，尽力记录着美好、温柔、拼搏和不妥协，刻意回避着阴暗和丑陋。我是做评论的，每周会写一篇"暖评"，发掘那些"善良与善良相遇"的温柔力量，但时事评论天然带着尖锐之刺，包含着批评的基因。如投枪匕首般毫不留情地刺向丑陋和黑暗，是评论无可回避的文体使命。保持着批评的犀利和不妥协，就是时事评论对社会最大的建设性。在种种混乱和不确定冲击、挑战、扭曲着那些我们视为常识的价值时，尤其需要评论扮演公共价值压舱石、常识守望者的功能。

世界越充满不确定，越考验人的正直与良知，某种程度上说，尤其考验那些站在舆论潮头的评论人的正直。

不确定、变幻和混乱是小丑的温床，这一年，在灾难带来的混乱背景中，我们看到了太多趁乱进行价值观打劫的无耻之辈：无视共同体命运制造对抗者有之，借信息不对称煽动仇恨者有之，收割民粹情绪骗取茧房中"傻白甜"打赏者有之，借正义之名扛爱国大旗贩卖狭隘情绪者有之，拿生命当儿戏幸灾乐祸者有之，靠编造假新闻颠倒黑白带节奏者有之，拿着道德大棒制造网络暴力动辄让人"社会性死亡"者有之，躲在键盘后靠着网络假面上蹿下跳为了几两碎银而构陷者有之，精致算计所谓"舆论风向"而投机害人者有之。变动和未知带来的混乱，似乎重构、重估着一些价值，让一些坚固之物烟消云散，加上流量荷尔蒙的刺激，某些丑陋便乘虚而入。

这时候，正直是多可贵的品质啊。

不确定的时候，我们对很多事物的认知需要一个更长的过程，会被反转打脸，会付出一些代价。比如对于新冠病毒的认知，我们经历了多长的过程和多少反转啊，初期的很多判断如今都被证明是错的。这种"被反转"不是什么丢脸的事，科学与迷信的界限就在于，科学会承认"我错了"。这时候，正直就是对事实多一些谦逊，对自身理性的有限多一些认知，及时纠错不是什么丢脸的事，坦然面对初期的恐惧、无知、慌乱就是正直。

不确定的时候，我们的良知可能会被人利用，因为善良而相信了谎言，因为善良而被炒作迷惑，因为善良而被营销号赚了眼泪带了节奏，这也不是丢人的事，丢人的是那些欺骗者和炒作者。不因为被利用被欺骗就失去了爱和信任的能力，不动辄感慨"谁敢做好人"，甚至变得厚黑去欺骗别人，而是保持着做好人的自信，这就是我们的正直。

不确定的时候，我们会更脆弱，更容易恐惧，更容易偏听偏信，更容易焦虑。这也不是多么丢人的事，这就是人之为人的弱点。我们的正直在于，对这些弱点和焦虑保持一种同情之理解，用开放的信息去努力消弭人的脆弱，而不是当成营销变现和收割的对象，当成制造迷信的土壤，当成情绪煽动渲染焦虑的生意，当成激发人性劣根性的机会。

不确定的时候，大环境和小环境都发生着不可知的变化，我们的正直在于，不因为这些变化而改变我们心中的原则坚定。不确定的时候，新闻事实更容易反转，我们的正直在于，不因为害怕反转而不敢下判断，勇于去负责任地判断。不确定的时候，黑天鹅事件挑战着正常认知，劣币可能驱逐良币，我们的正直在于，保持着当良币、捍卫常识的坚韧。

不确定的时候，对很多事情的判断需要在一个更长的时段中进行，我们的正直在于，需要我们超越一时一地的短期狭窄判断，能跳出当下的盲区。只要你站得足够高，就会发现大地是星空的一部分，站在十年、二十年后看今天，就不会被当下不确定所支配的局限和迷茫所内卷，也能跳出当下那种"临时身份"所限制的想象力，避免被自身境遇锚定价值坐标，而用一个"共同身份"去思考。

回到我出的那道三重时间之维的考题，2019年、2020年、2021年，站在当下，借助过去与未来对话，未来永远是不确定的，风险社会加剧着这种不确定。活在当下的我们，只能借助这些由过去的纹理所沉淀的确定价值去面对未来。2021年，你好，也许没有面朝大海，没有春暖花开，无论如何，做一个正直的人！

这本书，便见证着一个评论人正直、正义的言论努力。打开这本书，这些热点我们都共同经历过，或者都曾让自己的思考在其中停驻过，这种以阅读为媒介的坦诚对话，也是我们凝聚共识的一种方式。阅读是一种缘分，有幸我们以书为媒，以这种美好的方式相遇。

2021 年 1 月 1 日

第一辑
抗疫观察

2020，就这样被疫情占据。这些评论，与其说是观察和评论，不如说是对一段正在进行中的历史的记录。我不是作为一个冷静的旁观者在评论，而是作为一个经历者，一起经历了初期的恐惧、焦虑、悲情、壮烈，经历了那个全民为一个人守夜的深夜，经历了全民情绪碾过一个个"假想敌"的悲愤，经历了种种议题中的撕裂，经历了热泪盈眶和众志成城。疫情不断在变化，刷新着人们的认知，也推翻、修正和重构着之前的判断。那时的事实没有变，但今天的视角在变化，时光之流中的我们在变化，所以看那时的评论可能会产生恍惚和错置之感。我没有修改那些文字，因为，每一个字，都是那种情境下真实和真诚的你我，把这些带着历史体温的文字一并打包给你。

把握大事件的舆论水温

评论写作,像疫情这样把全民卷入其中的大事件,是无法回避的。评论员要做的是,把握这种"全民话题"的舆论水温,沉浸到舆论场中,感知公众的痛点、泪点、吐槽点和关切点,在话题的同温层与公众对话。

比如这一辑的第一篇,也是我抗疫评论的开篇,呼吁"铁路民航取消退票费",就是评论对公众痛点的敏锐捕捉,所发出的有前瞻性的声音。身在舆论场中,感知到疫情非同寻常,很多在"春运"中买了票准备回家或旅游的人都很纠结,要不要退票?铁路和民航反应总会慢一拍,缓慢的决策程序往往需要舆论推一把。我意识到这是公众很大的关切点,这就是当时的舆论水温,便连夜第一时间推出了这篇评论。舆论迅速形成共振,第二天铁路和民航便做出反应,取消退票费。

有些在传统媒体待久的评论员,常被网友称作"网络外来人口"。何谓"外来人口"?就是网络土著觉得你不是"本地人",而是外人,不知道舆论水温,在情感上跟公众"隔"着,仿佛是另一个世界的人。关注点永远错位,无法形成对话。要么太冰,让人觉得不识人间冷暖,不关心民间疾苦;要么太热,用力过猛,变成"低级红"或者"高级黑",成为网络大型车祸翻车现场。

比如抗疫初期,日本友人慷慨解囊力助我们紧缺的医疗物资,"风月同天""明月何曾是两乡"让我们感受到了邻居和全球命运共同体的友善。如果沉浸在舆论场,应该能感知到的舆论水温是"国人对友人援助的感激感恩感动",对"风月同天"的共情感——这些是舆论的主流情感。这时候,如果有评论将"风月同天"与"武汉加油"对立起来，就是对公众情感的冒犯，就会被舆论之水烫着。明明全国人民对付出了很多的武汉人民充满感恩意识，却要让还在承受禁足之痛的武汉人去学会感恩，对舆论水温如此无知，也会被狠狠地烫着。

评论员最敏锐的触觉，应该是用这种情理触觉去敏锐地捕捉问题，寻找到最能激起共鸣的评论点，用有分寸感的方式把观点表达出来。舆论与评论有一个时差，公众"普遍关切"常常会以某种不那么明显的、潜在的方式表达出来，在舆论表层是看不见的。但新闻人和评论员能及时捕捉到这种"潜在情感表达"，用清晰的文字、精炼的逻辑和有传播力的方式表现出来，激起集体共鸣。这就是很多评论能够一下击中人心的原因，让人觉得事情就在那里，但普通人没有意识到，而评论说出了人们的心里话，评论把代表着普遍想法的观点清晰地表达出来，把别人也能说却没法说得这么到位、精彩的道理讲出来，凝聚了共识。比如，公众已经很厌恶很多地方那种过度防控了，但没有直接清晰的表达，需要评论去"代言"和"爆破"。

评论是一种对话，你首先得了解别人的想法，了解一个议题所形成的讨论，了解这些讨论的问题意识和焦点，把握舆论水温，你的评论才能跟这个话题对得上话。

建议铁路民航取消退票费为防疫做贡献

多地一夜增长的不明肺炎患者数字，让本已进入春节氛围的公众，神经高度紧张起来，当年"非典"的沉痛教训、"人传人"的确证消息，加上春运的人群大迁徙，让官方和民众丝毫不敢懈怠，自上而下启动严密防控模式。为避免春运流动中传染的风险，很多人都准备改变春节出行计划，不出疫区，或者不往疫区跑。虽然很无奈地放弃期待已久的假期和团圆，但还是健康和防疫要紧，别给自己和社会添麻烦。不过，改变出行计划并不容易，一个武汉朋友在朋友圈吐槽说：

"肺炎疫情忽然紧张，决定取消年后出行计划，本来酒店是不退不改的，网站了解情况后马上给我免费取消了，然后打电话给12306，说明情况，询问是否可以取消，客服很官方地回答，可以取消，但是要收取手续费。再问针对现在的情况，铁路公司有没有什么特殊应对政策，回答很干脆，'没有！'一种'疫情关我什么事'的感觉。退票费钱不多，但能不能考虑到防疫的现实情况呢？不能只在乎赚钱，社会发生什么都不关企业的事。"

这个吐槽很有道理，建议铁路民航应该顺应防疫的需要，取消这段时间的退票费。这不是公众占企业的便宜，而是企业在这种特殊情况下应该履行的社会责任。这不是公民自身出不出行的事，而事关公共卫生和防疫。是的，退票费钱不算多，没有多少人会因为心疼那点儿退票费而坚持出行，但取消退票费体现了一种责任担当，防疫不是乘客个人的事，企业应当一起来担。

不像以往，假设疫情发生在平时，不会有大规模的人群流动，退票也是个体现象。此次疫情出现在春运期间，很多人怕买不到票，都提前多天订好了回家的行程，所以这是一个很多人都面临的问题。从法理来看，合同一般都规定了不可抗力情况下的失效，遇到当下这种情况，应该可算一种不可抗力，人类在一种不明病毒面前是很无力的。这是对等的，此时取消退票费，就像航班遇到雷暴天气，为了飞行安全可以取消航班而不必给乘客补偿。

　　从情理来看，此时取消退票费也是合情合理的，乘客主动减少不必要的出行，调整行程对防疫做了贡献，铁路民航应该有对应之举。从取消效果来看，该出行的还是会出行，想回家的还是会克服各种困难回家，不会为了占退票费"便宜"而改变计划，但退票费起码不会成为某种让人别扭的心理障碍。取消退票费肯定会让铁路民航承担一定的损失，但作为担负着公共责任的企业，这点社会责任还是应该担的，这点觉悟还是应该有的。交通工具可能是疫情传播的高风险空间，这种让利举措能减少不必要的流动，也有利于保护乘务人员。

　　有过当年"非典"的经历，此次中国社会自上而下应对疫情已经理性很多，从政府及时公开到民众理性应对，都有了一套成熟的机制。铁路民航是社会运行的动脉，在防疫中扮演非常重要的作用，应该顺应防疫需要做出及时的调整。习近平总书记对新型冠状病毒感染的肺炎疫情做出重要指示，强调要把人民群众生命安全和身体健康放在第一位，坚决遏制疫情蔓延势头。取消这段时间的退票费，就是把群众生命安全和健康放在第一位，就是为遏制疫情蔓延势头做出的贡献。

（《中国青年报》2020 年 1 月 21 日）

请别用"封城"的说法：城外听着安全，城里听着不安

一夜醒来，朋友圈刷屏，说武汉"封城"了。这两个字让人觉得恐慌——怎么？武汉已经完全不让人进出了？突然严重到了这种程度？赶紧翻看了深夜一系列新闻，"封城"之说言过其实。武汉市疫情防控指挥部发布的通告是："自2020年1月23日10时起，全市城市公交、地铁、轮渡、长途客运暂停运营；无特殊原因，市民不要离开武汉，机场、火车站离汉通道暂时关闭。恢复时间另行通告。"

从目前形势看，这是"有效切断病毒传播途径、坚决遏制疫情蔓延势头"的必要之举。舆论和媒体将其称为"封城"，不太妥当，容易造成武汉人不必要的惊慌，以为武汉这座城市被封上了，不得进出了。武汉市市长特别解释说，是指对体温异常、可能被新型冠状病毒感染的人群，不让进出城，而不是对生活在武汉的1000多万人不准进出。也就是说，体温没有异常、没有被感染的人群，在经过体温监测后还是能够进出城的。全市公交地铁停运，机场火车站离汉通道关闭，是为了控制大规模的人群进出，其他通道还是可以进出的。这些通道的关闭，也不会影响生活物资的运输，不会让一座城市的基本生活保障被隔绝。

在朋友圈中，说"封城"的主要是城外人，武汉本地人很少使用这个说法，他们排斥这种会让人产生强烈隔离感、孤立感、惊慌感和抛弃感的冷漠说法。对于"封城"说法，城外人听着会觉得安全，自己不在其中，病毒感染者

不会继续往外流动；而城里人听着会觉得不安，与外界隔绝了吗？吃喝供应得上吗？医疗设施有保障吗？谁来管我们？有媒体报道称，武汉凌晨宣布交通"封城"，部分市民游客连夜出城，很多武汉人都在担心接下来的物资供应问题，考虑要不要囤一堆东西放家里，这可能就是"封城"之说带来的不必要惊慌。

作为病毒的发现地，武汉人也是受害者，感染不明肺炎的是少数人，武汉人承受着巨大的代价，不要让所有武汉人感受到被隔离和孤立感。疫情发展到当下的情势，反思之前的教训，以"限制进出"这种超常手段切断病毒传播途径，很有必要，实际上专家早提出"能不去武汉就不去，能不出就不出"的防控建议。但还是要设身处地，尊重城里人的感受，不要用"封城"这种让人产生隔绝感的不安说法，不要让城里人产生不必要的恐慌感。

这已经不是武汉的事，而事关整个国家，甚至全球，城里城外都是防疫共同体中的一员。我也不太喜欢那种听起来似乎很悲壮的煽情，让人感觉好像为了"大局"要牺牲什么、放弃什么，这种煽情只会传递混乱的情绪，让武汉人感觉很不舒服，没有安全感。每一个生命都同样重要，每一个人都是平等的，"限制进出"是遏制疫情蔓延的必要举措，不只是限制武汉人，而是限制所有人，因为城里有很多都是外地人，外地人进入武汉也受到限制。站在城外人角度看，这种"封城"的冷漠说法，只会形成城内城外的隔绝感，这时候更需要同舟共济。

武汉的城并没有被封上，体温正常的人有通道进出，物资进入也有通道，并不是"封城"带来的那种隔绝想象。近来，网上诸多段子把武汉人当成调侃对象，用不明肺炎去调侃武汉人，虽然多数并无恶意，可段子和玩笑中包含的那种城外人围观感和事不关己的调侃，以及妖魔化，是对武汉人的不尊重。疫情发展到今天的地步，真的没有人可以置身事外，没有城里城外，我们命运相连。

（《人民日报》2020年1月23日）

请停止挖路和泄露隐私,别以违法之毒攻肺炎之毒

面对严峻的疫情防控形势,各地都提高了响应级别,至今已有30个省市、自治区启动了一级响应,也就是"重大突发公共卫生事件Ⅰ级响应"。启动一级响应是一种法律授权,即在法律层面赋予政府更多权力去应对突发公共卫生事件,根据需要去调集行政区域内人员、物资、交通工具,比如可直接封锁大、中型城市以及主要干线交通。对于公权,法无明文授权即禁止,这种响应既见证了疫情形势的严峻,也体现了对法律的尊重,疫情防治得依法去防,不能脱离法律的轨道。

让人感觉刺眼的是,在全民积极参与防疫的场景下,也出现了一些以防疫之名侵犯私权的违法行为,破坏着法律秩序和公民权利。防疫必须在法律框架下进行,千万不能激活违法之毒。那些以违法之毒攻肺炎之毒的粗暴侵权行为,必须停止。

我的一个朋友从武汉回某地后,主动跟当地街道和医院联系,要求排查,并登记了信息。可这几天他发现,包含他身份证号码的个人信息在诸多微信群流布,冠以"17日至22日武汉方向民航来本地人员信息统计"之名。这种信息泄露,给他带来了很多困扰。他很不满地追问当地部门,"我从武汉回来怎么了,不是主动登记信息和排查了吗?"这种信息泄露不是个案,一篇题为《请停止对于武汉返乡人员的信息泄露!》的文章提到了不少地方存在这种情况,一些武汉返乡人员的身份证号码、家庭住址、电话号码等个人隐私

堂而皇之地在朋友圈、微信群中被泄露和传播。

按照《中华人民共和国传染病防治法》和《公共场所卫生管理条例》，"为了防控传染病疫情，来自疫区的人应该主动登记，逃避登记是违法的。如果拒绝隔离治疗或者隔离期未满擅自脱离隔离治疗的，可以由公安机关协助医疗机构采取强制隔离治疗措施。而抗拒隔离治疗、逃避检疫，造成严重后果的，不仅可能承担民事赔偿责任，还可能被判刑。"但这些须依法进行，不能随意泄露当事人隐私。比如确诊患者同车人员有传染危险，官方以某种方式去寻找乘坐某次列车同车厢人员，这是可以的，但不能以"人肉"的方式。相关法律明文规定，疾病预防中故意泄露疑似传染病病人、密切接触者个人隐私，是违法的。

这种违法泄露隐私的方式，能带来什么呢？能有效防疫吗？不能，第一，侵犯了当事人权利，信息泄露后，给当事人带来诸多风险。第二，助长了对武汉返乡人员的妖魔化，形成身份的区隔和歧视。第三，制造了人群的对立。对于传染病的防控，需要群防群控的方式，动员社会网格机制遏止传染；但群防群控不是像这样暴露隐私，而是用基层人际和组织网络形成防控机制。其实，在一个熟悉的圈子和社区中，谁从疫区回来，都是知道的，会主动形成一种隔离机制。很多武汉返乡者，都主动把自己隔离起来，为自己也为他人。

另一种违法的方式是挖路，有些地方甚至将挖路当成防控经验，沾沾自喜发图分享，洋洋自得让人当高分作业效仿。按《中华人民共和国交通安全法》第一百零四条规定："未经批准，擅自挖掘道路、占用道路施工或者从事其他影响道路交通安全活动的，由道路主管部门责令停止违法行为，并恢复原状，可以依法给予罚款；致使通行的人员、车辆及其他财产遭受损失的，依法承担赔偿责任。有前款行为，影响道路交通安全活动的，公安机关交通管理部门可以责令停止违法行为，迅速恢复交通。"你说这样做是为了防控疫情，可法律赋予的是公共部门在特殊情况下限制交通的权力，并没有赋予一般人。

这种挖路毁路的违法行为,不能纵容,不可当作防控经验。交通限行是公权力行为,不是私人可以擅自进行的。这也侵犯了公民的自由通行权,一级响应只限制了在特定区域的通行权,而挖路行为是无限扩展到了其他地方。这种挖路的自私行为,也破坏了公序良俗,甚至传递了恐慌。以邻为壑让普通人寒心,助长了人心的沟壑。隔离、防控,需要依法而行,不能变成一种为所欲为、区隔少数人的多数暴力,不能以防疫为名践踏法律。

不明肺炎病毒确实比较可怕,但再可怕,也不能把违法之毒放出来。不要忘记,此次病毒的传染和成为危机,正是种种违法行为带来的——违法经营野味,违法吃野味,还有后续导致病毒扩散的违法行为。请停止挖路和泄露隐私,切不可以违法之毒攻肺炎之毒啊。

(腾讯新闻 2020 年 1 月 26 日)

盲目要求员工提前返岗有违法律和专业

为有效减少人员聚集，阻断疫情传播，国务院决定延长春节假期。这个消息既让人们看到了当下防疫形势的严峻，也看到了危机面前果断决策的决断力。不过，当我看到"不少地方要求公务员一律结束休假提前返岗"的消息，有点觉得不安。《人民日报》"侠客岛"批评其"别成了形式主义"，我觉得不只存在沦为形式主义的危险，还可能在上行下效、层层效仿中对社会形成误导，给防疫工作带来不利影响。

抗击传染病疫情这种看不见硝烟的战争，跟抗击其他危机和灾难还不一样，靠人海战术是行不通的。解决一般困难，抗击一般灾难，需要更多的人形成众志成城的氛围，众人拾柴火焰高，人多力量大，人群能让我们感到安心和信心，精神有无比强大的凝聚力。而防治疫情不一样，"人多"不仅没有用，还可能起到反作用，疫情传播和扩散的介质就是"人多"。当下防疫抗疫一大措施就是减少人群流动，号召人们居家不出行，不拜年不聚会。是的，我们需要精神力量，但防疫是有专业门槛和要求的，科学和专业远远高于"精神凝聚"。所以人们最看重的是钟南山这样的专家，信赖专业人士，而不是其他。

我理解，要求公务员结束休假提前返岗，一方面是保障落实"重大突发公共卫生事件Ⅰ级响应"，毕竟这种响应很大程度上是政府部门的响应，需要各部门各就各位履行应急职责。一方面是保障社会的正常运行，政府是保持社会正常运行的中枢，政府在岗则社会不慌，很多情况下公众可以休假，但政府部门不能。疫情就是命令，从这个角度看，要求某些部门的公务员提前返岗是必要的。但从当下防疫的形势和科学要求看，提前返岗不能成为盲目和一刀切的要求。

一是应有必要性考量。不是每个部门都应该在岗，也不是每个地方都有这样的必要性。虽然都已启动一级响应，但各地疫情形势不一样，为避免诸多人群提前返岗带来的传播风险，应该进行相应的权衡。对于相对严重的地区和与防疫相关的部门，要求提前返岗待命，防疫相关部门包括应急、卫生、交通、质检、物资、商品、物价等部门。让那些与防疫不相关的部门提前返岗，无助于科学专业的防疫，也隐藏诸多风险。

二是应该防范上行下效的无限扩散。我们很多地方的行政部门有个特点，就是效仿，一个地方施行某种严厉的应对措施，另一个地方会变本加厉，层层加码，层层放大，会越来越远离初衷。一个疫情比较严重的地区要求相关部门工作人员提前返岗，这是必要的，其他地方为了比拼这种"重视程度"，可能会不断加码要求，所有部门所有人立即返岗。我担心，这种"比拼重视"的扩散效应会传导到更多的单位，非政府部门、一般事业单位也会要求提前返岗，更多单位为表现"重视"也被"绑架"。以"提前返岗保障正常运转"之名，不把国务院的延长假期通知放在眼中，无视"阻断疫情传播"这个科学专业的要求，不断稀释各种防疫规定对减少流动带来的效果。

同时，这也会给社会传递混乱的信息。我看到很多地方高校在防疫上如临大敌，特别强调严禁学生提前返校，提前返校造成的后果需要个人承担，居家听从接下来的要求。一方面对社会进行"限制流动"的严格管理，另一方面却不进行必要和科学的评估，盲目要求提前返岗，不利于统一社会对防疫的认识和稳定的预期。一些地方已经出现聚集性疫情，千万不可忽视。

特殊岗位特殊部门应该保持在岗，这是一级响应的要求，没什么可说的。但是不是每个岗位都需要如此呢？1月26日，中央应对疫情工作领导小组决定，以延长春节假期、调整学校开学时间、支持网上办公等措施，减少人员流动。对于非必要的岗位，支持网上办公，而不是一刀切地要求提前返岗，公共部门也应该做好示范。这时候不靠"人海"，不能盲目谈"精神"，不能乱指挥和盲目决策，更重要的是尊重科学专业，基于依法科学防疫和审慎的必要性而做出决策。如果非要求员工提前返岗工作，那么请你承担可能导致的后果。

（人民网 2020 年 1 月 27 日）

响应"最高法"公众号为8人正名，拔掉人心中这根刺

万众一心防疫抗疫，驰援武汉，同舟共渡，但无法回避的是，很多人心中都有个心理障碍，这个障碍不去除，共渡难关的人会觉得很别扭——就是疫情暴发前武汉公安机关处罚8名发布"华南水果海鲜市场确诊7例SARS"的案件。人们无法释怀的是，如果开始重视了这个警告，而不是机械地当成谣言，当下武汉和中国就不会付出如此沉重的代价了，十几亿人的春运、春节就不会如此狼狈了。这事儿不说清楚，没有一个尊重法律的处置，人们心里就很难痛快。

"最高法"公众号的文章也表达了这种惋惜，这篇被人们奔走相告、广为传播的文章提到："此案如果机械地理解适用法律，我们的确可以认定，鉴于新型肺炎不是SARS，说武汉出现了SARS，属于编造不实信息，且该信息造成了社会秩序的混乱，依法给予其行政处罚甚至刑事处罚，有其正当性。但事实证明，尽管新型肺炎并不是SARS，但是信息发布者发布的内容，并非完全捏造。如果社会公众当时听信了这个'谣言'，并且基于对SARS的恐慌而采取了佩戴口罩、严格消毒、避免再去野生动物市场等措施，这对我们今天更好地防控新型肺炎，可能是一件幸事。"

这篇文章提出了一个重要原则：执法机关面对虚假信息，应充分考虑信息发布者、传播者在主观上的恶性程度，及其对事物的认知能力。只要信息基本属实，发布者、传播者主观上并无恶意，行为客观上并未造成严重的危害，我们对这样的"虚假信息"理应保持宽容态度。试图对一切不完全符合

事实的信息都进行法律打击，既无法律上的必要，更无制度上的可能，甚至会让我们对谣言的打击走向法律正义价值的反面。

在这个特殊时期，"最高法"的特别身份、法学专家的观点，通过公众号表达，可能传递了一个信号：诸多法学专家和相关部门都觉得那样的执法是有问题的。此前，诸多法学专家都表达过类似的观点：谣言当然必须打击，特别是在传染病防治的战疫中，谣言的危害更大，正像这几天所呈现出的，但严厉之外也应该尊重法律原则和常识。真相有一个逐渐浮现的过程，人们认知也有一个过程，加上相关信息的不透明，公共部门信息发布滞后，对因为所处阶段和认知能力所产生的无恶意"虚假信息"，不必动不动就粗暴地盖上造谣之名。公共部门没有做到充分透明的发布，又缺乏审慎和宽容，很容易误伤一些能救命的警报者，破坏信息流通的传播生态，就像这起案件的处理所带来的让公众无法释怀的问题。

"最高法"公众号这篇文章所表达的惋惜之情，溢于言表，如果当初如何如何，该多好啊。这代表了一种主流的态度，真不是事后诸葛亮式的判断，而是基于法律原则被机械僵化地适用所产生的痛惜和痛心。这篇文章事实上是在为那几个人正名，他们不是造谣者，而是善意的发出警报的人，可惜，这个警报在"打击谣言"的机械处理中被忽略了。疫情发展到今天的地步，这件事成为横亘于人们心中的一个巨大的障碍。

我们相信，"最高法"公众号此时发这篇文章，也是不吐不快，尝试努力消除这个让齐心抗疫者不舒服的障碍，像病毒一样窒息着我们呼吸的障碍。"解铃还须系铃人"，但愿这起案件的执法者，能好好读"最高法"公众号的这篇文章，读懂其深意，并做出正确的行动。这个刺不拔掉，人们无法痛快。如果能真正重新审视这起案件，做出正义的判断，如果错了就勇敢纠错，这将是比治愈了多少个患者更好的消息。这样的正本清源，不也是抗疫应有的重要部分吗？

(《中国青年报》2020年1月28日)

愿红十字会能读懂公众骂声中有劲使不上的痛感

这两天湖北和武汉红十字会承受着比较大的舆论压力，先是"卖菜门"，再是"回单门"，接着是"莆田系门"。公众吐槽一线大医院分配不到多少口罩，而有着莆田系背景、主打不孕不育诊疗的医院却收到了1.6万个N95捐赠口罩。人们心系武汉，八方驰援紧缺物资，媒体报道社会捐助了不少物资，可医院却在微博呼救物资"不是告急，是没有了"。湖北红十字会的最新回应称，确因工作失误导致公开的信息不准确，不是N95口罩，而是KN95口罩，这种型号的产品不能用于一线医护人员防护，可用于普通防护，所以捐赠给了那些医院。对公众关心的武汉协和医院到底缺不缺医疗物资等问题，武汉市委书记说，目前医用物资都处于紧平衡状态。

让人遗憾，又是"失误"！这时候不断的所谓"失误"，是不可原谅的。昨天的"回单门"中，湖北红十字会的一张善款退还单被网友质疑造假，红十字会回应表示，"因工作失误写错字，并非造假"。今天又是"失误"！这个时候的"失误"是要命的，昨天有地方卫健委称，"一女子从武汉回合肥23天后发病"引发公众极大不安，后回应称是"失误"，工作人员在录入返乡日期时少了一个"0"，1月20日误录成1月2日，吓出很多人一身冷汗，是不是要命的"失误"？

这个时候，公益慈善部门尤其需要算好每一分钱，一个口罩、一包方便面、一个温度计、一套防护服，锱铢必较，必须保证每一笔捐赠流向的透明，每一个"失误"都可以要公信力的命。这几天数千万人在线围观火神山、雷神山医院建设的壮观场景,堪称抗疫奇观,人们用这种集体围观的方式参与抗疫。为了减少流动阻断病毒,公众自我隔离在家,他们只能以这种方式形成某种象征性的共同参与。看不出来吗?当下监督红十字会的,跟在线监工火神山医院建设的数千万人,是同一批人,这是公众参与抗疫的独特方式,云监工也罢,云监督也罢,这是千万人齐心抗疫的一片云。

红十字会可能会觉得委屈,寿光捐献的免费蔬菜,在商场卖给市民所得的收入,再捐给红十字会,这样的操作其实没什么问题,也跟他们没什么关系。他们人少,效率跟不上,协调物资的速度跟不上一线医院的需求,消耗量大于供应量,物资统一调拨存在很多信息不对称,有时候容易忙中出错,等等。但这些,都不能成为回避公众监督的理由。红十字会觉得委屈,但更要理解公众这时候的焦虑,扪心自问,设身处地想想,公众能没有情绪吗?全民众志成城,企业、社会组织、个人,上上下下各方捐了那么多物资,但医生却在社交媒体哭诉"物资已经没了",网传的那些物资奇缺下医护艰难工作的图片,真让人心酸和心疼啊!

从新闻看,各方驰援武汉,物资和钱款涌向武汉,却没有看到医院"解渴"的新闻,全民这种有劲使不上的焦虑感、愤怒感,有关部门能不能读懂呢?

面对一般的灾难或危机,普通人还可以使得上劲,直接去当志愿者,直接捐钱,出钱出力,帮助受灾者重建家园。而防疫抗疫不一样,有一定的科学专业门槛,人员还不能随意进入和流动,最缺的不是钱,而是专业医疗物资,并且这种物资的要求比较高,前段时间媒体报道,很多捐赠的医疗物资都达不到医用标准。所以,普通人很难直接使得上劲,只能依靠专业中介去使劲,多数人的参与方式就是捐钱捐物,捐给红十字会这样的公益慈善部门,由其负责购买或转移分配。也就是说,红十字会是公众参与一线抗疫的一个中介,多数人需要这个中介才能使得上劲。

理解了这些，就会明白人们为什么如此焦虑地盯着红十字会了，钱捐出去了，得看到一线的回响，看到钱的流向，看是不是迅速流向医护人员了。防疫如救火，口罩、防护服，都是解燃眉之急的物资，人们恨不得这边刚把钱捐了，那边就迅速转化成一个个口罩、一件件防护服。当然，运输、购买和到手，有一个过程，不可能迅速完成从捐款到物资的转化，但这个过程能不能尽可能地缩短，让公众的劲能立刻使上，让医护之急与公众善心产生迅速的对接。任何的迟缓、官僚主义，让医护人员填这个表填那个表，增加中间环节，都是对公众善心的辜负和伤害。武汉市政府党组成员李强也反思了工作中存在的差距：周转不够快，调拨不够及时。

更透明，更有效率，是红十字会在这场抗疫行动中必须有的长进，失误不得，延误不得，甩锅不得，官僚不得，千万个人慷慨解囊后，千万双眼睛盯着。武汉市委书记说，可责成慈善机构每三天公布一次受捐物资信息，三天可能满足不了公众的监督期待，像火神山医院那样开视频直播运作，将每天的库房和物资流向完全公开，也许能重建公信。红十字会一定要有这种在千万双眼睛盯着的玻璃房中工作的敬畏感和救赎感，快一点，再快一点，透明一点，再透明一点，别让人们干着急而使不上劲。捐不捐，是公众的事，捐了却没有用好，就是慈善部门的事了。

不捐了，那是气话。骂，说明公众还很在意红十字会，希望通过这个渠道为抗疫使上劲，毕竟，这仍是多数人习惯的渠道。什么时候不骂了，不理会了，那才是最大的危机。顶着骂声，重建公信力，用看得见的行动捍卫这个品牌，重新赢得大家信任，这是红十字会不能错、错不起的必答题。

（央视网 2020 年 2 月 1 日）

别骂抢双黄连的人，他们是疫情迷信链的受害者

这场景，真是深夜"叫魂"的感觉！媒体关于"双黄连口服液可抑制新型冠状病毒"的短新闻，迅速刷屏，引发抢购潮，有人笑称，连"双黄连蓉月饼"都火了。不过，相反的消息也迅速刷屏，有人说没用，有人说"不可忽视副作用"，媒体回访相关专家时，追问是不是真有用，专家说"科学的事不想说太过"。朋友圈里一场鸡飞狗跳，又开始反过来骂抢双黄连的人。

我没有抢这玩意儿，抢口罩、抢护目镜、抢酒精、抢手套，抢不过这些人。但我觉得，也不要骂那些抢双黄连的人，他们的焦虑和恐惧可以理解，面对不明肺炎中的种种"不明"，听风就是雨，抓救命稻草，起码能有个心理安慰，这是平常的人性。发生这种抢购的行为，不是一两个人，也不是一群慌乱的大众，而是疫情焦虑下一条迷信链的产物。

叫魂，首先要有一个神，专家如今被当成了神，变成招贴画供起来膜拜，某句话会被拿出来当神谕。诸多抢购的发生，都是专家某句话被放大为神谕，过度阐释中形成集体盲从。一名感染这种肺炎的专家，在微博说了句"自己感染这种病可能是去病房时没戴护目镜"，护目镜被抢购了。害得这名专家后来不得不澄清，专业人员才需要，普通人逛个大街就别戴了。疫情当下，当然应该信专家，防疫抗疫，是有科学专业门槛的，官员、媒体、大众都得尊重专家说法，但也不能把专家当神。

第一，别苛求专家在自己不擅长的领域做出自己没研究过的判断，术业

有专攻，研究领域细分，不要把专家当全知全能的上帝。第二，别让专家去迎合民众情绪期待，做出那些没有科学支撑的预言，科学家不是算命先生，有些预言虽然是好消息，但如果没有依据，既误导了公众，也伤害了科学和科学家的公信力。第三，全面理解专家的某段话，不要断章取义，只取自己期待看到的。科学判断是一个有前提、有限定、有不确定性的完整判断，往往不是一句断言一个结论。第四，不要诱导专家当神，专家多很纯粹，有时容易被人设置议题，被问题带到可能误导公众的陷阱中去。

把专家当成神，往往是迷信链的开始。科学与迷信的界限在哪里？科学会说"我错了"，但迷信不会。雷神山、火神山之类的迷思，作为一种祈祷和美好愿望是可以的，但不能沦为迷信。

专家与大众之间有个中介，就是媒体，媒体报道扮演着非常重要的作用。这段时间，媒体为了回应公众的种种焦虑和疑惑，传播科学素养，做了很多连线和对话专家的节目，这些节目在引导公众理性看待病毒上，起到了不小的作用。但也存在一些误区，比如过度透支某个专家，诱导专家去预言，提出一些不专业的问题，使专家在可能不擅长的领域做出可能有误导性的判断，将专家谨慎的判断在标题中做成"全称判断"。顺应公众"赶紧找到特效解药""赶紧研制出疫苗"的渴求，做符合情绪期待的新闻。情绪最需要断言，媒体也需要断言，断言才能形成病毒式传播，可科学往往是反断言的。

这个可以治病，那个可以抑制病毒，种种类似的新闻，就是这种迷信链的产物。能不信专家吗？能不信权威媒体吗？加上对"不明事物"的本能恐慌，大众的抢购热情就迸发了。公共卫生危机之下，专家和媒体是情绪稳定的定盘星，如果专家被当成神了，专家作用被透支，媒体热衷去做符合公众情绪期待的新闻，那么，迷信链的潘多拉盒子就被打开了，形成互相传染的信息混乱。迅速神启，迅速抢购，迅速澄清，在一轮轮非理性的狂欢中，媒体和专家的公信力都受到重创。

专家别把自己当神了，媒体不要造神了。戒除"断言"的癖好，放弃对专家的透支和对科学不切实际的期待，这条迷信链也就断了，也不会发生这种深夜"叫魂"了。

（微信公众号"吐槽青年：曹林的时政观察"2020年2月1日）

各地拼命吹自己，反让人对防控不太放心

疫情防控形势依然严峻，"粪—口"传播、门把手发现病毒、聚集性病例多发等坏消息，让人神经不敢放松。这个背景下，看到一些地方不断在吹自己，"吹爆体"神文频出，比拼着自夸，反让人对防控不太放心。

近段时间，这种花式吹捧地方防控经验的文章不断刷屏，这个地方夸完，那个地方夸，正面地夸，傲骄地夸，炫耀地夸，极尽赞美之词，什么"让别人怎么活啊"，什么"让别人来抄标准答案啊"，什么"教科书般的防控、完美的措施"。夸一级响应发得早，夸发布会阳光透明，夸地方领导对数字信手拈来，夸基层防疫硬核，夸政府机构科学专业。

干得好，当然应该夸，夸了政府才更有干劲，这场战疫是地方治理能力的最好考验方式，领导干部能力高下立判，地方应急治理水平优劣立现。这种夸，既是夸给做事的人看，让做事者受到激励，也是夸给那些在危机挑战下穷形尽相的人看，这就是差距。这一轮赤裸裸的夸，明显带着一种隔空喊话的批判性情绪，为什么这些地方能干好，有些地方就干不好呢？差距为什么这么大呢？

但说实话，这些拼命吹爆自己的文章，看一两篇还觉得带劲，看多了，反而对地方防控不太放心。这些被夸成一朵花、夸上天的地方，真的很完美吗？真的是教科书般的防控吗？如果此次疫情不是从武汉开始暴发，而是从这些被吹爆的地方开始暴发，真的能避免那些问题吗？真的就没有值得反思

和提醒的问题了吗?

我担心的是,在种种"暖风吹得领导醉"的肉麻吹捧中,一个地方会沾沾自喜,陷入盲目的乐观。疫情防控如此严峻,可能还没有到吹的时候。媒体和舆论的一大功能,是保持预警和监测者的清醒,好的要表扬,但更重要的是,要对可能存在的问题发出预警,就像站在船头的瞭望者一样。有没有死角和盲区?聚集性的风险有没有堵住?有没有数字没被统计?民众有没有不满的地方?等等。

遗憾的是,在这些被吹爆的地方,似乎很少看到媒体去关注问题和发出预警,各种好,都是好,好得不得了。我更愿意看到这样的忧患和反思意识:如果这一次问题不是暴发于武汉,而是发生在本地,本地媒体预警系统能否发出声音?本地公共卫生系统能否及时启动?本地医疗资源能否满足公众需求?会不会出现跟目前同样的问题?有这样的灵魂拷问,才是负责任的。外地生病,本地跟着一起吃药,这种反向预警,才是媒体应该做的。

无论如何,媒体和舆论不能失去预警功能。想想半月前某地,媒体不也是一片乐观,盲目自信,报纸上看不到半点儿问题,后来呢?结果都看到了。各地在吹自己,让人不安,我宁愿看到预警,看到对防控中问题的关注,穷尽媒体的监测功能,努力去完善防控。

就拿近来被捧上天的某地来看,真的就没有值得关注的问题吗?今天早上当地一个市民还在微信上跟我吐槽,让我写评论反映一下这个问题:当地很多小区都被堵死了,消防通道被堵得死死的,一旦发生意外,后果不堪设想。她问了在消防部门工作的同学,她的同学也觉得很不妥,但消防一家无力解决这个问题。因为她要送父亲去看病,打电话给社区反映情况,值班人员粗暴挂断电话。昨晚打了几个小时的政府服务热线"12345",终于在11点打通,才告知向上汇报。另外诸如租户返城回不了家、商户生存遇到生死劫、违法挖路断路等问题,都被华丽肉麻的"吹爆体"所掩盖。

该表扬的可以不吝表扬,但如果只有吹上天,而没有对问题的警醒,对其他地方的问题以"来抄我们的答案"的轻浮之心去看待,而非以"如果起源在我们这里,我们能否做好"去反思,赞美就显得让人不安了。无论如何,媒体不能丢了监督、监测和预警功能。

(微信公众号"吐槽青年:曹林的时政观察"2020年2月3日)

发现近来盛传的众多谣言有几个共同点

早上打开手机，就看到朋友圈有人转发题为《李兰娟院士重磅推荐新药为其儿子名下公司出品，只经过体外细胞初步测试》的文章，够震惊，够劲爆吧！人民信赖的院士，原来也是"带货的"，院士也是要"恰饭的"？稍微有点常识，都会觉得这不合情理——一位德高望重、在"非典"和此次抗疫中都立下汗马功劳且堪比钟南山的院士，冒着生命危险不远千里驰援武汉，拐弯抹角竟是替儿子卖药？这卖药的成本也未免太大吧。打开文章一看，果然，一本正经地扯，熟悉的"配方"——一堆猜测中加几句貌似真实的信息，用"说到底都是利益"这个符合大众阴谋论想象的莫须有逻辑，煽动起仇恨情绪。

果然，下午这篇文章就被辟谣了。这几天类似的谣言特别多，每一个都能在朋友圈掀起一波转发潮。比如，"这一次的病毒是某家病毒研究所制造的"，你看看，这家病毒研究所制造了病毒，让这么多人染病，然后又向公众推荐双黄连，这不就是"带货"的吗？最近媒体报道"瑞得西韦"可能是治疗新型冠状病毒的特效药，可这药在上个月21日就被这家病毒研究所抢注了发明专利，这难道只是巧合吗？先制造病毒，再抢注特效药的专利，先让你得病，再垄断卖解药的途径，也太黑了。你看，跟"李兰娟院士重磅推荐新药为其儿子名下公司出品"的谣言，是不是一样的配方、一样的思维？当然，这很快被鉴定为谣言。

近段时间，涉疫谣言特别多，一来，因为大众对不明肺炎的恐惧，人一害怕，判断力就会降低，容易跟风，把期待的事、害怕发生的事、符合恐惧镜像的事，当成真事。二来，信息不透明、不对称，谣言成为人们心理防卫的一种武器，宁愿把事情想象得糟糕一点，把人性想得坏一些。三来，人们闲着没事，全国人民都自我隔离在家里，集体焦虑、郁闷和无聊，这种集体情绪也成为谣言的温床。总结了一下，当下的涉疫谣言有这样几个共同点：

第一，满足人们"找一个靶子去群殴"的疫情情绪。如此大的公共卫生危机，让社会和民众付出了如此沉重的代价，总得有人为此负责吧？当下问责的几个小官，根本无法满足人们的问责期待，集体心中涌动着"非得找个大家伙"来浇灭大众胸中块垒的愤怒。可以注意到，从1月20日疫情形势紧张开始，舆论一波一波的浪潮，就是一次次寻找新靶子的过程。舆论情绪像推土机一样，碾过一个个可能的主体：从武汉官员到湖北官员，从"可防可控"的专家到国家卫生部门，从卫健委专家组到写论文的科学家，从湖北红十字会到某家病毒研究所，从推荐双黄连的机构到报道双黄连的媒体。

由于疫情至今没有人负责任，被隔离在家中的人们，憋着一股巨大的、无法发泄的情绪。诸多谣言，击中的正是这种情绪，所以能够迅速引爆大众愤怒。总得有个负责的吧？于是，像"病毒是某家病毒研究所制造的""科学家为了急于发论文而瞒报疫情"之类的谣言，一下子就把人们点燃了，阴谋论获得了极好的传播土壤，我负责制造一个敌人，你负责去骂死它。

第二，迎合着人们对"带货"的简单想象和痛恨。平常，人们是有多容易被"带货"，这时候，就有多么痛恨"带货"。疫情当下，如果你恨一个人，就说他是靠疫情"带货"的，吃人血馒头，发国难财，立马这人会被人民群众唾沫星子淹死，不管你说得对不对。"人为财死，鸟为食亡"，"天下熙熙，皆为利来"，这种逻辑是多符合普通人的认知啊。你看，诸多谣言借助的都是这个最简单的逻辑：科学家为了发论文而瞒报疫情，媒体为了"带货"而深夜发文推荐双黄连，病毒研究所先制造病毒再抢注药物发明专利、院士重磅推荐新药为其儿子名下公司出品。

  复杂的疫情、不明的病毒,被键盘写手简化成了两个字——"带货"。平常越容易被"带货",越容易被"网红"搞得五迷三道的人,就越相信这种"带货"逻辑。

  劝君少看"震惊文",利用这段难得的自我隔离时间,好好读点书吧。

不是欠不欠理，大理就是抢劫

疫情比较严重的重庆和黄石，政府部门费力买了一批口罩，这批货经过大理的时候，被"劫"了。抢劫救灾物资，罪加一等，在过去，那是要砍头的罪啊。大理地方政府部门却明目张胆地干了，冠以"征用"的堂皇名义。普通人这么干，是抢劫，大理以"征用"之名这么干，也是抢劫。

有评论说，大理"欠理"，这哪是欠不欠理的事，就是形同抢劫。虽然大理做得好像是"守法"的样子，还经由了法律的程序，可正如法律专家所言，大理征用重庆急需的口罩，像这种涉及跨地区的"征用"，只有国务院才有权力，大理用国务院才有的权力去"劫"他地急需的物资，是违法犯罪行为。不是一般违法，是抗疫"战"时严重违法。

国务院早在2020年1月29日就发布了紧急通知，要对重点医疗应急防控物资实施统一管理、统一调拨，地方各级人民政府不得以任何名义截留和调用。——大理这是顶风违反国务院通知。总书记最新要求，疫情防控越是到最吃紧的时候，越要坚持依法防控，在法治轨道上统筹推进各项防控工作，保障疫情防控工作顺利开展。——大理这么干，是置"依法防控"的法律要求于不顾。

什么是征用？不是政府随意的阐释、随意的行为，而是紧急状态下的紧急行为，根据《中华人民共和国突发事件应对法》第五十二条规定，履行统一领导职责或者组织处置突发事件的人民政府，必要时可以向单位和个人征用应急救援所需设备、设施、场地、交通工具和其他物资。"突发事件"是指突然发生，造成或者可能造成严重社会危害，需要采取应急处置措施予以应对的灾害、灾难或事件。——紧急性和必要性是征用的必要条件。

从大理目前的情况看，虽然也有疫情，但并无紧急性和必要性，从确诊的数字看，倒是重庆和黄石有着需要口罩的紧急性和必要性。征用不是政府可以随意做出的行为，武汉疫情如此严重，至今也没有征用谁的口罩，因为这时候谁都缺口罩。只有一线的医护人员比普通人对口罩的需求有着更高的紧急性和必要性，即使如此，武汉各医院紧缺到这种程度——不是告急，而是没有了——也没有去随意征用别人的口罩。目前武汉各城区为了统一隔离和观察，紧急征用了一些酒店。

重庆方面2月3日向大理发函索要被征用的口罩，大理方面称口罩已分发使用，无法追回，这副嘴脸，多像一些泼皮无赖——抢是抢了，但不好意思，已经花光了，你能怎么着？这时候，不仅要让大理把"劫"了的口罩"吐"出来，还要治其违法劫留抗疫物资之罪。

战时要有重典，必须严惩大理有关部门这种扰乱战疫的违法行为。疫情处于紧要关头，物资全国都缺，这时候更需要服从统一调度，有全局的抗疫意识。如果纵容了大理这种冠以征用之名的劫留行为，或者轻描淡写只是"吐"出来了，只会加剧物资的割据和地方劫留主义，以邻为壑，疑邻打劫，各地打着自己的小算盘，形成物资调拨的混乱。

不治一治以征用之名打劫口罩的大理，树立不起战疫的权威，也对不起那些为一线紧缺物资而穷尽努力的爱心人士。

（微信公众号"吐槽青年：曹林的时政观察"2020年2月6日）

这一页是翻不过去的，没有道歉的纪念很苍白

昨晚10点多就开始刷屏，一直刷到现在，这个无数人不眠的一夜，也许会被写进历史，见证了历史，也参与了历史。流着眼泪，目睹了一场盛大的葬礼、普通人不肯睡去的良知，还有普通人无法理解的魔幻现实。朋友圈里，甚至那些从来没有对时事表达过看法的人，都用力敲出了泪眼、愤慨和他的名字。疫情把每个人卷入其中，没有人能够再去假装岁月静好。作为一名医生，他为人们发出哨声警报，却受到训诫和羞辱，最后又以这种方式在这个寒冷的雪夜离去，让这个社会欠他那么多，而且没有了偿还的机会，痛！

懂不懂人们心中这种无法释怀的巨大歉疚？虽然错不在公众。懂不懂人们不为他说几句，便觉得良心不安？虽然说了没什么用。懂不懂这巨大的纪念海啸中所包含的民意，疫情让人们憋着太多的情绪，太多的问题只有问号却没有回音。国家、社会和每个人付出了如此沉重的代价，该为此负责的人缺席着，看得见的错没有被纠，吹哨者却先以这种悲惨方式离开了，我们心痛得说不出话来。

没有从天而降的英雄，只有挺身而出的凡人。他不是一名英雄，而是一名平凡的医生，正是这种平凡，跟我们每个人一样有着平常的爱与痛、恐惧与勇气、软弱与温和的坚定，更让我们心疼和心碎。他尽了一名医生和公民的责任，社会却没有善待他、保护他和珍惜好他。我们憎恨丑恶，更受不了对好人的亏欠，我们害怕好人再不敢发声，我们害怕"好人没有好报"的怨

念在潜滋暗长。

一夜无眠，枯坐桌前，想写点什么，却一直写不出来，胸口憋闷得难受。用言语，实在无法表达这种憋闷和难受。面对那张脸，任何语言，敲出来都显得苍白。后来终于想明白，到这个时候，说什么确实都是无力的。说什么呢？不是公众应该说什么，而是有关部门应该做什么。人们在心里过不去的是，他临终前都没有等到道歉。如今满屏都是纪念的文字和化不开的悲伤，可，没有道歉的纪念是苍白的，没有纠错的哀悼无法抚慰人心。他没有等到道歉，他看不到纠错了，可，公众还看着，其他7个人还在等着。

这一页是翻不过去的。从疫情暴发开始，8个人的问题就是人们心中的一个心理障碍，一根梗在喉中不拔就不痛快的刺，一块堵在全民胸口让人窒息的大石头。这个问题，不断被提起，影响着公众抗疫的凝聚力，不珍惜发出警报的英雄，不给吹哨者正名，不跟他说一声"对不起"，人们便无法释怀。半个多月了，一直在呼吁，"最高法"的那篇公众号文章，是一个很好的纠错机会，可是没有听到道歉。人们等到的不是道歉，而是吹哨者的死讯，这就是这一夜海啸般愤慨和痛心的背景。

迟到的纠错也是一种告慰，请向他说一声"对不起"，纠错，给他应有的尊重，也让悲痛的公众稍微心安一些。还有那7个勇士，他们还在等。全民付出了多么昂贵的成本，抗疫是一场输不起的战斗，战斗需要人心凝聚，而人心，容不得这根看得见的刺，请拔掉这根刺！

（微信公众号"吐槽青年：曹林的时政观察"2020年2月7日）

如果那是谣言，这十多天人们造过多少谣

下午的新闻发布会上，卫生防疫专家强调，新冠肺炎传播途径包括气溶胶传播。这个坏消息，让眼巴巴等着拐点的人们，心里一紧，这意味着多了一个无形的、似乎防不胜防的传播途径，意味着既有的防护措施必须加码，意味着抗疫形势非常严峻。不像直接传播和接触传播，飞沫混合在空气中，形成气溶胶，吸入后导致感染，以让人感觉不到的方式发生。

前几天关于"病毒可通过气溶胶传播"就已经在网上传播，清楚地记得，有一家较有公信力的媒体，还在其辟谣平台进行了澄清，在"冠状病毒可通过气溶胶传播"几个字上打了一个大大的"谣"字，并配上了专家证言。现在，防疫专家通过官方证实了气溶胶传播的存在，表明之前传言并非谣言。那么，针对"冠状病毒可通过气溶胶传播是谣言"的辟谣，是不是谣言呢？我觉得不是，人们的科学认识需要有一个过程，特别是对这种不明肺炎，这种新出现的狡猾病毒，没有哪个专家敢说已经清楚地了解了它。

之前说可通过气溶胶传播，但并不十分肯定，只是发出预警，后来的辟谣，是按照当时病例和自身认知做出的判断，虽然今天被证伪，但科学不就是这样的吗？理解了这个过程，就理解了人们为什么坚持认为医生当初的预警并不是谣言。如果那是谣言，这十多天人们造过多少谣？

还记得疫情刚开始暴发的时候，被感染的好像都是老人、有基础病者和肥胖者。一位拥有院士头衔的权威专家称，目前证据确实显示儿童、年轻人

对病毒不易感。这个判断让很多人松了一口气，不过情况很快就严峻起来，这个判断被事实所推翻，国家卫健委明确表示，儿童是新型冠状病毒感染的肺炎的易感人群。新型冠状病毒是一个新病毒，所有人都没有免疫力，再年轻也易感。那么，之前专家说的是不是谣言？当然不是，那是那个阶段的认知，病例有限，对病毒的认知也很有限。

关于拐点，疫情刚发生的时候，媒体急于让专家判断拐点，好几位权威专家都提到，拐点应该在元宵节，疫情在一周或十天左右达到高峰。承受着各种隔离代价的人们盼啊盼啊，终于等到元宵，同一批专家的判断是，说元宵节是拐点为时还早，关键时期千万不可掉以轻心。与现在的事实不符，那么专家之前的判断是不是谣言呢？当然不是，疫情每天都在发生变化，那只是半个月前基于当时信息基础上的判断，而信息的变化是动态的，病毒传播的种种不明给判断带来太多障碍，怎么能苛求专家当神？如果把与后来发展的事实不符的专业预判当成谣言，那专家就不敢开口说话了。尊重科学，就是"尊重科学家的判断也可能有错"这个事实。

钟南山院士很值得尊敬，虽然之前做过"关于元宵是拐点"的判断，但他没有为了维护所谓"权威面子"而讳言和回避，而是根据新的形势做出了新的判断，这就是科学认知的过程。这种在判断上的纠错，丝毫没有影响科学权威，而是让人觉得说真话、敢于否定之前判断的科学家更可信。

科学与迷信最大的区别就在于，科学会说"我错了"，而迷信不会。那些播撒迷信的巫师，从来不会想着怎么做出一个不会被打脸的判断，而是想着在错的时候找到冠冕堂皇的理由。就像《今日简史》中提到的，要想当一个祭司，重点不是知道怎么跳祈雨舞，结束干旱，而是知道如何在跳祈雨舞失败的时候找到借口，并让人们继续信神，就算人们所有的祈祷，神似乎都听不见。全智全能的神才不会错，而科学是反神话的，本身就是一个试错的过程。无视人类对事实的认识规律和认知局限，把所有不符合事实的判断都当成谣言，科学就被扼杀了。

人类拥有着一种理性的自负，认为自己在很大程度上已经掌握了真理和真相，这个可控，那个可防；这是谣言，那是谣言，不能放过任何一句不符合"事实"的信息；我们这么厉害，区区一个病毒算什么？不明的病毒狠狠地修理了人们的这种致命自负。各种自负，一次次在狡猾的病毒前败下阵来，包括权力的自负、专家的自负、舆论的自负。梳理一下，这段时间，多少个之前"我们爱听"的乐观判断，被严峻的防控事实证伪了，而又有多少个之前被看成"搅乱军心"的、我们不爱听的悲观判断，最终却被证实了。这提醒我们，在自然面前千万不可自负。那些明显恶意的造谣，当然应该依法狠狠地打，但基于信息和认知局限而产生的"不合事实"，应该宽容，特别当这种言论来自专业人士时。没看到吗？权力已经为这种自负和不宽容，付出了巨大的代价。

病毒逼着人类在成长，这种成长包括对新病毒的认知，更包括对自身致命自负的清醒认知，对所谓"谣言"重新定义。病毒"修理"着人的自负，动态中纠错不是丢人的事。多点儿宽容，给科学一个试错的过程，也给信息传播一个自身纠错的过程，不可用那种权力的自负去窒息科学和信息传播。

（微信公众号"吐槽青年：曹林的时政观察"2020年2月8日）

没有疫情教育的"停课不停学"不如不学

上面要求"停课不停学",下面轰轰烈烈动员起来,又是网课,又是直播。没有条件,创造条件也要上,导致各种慌乱、各种不适应所产生的情绪。舆论反弹下,有关部门最新的要求是,"特别不提倡、不鼓励、不希望、不建议各高校在疫情期间都做直播课"。有老师吐槽说,要求在线教学,可能还好办,这个含糊的"不提倡、不鼓励、不希望、不建议",就不知道怎么办了。"停课不停学"引发的认知混乱和基层反弹,见证了长期的应试教育带来的改革惰性和思维局限。

对"停课不停学"有很多吐槽,如增加家长负担,孩子的负担本来就重,给防疫添乱,效果很差,形式主义,让家长、老师疯了,等等。信不信,如果教育部门没有"停课不停学",家长会更疯,批评声更加铺天盖地。"停课不停学"的要求貌似是教育部门提出的,但实际上是整个社会教育焦虑的一种体现。这种焦虑见不得孩子有"不学习"的时间,见不得半点儿"放空"。一有点儿空隙,就必须填满,何况这么长的时间,怎么能够容忍孩子"不学习"?

回想一下去年某些地方推行了一些教育减负措施后,招来了多少骂声,多少家长如坐针毡,教育部门承受了多少骂名?如果这一次没有"停课不停学",没有课程去填补孩子的这种长假期,没有"让孩子保持学习"去安放家长的焦虑,教育部门领导真会被口水淹死的。

这种"停课不停学"的焦虑，与假期拼命报兴趣班，与休息时间报各种培优班，与平常把孩子的每一个童年休闲时光都填满，从早上6点起床到晚上11点睡觉的无空隙学习管理，是一致的。有没有看到，孩子的寒假还没有结束，"停课不停学"就蠢蠢欲动地提前终结了孩子的假期，以至于教育部门不得不发文叫停这种"抢跑"。

理解"停课不停学"背后上上下下的焦虑。无法预期疫情何时结束、何时可以恢复常态，误什么也不能误了孩子的教育，孩子在学习，学业不荒废，人们就不会太慌张。人们总有一种"落下课程就耽误一生"的慌乱，也担心长时间的假期会让人懈怠，所以急于想用课程和教学把这段特殊时期填上。不管网络教学效果如何，起码是一种安慰剂，让家长和社会稍稍安心，孩子一直在学习。有一种冷叫"你妈觉得你冷"，也有一种学习叫"你妈看着你在学习"。

我并不反对"停课不停学"，实际上，"不停学"是一个伪问题，中国的孩子何时停止过学习？即使是寒假，学习什么时候停下来过？高考的鞭子、家长的眼神、就业的压力、社会的焦虑、培训班的推动，无处不在的焦虑贩卖和教育规训，哪能让孩子停止学习？我想说的是，社会上上下下不要用那种自我安慰的形式主义和"课不能落下"的应试思维去填满这个特殊时期。不是停不停学、要不要学的问题，而是怎么学的问题。疫情对中国社会提出了挑战，也给教育出了很多考题。疫情给常态教育按下了暂停键，怎么办？不要急于赶紧找一个网络替代途径去让原有的教育内容不受影响，不要急于想着把这段时间用知识点和答案填满，能不能慢下来好好去学习思考？

是的，我最想说的是疫情教育，没有疫情教育的"停课不停学"很容易学了白学。网络教学效果不好，缺乏面对面的交流，网速太慢，学生没有自制力，这些都不重要。这些问题，都是"我讲你听""我说你记"的灌输教育的延续，学生都是被动的接受者。以学生为主体的"不停学"，被偷换为"不停教"，仿佛只要"不停教"就会有"不停学"，就会有不断学习的效果。我欣赏的"不停学",是借助疫情的现实,用现实的命题去驱动学生的主动思考,用特殊时期的慢节奏和标准答案的失灵,去培养一种贴近现实的深思能力。

学生的主动性如果不被调动起来,在线学习真会成为一种形式主义,成为自欺欺人的假学习。眼前的现实、每天刷屏的新闻、跳动的数字和背后的人、热议的话题、知识分子的忧思,是激发学生主动思考的最好的活教材。不妨带着学生去思考这些问题:这场危机为何发生?为什么医生的警告没有引起重视却反受训诫?为什么钟南山能享有这么大的威望?我们重复了哪些在SARS中犯过的错误?医生为什么值得尊重?一个国家为什么不能缺少舆论监督?——不停学,不是把课堂搬到网上,而是搬到现实命题的拷问语境中。

如果你有志于以新闻为业,疫情新闻中那些刷屏的调查性报道是最好的教材。如果你想让孩子热爱文学,那些记录疫情现实的文章和刷爆朋友圈的诗句,是给孩子最好的启蒙材料,在夜深人静的时候,把那些触及灵魂的文字,一字一句地读给孩子听。如果是学公共管理专业的,比较一下不同城市应对危机的反应和民间评价,这是最鲜活的案例教学。如果是学法律专业的,看看那些被粗暴挖断的路、被乱封的小区、高速上流浪的湖北车牌司机,理解现实与理想的法律差距。孩子的数学课,让孩子关注每天疫情地图上的数字,更要关注数字后面的人。孩子的英语课,不只有新冠肺炎的英文简称,还应该有那些外国友人怎样用自己的语言表达对武汉的支持,钟南山接受路透社采访时那流利的英文传递了哪些信息。孩子的语文课,如果只有教材里的阅读理解,而没有基于疫情好文的阅读理解,那种"不停学"是失败的。

这是我理想中的"停课不停学"。这样的"不停学",不是对焦虑家长的安慰,不是对特殊空档期的填补,也不是"课堂内容"向"网络教学"的简单复制,而是让这场疫情成为学生的大课堂,让一代人在危机现实中学习、反思、铭记。"不停学",应该是与这个国家、这个社会、这些流着泪的人们融合在一起,脉搏一起跳动,思考保持同步,思考保持共鸣,而不是在抗疫大环境中隔离出一个脱离现实的温暖小环境,等孩子们长大了再去回顾,等疫情结束后浓缩成案例而写进教材,等总结时形成陈词滥调和宏大叙事。

落下的课程,无论如何都可以补上,不跟着现实危机的挑战一起反思和学习,不吸取教训,仍然把头埋在教材中而背向现实,这样的"停学",才是对一代人的最大耽误。

(微信公众号"吐槽青年:曹林的时政观察"2020年2月13日)

我不觉得喊"武汉加油"是没文化的表现

前几天看到日本友人的赠语"山川异域，风月同天""青山一道同云雨，明月何曾是两乡"刷屏的时候，就知道，"武汉加油""中国加油"之类常人惯用的鼓劲口号麻烦了，要被某些文化人吊打了。当一个社会自信缺失的时候，外国友人的善意，常会在共同体内部引发某种难堪的撕裂。我知道，文人是不会错过任何一次秀自己文化优越感的机会的；我也知道，舆论场盛行那种丑陋的二元对立，非得把科学家跟娱乐明星对立起来，让玫瑰和汤圆敌对，热衷于用"阳春白雪"吊打"下里巴人"，是不会放过"武汉加油"的。

果然，很快"武汉加油"就被鄙视了——人家开口就是"山川异域"，怎么你开口就是"武汉加油"？真没文化。"风月同天"确实体现了传统文化之美，但对不起，灾难不是你卖弄辞藻、掉文化书袋的机会，我觉得"武汉加油"很好，代表了大多数人此时的情感。最关键的是，这话不是班干部演讲，不是演讲比赛，不是喊给文化人听、让文化人悦耳的修辞，是流着泪咬紧牙关的人们，喊给围城中艰难时刻的武汉人听的，无关修辞，只关情感，武汉人听得懂这声朴素鼓劲背后的深情，就行。

是的，哪怕是一句"你给我挺住"也行，我们武汉的朋友听得懂就够了。跟隔离在家中二十多天、常常处于恐惧之中、隔壁就可能有病人、在微博上苦苦求助的武汉人卖弄文采、把玩修辞，真的好吗？我根本不看重什么"风月同天"，让我感动的是这几个字后面日本友人捐赠的一箱箱口罩、一件件防护服，这是武汉人最需要的，这也是"风月同天"的文化分量，它跟"武汉加油"是一样的情怀，正如那些"武汉加油"后面一个个口罩、一瓶瓶消毒水一样。

"风月同天"，那些沉浸于修辞中的文化人，真读懂了这背后深层的文化内涵了吗？用"风月同天"吊打"武汉加油"，对得起你读过的"风月同天"吗？你们眼里只有那几个词，而没有人，没有人文。

当然，文人看重文采风流，这种习惯没什么问题。柯勒律治在他的《文学传记》中谈到，一群旅行者凝视一股急流，突然喊出"多美！"作为对令人极为感叹的景观特征的一种含糊表达，他认为退化的词语"多美"使多彩多姿的整个景色失色，伟大的文化作品的一个功能就是描绘隐于词语之后的生动情感。那些有文化的、亲爱的朋友，灾难不是一篇文学作品，身处灾难中的人们需要的是在场的共情感，这时候，能把大多数人联系在一起的最朴素的词，可能就是"武汉加油"了。从文学的角度看，审美需要一种与熟悉生活的间离效果，需要陌生化，"风月同天"的修辞美就在于那种间离，让熟悉的事物显得陌生，再让陌生的事物显得熟悉。可那是文学审美，灾难不是文学，跟身处灾难中的人们卖弄文学的间离和互文，背离了文学的人文内涵。

还记得前段时间武汉人开窗大合唱吗？他们实在忍受不了那种孤独和隔离，甚至有人开窗隔空喊话，想跟对面的人"吵一架"，这是一座城的集体心理危机。开窗合唱中，他们唱的都是最老、最土的歌，喊的都是最朴素的话："武汉加油，武汉加油。"我相信，这些开窗喊"武汉加油"的人中，有美学教授，有哲学教授，有作家，有才华横溢的文学天才，这时候，再华美的修辞和动人的诗句，也比不上"武汉加油"让人热泪盈眶。

生活不是诗，常人有常人的表达，特别是灾难。就像柯勒律治，他在生活中也并不会开口就是"穿过深不可测的岩洞，一直流入无光之海"，他也会有常人的悲欢表达。李白的日常不是唐诗，李清照的生活不是宋词，我们在理解文学和修辞时，千万不要犯那种时代和语境错置的谬误。诗是写给人看的，话是说给人听的，口号自有它的听众。当一个男人追着大巴车，送别去一线参与救援的妻子时，哭着大喊"赵英明，听到没有，平安回来，一年的家务我包做了"，这难道不是最美的表白、最动听的诗？这一次作家方方的日记之所以被这么多人传颂，不在于她的文字中有像"风月同天"那样的唯美修辞，而在于她在场的朴素痛感，时代的一粒灰，落在一个人身上，就是一座山。对应着微博上那些求助，透入骨髓的是沉重和窒息。

熟悉和亲近，就是舒适且不尴尬的"土味"。越是亲近和熟悉的人，越会随意，越不会想着怎么去用言语雕琢和修饰自己的情感，一起热泪盈眶地喊"武汉加油"，就是这种朴素的亲近和亲切。家人不必那么客气，不必见外，"两情若是久长时，又岂在朝朝暮暮"是秀给人看的，不是彼此的生活对白。外国友人，因为距离隔得远，心理显得生分，为显礼貌，用这样的雅词书语表达人同此心的友善。我们这么近，我们就在其中，我们是家人，"武汉加油"就是最亲热的表达。

文化人习惯区分日常语与书面语，"武汉加油"是日常口语，日常交流如果使用那种外人不熟悉的书面语，完全是对空言说。日本友人附在捐赠物资上的"风月同天"，表达的是一种书面善意，不要犯那种语境错置的谬误。看到一个日本小姑娘在街头为武汉筹款筹物资时，喊的是"武汉加油"，让人动容。

面对灾难中那些不可承受之重，"冠状君""病毒君""花冠君"之类的灾难文艺腔和修辞，是多么的恶心。不要修辞，不要文采，"武汉加油"这最朴素的表达，足矣。"鸡汤"和修辞是置身事外的赏玩，文字的唯美中包裹的是冷漠和消费。我还想到很多"土味"的表白："雄起""奥利给"……这些表达，跟"风月同天"没有高下之分，不比"明月何曾是两乡"寒碜。所以，大大方方地喊"武汉加油""中国加油"吧，不要为这些普通词语难为情，武汉人听懂就行，我们懂，就行。

（微信公众号"吐槽青年：曹林的时政观察"2020年2月12日）

不办几个"高级黑"刹不住过度防控的妖风

一家人只是在自己家里打个麻将，就冲到人家家里又是打人又是砸东西，这岂止是自我膨胀，简直就是无法无天。近来类似的事情在各地并不鲜见，有的随意断路，有的任意封门，有的违法对待未戴口罩者，层层加码，目无法纪，拿着鸡毛当令箭，以防控为名，把手上那丁点儿权力用到极致。多数防控者都很尽职，根据法律授权守好自己的岗位，正是他们的负责任，筑起了一道阻断病毒传播的铁壁。出于大局和自身安全，公众是很支持防控的，但一些无法无天的过激做法，无限放大自身的权力，成为防控的"高级黑"，透支着人们对防控的信赖和支持。

家庭是私人的领地，风能进，雨能进，公权不能进，哪条法律赋予你随意进入别人家中的权力？又是哪条法律让你可以将"应急响应"随意扩大化，导致封县、封镇、封村，甚至封家？把一条条不知花了多少钱才修得像样的路，挖得乱七八糟，不翻法律条文，不顾有没有授权是不是必要，随意给自己加戏、加权力，大有"有权不用、过期作废"的亢奋感。专业层面只是要求接触者隔离，他能放大到每个人都隔离；上面要求来自湖北的人要进行隔离，他能够放大到湖北人、湖北车牌不得进城；上面要求有序复工，他用"让企业跑十几个部门盖十几个章、跑完可能已经撑不下去"的官僚主义去卡企业的脖子。

城市长时间的安静，安静得让人恐慌，甚至比病毒还让人慌，阻碍正常生活的过度防控之妖风，得刹一下了。到了这个阶段，防控更需要基于法律框架中的精细、科学和专业，而不是不计成本的、如抗疫之初慌乱中的各种"一刀切"，别到最后病毒没了，企业也没了，社会也乱糟糟，国家、社会和企业承受不了这种瞎折腾。

最近很多媒体批评了各地种种过激防控之举，有人说，这种舆论压力下，有些人有些地方该收敛一下。我说，千万别那么乐观，这么批评那些违法断路、封门甚至打砸的人，没什么用。说实话，干这种事情的人，根本不会到微信朋友圈看媒体的公众号文章。你能指望一个随意挥拳打砸、低素质的人，用理性的态度认真拜读你写的文章？算了吧。他们连一个字都不会看的，只会看上级的脸色，等领导的批示，判断领导会不会生气，有没有嫌他们是"过激"并"惹了麻烦"。

这就是问题的关键，盯着这些人批评，并没有什么用，要追问的是，谁把他们召唤出来了，到底是怎样一种机制激励着他们做出这些过激之举。我担心的是，基层有一种"越过激越能表现执行力"的坏风气，过激一点，不会受到批评，起码意图很好，动机很革命，行动很积极，执行很给力，即使惹出了麻烦，侵犯了权利，至多只是一句"以后要注意方式"的委婉提醒。正是这种风气，召唤着过激的"病毒"，使很多政策动员形成一种层层加码的加速度，宁愿做过头，也不留下"没有到位"的可能，争着与"做得更极端"的去比。尊重的不是法律和科学，而是行政意志。这个层层加码的过程，也是一个层层自我扩权的过程，防控，成为一种堂皇的自我扩权借口。

近来的抗疫中，问责和处理了不少人，哄抬物价的，执行不到位的，一问三不知的，平庸不作为的，有没有处理任何一个防控过激的？好像没有。媒体曝光了不少过激之举，有名有姓，有具体地点，随意封门，路被挖得不像样子，影响了交通运输，有关部门也公开声称要追究断路责任。可是，有没有看到哪个因过激行为而受到追究呢？这就是问题，不作为会被问责，但因乱作为、粗暴作为而被问责的，好像一个也没有，这只会进一步滋长"越过激越表现执行力"的权力自信。那些无比膨胀的，那些继续"一刀切"的，那些开始冲到人家家里对人动手的，就是这么被召唤出来的，他们知道有"防控"之名做挡箭牌，可以有恃无恐。

不办几个这种"高级黑"，不问责几个不把法律放在眼里的过激防控行为，刹不住那种踩踏法律和不计成本的过度防控之风。社会常态不能长时间被打乱，在防控和复工并重的阶段，需要法律保驾护航。很多地方开始效仿杭州的健康码，由数据对人进行分类管理，绿码行，红码禁，这很好，该隔离就隔离，该出行就出行，避免"一刀切"的粗放和低效，更避免人为管理带来的种种滥权和粗暴。对企业复工，也应该采取这种健康码，让数据去跑，复不复工由数据去说话，而不是让已经很难的企业去跑各种盖章，不是让权力扼住企业的咽喉。

抗疫抗到现在，还没有精细管理意识和法律观念，还把疫情初期那套慌乱的权宜之策当"硬核"，不计成本地过度防控，真说不过去了。

（微信公众号"吐槽青年：曹林的时政观察"2020年2月17日）

那段"汉骂"你们听得想笑,但我听了想哭

武汉大姐的一段"汉骂"火了,排山倒海的泼辣气场和讲理气势、中气十足的大嗓门,征服和治愈了很多人,被誉为"十级汉骂"。诸多自媒体的标题做得很煽情,如:《今天是武汉人集体膜拜一段"汉骂"的一天》,并附上了"汉骂"初级应用指南。我是写时评的,时评讲究语言理性,虽然这段"汉骂"比较粗鄙暴躁,表达不太理性,但我仍然觉得这是一篇绝佳的评论:不弯不绕心直口快,白刀子进红刀子出,撕去了客套、修辞和面子,酣畅淋漓地把抗疫中一些形式主义、官僚主义和一些荒唐的规定暴露出来,话虽糙,但理不糙。这种无须推敲不加修饰的真,这种不好听的真话粗话,比那些精致装潢的套话空话大话和正确的废话,动听多了。

看报道说,武汉有关领导听到这段"汉骂"后,赶紧约谈相关部门并敦促中百整改,很快有了回应。这就对了,听这样的真话,天塌不下来。

"发个表,让人填表,让人接个龙,就觉得自己做了多少事。"——说的不就是那些文牍形式主义吗?反反复复让人填表,火烧眉毛了还是填表,这位大姐只是没说"我们要的是口罩,不是口号;要的是消毒水,不是口水"。

"别人吐槽几句,你就怼人说,那你来社区当志愿者啊?"——这种用志愿者绑架别人、动辄"你行你上"的逻辑,大姐也反驳得非常好,"别人难道没在做事吗?做了自己应该做的事,也做了自己没做的事,怎么就不能吐槽几句?没当志愿者就不能说话了,说几句你就'寒心'就撂挑子了?"

"没有消毒水的时候,你们在哪里?没有酒精的时候,你们又在哪里?现在才来,建个群,让人接个龙,捡别人现成的努力,就觉得做了很多事。"——这段批评,也把那种"摘桃"式官僚主义暴露无遗,"最需要他的时候,看不到他,事情要成的时候,他冒出来各种发号施令,仿佛成绩都是他的。差火。"

我在武汉读了七年书,爱人家在武汉,听到这段"汉骂",熟悉又亲切,尤其在这个特殊时候,更有亲近感。很多外人听了这段"汉骂",可能想笑,但我听了忍不住想哭。骂声背后是无数的隐忍,是压抑了一个多月的情绪,是忍够了不想再忍无法容忍的爆发。你能理解这种在城市通道被关闭的地方居家隔离了一个多月的焦虑和抑郁吗?最困难的时候找不到帮助的人,守在家里用手机刷着各种负面消息,外人只是把这些当成负面,但他们在负面的中心:因病去世的从数字变成身边熟悉的人,仿佛离自己越来越近,又担心一家老小生病,又焦虑于物资渐少,又不敢出门,拐点拐来拐去,暂时不知道还要蹲家里多久。

说没有情绪,说我们都很理解,说不憋着火,那是假的,像这样表达出来,才是真实的。都说武汉人牺牲了很多,奉献了很多,可种种保障对得起他们的奉献吗?听听他们这些骂声,就像接受他们"开窗集体大合唱"一样,也是对他们的尊重。

不仅要听"汉骂",更要解决"汉骂"所提出的问题。今天看到一个段子,感觉特别不舒服。对于武汉的感染者,网上有一个总结说:"第一批感染者是年前的,第二批感染者是挤医院的,第三批感染者是挤超市的,第四批感染者就是瞎团购的。"这段话特别不负责任,首先,没有哪位专家说现在新增的感染数字源于"挤超市"和"瞎团购",这需要严格的流行病学调查,不能想当然乱喷。更重要的是,团购怎么了?怎么就瞎团购了?不去网上团购,老百姓吃什么喝什么。如果说挤超市,可能会增大传染风险,那么团购怎么就是瞎了呢?其实,这已经是老百姓无奈的自救之举中,感染风险最小的了。

以这种方式最大限度地减少聚集和传染风险，即使也会带来传染风险，但，总不能蹲家里不吃不喝吧。

把矛头指向团购，真是站着说话不腰疼，或者说，洋溢着那种"何不食肉糜"的不食人间烟火和十足的外宾感。能怪老百姓去团购？城市各种封停后，如果缺乏统一的物资配送，或者说官方组织的配送远远跟不上需求，不去超市不去团购怎么办？总不能不允许人们自救吧。业主们合作团购，不给社区添麻烦，这是善良而顽强的老百姓在自救啊。这种自救，与官方组织的网格配送，是很好的配合。可以提醒多做好防护，尽可能减少风险，或者说加大社区生活保障，岂能说这种自救是"瞎团购"？

武汉的领导们尤其要多听听这位大姐的"汉骂"，反思自身的形式主义和官僚主义。听到骂声，解决问题，更要听到这座城市的人在隐忍中的抑郁，带着救赎感去补考，把工作做在骂声前面。宁要微词，不要危机；宁听骂声，不听哭声。

（微信公众号"吐槽青年：曹林的时政观察"2020年2月23日）

"狠人狠话"中拼命的武汉，让人看到希望

过去我不太喜欢听到官员说"狠话"，少说多干，多做实事就行了。但这时候特别希望听到来自武汉的"狠话"，不仅要有"狠人"说"狠话"，还要有狠的行动。你不狠，病毒就狠，武汉再容不得松懈和怠慢了。

这几天，微博上来自武汉的求救越来越少了，那种让人揪心的求转发、求床位、求救亲人的悲情呼号，很少看到了。如果到今天还有这样的求救，真的无法容忍了。这可能跟武汉市委书记下的死命令和说的"狠话"有关。这两天，武汉新任市委书记王忠林的一段话广为流传，面对"感染人数总量还不见底"的问题，他说："这是因为排查还没有完全执行到位，在执行排查上态度不坚决、措施不严密、网眼太大。"种种"狠话"、种种行动，都围绕着如何补上网眼。

这位火线上岗书记的这句灵魂拷问，估计会让拉网排查的基层干部很紧张，他不客气地说："我们要认真反思，为什么我们动用了这么多人力物力还不能做到全部查清，而记者暗访就能发现1000多例病患？"这句话，既是给奔走在武汉的媒体人最好的赞赏，给舆论监督的鼓劲，也是对排查工作的施压，全国看湖北，湖北看武汉，武汉看拉网排查效果。攻坚之战，背水一战，容不得半点儿"差不多就行了"，更容不得有任何借口。困难自己排除万难去解决，人，一个都不能漏。必须让床等人，而不是人等床。

面对这场疫情，有的地方是赶考，有的地方是大考，有的地方是补考。

经过大考的武汉，现在的拉网式排查，是对前期遗留工作的补考。关键之役不容有漏。有遗漏，前面的很多努力可能就功亏一篑。所以这位新书记还放出"狠话"说，人命关天，如果再发现一例居家确诊病人，问责区委书记、区长。这话不只是说说，媒体报道说，经过一天的调研后，王忠林一上来就点了江汉区的名。

"为什么我们动用了这么多人力物力还不能做到全部查清，而记者暗访就能发现1000多例病患？"可以看到，武汉上上下下正在努力用行动回答这个听起来似乎难堪的拷问。我从媒体上看到了很多"战时语言和行动"，比如开始为期3天的大排查，落实五个"百分之百"举措，即"确诊患者百分之百应收尽收、疑似患者百分之百核酸检测、发热病人百分之百进行检测、密切接触者百分之百隔离、小区村庄百分之百实行24小时封闭管理"。——"百分之百"就是战时要求，不能是松松垮垮的持久战。

比如现场督导要求：与时间赛跑，和病魔较量，加快"方舱医院"改造建设，以抢的姿态倒排工期，不分昼夜。——确实，必须要有抢的意识，这都一个月了，再慢还对得起老百姓吗？应收尽收，应治尽治，每快一秒钟，就能给更多的人带来希望。都说这是一场没有硝烟的战争，这样为"一个都不能漏"而去拼抢去拼命，才有点战时的样子。

很多地方都对本地防治工作各种夸，各种傲骄，各种"藏不住"，各种自诩"硬核"，虽然武汉在拼，但很抱歉，这时候都说不出"硬核"这样的话了。早就应该这样做了，如果早有这种雷厉风行的态度和行动，这座城市付出的代价可能不会这么沉重。

这座英雄的城市在拼，上上下下都在拼。看一条新闻说，部分居民对封闭小区等政策存在一些抵触情绪，社区志愿者虽然压力很大，承受着不少委屈，也挨了不少骂，但是仍对居民耐心解释。我相信，不仅是这些志愿者，武汉上上下下都带着这种心态，顶着种种压力在努力做排查——挨骂，挨骂，接着挨骂，然后，在习惯的挨骂中，情况渐渐好起来。人民群众骂千万句，都得听着、担着，只要硬仗下的种种努力能让情况渐渐好起来，就够了。

人们都很努力，但相比那些悲剧，那些失去亲人的家庭，如武昌医院院长殉职的消息，让人痛到窒息，这种努力算不了什么。这座城市正咬紧牙关阻断病毒，从而阻断悲剧，人们都异常辛苦，但没有功劳，只有救赎。再不能让一个百姓遗漏，再不能让无力者以那种绝望的方式去求助，这是一座城市的救赎。

19日晚上，王忠林再放"狠话"："各区今晚必须结硬账，不摸清底数，这场战疫就没法打。"军令如山，有令必行，多一些这样强硬的"必须"，多一些铁腕的"百分之百"，以及狠的作风、狠的行动，武汉才能打赢这场硬仗。

（微信公众号《吐槽青年：曹林的时政观察》2020年2月20日）

信不信，"逼捐"的多是那种自己分文不掏的人

疫情吃紧，"逼捐"之风也在紧刮。潘长江和女儿晒日常生活，无意露出家中红酒柜，被喷子逼问"捐款了吗，捐了多少""已经是不差钱了，我就想看看你捐了多少"。潘石屹转发"武汉加油"和致敬驰援者时，被喷子逼问"除了喊加油，你捐了多少钱"。还有不少企业和明星，都遭遇了"逼捐"者气势汹汹正义凛然的逼问。

潘长江还回应了，说"不要道德绑架，肯定捐得比你多，就是不想晒"，一般被"逼捐"者都会回应一下，或者说自己捐了，或者晒出捐赠证明，或者表现自己在这些事务上一直热心参与，以此证明自身的正当性。其实根本无须回应，无论如何回应，都进入了"逼捐"者的话语陷阱，让那些人觉得自己"逼"出动静和效果了，从而刺激着他们的绑架热情，助长着亢奋的"逼捐"之风。当事人根本不用理，自然会有人回敬那些人：关你什么事啊。

有人说，都2020年了，怎么还有"逼捐"这样的事情存在。唉，真不用惊讶，这样的人从来就没有消失过，隐藏在你我身边，戴着面具，窥视着别人的财富。一有风吹草动，嗅到某种血腥味，碰到大场面，便会跳出来混到乌合之众的人群中，露出狰狞的面孔，以正义堂皇的名义去绑架别人，哄抬一种支配他者正当财物的舆论暴力，用圣人的标准要求别人，用贱人的标准要求自己。

虽然公众痛恨这种"逼捐"者，但基于其自诩的道德形象，"逼捐"似乎

从来屡试不爽，每一次都能有所斩获。被"逼捐"者即使有满心的反感，即使像潘长江这样回应几句，也还是会说一句"肯定捐得比你多"来自证一下正义性。

可怕的不只是这种"逼捐"者逼人捐钱，更可怕的是，这种"逼捐"思维蔓延在每个角落，在公共空间根深蒂固，远不只是逼人捐钱，而用胡搅蛮缠的思维绑架着各种正当权利，逼人当英雄，逼人牺牲，逼人"说话"或"不说话"，逼人当志愿者，逼人捐出教育公平，逼人感动。

比如，当你反对给医护子女中考加分的规定，他们会说："有的人嘴上喊着'白衣天使伟大''我们要尊重医护人员''要给予他们更多尊重和关爱'，一旦涉及自身利益了，就使劲摆手，'不行啊，不公平啊'。不让从一线撤下的护士回家，看到给医护子女加分又叫不公，试问这些人，你们都做了什么？"——好一句"你们都做了什么？"这就是逼着你非要让渡出某种利益，甚至牺牲公平去表示感谢，谁给你们的这种权力啊？

比如，当你反对某种过激防控之举，如侵犯别人的权利，打人骂人，违法断路，等等，就会有人跳出来说："不这样防控，那怎么防控呢？要么你去一线防控啊。"——这是逼人闭嘴，好像不去一线防控就不能批评那些违法行为。

比如，当你反对给医护子女加分，他们会说："人家付出了那么大的牺牲，你知道人家面临着多大的感染风险吗？你不在一线，有什么资格有这里指手画脚。"——你看，仍然是道德绑架。人们的工作不一样，社会分工不同，但人与人、岗位与岗位是平等的，每个人在各自岗位上履行着自己的职责，没有一种岗位可以在道义上凌驾于其他岗位，而可以说"我在做什么，你没有做什么，所以你就没有评价的资格"。

"逼人不说话"的另一面是"逼人说话"："你是作家，这么严重的疫情，怎么不说话、不写东西啊。你是作家，怎么这样写东西，而不那样写东西啊？"——别人写不写、说不说，是自己的事，你想写就写想说就说，凭什么去绑架别人啊。沉默与表达，都是自由，正如捐不捐款、捐多捐少一样，也是人的自由。

种种"逼捐"、逼问和绑架，不只是逻辑的混乱和常识的被碾压，而是背后对民众个人正当法律权利的蔑视。日常生活中，这种"病毒"潜伏着，一旦有大事发生，"病毒"便会膨胀起来，夹杂在汹涌的人群中，以舆论暴力作为掩体，站在道义高地，肆无忌惮地碾压着常识和法律。

回到这篇文章的标题，为什么说"'逼捐'的多是那种自己分文不掏的人"呢？我相信，真正捐款的人，内心都有某种善良，这种善良使他们不会去绑架别人，不会把自己的善变成攻击别人的暴力。相反，越是一分钱不捐的，倒会热衷于当那种"键盘警察"去审查别人的善良，窥探别人的捐款清单。用"你看他那么有钱都不捐"来滋养自身内心的阴暗和污名财富的愤激心理。不是说不捐钱就不可以评价别人，捐不捐，是每个人的自由；捐不捐，都不可以去逼别人。

我也相信，越是在抗疫一线努力工作的人，越不会说"你不在一线就闭嘴"之类的话，一来他们没有这闲空，更重要的是，他们身在一线拼命努力，就是为了保护跟自己父母孩子一样的人们，怎么反会恶狠狠地去绑架别人呢？倒是那些身在舒适区的"键盘侠"，常常以"你在不在一线"之类的身份绑架他人，去侵犯和破坏那些真正在一线工作的人所捍卫的价值：生命、自由、财富、平等和法治。

（微信公众号"吐槽青年：曹林的时政观察"2020年2月26日）

如何理解钟南山说"疫情不一定发源在中国"

在广州的新闻通气会上,钟南山院士从专家层面发布了不少足以引发刷屏的硬信息——有信心在4月底基本控制住疫情;中国疾控中心地位太低了;新冠肺炎一人能传染两到三人,说明传染非常快,1月初若严防,病人会大幅减少。尤其是那一句"对疫情的预测,我们首先考虑中国,没考虑国外,现在国外出现一些情况。疫情首先出现在中国,不一定发源在中国",由于突破既有常规认知,引发爆炸性传播。

钟南山院士通过"非典"之战和此次"逆行"到武汉将真相告诉世界,塑造了自身在科学界和公共领域不可替代的权威地位,"说真话"的道德形象,成了自下而上在抗疫上的信心支撑和科学精神的依赖。"疫情首先出现在中国,不一定发源在中国"这句注定会引发争论的话,幸亏是钟南山说的,不至于演化成对科学家个人的攻击。如果是其他专家说的,可能早就被乱砖拍死了。实际上,舆论如此复杂,这一个多月,积累的情绪碾压过每个人和每个机构,这时没有哪个专家敢站出来做这样的判断,也就钟南山院士敢说了。

即使公信和耿直如钟南山,这句话还是在网上引发了不小的撕裂,各取所需,各自解读,形成价值观纷争。有人不屑一顾,有人如释重负狠松了一口气,有人开始臆想各种阴谋论,有人把矛头指向其他国家。对于这句话,应该如何理性看待,才是对钟老原意的尊重呢?

首先，我觉得应该在科学的话语框架内解读这句话，而不是在国族主义的政治框架中解读。钟老的身份，首先是一名科学家，他是从科学的角度来分析疫情传播。科学讲究表达的严谨，保持对种种可能性的开放，严谨到甚至有时候跟常识或直观相悖。钟老讲了很多话，不能把这句为了严谨而考虑不确定性的话拎出来孤立理解。从完整的意思看，钟老更多是在强调对于这个新出现病毒的复杂性，人们仍有很多未知，不能轻易在一种既有信息的闭合思维中考虑问题。事实也确实如此，这种病毒的复杂性，体现在专家之前做出的很多判断最后被证伪了，从开始的"未见人传人"到"有限人传人"，到后来的只感染老人不感染小孩，再到拐点的误判、气溶胶传播的反复，等等。人类在自然和病毒面前，真的挺渺小的，科学也显出了其理性的有限。

前段时间一篇报道援引专家研究称，起初都认为华南海鲜市场是发病地，但现在看来，可能并非如此。已知最早发病者，说自己从未去过华南海鲜市场。一开始官方将"华南海鲜市场暴露史"当成一个诊断标准，这种误判可能导致了不少问题。到现在，零号病人也一直是个谜，这说明很多既有的判断都需要修正，对病毒的发生和传染的认知还有很大的黑色和灰色领域。既然华南海鲜市场不一定是发源地，零号病人仍是个谜，国外疫情也比较复杂，那么从科学角度看，很难确定疫情发源在中国。钟老后来解释说，从科研角度看，"首先发现"和"发源"不能画上等号，但我们也不能就此判断疫情是来自国外。只有对新冠病毒进行溯源，有了结果，才可能回答这个问题。

科学研究不能轻易排除任何可能性，不能将研究限定在一个"根据结论找原因"的闭合逻辑链中，也就是说，未知因素还很多，不能轻易下结论。在这种科学逻辑话语框架中理解这句话，而不是带着其他固化的偏执，就不会觉得"三观"崩塌，不会认为"对疫情的认知毁灭了"，或被钟老的话踩着脚了。

其次，不要在对立、对抗的框架中理解钟老这句话，避免演化成对他者的责难。钟老这句话不是想制造中国与世界的对立，不是某些人理解的那种

"甩锅",而是提醒一种科学认知上的复杂性和判断上的谨慎。抗疫,不是哪个国家的事,而事关人类世界。这不是中国与病毒的战争,更不是中国与其他国家的矛盾,而是人类与病毒的战争,病毒是人类共同的敌人。千万不能人类对病毒还没有研究透,国家之间就撕得不可开交,变成人与人、国与国之争的撕裂。人类真的很渺小,仗打到现在,病毒发源在哪里,还没有找到有充分依据的准确答案,这时戴有色眼镜去渲染地域和国家歧视,是人类的悲哀。病毒如此复杂,传染如此强,靠哪个国家是不行的,需要科学家和国家的合作,找到病源和研制出疫苗,这才是正事。

最后,不要在"卸掉一个精神重负"的框架中解读这句话,该做的事还要做,避免滋生出某种"受害者"阴谋论。判断,需要科学依据,到底病源在哪里,需要小心求证。钟老是科学家,科学家不是神,也可能做出误判,对病毒的认知是一个动态的过程,事实上,这段时间一直是在各种否思的动态过程中不断强化对病毒的认识。不去过度阐释钟老的这句话,保持基于证据的、对各种可能性的警惕,既是对钟老的保护,对科学家说真话的减负,也是对科学的尊重。

战疫一个多月了,应该更加成熟和理性,不要一惊一乍了。

(微信公众号"吐槽青年:曹林的时政观察"2020年2月27日)

不配合记者的张文宏,是对新闻的最好尊重

谁人不识张文宏?这个名字炙手可热,媒体争相报道他的声音,分享他的金句:"闷一闷,少说话,思想就出来了""防火防盗防同事""人不能总欺负听话的人""注射血浆患者立刻康复?那是电影"。"非典"火了钟南山,新冠肺炎火了张文宏,以这种方式认识这些本该只在专业圈子里被推崇的专业精英,挺尴尬的。张文宏深知此理,他说:"疫情过了,大家该追剧追剧,我自然会安静地走开。"

张文宏身上有很多品质受到尊重,只认专业,说真话,说话精妙,表达效率高,思维活跃,属于那种媒体最爱的宠儿,从他嘴里总能说出一些媒体可以直接拿去当标题的金句。公众依赖他,媒体喜欢他,记者热爱他,然而悖论的是,我觉得张文宏身上最让我欣赏的品质,恰恰是他那股不配合记者的专业主义范儿,采访他的记者常常被他给怼回来,甚至被反问得哑口无言。他知道记者采访时想要什么"答案",但他就不配合,常常让采访显得比较尴,却无比真实。

比如,当一个记者采访他时,他电话响起来了,来电显示是他母亲的电话。记者便在一边等着,看他怎么跟母亲聊天。他说:"我偏不接,这属于私事。"记者问他这么久待在病房工作,想不想念母亲。他说:"这个问题问得,哪个孩子不想念自己的母亲呢?"记者想营造和诱导的那种"感动",一下子翻车了。想在新闻中植入"网红医生接母亲电话"的采访花絮,也没

"得逞"。

比如，与记者谈到哪种药有效时，张文宏不顾面子批评起了媒体报道的误导。他说："全国各地派去的都是最精英的部队，我认为他们可以解决这个问题，不需要媒体来帮着解决这个问题。把不靠谱的一些治疗方案片面地传播，一些哪怕是靠谱的治疗方案会因为你们的传播而变得是错误的。"虽然批评得很尖锐，却说到了要害，就是不配合你的要求说什么药有效。他深知，这时候他如果说了某种药有效，即使做了专业的限定，但通过这样的传播，很容易变成新一轮疯狂追捧。什么药有效，是医生的事，由医生去完整地表达，媒体不能用标题去放大。

比如，当记者采访时问道"您作为主任的华山医院感染科有中国最强的感染病学团队，您当初上大学为什么选择了感染病学？"这是媒体采访"成功人物"时的标准句式，引导说一些"高大上"的话，分析当年的曲折心路，聊聊成功原因和成长经历，再贩卖些成功学"鸡汤"，飙飙成功人士的金句。但这是张文宏，不是一般的"成功人物"，他说："对我个人，你不要采访，我觉得没什么意思，我就一个乡下人跑到上海，读完书留下来工作而已。"好简单，不是媒体需要的"答案"和"成功学效果"，却无比真实。是啊，那时候怎么会"想"那么多，哪有那么多高尚而神奇的选择？就是读完书留下来工作而已，无数平凡人都是这样选择的。这是一个凡人，而不是当年就预知今天从而做出伟大选择的神。

还有，对于敏感的病毒来源问题，媒体和公众急切想知道答案，他说："我始终坚持必须有明确的依据。""关于零号病人，我只认证据。不能太寄望于药物和疫苗可以带来神一样的结果。科普有两种，一种是告诉你真实的东西，另一种是把你带到沟里。"

作为媒体人，我觉得，张文宏不配合记者，不是对记者和媒体的不满，恰恰相反，这是对新闻最好的尊重。对于医生来说，尊重自己的专业，有一分证据说一分话，有三分证据说三分话，说真话说实话，这是医生的专业主义要求。对媒体来说，是一样的，不想当然地判断，告诉公众事实真相，按照事物本来的样子去报道，准确地还原专业人士受访时的表达，评论不跑在新闻事实的前面，不迎合公众的情绪需要，捍卫"真实"这个生命，这是新闻专业主义的要求。医生的专业主义与新闻的专业主义，是相通的。

媒体需要感动的故事，就讲"让你感动的故事"；媒体需要某个Pose，就在镜头前摆出某个Pose；媒体想知道某个答案，就迎合这种需求，给出某个答案；媒体需要煽情，需要"喜闻乐见"，需要"大家都听得懂"，需要"语不惊人死不休"，就扭曲自己的专业而去配合地讲"10万＋"的故事。这些，既是对自身专业的矮化，也是在迎合一种不专业的新闻操作，进而是对公众的不尊重。抗疫需要专业，每个专业人士在自己的岗位上贡献专业的智慧，医生贡献专业的判断，媒体专业地报道真相，官员尊重科学和专业，各就其位不越位，这个世界才会更好。

看得出来，媒体传播总想塑造一个男神、医神、网神、拯救大众于疫情灾难的大神，而张文宏对此保持着专业警惕，抗拒着神的塑造倾向，绝不"跳大神"，保持一个医生的冷静、一个人的平凡性和烟火气、一个专业人士的专业精神。

（微信公众号"吐槽青年：曹林的时政观察"2020年3月5日）

武汉人的刚,刚得气壮山河

《检察日报》正义网的评论《那一声"假的",打肿了官僚主义的脸》,表扬了武汉人的刚。一个视频近日在网上热传,视频中,当中央指导组在社区物业工作人员的陪同下对小区内的防控及群众生活保障工作进行视察时,不断有居民从家里的窗户向指导组大声喊话:"假的,都是假的。"反映物业工作的一些不到位,官方调查和媒体求证,现场内容基本属实。针对群众现场反映的问题,领导立即要求深入调查,切实解决,不回避矛盾,杜绝形式主义、官僚主义。

假的就是假的,不管谁在场,大声喊出来,这就是武汉人的刚。有话直说,有矛盾当场说出来,不捂不憋,捂着憋着才会憋出大矛盾。实事求是,实话实说,这种刚精神、刚能量、刚意志,是抗疫最需要的。尤其是在疫情严重的武汉,需要这种刚去解决种种严峻的问题。什么是刚?直、硬、坚韧、不屈不挠、不阿、不装、意志挺拔、不被困难压倒。武汉人的种种刚,让人肃然起敬,让人热泪盈眶,让人充满尊重。

还记得武汉人的开窗大合唱吧,一起喊"武汉加油,湖北加油",一起唱国歌。集体憋了很久之后,这是武汉人的一种心理自助。团结才有力量,坚持才是胜利,这种抱团高歌,既是强化自身的意志,也是用这种努力不给外人添麻烦的方式进行心理抱团、心理自助。开窗大合唱,我们听到的是不屈服的刚的声音。

还记得十级"汉骂"的武汉大姐吧。排山倒海的泼辣气场、中气十足的大嗓门，指向禁足后社区和商场在服务上的种种问题——不合理的套餐、物资供应不上、官僚主义，等等，情绪不遮不掩，爱憎分明，态度何等之刚。当地迅速整改，社区迅速反思。最新的消息是，"汉骂"大姐已经成了一名社区志愿者，在吐槽后自己去体验别人服务之难，这是刚中有柔，保持刚的直爽，刚直吐槽后刚直地行动。疫情留下的痛和伤痕，需要更多的行动才能慢慢治愈，憋闷中开骂发泄，对自己是一种治愈，对有同样情绪的人也是一种治愈。像这样骂完后加入志愿者和行动者的队伍中，是一种更高层次的治愈，对自己、被骂过的人、曾有同样情绪的人、围观者，都是一种治愈。

还记得总理到武汉商场时的一个镜头吗？总理说，祝武汉老百姓平安健康。旁边一位正在结账的老人加了一个"长寿"，总理也接着说了个"长寿"，周围群众都会心一笑。这个过程中，老人始终没有停下自己手中的事，继续把买的东西装袋结账，让人看到了武汉人的从容自然。这是生活之刚，无论如何，我首先做好自己的事，说自己的话。

还有社区工作者和志愿者的刚。看一条新闻说，一名武汉下沉社区的志愿者反映，大排查后挨骂情况好了很多："'千手观音'不容易，社区的事杂且多，人少，人人都是三头六臂，啥事都得顶着。部分居民对目前封闭小区等政策还是存在一些抵触情绪。社区工作人员虽然受了很多委屈，压力非常大，但是接听居民的电话都是心平气和，耐心十足。"他有一天的日记这样写道："今天只做了三件事：挨骂，挨骂，接着挨骂。"另一篇日记则说："相较于前一天的挨骂，今天情况好了很多，绝大多数居民对于入户调查积极配合，也很热心。"

在挨骂和情绪中坚持工作，互相理解，这是工作意志之刚，现在不是矫情和计较的时候，这座城市正咬紧牙关阻断病毒、阻断悲剧，每个人都异常辛苦，没有功劳，只有救赎，不能再让一个人被遗漏，这是一座城市的救赎。

武汉很多人在写日记，不只是名人作家，还有无数的普遍市民，他们在记录自己的生活，也是给历史写底稿，在生病的城市保持着刚直的记录。我的一名师妹，一直在坚持写日记，我手写我心，除夕夜她写的是"有消毒水味道的年夜饭"，初三写"我们不慌了"，写"听到了鸟儿的叫声"，写自己遇到的、看到的种种问题。这些可贵的民间日记，忠实地记录身边的小人物小历史，不是合唱，而是刚一样不会被时间侵蚀腐蚀的坚硬事实。

不得不提武汉近来火线被提拔的卫健委副主任刘庆香，她也让人看到了武汉干部工作之刚。疫情之初，网络曾有一则针对她的恶意谣言，说她"逃去上海豪宅"，纯粹是捏造，辟谣后至今很多人仍欠她一个道歉。组织部门公示信息中提到："疫情暴发时，拟晋升二级巡视员的刘庆香的丈夫因病离世还不足半月，但她收拾心情、放下悲痛，迅速投入了战斗，如今已在岗位上持续奋战了五十多天，平均每天休息不足四个小时。"丧亲之痛、被谣言伤害之痛，这些都没让她倒下，这也是刚的精神。实际上，武汉很多干部都是这样没日没夜地工作着，尤其是基层干部，背负内外各种情绪，在最危险的、情绪也最多的一线，保障着城市的运行。

钟南山院士说："武汉是一座英雄的城市。"这些看得见的刚，还有内心看不见的刚，都在诠释着这句话的含义。过去我们看到的是武汉人的直、脾气暴、武汉话的硬，这次我们见识了那种刚，一座城市的挺拔之刚！

（新浪网 2020 年 3 月 7 日）

保护老实人张文宏,别让他招惹敌意

和平时代的危机和困境中,公众最依赖的往往是专业精英。人们不仅期待他在专业上做力挽狂澜的拯救者,更对他们在精神和心理上有一种强烈的依赖。疫情之下,如果说医护人员是大众依赖的一个群像(恨不得倾其所有去感谢一线医护,甚至不惜破坏教育公平去加分,传递的实际上是一种心理依赖),那么张文宏则是作为代表性的专业精英个体受到大众尊崇。看他的专访,听他分析形势,传播张式金句,捍卫他的形象,赞美他的真话,这是危机中的人们让自己获得安全感的一种方式。这不是追星,而是一种全民不可替代的心理依赖。这种依赖,甚至早超出专业的范围,而成为国民医生和精神偶像——说真话,反矫情,老实人,说人话,实事求是,反形式主义。

人们用最大的热忱和善良,表达着对张文宏的喜爱,容不得他受到半点批评或"委屈"——即使某种委屈只是公众想象出来的。说实话,我挺担心这种"热忱"如果用力过猛,如果不顾及张文宏自身的感受,可能会在无意中伤害我们喜欢的这位老实人,给他招来一些敌意。好好保护老实人张文宏吧,给他减负,别让他招惹敌意。

比如,有些人为他这次没有获得"疫情防控先进个人"而鸣不平,甚至把他描述成了一个"敢于说真话却不被喜欢"的受害者。理解这种愤愤不平所代表的民意,但这样的分析,会将张文宏置于一个很尴尬的境地。我想,张文宏不会介意得不得奖,他默默无闻拼命工作的同事得奖了,他所在的医院获得表彰，他可能就很欣慰了。为什么把这个奖看得那么重呢？可以看到，钟南山、李文娟等一直奔走在一线的院士也没有拿到这个奖。我分析了一下名单，获评的"先进个人"绝大多数都是一线医师、主任医师、主管护师等，很少有"领导身份"。张文宏虽然是感染科主任，作为一名科室的主任，他奋战在一线，但评选先进个人时向一线、基层、普通医护倾斜，"领导"们让位，这是一种高风亮节。

金杯银杯不如百姓口碑，公众的种种赞誉已经是最好的奖杯，不必纠结于有没有拿这个奖。疫情还没有结束，当下评比的可能只是第一批，接下来还会有第二批。评比当然应该考虑到舆论口碑，但我认为更应该向那些默默无闻的医护倾斜，他们付出了很多却少人知晓，更需要这种奖的认同。

这么一想，是不是就坦然很多了。不必把张文宏没获奖想象成什么"讲真话"的受害者，想象成一个"打压出风头者"的阴谋。这种鸣不平的思维，没有保护张文宏，反而在无形中把他推到了他本来和谐相处的环境的对立面，甚至招惹敌意。他信奉专业，实话实说，朴实自然，这种常人品质和专业精神不必附加其他标签，不要把他和他喜欢的环境对立起来。

保护张文宏的另一个方面就是，不要把他与媒体对立起来。这两天我看到一种不好的倾向，就是放大张文宏"怒怼媒体"的形象，浇人们"不满新闻"的胸中块垒。在前几天的一篇文章中我谈到，他有时候在受访时"不配合记者"，不是不与媒体和新闻配合，恰恰相反，那是对新闻的尊重。在信奉真实上，医学专业主义与新闻专业主义是相通的。他的不配合，是基于真实流露和专业准确，比如对于是不是有特效药，现在有没有疫苗，这些必须准确，必须"丑话"说前面，否则那种标题很容易误导公众。

他是在怼记者怼媒体吗？我觉得不是，他是爱惜自己的羽毛，珍惜专业表达在媒体上的精确呈现，尊重新闻。掌握着专业知识的医生，与传播专业知识的媒体，在某种程度上是一个共同体，配合好才能精确传播。基于专业知识不对称，采访者与被采访者肯定会有冲突，需要调整和磨合，磨合中的冲突其实是采访常态，新闻有时就是碰撞出来的。揣测和迎合所形成的和谐假象，才是对新闻真实性的侵蚀。《中国青年报》安徽站的同事王磊兄说得好："窃以为，一个好记者都希望遇到极富个性的采访对象，哪怕其中充满了冲突、尴尬、冷场，也不愿遇到那些'轻车熟路'的对象。这就如同一个人相亲，绝不希望遇到那些情场杀手、高手。"说得多好啊，碰撞才能出真新闻，否则多是媒介事件。

所以，这是新闻采访的常态，而不是张文宏与媒体和记者的对立，渲染对立只会带来敌意。也不要去嘲笑记者，记者是帮着公众去弄清一些专业问题，不懂就问，错了就改，真实和准确是第一位的，采访需要这种韧性。

最后我想说的是，保护张文宏，就要给他减压，不要造神，"神"的精神重负是一个凡人无法承受之重。舆论规律是，造了神，必有一个神像坍塌的过程，透支的崇拜热情，有一天必然会转化为相反的一面。把他当个凡人看待，他的话并不是每一句都是金句，比如这句"你唯一要做的就是相信医生"，就要辩证地看。不能光看他的判断，更要看他提供的证据。

另外，舆论和媒体不要扎堆采访他，过度的曝光和新闻透支，会产生一些负效应，还是给他多留点时间，多待在他习惯的地方做他最擅长的事。同时，尽可能让他在自己专业范畴内表达，不要诱导他在专业外跨界表达，别把一位受大众喜欢的专业精英泛娱乐化了。

（微信公众号"吐槽青年：曹林的时政观察"2020年3月8日）

读懂民意的水温才不会被烫着

《湖北日报》报道说,湖北省委书记应勇在近日的一次讲话中对武汉人民、湖北人民表达了感谢,赞扬武汉人民"识大体、顾大局,克服疫情给务工、经营、就业、生活带来的种种困难,积极支持配合党委政府的各项防控措施,守望相助、同舟共济,全力以赴抗击疫情,展现了坚忍不拔的顽强意志和甘于奉献的牺牲精神,令人钦佩"。据《长江日报》报道,武汉市委书记王忠林在3月8日上午走访慰问奋战在一线的工作者时,也向武汉人民的付出做出这番感谢。

相信这些感谢是由衷和真诚的。这一声"感谢",不仅代表了党和政府,也代表了一种普遍的民意,代表了全国民众对武汉人、湖北人巨大付出的谢意。一座城市以这种方式运行这么多天,做出了巨大的牺牲,虽有种种不便,但民众仍尽最大努力配合着各项防控措施,一声"感谢"都算太轻了。英雄、识大体的武汉人民和湖北人民,配得上这些感谢。

这种感谢不能仅在口头上,更要落实为具体的行动:物资必须跟上,不能让配合隔离在家中这么多天的百姓还那么操心吃喝;形式主义官僚主义必须绝迹,这时还弄虚作假,是犯罪啊,不能让做出牺牲的人们再伤心了;以救赎心态去排查每一个可能的盲区,绝不能再慢、再拖、再爆出什么漏洞了。不仅这些,还要在消除对武汉人、湖北人的歧视上做点什么,不能让武汉人、湖北人一边被感谢,一边却在其他地方承受着种种歧视。

民众真是太好、太善良了,付出再多,有再多怨言,听到一声"感谢",

心里就敞亮了很多，受到了很大的抚慰。由此想到，一定要体贴和呵护民意，不能辜负了民意，站在民众中间与民众血肉相连。人心是有温度的，人心的温度在共振中会形成一种民意的水温，知道民意的水温，才不会被烫着。水可载舟，亦可烫人。

疫情不仅是疫情，受到影响的是一个个具体的人，这些人是有情感和脾气的，人同此心，疫情所形成一种舆论热度，就是民意的水温。虽然每天疫情的热点和新闻会随数字一样变化，但潜藏在热点背后的民意水温其实保持着一种恒温状态。这种温度推动着一些新闻，对一些新闻做出即时反应：为医生的牺牲集体悲伤，为某种行为、某句话集体做出差评，集体为那张医生陪着患者看夕阳的照片感动，集体转发某篇文章而形成刷屏，这些都是那个民意水温所散发出的温度。这种温度，会温暖人，慰藉人，团结人，也会烫人，烫着那些不知水温、漠视水温的无知者、冒犯者和傲慢者。

这段时间看过很多新闻评论区的翻车，新闻看起来很暖，但评论区却惨不忍睹。为什么舆论会翻车？其实就是民意水温的力量。尊重这种民意，会形成共振，如果违背了，就会形成一种离心力。人人都有麦克风，人人都有自媒体，人声虽然嘈杂喧哗，民意的水温却是稳定的，人同此心，心同此理，站在民众视角，自然能感受到那种温度。

为政之道，以顺民心为本，以厚民生为本。民意不可违，民意不可欺，形式主义和官僚主义最大的问题，就是活在形式中，以官僚为本位，脱离了民众，感受不到民意的水温。此次抗疫，暴露了很多形式主义和官僚主义的问题，种种舆论翻车，都源于那些形式和官僚。但愿，一次次被烫了之后，会知道敬畏民意水温的重要，会懂得去尊重和呵护这种温度。被民意水温烫了，虽然疼，但应该感谢这种教训，让自己可以跟民众近些、更近些，形成密切的血肉联系。

（微信公众号"吐槽青年：曹林的时政观察"2020年3月9日）

间歇性疯癫骚动，都是特效药思维给害的

蹲家里的人们做着三件事：无聊，看"锅"飞来飞去，等特效药。这篇评论想说的是，抗疫不要寄望于特效药，不会有特效药，特效药思维挺害人的。舆论场上的诸多一惊一乍、诸多谣言、种种乌龙、骗子横行，多是那种不切科学实际的特效药思维害的。特效药思维是指，迷信突然搞出一种特效药，一针见效，毕其功于一药，不顾传染病防控是一个体系，不尊重科学认知的局限。

科学网发了一篇题为《浮夸报道导致大众不信任科学家》的文章，批评媒体报道缺乏科学素养，误导了公众。一个研究食品安全的教授朋友在转发这篇文章时调侃说："写论文的时候还有点做食品的淳朴，写基金申请书时已经变成卖保健品的了，结题报奖时已经变灵丹妙药了，报道宣传时都华佗再世菩萨显灵了。"真是非常精辟啊，把这个传播链条上的层层浮夸暴露得淋漓尽致。这些批评多指向专家和媒体，其实，还有另外一层隐秘的问题，就是人们对特效药根深蒂固的迷恋与期待。论文的不实事求是、基金申请书的吹牛、结题报奖时的浮夸、媒体报道的神话、"厉害了某某药"的广告骗术，多是特效药思维给烧出来、召唤出来的。

这不，据说有的电线杆上已经出现"冠状病毒一针见效"的牛皮癣广告了，不知是段子还是现实。反正在望眼欲穿的很多人心中，"一针见效"的热望肯定疯狂骚动。

遗憾的是，治新冠病毒并没有特效药，可能未来也不会有。最近不少专家都开始给公众浇冷水，比如深受人民群众热爱的张文宏医生说："作为一个冠状病毒，SARS结束以后也没有看到有效的疫苗或药物，现在仍在中东病区流行的MERS，这么多年来药物和疫苗也没有做出来。"中国疾病预防控制中心研究员孙承业说："不要对找到新冠肺炎特效药抱有太大期望。2003年SARS发生时，很多机构都去开发药物和疫苗，但17年来仍然没有诞生SARS特效药和疫苗。"中科院北京基因组研究所副所长张德兴也指出，不能过于依赖特效药的出现，药物研发是一个选项，但如果把治疗的希望放在特效药上，可能会吃很大的亏。

感谢这些冷静的科学家，没有被不切实际的特效药期待所裹胁，去做出迎合舆论的浮夸判断。抱歉，没有特效药，虽然可能让人失望，但，这才是科学。

当然，可以理解公众对特效药的期待，大家苦冠毒久矣，万一染上多麻烦，有特效药多好啊，就可以随便吃随便玩了。可科学的理性真的很有限，科学对一种新病毒的理解需要一个过程，即使是疫苗，也需较长的研制过程，经过种种试验。如钟南山所言，即使走绿色通道，也必须走程序，伦理审查一定要通过，临床医生还是要按临床规矩来做。更重要的是，传染病的预防和控制是一个体系，药只是一个方面，即使是神一样的药，也无法最终解决问题。流感有疫苗，但每年一样会暴发，一样会死不少人。没有哪个病毒是靠药能防得住的，把希望都放在"一针见效"的特效药上，会让我们忽略其他重要的防控措施。

这一个多月来，间歇性的舆论狂躁和骚动，很多都源于特效药的传闻。双黄连的乌龙、某某药的神话、专家宣称某某药有效后形成的争议、某些企业和科研机构的浮夸宣传，都是特效药思维给烧的。

还记得那一夜的双黄连抢购闹剧吗？叫魂般的混乱，就是特效药思维滋长的。人们对特效药的热切期待、科研机构对这种期待的"配合"、媒体对公众热望的迎合，制造了一场从线上到线下的狂欢。特效药思维渗透进社会潜意识中，记者报道时会有意识地往这方面去诱导，专家的回答跟着特效药思维的节奏走，科研机构呼应着大众的情绪，自媒体营销号拿特效药蹭热点拉流量，动不动"重大突破"，动不动"震撼宣布"，浮夸风泛滥。于是，一个基于特效药的闭合循环就形成了，舆论不断因特效药而痴狂和发烧。

特效药思维所吊起的胃口，也滋长着对科学家的苛求和对科学的不信任。不断有媒体报道疫苗研制的重大突破，但怎么到现在还没有解决？发了那么多论文，怎么连个药都搞不出来？能不能告诉我们，到底拐点会在什么时候？——这些功利主义诉求，对科学家是不公平的。不仅没有为科学研究创造一个宽松理性的舆论氛围，还让种种伪科学和骗子投其所好蠢蠢欲动，开动韭菜收割机。

病毒的出现和传染，是很多问题累积的产物，解决问题必将是一个复杂的过程，不可能有特效药。套用一句话，不可能有从天而降的特效药，只有无数凡人持续不懈的努力，包括每个人克服自己的惰性和健忘，包括继续保持防控的耐心和切断传播途径，包括在对待野生动物上管住自己的嘴，包括努力提高自身的免疫力，包括敦促公共部门做到信息透明并加大问责。别把自己的命运甩给特效药了，做自己努力能做的，其他的，尊重科学家吧。

（微信公众号"吐槽青年：曹林的时政观察"2020年3月2日）

医护集体放弃申领补助？应像强制休息一样"强制"发放

医护为抗疫做出巨大贡献，人们恨不得倾其所能去感谢他们，补助是最基本的，可让人感动并心疼的是，有些地方的医护竟然集体放弃申请补助。云南昭通彝良县人民医院150名医务人员放弃申领30万元临时性工作补助，他们承诺说："抗击病毒是医务人员义不容辞的职责，比起那些参加援鄂医疗队被病毒感染后牺牲的医务人员，比起湖北武汉等疫情严重地区的医务人员的辛苦，我们的付出微不足道。并且在疫情期间，我们已经感受到了来自社会各界的关心和关爱。因此自愿放弃享受补助。"

昭通医护放弃补助的善意和爱心，让人充满敬意。但我觉得，我们不能止于感动，更应该呵护这份善良，有关部门应该婉拒这份善意，补贴属于他们，该发放的还是要发放。前段时间一些地方对一线警察的强制休息令，赢得舆论好评，我想，此时公众也希望有关部门能够像让医护强制休息一样，去"强制"发放属于他们的补贴。正如我们不忍心看到辛苦的一线警察、一线医护不顾健康而工作一样，也不愿看到他们无补助的拼命付出。他们放弃，我们于心不安。

按相关规定，这种临时性工作补助，需要自己去申领，我觉得这个规定不合理，不应该让医护去申领，不要又劳烦填什么表，应该是主动发放。一线医护就应该有这种补助，一线医护的名单各医院都有，按名单发放就行了，干吗要让人去申领？应得之补助，增加这种不必要的程序，反而成为一种获得障碍。

这家医院的医护人员很善良，他们说："比起武汉等疫情严重地区，我们的辛苦算不了什么，更何况我们县还没有一例确诊病例，已经非常幸运了。"我觉得，虽然没有一例确诊，但当地为了防控也做了很多工作，这些医务人员一直奋战在一线，绝大多数医务人员都工作到晚上12点之后，"没有一例确诊病例"正是防控人员和医务人员努力的成果，这补助该拿。这些医务人员还说："不申报，请把这笔补助给那些更辛苦的医务人员，给那些疫情严重地区的医务人员。"多可敬的群体啊！但我觉得，疫情严重地区的医务人员也有这份补助，驰援武汉的一线医护会受到更多关怀，其实不必这样"让"。

婉拒这份善意，直接发放给他们吧，发放给他们之后，至于个人怎么处理，是捐给武汉一线的医护，还是通过其他方式表达自己的爱心，这是个人的事。发放给他们之后，再尊重个人的选择。我觉得，最好还是不要这样"集体承诺"，我总担心可能会形成某种"沉默的螺旋"，对个体形成某种隐性的压力。

我也担心会对其他地方的医护人员形成某种示范压力，一个地方不要，其他地方也跟着不要，补贴医护的这一善政，也就失去了意义，这让欠着医护的我们和社会情何以堪？他们付出了辛苦和汗水，按规定，这些补贴本就属于他们，不能以任何方式使他们享受不到这种应得的东西，任何一点可能的压力都应该去除，即使是非意图的压力，甚至有再良好的初衷。善良有时也会形成压力，所以，应该像强制休息一样"强制"发放给他们，再由个体自己去处理。

谦让是美德，可如何面对好人的谦让，体现着另外一种公共美德。对好人的谦让，我们更应该谦让，婉拒之，坚持让好人得到好报，让付出辛劳、做出贡献的人们受到补助和奖励。这时候，收下奖励，不是一个人的事，而事关社会的价值观。一个良善的社会，有两种东西最好能婉拒：一种是弱者的捐赠，本身需要别人帮助的人，却捐出自己的所有，这钱，坚决不能要；另一种是好人对回报的拒绝，我们应该婉拒这种拒绝，好人受到好报，才会有更多的好人，我们的好人自信才会更加坚定。

对不起，这份放弃补助的善意，应该坚定地拒绝。收下吧，我们亲爱的医护！

（微信公众号"吐槽青年：曹林的时政观察"2020年3月13日）

全民为湖北下单带货的样子真暖

我不是一个特别习惯在直播热闹中下单买东西的时尚追逐者，但最近围观了好几场直播，买了不少热干面和周黑鸭。一方面是被那种全民为湖北拼单带货的热情所感染，不想缺席这种细小却能汇聚成巨大力量的温暖参与；另一方面，作为在武汉读过七年书的半个武汉人，真馋了，确实非常想念久违的热干面味道。武汉解封的当天，武汉市政府党组成员李强在"抖音"直播推介本地特色产品时，特别提到了热干面，这似乎已经成为武汉生活的一种象征，当天热销4万份，我好不容易才抢到了一份。

最近很多平台都在为湖北拼单带货，虽然这几年直播带货很火，但像这一次全民性的参与、全平台全媒体的流量倾斜，真堪称直播带货史上的奇观。既感受到国人消费力的强大（仅"抖音"首场就热销14万盒周黑鸭，当天直播带货总销售额达1793万元），更感受到这背后带着情感的拼。真是拼啊，比如"抖音"拿出了百亿流量百场直播为湖北复工复产而拼，准备开展13场"市长带你看湖北"直播活动，为湖北产品而拼。网友们也跟着拼了，很多产品一推出就被抢光。看4月8日的武汉直播，武汉市政府党组成员李强也是拼了，从直播中可以看出，作为一个习惯机关话语的官员，他竭力调整着自己的语态以适应"抖音"带货，一个官员生生被"逼"成了主播样子：

"怎么选？有一句话叫有口皆碑。肉香扑鼻，乃八百里一绝。每一口周黑鸭都是快乐好味道，地道解馋。我们带来了满满的诚意，一大波价格优惠和活动来了,大卖一场。吃上一碗热气腾腾、香喷喷的热干面,这就是一种实实在在的小确幸。"就差一句"买它买它"了,瞧,是不是当红带货主播附体。一场直播的背后,很多人都在拼,如拿出巨大流量的平台、为直播协调的工作人员、卖力的主播、跨界的市长、血拼的网民。与一般下单不一样,这里面带着对一个受到疫情重创的地方深厚的情感,一种寄望于献出自己的微薄力量能让一个地方重新站起来的深切热望,一种不让这个大家庭落下任何一个人、充满人情味的关怀。

看到一个网民在"抖音"直播的留言,眼眶真的湿润了,他说:"这算什么拼啊?举手之劳,这是多划得来的事啊,既买到了湖北美食,参与了一场热闹的活动,还可能帮到一个企业、一个地方,多美好的事。"喜欢这种善良,我想,很多参与了下单带货的人可能都带着这样的情感,人在,就好办,大家都使出一份力,没什么过不去的难关。不就是买东西吗?过日子总要消费,买,买,买,我们都去下单,那边日子就能好过一些。

全民为湖北下单带货的样子,真温暖。这种样子,不就是疫情最艰难的时候,举国守望相助的延续吗?那时候,举国之力驰援湖北和武汉,心系一座城市一个省按下暂停键,全民参与,有钱出钱,有力出力,有流量出流量,有能力弄到口罩的就出口罩,地里有蔬菜的就直接运蔬菜,有大米的就送大米,把最精锐的医护人员送到武汉接管重症室。那时,拼的不是单,而是命。医护是拼命,很多人都在拼尽全力做出自己力所能及的帮助。

正是这种拼,让湖北和武汉度过了最艰难的时候。现在解封了,人们看到了湖北和武汉在停摆两个多月后的艰难,想到了他们在复工复产上的格外不容易,继续去拼,这时候是拼单带货。这种拼所包含的对湖北和武汉的情谊,与之前的拼是一样的,怀着不能让"兄弟"因疫情而落下的情感。说实话,疫情把每个人都卷入其中,没有谁可以幸免于疫情的冲击,疫情打破了生活常态,大家都过得挺不容易的,但相比湖北和武汉的很多人、很多企业的不容易,我们稍微好一点,帮帮那些非常不容易的人,这是我们的责任。

湖北和武汉为抗疫做出了巨大的牺牲，我们也有义务为他们的复工复产拼一下。可能这也是很多像"抖音"这样的平台，不惜流量、不惜成本、不遗余力地为湖北带货的善良初衷。"字节跳动"平台的数字显示：过去两个月里，有超过1800万人发布视频，在"抖音"上为湖北、为武汉加油。现在希望用更实际的行动，为湖北人民做点事情。为记录湖北重启后的生活，"抖音"发起"湖北好久不见"话题。疫情发生以来，"抖音"联合"今日头条"、西瓜视频曾发起"战疫助农"活动，通过供需信息对接，促成企业线下采购、线上农产品售卖。截至4月4日，累计帮湖北各地销售农货3亿元。这些数字不只是数字，而是生计，是无数个受重创后看到希望的家庭。湖北和武汉，就是这样拼尽全力地恢复元气。

这样的拼单带货，并没有某种自上而下的组织动员和号召，而是社会自发自觉自组织的行动，大家心照不宣、不约而同地做一件事：平台有流量优势，"直播+短视频+电商"的模式正火，公众心系刚解封的武汉，自然有了为一个地方卖力吆喝的全民拼单下单的热情。这是怎样的一种感召力啊，那里有我们的亲人、朋友、同学、父老乡亲，我们曾在那里留下足迹，在这个社会家庭中我们有血脉相连的亲缘。我们知道，多拼几场，多下几单，就都挺过来了。热干面，加油！

（微信公众号"吐槽青年：曹林的时政观察"2020年4月10日）

要专业的张文宏，也要"出圈"的张文宏

显然，张文宏的舆论影响力已经远远超出其专业领域，早就成功"出圈"了。这段时间，他在媒体流传的金句，不仅有关于疫情的专业判断，更有很多公共判断，比如给年轻人鼓劲说："有人说这届年轻人不行，完全是瞎掰""希望更多的年轻人报考医学"。他力推分餐制，发出"领导给你夹菜，你吃不吃？"这个灵魂拷问，以张式锐评直言"不分餐，在疾病面前就是裸奔"。此外，还有关于如何摆脱焦虑、应该读什么书、怎么吃早餐，等等，都提出了个人建议。

一般科学家和专家的媒体热度很少能超过一周，一般的红人在火几天后，很快便丑闻缠身声誉下降，出圈者很少能全身而退，高出镜率往往尾随着高争议率。神一样存在的张文宏，正在打破这个舆论规律。当然，持续被关注，与疫情的绵延胶着有关，张文宏自己也说"哪天我消失在屏幕上，大家就觉得世界美好了"。但像这样持续成为焦点人物，成为权威、偶像而被公众依赖和信赖，在高出镜率下维持着高声誉，在当下的舆论场中是很了不起的。

我想，疫情完全结束后，张文宏也不会从媒体消失，而会成为一棵媒体常青树，一位在专业内外常能给舆论和社会贡献智慧的公众人物。第一，他经过了复杂疫情的长时段考验，被证明是一位说话靠谱、值得信赖的医生。疫情中积累的权威形象，让他有资本被公众信任，而"信任"堪称是当下舆论中最缺的公共资源。第二，专家也许有很多，但能驾驭传播规律、善于在

媒体上表达，并能产生广泛影响的专家并不多。同样的道理，张文宏知道以何种方式表达出来更能被接受，这种"善言"的专家肯定会成为媒体宠儿。

张文宏这样的专业人士和知识分子成为媒体明星，是公众之幸。这样的专业人士"出圈"，影响超出他的感染科圈子，也是社会之幸。对于张文宏最近的一些"出圈"判断，有人觉得"他是不是有点飘了""能不能别在自己的专业之外发言"，称"不要过度消费他""专家不要不务正业"，等等。这种声音我不太赞同。专家"出圈"没什么不好，专业问题与公共问题之间没有一个坚不可摧的壁垒，很多时候是紧密勾连在一起的，要专业的张文宏，也要"出圈"的张文宏，张文宏有责任在更多公共问题上发出科学和理性的声音。

就拿分餐制这个话题来说，虽然也需要专业判断，但更是一个公共问题。其实，理解这个问题并不需要多少专业素养，靠常识就能判断。媒体经常呼吁分餐，谈分餐的种种好处和不分餐的种种危害，但收效甚微，传统的惰性和日常的惯性阻碍着分餐文明的普及。张文宏那番关于"领导给你夹菜，你吃不吃？"和"不分餐，在疾病面前就是裸奔"的形象分析，对普及分餐文明起到了很大的作用。特别是对一些传统习惯根深蒂固、缺乏科学判断力、热衷于转发微信朋友圈养生"鸡汤"的群体，张文宏的话尤其有用。子女的话不听，报上的科普文章不看，张文宏的话该信吧？这就是权威资源的重要。疫情中积累的权威形象，让他在很多问题的判断上具备了赢得信任的资本。

这种专家权威资源是当下舆论最缺少的。一切坚固的东西似乎都烟消云散了，后真相语境中，不管什么道理、什么常识、谁说了什么话，似乎都有一个力度相等、方向相反的东西可以抵消它。说某个东西好，必有人说"也有弊端"；说全球变暖，必有人说"也有相反证据"；说分餐制好，必有人大谈"不分餐也有很多好处啊"。这种"庸俗的辩证法"消解着信仰和信任，似乎一切都是相对的，多元成了没有原则，"怎么都行"解构着科学精神，没有谁可以充当在某个问题上的判断权威。权威资源的缺乏，没有公认的权威裁决者、权威专家，使我们的舆论场上差不多每一个话题都处于撕裂和纷争局面，大家都以"你只是众多说法中的一个说法""你的说法并不比我的更高明"的态度杠着。那些反科学的歪理邪说、反常识的养生"鸡汤"、割大众韭菜的大数据、反智的招摇撞骗之辈，不正是借着权威的缺失才乘虚而入的？

这种语境下，尤其需要张文宏这样在特殊时期积累了权威形象的专家，普及被相对主义消解的常识，用权威的判断凝聚科学共识，在公共问题的讨论中传递科学精神。某种程度上，如钟南山一样，张文宏甚至已经成了某种凝聚共识度的符号，人们相信他的判断，他的判断很少引发撕裂。专家已被矮化和污名为"砖家"，这个社会并不缺专家，缺的是判断经受过考验的专家，在紧要关头敢下判断的专家，在危机中挺身而出的专家，以诚实可信的公共表达证明自身可信赖的专家。这样的专家，才有实力"出圈"的资本，也让公众对其"出圈"有了信赖。

不是经常有人拿科学家的热度跟明星比吗？甚至感慨"英雄枯骨无人问，明星家事天下知"。这不，终于有科学家和专家拥有了上热搜的流量资本，这样的热搜让人感到安心。

（《中国青年报》2020年5月8日）

别忘了，媒体报道决定了疫情记忆方式

城市解封恢复常态后你最想干什么？对于憋了这么久的人来说，可能想到无数种释放的方式：逛街、购物、约好友、撸串儿、吃火锅，点一大堆隔离在家中时最馋的美食，甚至到外边去发呆，自由行走是多美好的事啊。感谢媒体的提醒，在我们沉浸于这些压抑已久的私生活想象中时，提到了此时最应该致敬的人，替我们向他们说出了最应该说的一句话："谢谢你。"新浪新闻联合媒体、明星和新浪用户，从公益纪念图册到地铁公益广告，从网民寄语到明星留言，回顾那些感人的瞬间和背影，以各种方式向白衣天使、武汉市民和众多一线英雄表达谢意。

我想说："2020年，谢谢你！"无比朴素的一句话，当武汉熬过艰难时刻而重启常态时大声喊出来，更有一种触动人心的力量。"谢谢你"，这应该是抗疫场景中说得最多的几个字，患者对拯救他的医生说，医生对把热饭送到病房的外卖小伙说，市民对驰援武汉的医护说，重燃生活希望的人对帮助他的陌生志愿者说。如果困顿时说的那声"谢谢"，是受助后的本能感激，如今平安时的感谢，则是集体凝固记忆的一种方式：放心，每一个帮助过我们的人，我们都不会忘记。我知道，当武汉金银潭医院的医护们收到那份记录下他们拼搏身影和凝聚着各方谢意的图册时，当医生们坐地铁时看到站台灯箱上对他们的致谢时，一定会为自己的付出感到骄傲。

新浪新闻在做着一件特别有价值的事，凝固集体记忆。不能让时间抹去我们的记忆,赶在淡忘之前去凝固它。想起法国社会学家哈布瓦赫在《集体记忆》中提到的一个观点,"记忆不是一种生理或生物现象,不是储存在大脑或心灵中的某个东西,而是一个与他人、社会和环境紧密相关的现象。大多数情况下,我之所以回忆,正是因为别人刺激、促动、激发了我。我们是在与他人的交谈中,或为了回答他人的问题,才诉诸回忆,一个人的记忆需要别人的记忆、群体记忆的唤起"。也就是说,在哈布瓦赫看来,人们通常是在社会之中才获得了记忆,我生活其中的群体、社会以及时代精神氛围,能否提供给我唤起、重建、叙述记忆的方法,才是至关重要的。

新浪新闻设置的这个议题,就是在公共空间唤起集体记忆的一种方式,用户向医护致敬,需要唤起记忆,地铁灯箱广告上的感谢语,是对艰难时刻生死之交的记忆促动。"我想说谢谢你"的公共议题设置,为社会提供了一种整合记忆的文化框架,人们通过叙述、询问和隔空对话,召唤和建构起关于抗疫的集体记忆。面对"我想说谢谢你"这样的议题召唤,那些碎片化的场景会逐一浮现在我们眼前:医护脸上被口罩勒出的印记,那句"赵英明,听到没有,平安回来,一年的家务我包做了",那个在火神山医院听闻母亲去世噩耗只能朝家的方向三鞠躬的护士。

人们是通过媒体提供的报道框架去了解疫情的,媒体和平台的报道决定着公众的疫情记忆方式。都说新闻是历史的底稿,同样,新闻也是记忆的底稿。当我们在回忆时,觉得某件事比较模糊时,一般都要搜索当时的新闻,确证自己的记忆。媒体和平台的权威性、公信力与江湖地位,不仅是由当时报道所引起的"10万+"刷屏传播制造的,更要经得起记忆时的考验。不像普通热点事件的报道,几天就过去了,疫情报道延续了这么长时间,更考验着一家媒体、一个平台在信息提供上的品质——是扭曲公众记忆,被事实反转的记忆,还是成为记忆的可靠底稿。

像新浪新闻这些平台之所以赢得用户信赖,很大程度上正是由于它们能经受住记忆的苛刻审视,不会被记忆所打脸,能成为公共记忆的可靠底稿。

这与他们对信源的重视有关，比如新浪新闻App，依托平台二十余年的内容运营积淀和智媒技术，第一时间与《人民日报》、新华社、《中国青年报》、澎湃新闻等权威媒体合作，推出"防疫科普""甄别谣言""疫情日记""医生有话说"等诸多精品栏目和专题，发挥智媒平台的分发优势，将真实、权威的内容分发到用户手中。比如在地图交互功能方面，用户不仅生成海报进行收藏和二次传播，还能及时将准确的信息传递给自己关心的人，减少误传并做好必要的防护，仅疫情暴发后的一个月内，疫情地图累计为用户提供超过14.3亿次的服务。

哈布瓦赫谈到，记忆的反复重现建立了一种连续性关系，并建构了我们具有连续性的身份，没有记忆的人不可能有自己的身份意识，丧失记忆就是丧失身份感。媒体平台在此次疫情报道中一个具有连续性的报道叙述，是以医护为中心的记录，这确证着我们与医护的关系。比如在"我要说谢谢你"之前，新浪新闻App诸多内容都与医护相关，"战地日记""致敬抗疫女性"，这些内容不仅在当时感动了很多人，更会成为见证英雄贡献的珍贵记忆底稿。这个社会与医护的关系，正是在这些温暖而珍贵的记忆中延续。

张文宏曾说："等疫情结束我会非常安静地走开，坐在门诊角落！"他们可以坐到门诊角落去，我们不能让这一切尘封到记忆的角落。感谢这些凝固着我们记忆的媒体记录，是的，我们的后代，"20后""30后"，都将从新闻底稿中了解这场疫情和那些为社会拼过命的人，并把记忆传承下去。媒体有责任记录下那些必须感谢的人、那些保护我们的人。2020年，我想说谢谢你，让记忆铭刻下来，到2030年、2040年，仍然能够记得那些英勇的身影，仍记得这个春天的"战疫日记"，仍记得说一声"谢谢你"。

（微信公众号"吐槽青年：曹林的时政观察"2020年4月13日）

第二辑
不同观点

在评论教学的过程中,我一直跟学生强调,当你在下笔评论的时候一定要明白,你的读者不是脑子里一片空白,等着你的观点去填充,读者是有观点和判断的,你的观点是跟他的观点进行对话。你的观点价值在于"不同",而不是跟他相同。评论不是真理对谬误的批判,而是合理性与合理性的对话、碰撞和补充。当评论能提供一种有合理性的不同角度时,才能成为一块有价值的拼图。我在评论实践中,也致力于提供一种不同视角,与多元视角对话,在时事观察上做出我的知识贡献。读者可能会忘记我的观点,但也许能记住我在很多问题上独到的视角。

在别人停止思考的地方多思考五分钟

"写评论,你有没有摆正自己的位置?"这是我们经常说的一句话。我写了快二十年的评论了,在北京大学和中国人民大学教评论写作也有十年了,我发现一个问题,为什么有些人评论总写不好,或者总写不出一篇像样的评论呢?不是文笔不好,不是没有想法,也不是看问题没有深度,问题出在对评论这种文体有很大的误解,没有摆正自己写评论的位置。自己与评论,自己与读者,自己与其他人的评论的关系没有摆正,评论肯定写不好。

人们写评论的时候,很容易产生一种"以自我为中心"的感觉——别出声,我开始写评论了,我要跟你"摆事实讲道理"了。带着这种"自我中心感"写出来的评论肯定很难看,好的评论是跟读者的对话。你一定要摆正自己的位置,你的想法只是无数想法中的一个,你的读者不是白板一块、被动地等着接受你的想法,等着被你填空。一定要明白,当你的读者看你的评论时,他是有自己的想法和态度的。同时,当你的读者看你的评论时,他也会看别人的评论,他可能已经看了很多人关于这件事情的评论了。

你以为你是谁啊?别人不是等着看你的想法,每个人都有自己的想法,你的想法只是无数个想法中的一个。当这种想法在自己脑子里的时候,可以随便去想,怎么想都行,但一旦要写出来,也就是让人看,它天然就有了一种竞争性。也就是说,你的想法要跟别人的想法去竞争。所以,在我看来,评论就是在众多想法中构思和梳理出一种有竞争力的想法。"竞争力"非常重要,它意味着,你不能在空白处开始评论,你评论时要想着别人可能会怎么想,在隔空对话中去表达想法,那才是评论。

什么是摆正自己的位置？就是想着别人的想法，在竞争中找到自己观点的位置。举个例子，中信银行把客户的隐私信息泄露给大客户，虽然银行道歉了，但公众仍非常愤怒。如果让你评论，你会怎么评论呢？你在写评论的时候要摆正自己的位置，这件事肯定有很多观点，读者对这件事也肯定有自己的态度，都知道银行这样做是违法的，应该保护每个客户的隐私，不能只是道歉，道歉有用的话还要法律干吗呢？信任和安全是银行的生命，客户隐私没有安全感，谁敢把钱存在银行？

　　你写评论如果只是把这些"每个人都知道的想法"罗列出来，这不是评论，只是随感或者杂感，评论就是要在竞争中找准自己的位置。一般人只知道说这违法了，如果你能说违反了哪些法律，应该承担什么责任，就是一篇很好的法律评论。一般人只知道骂这不对，如果你能找到一个比较参照系，说这种事情如果发生在发达国家，比如德国哪家银行被曝光向大客户泄露小客户的隐私，这家银行肯定得破产，这就是一篇有附加值力度的专业评论。一般人只是觉得这是银行面对的一个舆情，如果你能看到这不是舆情，而是一件重大的、需要监管部门去调查的案情，这才是能提高社会观念水位的评论。

　　看看这些评论的思考过程——别人是怎么想的，我是怎么想的，这既是对话，也是竞争——这样去写，写的时候才有评论感，写出来的才是评论。实际上，评论就是一种观点的竞争：考试写作文，是一种竞争；投稿给媒体，是一种竞争，因为很多人会写同一个话题，编辑需要选择；刊发在媒体上，是一种竞争，因为很多媒体都会评论这件事，读者看哪篇呢？这是眼球的竞争。评论是很多想法中的一种有竞争力的想法，这么来理解评论，就能摆正自己的位置了。

　　读者看你的评论，不是来看"全面"的，相反，他是来看"片面"的。他自己对这个问题有想法，他知道很多人对这个问题有想法，他是见过世面的，他想知道你的想法是什么。评论不是"全面"与"全面"的竞争，而是"片面"与"片面"的竞争。读者是为了看到"不同"，从而增加自己的见识，而非千人一面的"相同"。

很多地方开始尝到舆论监督凋零的苦果

前几天,山东要求省级新闻单位加大舆论监督力度,要求媒体对涉及人民群众切身利益问题不闻不问、不担当不作为甚至违法乱纪的行为坚决予以曝光。竟然发文要求媒体加大舆论监督力度,这个听起来怪怪的要求,受到了一些网友的讥笑。舆论监督是媒体的第一本能,就像猫捉老鼠、啄木鸟抓虫、老虎吃肉一样,不捉老鼠的猫,那还叫猫吗?那叫宠物猫。"媒体本能"竟还要发文去要求,这是对媒体的羞辱吗?当然不是。

很多人怀疑山东官方"求媒体加大舆论监督力度"的诚意,说实话,我倒不怀疑,而觉得这是一种清醒的认知,很多地方已经渐渐品尝到了舆论监督凋零的苦果和恶果。对"调查报道黄金时代"的集体怀旧,以及怀念调查记者之类文章的刷屏,是民间舆论场的反思;而像山东这样要求官方媒体加大舆论监督力度,则是来自官方的反思。

想到几年前类似的"求舆论监督",四川纪委书记王雁飞跟当地媒体座谈时坦言:"主旋律不是说只大唱赞歌,批评报道有利于我们改进,批评报道同样是主旋律。"他说:"自己在四川工作了四个月,还没有读到有关的批评报道,感觉媒体的思想还不够开放。"他希望媒体加强监督,"包括针对我们的队伍,搞一些批评报道,没有问题"。

相信这些"求舆论监督"的态度都不是装出来媚众的公关之术,而是真正看到了舆论监督缺失带来的种种苦果,背后是对种种问题的忧患和危机意识。毫不夸张地说，舆论监督就是一个社会的疫苗，媒体通过批评报道给社会种牛痘，在暴露问题中给社会排毒，在释放压力中完成"减压阀"功能，在客观报道中给国人一面正确看待自我和他者的镜子，避免认知失调。舆论监督的凋零和缺失，带来了很多严重的社会问题。

一 失去减压阀门，舆情呈现无规律且爆炸式

不少地方官员都跟我聊过一个话题，他们觉得越来越怕舆情，因为现在很多舆情越来越"无规律化"，一篇自媒体报道就能点燃一个爆炸式的舆情，一夜之间形成病毒式的传播，迅速发酵，迅速升级，迅速敏感化，迅速不可控，官方既有回应系统根本来不及启动，舆情好像就决堤了。不是不想"及时回应"，根本就来不及啊。黄金24小时、黄金12小时、黄金8小时、黄金4小时，纸上谈兵，根本没有用。此次疫苗舆情就是如此，一夜之间，像决堤的洪水一样蔓延成一片焦虑的汪洋。

这就是舆论监督凋零带来的恶果啊！没有日常的舆论监督减压，很多地方、很多系统矛盾累积，已经成了"高压锅"！

这家公司的问题，以及公众在网上的诉求，不是一天两天了，如果日常舆论监督畅通，媒体对这种涉及重大民生的企业和领域的监督没有障碍，出一点问题就会被曝光，民众不会有这样的焦虑，新闻也不会是"爆炸性"的。一方面，日常的舆论监督会对企业形成约束，更重要的是，"日常顺畅的曝光"会让人放心。前段时间，一句话在网上被广为传播，代表了一种人心："报纸太干净了，社会可能就'脏'了；反之，报纸上比较'脏'，社会反让人放心。"说的也是这个意思。

让公众知道的真相越多，人心就越有安全感，这就是舆论监督的最大意义。否则，平常看起来"岁月静好"，突然在食品或药品安全上曝出一个大新闻，对公众的冲击将是爆炸式的。人们会怀疑平常的那些"好消息"是不是

假的,即使问题并不严重,但缺乏舆论监督报道的日常铺垫,人们会把问题想象得严重得多。这种舆论黑箱下的心理补偿机制,也是信息不对称下本能的心理防卫,对"突发负面"的报复性反弹。

如果日常的舆论监督顺畅,人们一方面会觉得"负面无法遮掩",对信息透明有信心;另一方面,日常的监督报道提高了公众的心理阈值,对问题会有一个稳定和理性的判断,不至于动辄被那些消费公众焦虑感的爆款网文带节奏,不至于不出事则已,一出事就是"大新闻"。

几年前,某地一位网红官员曾总结过"揭盖子理论":"一壶烧开的水,如果你还使劲地捂盖子,最后只能是将壶底烧坏。当你一揭开盖子,水汽就出来,正如沸腾的民意,再热也都会慢慢随风消散。"网民已经形成一个强大的压力集团,没有传统的舆论监督放气减压,"高压锅"就会压爆!

在舆论监督顺畅的传播语境中,舆情是有规律的,这个规律就是新闻规律,日常点滴的释放成为问题的阀门,传递了常态的信号,很多"公众反应"是可以预期和预判的——日常零星的报道,给了官方窥见公众反应的机会,也让公众窥见政务、理解官方,在信息对称之下保持良性的舆论互动和良性的舆情基本面。而舆论监督的缺失,打破了这种平衡,两个舆论场无法打通,舆情变得越来越没有规律,动不动就是失控的爆炸式,互动模式变成彼此充满敌意的"互相伤害",而不是良性互动。在这种互相伤害的状态中,官方既有的应对系统被爆炸式的舆情所碾压。

二 弱化了舆论监督,舆论引导缺乏力量

在过去的评论中,我经常谈到这个理念:舆论监督和舆论引导是媒体的一体两面,不能指望没有舆论监督的舆论引导。一些地方领导,只希望媒体能在地方陷入某个丑闻、卷入某个舆论麻烦时,能帮着政府部门去引导舆论,让公众相信官方。却不欢迎媒体日常的舆论监督,甚至以软性或硬性的方式

抵制媒体的监督，听不进批评，看不得"负面报道"。媒体如果没有舆论监督所积累的公信力，根本不会有舆论引导力，说什么公众都不会信。

舆论引导，不是想引导就能引导，引导是需要"资本"的，这个"资本"就是公信力。公信力的本质在于，说了别人会信，让别人相信自己的能力。对于媒体来说，就是通过日常报道证明自己是一个说真话、报道事实、捍卫公共利益、负责任的媒体。而这种公共性，很大程度上是通过舆论监督报道所形塑，激浊扬清，鞭挞丑恶，揭露腐败，追问真相，回应民众的诉求，尊重公众的知情渴求，与民众有着良好的互动。权力是依赖的函数，公众充分依赖一个机构，遇到问题去寻求曝光，有疑惑时向其寻求确定并权威的解读，这个机构就拥有了公信力。

当然，媒体要报道这个社会的方方面面，不只是批评和监督，也有阳光、温暖、柔情和岁月静好，总之，要客观地反映这个真实的世界。在媒体公共性和公信力的塑造中，舆论监督报道扮演着非常重要的角色。没有监督，没有批评，没有问题，媒体呈现的肯定不是一个真实的社会。"批评不自由，则赞美无意义"，这话说得有点儿极端，但现实是，当人们从媒体报道中读不到真实、真诚和真相时，对媒体说的所有话都会持一种保留态度，媒体也就没有了公信力。

公信力是引导力的前提，失去了公信力，说的话没人信，媒体怎么去进行舆论引导呢？可能很多地方干部已经尝到了"媒体缺乏公信力"带来的恶果，出事后，通过本地媒体发通稿，借助地方媒体发声，可媒体说什么老百姓都不信，人们把媒体当成官方"附庸"。

中国当下在公共管理中最缺的资源也许是"第三方资源"，即让谁去说，公众才会相信。"第三方"是一个社会最重要的公信资源，也就是站在中间，利益无涉，切蛋糕的不分蛋糕，踢球的不当裁判员。如果既当运动员又当裁判员，身陷利益之中，老子儿子关系、上级下级关系，有着千丝万缕、盘根错节的利益输送勾连，不是利益无涉的第三方，说话当然没法让人信。所以，舆情当前，很多地方常会陷入"谁说都没人信"的陷阱中，这个部门说，没人信，因为面子相连；那个部门说，没人信，一损俱损，一荣俱荣；另一个相关方说，也不行，会包庇下级。无论谁说，公众都觉得不是客观、中立的第三方，都有某种利益和权力关系。

第三方在哪里呢？一个健康的社会中，法院和媒体应该是最主要的"第三方资源"，权利受到侵犯，普通人起码有两个渠道可以寻求救济，一是法院，一是媒体——也就是法治社会人们挂在嘴上的两句话："到法院告你去！""到媒体曝光你！"法律面前人人平等，由法官做出裁决。可现实是，我们的司法存在不少问题，有时候判决缺乏公信力，维权者常去寻求媒体报道的救济。媒体应该成为另一种可依赖的"第三方资源"，站在客观、中立的角度，用符合新闻专业规范的报道，以事实和真相去"澄清谬误"和"明辨是非"。可如果一个媒体平常缺少舆论监督，都是正面报道，都是歌颂赞美，人们怎么会把媒体看成是可信的第三方？

"塔西陀陷阱"这词这段时间很火，说的是公众对一些地方政府部门失去信任，无论官方说什么，公众都不信——即使说的是真相，公众也觉得是政府在"洗地"，辩解就是掩饰，掩饰就是事实，老百姓成为"老不信"。其实，最怕的不是官方落入"塔西陀陷阱"，而是媒体也跟着一起掉进这个陷阱，媒体的报道也没人信了，人们觉得媒体跟官方"站一起"，那是最糟糕的。热点事件中，媒体应该能成为客观的第三方，用客观报道去还原真相，用事实和常识驱逐谣言，用理性驱散情绪，可当媒体因为失去舆论监督能力和批评功能，都是正面消息，都是点赞鼓掌叫好，跟政府绑得太紧，甚至完全成为地方传声筒，怎么能让公众相信"舆论引导"中所言是事实和真相呢？

三　舆论失压下，舆情回应能力的退化

我曾经写过一篇评论，批评某地是"一个没有新闻的城市"。据说后来

当地相关部门的一个领导很不满地说:"我们怎么可能没有新闻呢?我们只是没有负面新闻,而多是正面新闻。"怎么可能呢?正和负是相对存在的,你能找到一张只有正面没有反面的纸吗?我说的"没有新闻",当然不是指报纸上没有报道,而是指没有舆论监督类的新闻。没有新闻,权力和治理缺乏舆论监督的"修理",一个地方的社会生态和官场生态肯定好不到哪里去。

那个说"我们这儿没有负面新闻"的领导,后来成了那座城市最大的负面新闻。当那座城市发生了一场死伤很多人的特大事故时,其他地方媒体都在24小时直播事故报道,当地媒体竟然还在播韩剧。

没有新闻的地方,尤其是官员,一定缺乏面对媒体和公众诉求时的回应能力。对于官员与媒体的关系,著名新闻发言人武和平先生有个很妙的比喻,他说"官方和媒体的关系就好像合作开一辆车,官方是踩刹车的,媒体是踩油门。车要稳稳往前开,需要刹车和油门的精妙配合,媒体通过曝光推动问题的治理,官方通过回应避免舆情爆炸,这就是刹车的功能。"没有新闻,缺乏舆论监督的推动,一个地方平常死气沉沉,一旦出事,往往是爆炸式的。而官方由于平常缺乏舆论监督的"修理",舆情面对时往往呈现出"不敢说、不会说、不愿说"的"傻白甜"状态。

说实话,如果我们的官员在日常没有面对一个真实的媒介环境,而给他们营造了一种"出事反正会有上边给擦屁股"的预期,没有日常舆论监督的压力,回应公众的能力会越来越退化,这是课堂上那些所谓的"模拟演练"无法补救的。没有一般性的舆论监督报道的磨炼,有些官员对舆情的心理阈值极低,一点小事也会如临大敌,一点小批评也会恼羞成怒,过度的"应对"只会刺激更强烈的反应,小事"应对"成大事。

四 "马屁体"下形成对己对人的战略性误判

前段时间,上上下下反思了这两年盛行的"吓尿体""哭晕体",这些浮夸的文风不仅形成了舆论场上的膨胀，传播了浮躁、盲从和自大，更大的恶果是，造成了我们对自己、对他国的战略性误判。

整天被那些文章熏，眼中都是"这厉害了那厉害了"：美国人每天在中国社交媒体上起码被吓尿十多次，欧洲人动不动就为中国的成就震惊流泪，印度、日本动不动就跪就晕。——眼中都是这些浮夸风式的放卫星，都是各种马屁精的表白，久而久之，正像《科技日报》总编辑刘亚东所言，忽悠了自己，忽悠了领导——反正别人是忽悠不了的。整天被熏在这些文章里，能理性吗？能冷静吗？能客观看待自己吗？如此扭曲了世界、扭曲了自己，能有一个健康的世界观、价值观吗？

整天活在这种文章中，越来越走向心灵的封闭，误判了别人，觉得别人都是纸糊的，害怕中国，动不动就跪；误判了自己，觉得自己是老大，能主宰世界了。可真相并非如此，没有对真相的揭示，没有让人冷静的凉水，都是让人狂躁的"鸡汤"，真打起来，不知己知彼，怎能做出准确的判断？

舆论需要平衡，信息应该尽可能地充分，不能失真。假如舆论场上多是那种"吓尿体""马屁体""自拍美颜体"，没有正常舆论监督的平衡，没有批评报道，传播就会形成扭曲的哈哈镜效果，失去了通过媒体客观报道来塑造理性价值观和健康世界观的框架功能。

此外，舆论监督的凋零，也使当下传统媒体面临最大危机，很多新闻在传统媒体上看不到，人们只会进一步抛弃媒体，"塔西陀陷阱"会进一步加深。舆论监督凋零，理性、负责任的报道跟不上，而碎片化的网络表达又呈爆炸之势，自媒体太多，调查记者太少，事实报道跟不上，事实缺席下，情绪容易爆炸。舆论监督凋零，没有日常舆论监督报道的脱敏，很多问题都会"敏感化"。脱敏是最好的舆情减压方式，而缺乏日常脱敏，寄望于在突发事件的舆情压力下去脱敏，很难做到。

听得见尖锐的批评，提高对批评和监督的耐受力，尊重新闻专业精神，尊重媒体的舆论监督，尊重媒体累积公信资源的公共性实践，而不能用过于工具化和功利性的心态看待媒体的舆论监督功能。回归常识，尊重媒体成为有公信力的、让公众依赖的第三方，是媒体之幸、公众之幸，也是政府之幸、国家之幸。愿山东"鼓励舆论监督"之举真能落到实处！

（"中青在线"2018年1月8日）

请允许我的正能量跟你的不一样

常州小学生缪可馨在语文课后坠亡，让人无比痛心。当地官方通报称，经走访，未发现老师辱骂殴打学生。这篇通报并未平息公众质疑，家长和舆论都把矛头指向了语文老师对学生作文的"霸道"修改，批评作文不够正能量。有人担心，遇到这种情况，动辄把矛头指向老师，老师以后还敢批改学生作业，还敢批评学生吗？我觉得这种担忧是多余的，不要低估舆论的判断力，教师职责之内的正当批评和履责，公众当然会支持。就像前几天山西中北大学学生坠亡悲剧后舆论一边倒地支持校方和老师一样，并没有被情绪带偏。事实和真相最重要，关键是信息要对称，当天语文课上到底发生了什么？人们并不支持"越弱越有理"，而会把每一个行为放到良心和法律的天平上去衡量。

接下来说说这几天舆论热议的"正能量"这个词，老师让模仿老师的"钟美美"要"多点正能量"，语文老师让作文要"传递正能量"，使这个词引起舆论反感。很多人痛批"正能量"，好像这个词已经成为规训思想和束缚思维的罪魁祸首，呼吁弃用这个词。我倒觉得"正能量"这个词本身没什么错，不要被话语修辞牵着鼻子走，而把批判变成表象上的概念批判。清算和驱逐了这个词，会有其他词替代它的规训位置。正能量本身没问题，就像人们追求真、善、美、正义、良知、公正、自由一样，正能量是值得追求和弘扬的，而阴暗的、丑陋的、丧的事物则应该远离。

人们都追求正能量，一万个人眼中有一万个对正能量的理解和定义，就像每一个人对善、正义、自由，都有自己的判断一样。这就是关键问题所在，对正能量的定义不能是独断和垄断的，而应该是开放和包容的。也就是说，当我们谈起"正能量"这个词时，要尊重它的多义性和多元性，不能在心中设定一个唯一的、不容置疑的答案。请允许我的正能量跟你的不一样，就像你所认为的"美"跟我的"美"可以不同。

人们的分歧、对"正能量"这个词的争议，并不是反对正能量而支持负能量，而是拒绝那种一元的、独断的解释——只允许正能量有一种契合自己认知的表达方式，而不允许别人的正能量跟自己的不一样。人们怎么会拒绝正能量和好的东西呢？拒绝的只是"我认为的正能量才是正能量、我认为不是正能量的就是负能量"这种封闭了说理和讨论可能的独断意识。

就拿那篇被老师批注、画满红圈、被认为不够"正能量"的作文来说，关于《三打白骨精》的观后感，孩子是这么写的："这篇故事告诉我们，不要被表面的样子、虚情假意和伪善的一面所蒙骗，在如今的社会里，有人表面看着善良，可内心却是阴暗的。他们会利用各种各样的卑鄙手段和阴谋诡计，来达到自己不可告人的目的。"这怎么是负能量呢？现实中确实有这样的人啊，无论是媒体报道，还是生活实践，不都提醒我们要防范种种被伪善包裹的骗局？有多少骗局不都包裹着"让你赚钱""为你好"的甜美谎言？通往地狱的路往往铺满了"善意"和"鲜花"。实际上，这不也正是《三打白骨精》所要传递的道理吗？不要被妖精幻化的美丽、善良、弱势所欺骗，不要让自己的善良被人利用，要有判断力，这难道不是正能量吗？

哦，我知道，老师在出《三打白骨精》这道题的时候，心中对正能量已经有一个标准答案——孙悟空锲而不舍地三打白骨精，不断被唐僧打击、误解、念咒、赶人，却没有改变自己的初心。这当然也是正能量，但作为老师要接受对这个故事的理解可以有多种角度，正能量的样子不止有一个。老师应该启发学生，变换角度，可能有很多正能量啊：比如拿唐僧来说，意识到如果善良没有原则，就容易被恶人利用，这不是正能量吗？拿八戒来说，别像八戒见美女就意乱神迷失去判断，戏精泛滥的舆论场上要做一个有原则的公正旁观者、一个不被迷惑的吃瓜群众，这不是正能量吗？拿沙僧来说，有时候沉默并不是金，烂好人的沉默有时正是恶人嚣张的原因，像沙僧那样任劳任怨的沉默忠诚，对正义不是好事，这不是正能量吗？还可以从白骨精、唐僧等角度思考，悟出某个能自圆其说的道理，都可以是正能量。

你看，围绕一件事，正能量有很多模样，这就是我为什么要说"请允许我的正能量跟你的不一样"。特别是作为一名语文老师，要克制那种"等标准答案""像论述题那样凭知识点给分""投我所好"的批改癖，宽容学生可贵的、不被羁绊的自由思想。我知道，老师似乎觉得小学生"从故事中看到负面""意识到人的伪善"，有点不阳光，这是不对的。老师应该帮学生拓展视野，而不是相反，用某个框框束缚他们，《三打白骨精》中确实有坏人和负面，现实中确实有伪善，孩子意识到伪善并加以防范，不是很好吗？平常对孩子的安全教育，防骗讲座进校园，不正是讲这些内容吗？那种把无知当纯洁、把错觉当纯净，以及"对负面闭上眼睛"的正能量观，早该反思了。

正能量的一个本体承诺在于，它应该是可平等讨论的。一位著名哲学教授谈到"论证"时说："论证这种活动的意义不在于达成共识，不在于尊重理性，而在于表达了人与人之间的平等关系，以及人们对这种关系的认同。我的说理行为本身也表达了某种对你作为一个平等的人的尊重。"这话特别有道理，对正能量的阐释也需要这种基于平等讨论的论证过程和对他者的尊重，意识到正能量不止有一个样子，别人的正能量跟自己的不一样，而不是变成一种无须讨论、毋庸置疑的判定。

给"正能量"这个词正名，应该从容忍对它可以有不同解释开始。"不同解释"的高下优劣，应该在平等讨论中进行，而不是谁去盖个正能量的认证戳儿。正能量，应该是在事实和价值竞争中胜出了，才显出其"正"的，而一种价值的意义是在与其他价值的竞争,即尊重人与人的平等和价值之间的竞争中凸显的。

(微信公众号"吐槽青年:曹林的时政观察"2020年6月16日)

面对说不了话的孩子遗体，看你们想如何制造反转

活着的人，如果觉得自己有冤屈，可以为自己说话，不需要别人去说；死去的人已经开不了口，没法为自己说话，活人有义务为她说话，为她鸣不平。这就是我觉得那些急于为当事老师辩解、往坠亡的孩子身上泼污水的人非常无耻的原因。

从开始死咬住说"没做其他事，只是在作文本上批了'传递正能量'几个字"，到如今承认以前掴过孩子，作恶者现形，离常州小学生坠亡悲剧的真相越来越近了。媒体最新报道称，涉事教师承认曾掌掴过坠楼小学生，官方也证实该教师存在办辅导班、体罚及收红包等行为。另有数名往届生举报该涉事教师，曾被其脱下裤子抽打，还曾被水泼脸上，她心情不好就扇脸。当地教育局已对涉事教师展开调查。

想到之前这个老师想把所有责任推得一干二净的种种辩白，真让人为坠亡的孩子感到无比心疼和愤怒。孩子啊，真不该选择这种绝路的，这样离开了，永远开不了口说不了话，不能站出来对质和反驳，不能当场戳穿有些人的谎言，只能任由别人涂抹。一个孩子已经用生命表达了自己的绝望感，有些人还表现得那么若无其事：我什么都没有说，我什么都没有做啊。

欺负孩子再也说不了话了，余生的良心不会痛吗？

真相需要逐步去还原，因果链也只有在充分的事实基础上才能做出判断，但从既有事实看，结合作文本上的修改痕迹、语文课后坠亡时间点、曾掌掴

的细节等，涉事老师绝脱不了干系。目睹这几天各方的反应和舆论场上的一些声音，觉得有些人实在对不起这个孩子，那些在微信群里给老师点赞的家长、知情者被驯化的沉默、校方和官员的冷漠、泼向孩子的污水，简直可以用"恶臭"来形容。好像有一种力量在使劲，要把这件事来个大反转，颠覆既有的事实，从而推卸导致坠亡的原因。

可是，这件事还能怎么反转呢？一个孩子以这种方式结束了自己的生命，这个残酷事实还能怎么颠覆？一个鲜活的、花一样的生命，你怎么能反转？不是带着同情、痛心、还原事实、追责严惩、给一个交代的救赎之心去对待这个悲剧，而是遮丑、甩锅、泼污、搅浑水，这都是欺负孩子再也没法开口说话啊。

有人说，不能都怪老师，只能怪现在有些孩子太脆弱了，一点挫折都承受不了。——这种大道理，对一个孩子的死来说，太轻飘太残酷了。其一，什么叫"一点挫折"，你知道这之前老师到底说了什么、做了什么，不追问施害者，却归咎于受害者，这种逻辑太冷血。其二，对一个孩子讲"心理要强大"，这是一种成年人世界的傲慢和苛求。成年人经历过很多，眼前有一个开阔的世界，所以能经受一些挫折和打击，但孩子不一样，他们的世界里只有老师和家长，在学校，老师就是世界。一个朋友在我的公众号后写的留言很值得成年人思考，他说："小学阶段大概是在能听懂话的前提下最听话的阶段了，同时，这个阶段的学生对老师的话的在乎程度，也是其他阶段的学生没法比的。"

一个小孩子，能有多强大的内心？我们都有过这样的阶段，在这样的阶段那么在乎老师的评价。那时候，我们的世界里老师是至高无上的，老师的肯定能让我们喜欢上一门课，而老师的某句话也能毁掉我们对某门课的兴趣。前几天，一个朋友在我的文章《请允许我的正能量跟你的不一样》后留言，谈到自己的经历："小学三年级时，数学课，老师在评作业，我听得很认真。讲到一道题时，我看见自己做对了，特别兴奋，情不自禁地用手比了个V。

这一幕被老师看见了,盯着我看,同班同学也盯着我看,然后老师骂了我一句:'疯子。'从那时候我再也不喜欢数学课了。"——"你太脆弱了!"这句话本身就带着一种强者对弱者、施害者对受害者的心理霸凌,尤其当这句话是一个经历过风雨的成年人对白纸一张的孩子说时,更显残酷;对一具已经冰冷的孩子遗体说时,就是冷血。

是对受害的弱者说"你不要那么脆弱""多大的事,你至于吗",还是向拥有某种权力的施害者大声呵斥"停止你的侵害和暴力",不仅体现着一个人的是非判断,更体现着良心。

有人说,难道不允许为老师说几句话吗?难道死亡就意味着正义吗?有因果关系的坠亡致因,需要事实的支撑,当然可以为老师说话,但我认为,老师觉得委屈和冤枉,她肯定是会为自己说话的,事实上她正在这样做。可孩子永远不会为自己说话了,活着的人有义务为她说话,在还原真相、惩罚施害者中给她一个正义。当一个人用生命表达了绝望后,人们有义务为她说话,给她讨一个公道。知晓语文课真相的人对媒体保持着沉默,家长在微信群里给涉事老师点赞,用"那一段是抄袭"这样无关的判定,向孩子身上泼污水,指责孩子"心理太脆弱",这些都是把公道和正义踩在脚下蹂躏。

很多人都在讲所谓"事实",但讲每一个事实时,都要对"孩子坠亡"这个事实有起码的悲悯之心。生命不可逆,这是一个永远无法反转的事实,那些坐等反转的人、致力营造反转效果的人,扪心问问良知。

(微信公众号"吐槽青年:曹林的时政观察"2020年6月16日)

对不起，我反对给一线医护子女加分

继山东、四川，以及西安、杭州、南京等地出台"医护人员子女中考加分政策"后，湖北也跟进了。《关于进一步关爱和激励新冠肺炎疫情防控一线医务人员的若干措施》中提出，对于2020年参加中考的一线医务人员子女，有关市州可在其录取总分基础上增加10分后参加中考招生录取。医护人员在最危险的地方帮着社会渡难关，生命之托、生死之交，我支持应该大力关爱和奖励他们，在某些方面再多的倾斜，公众也不会有意见，甚至觉得奖得还不够。但，拿牺牲教育公平进行奖励，对不起，恕难接受。

这不是深思熟虑和负责任的决策，而是灵机一动、脑子一热、急于补偿而拍脑袋的产物。某种程度上看，这种加分不是对医护人员的体贴和尊重，相反，倒是把令人尊敬的他们，架到了让其他群体不满的风口浪尖，可能给他们招来"仇恨"情绪。

这不，很多人就问了，凭什么只能一线医护人员子女加分？难道一线警察和消防就不危险了？难道一线公务员就不顶着巨大压力了？难道维护着这座城市正常运行的其他职业群体，如外卖小哥、保洁人员、志愿者、司机，就不应该受到同样的倾斜和关爱？当然，可以讨论贡献的大小，医护人员的贡献不可替代，但对这种贡献的奖励，是否非要延伸到教育加分？本来对医护人员的敬意和关爱是一种社会共识，但一涉及"中考加分"这种关系到孩子命运的敏感而重大的规则利益，就制造了社会矛盾，在群体间形成了微妙的冲突，不好。

拿什么去奖励都可以，最好别拿教育加分当奖励筹码。这几年社会在这方面越来越形成共识，无论如何要保障教育公平这个底线，尽可能地减少加分元素，为教育公平减负，将过去附加在教育上的加分元素大大地削减，还教育公平以单纯和简单，让每一个孩子在公平的起点上起跑。尤其是中考和高考，作为重要的命运分界点，起点公平尤其重要。在如此教育改革的共识认知基础上，拿"中考加分"去奖励一线医护子女，背离了社会公平，可能是教育的退步。也会干扰当下战疫凝聚力，形成某种情感的分裂，其他群体不舒服，医护人员未必就领情。

不仅其他群体不满，也会在一线医护人员之间形成不公。中考加分不是全国统一，有的省份有加分规定，有的省份没有，而各省都有驰援武汉的医护人员，同在一个病房工作，他们会做何感想？同时，也会在一线医护人员和其他医护人员之间形成区隔，为什么有这么大的差别？

更重要的是，对孩子不公平。父母是一线医护，他们做出贡献，他们自身应受奖励，但延伸到奖励孩子，算什么呢？想象一下，孩子们平常一起学习，靠自己的努力去考试，分数面前人人平等，有一个平等的起点。可突然宣布了这个政策，同学之间变得不公平起来，不是因为自己不够努力，仅仅因为他的母亲是一线医护人员，他突然就可以加10分。10分，得靠多少努力才能赶上来？凭什么不是靠个人努力，而只是凭父母的身份，就可以得到这10分呢？可以想象其他孩子的郁闷吗？这有违奖励公平。

还有，这种规定也让接下来医护人员请战一线、驰援武汉变得尴尬起来。本来，这种主动请战很让人尊敬。我相信，医护人员不会为了这种加分而去请战一线，但是，其他人看待的目光就变得复杂起来，让本来的好事有了异样目光的审视。特别是现在战疫还在进行，一线急需医护，这种基于孩子教育加分的火线奖励，反让事情变得复杂起来，给外人添加诸种功利有色眼镜。

能够理解各地出台这种奖励政策的善良考虑，医护人员做出如此巨大的贡献和牺牲，不做点什么，不在奖励上穷尽努力，便觉得良心不安。给医护人员越多的敬意和奖励，人们越觉得心安，所以便产生了一种急于补偿的心态。这种穷尽努力的奖励安排，体现了社会对医护群体的承认和尊重，但无论如何别去动教育公平，不能为了求得补偿医护的付出公平，而牺牲一种对社会至关重要的教育公平，这也并非一线医护人员所求。

2月14日，教育部应对新型冠状病毒肺炎疫情工作领导小组办公室印发《关于在疫情防控期间有针对性地做好教师工作若干事项的通知》，其中提出要做好对防疫一线医护人员子女的关怀工作。我觉得这是应该的，父母在一线工作，孩子缺少关爱，应该多关怀孩子，让医护人员无后顾之忧。而加分，就有损教育公平，中考加分了，那高考是不是也要加分？

不要出于急于补偿医护人员的付出而出台这种未经深思的规定吧，还是先把当务之急做好。立足于当下，他们缺很多东西，缺物资，缺休息，缺保障，缺轮换，不缺那种用力过猛的加分。如果着眼于长远，多做尊医教育，严惩那些伤医者，立法保护医护，让他们少寒心、少受伤害、少流眼泪，这是他们最需要的。

（微信公众号"吐槽青年：曹林的时政观察"2020年2月18日）

再请停止加分，别拿公平当人情，别慷教育之慨

已经就"给一线医护子女中考加分"写过一篇文章，态度很明确，反对。还好，在山东、湖北、南京等地之后，很少有继续跟进加分的。本来不想再说这个话题了，看到有官方媒体支持加分，关键是支持的理由比较奇葩，不吐不快，再说几句。针对"加分伤及教育公平"的观点，这篇题为《奖励医务人员，就该用稀缺资源》的评论提出一个莫名其妙的观点："教育资源也是嵌入社会公平的一个子命题，从社会全景观察，拿出部分社会资源进行奖励，既是理所应当，也是必需选项，是社会维系其正常运转必须支付的'成本'。教育资源是紧缺资源，但奖励，就应当是紧缺资源。"

这个观点，我强烈反对。亲爱的评论员同志，教育，不是你所说的可以随意拿来授受的"资源"，它与公平、正义相关。所谓"资源"，就是可以拿来"使用"，并成为实现其他目标的工具，这是对教育价值的工具式矮化。你眼中的"资源"，是这个国家多数人往前走的精神支柱，是社会公平的底线，是阶层向上流动的唯一通道，是让无力者有力、悲观者前行的那道光。教育在我们这个社会的意义，远不只是育人，更是打破阶层固化的路径依赖。无论身处何种阶层、何样的困境，想到教育公平这个底线，生活才有了光。说它是资源，太轻了，这是一束让很多人活下去的光啊，就像空气，对于生命一样。

我跟支持加分者有同样的善意，对医护人员有同样的敬意，同样想倾尽

所能去报答白衣天使的奉献，区别在于，我认为不能拿教育公平去当人情，不能慷教育之慨。教育公平有自身的独立价值，不能成为修补或补偿其他的工具。否则，教将不教，公平荡然无存。今天感动了，送几分；明天感恩了，送几分；地震救灾，疫情动员，鼻子一酸，脑袋一热，再送几分，教育公平将千疮百孔。这几年，我们的教育改革的最大成就之一，就是清除了绝大多数加分项目，对加分的历史存量进行了最大限度的清理，奖什么别拿中考高考加分去奖，终于能在一个相对平等的起跑线上竞争了，别再在头脑发热中开改革的倒车了。

我理解人在感动的时候，所涌现出的那种"肝脑涂地"的报恩热忱，恨不得倾其所有，不惜拿出一切。但请拿你自己家的东西，慷公共之慨时必须掂量一下，别动公平的奶酪。请你冷静五分钟，问问你的孩子，问问身边的医护人员，看看我们的教育改革史，加分好不容易被削减到了最低限度，不能再出现那种以堂皇的名义去侵害公平的加分膨胀了。这个口子一开，加分幽灵将肆无忌惮、泛滥无归。医护人员保卫着我们的生命，而我们要捍卫那些跟生命一样可贵的公平价值。

资源，可以用来奖励，"紧缺资源"作为奖励筹码，尤其能起到激励效果，但教育公平，不能当成可以交易、可以授受、可以牺牲的"紧缺资源"啊！我理解的奖励，应该是增量式的奖励——通过增加一个人的利益而不损害他人的方式来体现社会的价值偏好——而不是惩罚式的奖励。举个例子，比如那位英雄机长刘传健，救了整个飞机人的性命，被重奖了500万。不要说500万，就是1000万，人们都会举双手赞成，没人有意见，因为这500万是增量式的奖励，没有剥夺其他人的利益（纳税本身就包含了这种为公德道义而交的税，含在预算中）。如果因为感动，给刘传健的孩子高考加10分，人们就会反对了，因为这种加分虽然奖励了英雄，却惩罚了那些无辜的人——其他人并没有犯错，为什么要侵犯其他人的利益呢？——本来一个考生可能考上清华，或许因为别人加了这10分，他就失去了机会。

给一线医护子女中考加分，不是增量式的奖励，而是存量式、惩罚他人式的奖励，医护子女加了分，损害了公平，伤害了那些父母不是一线医护的孩子的机会。他们有什么错呢？仅仅因为他们的父母不是这一次驰援疫区的医护人员？这奖励的岂是"紧缺资源"？而是牺牲了公平，公平不是资源，是一个社会的价值观。我这么分析，你能理解吗？再冷静五分钟，好好想想。一个网友在我的公众号的留言发人深省，他说："我应该怎么和我的孩子解释，他奋斗了这么久却与梦想的学校失之交臂，不是因为努力得还不够多，而是因为他的父母不是医护人员。教育机会应该让下一代去公平争取，而不应成为奖品。"

尊重是一回事，致敬是一回事，公平是另一回事，不要拿牺牲公平规则去表达尊重和敬意。以矫正公平的方式达到公平，只会扭曲公平，公平扭来扭去，只能带来更大的不公，其他群体觉得不公，医护内部也会觉得不公。再说了，只有2020年中考才加分，那些孩子读初一、初二的一线医护，他们会怎么想？公平的奖励，应该对一线医护是平等普惠的，也不伤及他者利益，不破坏规则公平。

最后说一句，拿中考加分当奖励，对医护人员也不利，这正是诸多医护人员竭力反对这一拍脑袋决策的理由，以"为他们好"的名义，却陷他们于不利。一位经济学家曾专门撰文谈过加分之害，他认为加分政策是对加分受惠者的伤害，主要是降低他们在求学求职时的社会评价，不利于他们的未来发展。一名重症科医生留言说，他有信心教育好孩子，不必靠父母功劳惠济孩子，孩子容易恃宠而骄，他不愿意接受这种奖励。

多理性的态度啊！请决策者再三思，请用其他方式向我们最可爱的医护致敬。

（微信公众号"吐槽青年：曹林的时政观察"2020年2月20日）

愿倾尽所能致谢医护，但请不要"逼捐"我们的公平

舆论对"给一线医护子女中考加分"争议很大，这种争议很正常，一个健康的社会不能只有一种声音。已经就此问题写了两篇文章，本不想再评论，但看到有媒体朋友点我名，让继续评论，又看到一些逻辑混乱、不知所云的观点，可能误导公众。评论员眼里容不得谬误的沙子，忍不住再说几句。我的观点很明确，愿倾尽所能致敬致谢医护，捐什么、拿什么致敬，是公众的事，请不要"逼捐"我们的公平。

我很不喜欢有一种论调，带着浓厚的"逼捐"味道。有人评论说："有的人嘴上喊着'白衣天使伟大''我们要尊重医护人员''要给予他们更多尊重和关爱'，一旦涉及自身利益，就使劲摆手，'不行啊，不公平啊'。不让从一线撤下的护士回家，看到给一线医护子女加分又叫不公。试问这些人，你们都做了什么？"

这种反问，不是带着"逼捐"意味吗？第一，涉及自身利益，不平则鸣，说声"不行"怎么了？第二，人们说"白衣天使伟大"，这是一种致敬方式，而不是人们说了这话，你就可以随便把属于他们的东西赠送予人，并美其名曰"你不是说别人伟大吗"。赞美，是人诉诸良心的判断，而捍卫自己的私权私益，这是权利之所在，不能用前者去否定后者的正当性，不是因为赞美了就必须"别客气，我的你全都拿去吧"。人们可以尽自己所能去表达谢意——捐款，协调紧缺的医疗物资，呼吁善待医护，有钱出钱，有力出力，

声音大的就喊一嗓子，别把人们主动的善意变成一种"逼捐"啊。那种奇怪的声音，已经走在"逼捐"的边缘，公平是一个社会的价值观和信仰，写在我们的核心价值观里，别把它以这种方式弄没了。

社会对医护的依赖、医护的奉献，不是一天两天的事，社会对医护的关爱，不是一两条"火线规定"可以立即表达的。我不喜欢那种"急于报偿"的论调，我欣赏一种基于公平的、诉诸长远的、深沉的关爱，这在我前两篇文章里都详尽谈到了。从我的公众号的留言来看，诸多医护对这种加分规定并不领情，他们需要的不是坐"需要时是天使是热泪盈眶，而平时各种冷漠"的道德过山车，需要的是不随热点摇摆的稳定尊重，以及去除了情绪化而不一惊一乍的理性关爱。不要鼓励那种"速付出速回报"的功利风气，医护对社会的奉献是恒常的，社会需要一种恒常的、可持续的尊重与关爱。

有一种论调把矛头指向公平，消解着公平的价值，让人忧心。这种观点认为："整齐划一、平均分配不叫公平，照顾到不同群体的实际需求，而又不剥夺其他群体的合理利益，这才叫公平。"其一，中考加分，侵害了其他群体的合理利益。其二，"整齐划一、平均分配不叫公平"，这是正确的废话，树立了一个人们并不支持的稻草人。在这场反对加分的舆论声音中，谁要求"整齐划一、平均分配"了？不要矮化了公众对公平的诉求与期待，人们期待的是程序正义、起点公平、制度公平，而不是平均分配。这正是人们如此珍视教育公平的关键所在，牺牲什么都不能牺牲教育公平，分数线不只是一根线，而是人们心中的公平金钱。不要矮化人们的追求，人们不要平均，人们要公平，教育公平维系着我们这个社会的公序、道德和人心，不可拿这个送人情。

公平之外，还有法治，虽然疫情让社会常态受到冲击，但法治必须要维持常态，正如我反对过激防控一样，我也反对这种过激奖励，一切做法要基于法治，不是鼻子一酸就随心所欲地加分，激情做法应被摒弃。

有一种虚无主义的观点认为，这世上没有绝对的公平。说到"绝对"，这词是万能的，没有绝对的客观，没有绝对的真理，那我们就不要客观不要真理，任你随意阐释了？就没有了共识基础而都是互相抵消的角度了？不是这样的，"没有绝对的公平"是警醒人类理性之自负的，而不是用来消解公平之追求的。就像"没有绝对的客观"不是消解客观，而是让我们意识到自己的主观和偏见，人类才能打破洞穴和茧房，有了接近客观的可能。我们知道教育公平是个好东西，在竭力消除那些看得见的不公，医护人员保卫着我们的生命，我们要捍卫那些跟生命一样可贵的公平价值。

我知道这世上没有绝对的公平，但动不动就加分，把教育当成了"表达心意"的人情，就是绝对的不公平。

热爱公平的朋友们，还有一种"孩童撒娇主义式"观点，颇具迷惑性，拉低着人们对公平的追求——"那谁谁不是可以加分吗？那谁谁不也加分了吗？所以，我也支持给医护子女加分。"之所以称其为"孩童撒娇主义"，是因为孩子有时好像也会说，"你不让我做啥，那谁谁不也做了吗？"这种比较是不对的，我们应基于原则来讨论是非善恶，而不是基于"谁谁碰得，我怎么就碰不得"的任性。教育改革在改很大的历史存量，在碰硬，动各种利益，在对过去的加分项目进行去库存化，尽可能清理，尽可能做到起点公平。好不容易竭力去库存，别再有增量了，否则加分膨胀不可避免，毕竟很多人对教育这块奶酪虎视眈眈。我曾写过一篇《公平扭来扭去只能导致更混乱的不公》的评论，文章提到，如果仍然以补偿、报答、修补的名义去加分，不顾教育自身的公平，规则的金线就没有了。

如今，人们都厌恶那种用英雄主义去号召医护的论调，说应该把医护当凡人一样来保护。很多一线医护人员反对子女加分，也是出于这种诉求吧，把他们当凡人一样保护，不必用加分把他们架到风口浪尖。

先说这些，这是我的个人观点，这是我的个人观点，这是我的个人观点，但愿不再有继续写这个话题的必要了。

（微信公众号"吐槽青年：曹林的时政观察"2020年2月21日）

当英雄是自己的事，请把医护当凡人一样呵护

医护人员的逆行姿态一直让公众热泪盈眶，他们的奉献、他们的牺牲、他们在生死一线与病毒赛跑的背影，让人心疼。这种心疼转化为一种不安——这两天舆论对那种不顾医护的现实需求而自我感动地将医护人员"英雄化"的诸多渲染，让人颇为不安：不管是不是缺物资和防护，只负责派发"英雄"标签；不管她们是不是愿意把头发剃成那个样子，只负责用宏大的英雄主义来阐释、遮掩爱美者的泪水。不能让英雄的形象成为他们的负担，苛求英雄是残忍的，请把医护人员当凡人一样呵护。

在众多热血沸腾的英雄主义叙事中，国家卫生健康委员会的一位官员的良心话让人感动。在做客《新闻1+1》节目访谈，谈到3000多名医护人员感染病毒和他们的安全时，国家卫生健康委员会医政医管局副局长焦雅辉说了这样一段话："在这一次疫情防控中，我们不需要任何'英雄主义'的号召，很多医务人员都是自觉投身到疫情防控工作中。在我看来，防护的关键在于防护用品供应要保障充足到位，同时让医务人员有合理的工作负荷，可以进行轮替，这样才能真正保障医务人员的安全。"

说得多好啊，不需要任何"英雄主义"的号召，这是医务人员的工作。我理解的是，不是不要英雄主义，更不是不要英雄，当英雄是英雄自己的事，我们能做的是把医护人员当凡人，把他们当凡人一样呵护。英雄可能只是局外人的文学想象，对于身在危险环境中的医护人员来说，他们跟凡人一样会

受到病毒感染,甚至因为身处一线,更容易被感染。他们有凡人的怕,有凡人对家人的思念,有凡人对美的追求,也有凡人常处这种环境中所产生的焦虑甚至抑郁,要设身处地地考虑到他们的凡人需求。

英雄,可能只是外人"自我感动"的一种赞美,哪有从天而降的英雄,只有挺身而出的凡人。她们剃去长发,不是当英雄,是专业防护的要求;他们逆行而上,不是当英雄,而是职业天命所系。记者拍几张照片就出去了,外人在键盘上喊两个字:"英雄",泪眼蒙眬一下,然后转身继续自己凡人的生活,而他们在被隔离的病房中,一直面临着凡人的种种焦虑,病毒不管你是英雄,还是医护,一样地感染。他们需要饮食的保障,需要保障体力恢复的睡觉时间,需要防护物资的到位,不能让他们一直处于这种高负荷状态下,他们也有自己的孩子、自己的父母,必须有不断的轮替,换下疲惫的他们。

相比那些颂歌,那些英雄主义史诗般的赞美,那些把他们拔高的比喻,医护人员更愿意听到焦雅辉局长的这段话,用凡人的角度考虑他们的爱与怕,关心女性的每一个生活细节,如卫生巾、心理疏导。他们要的是专业口罩,不是那些口号;他们要的是防护服,不是英雄的华服。

是啊,当我们在谈英雄时,我们在谈什么?这种话语是一个置身事外的视角,我不喜欢那种旁观的赞美视角,坐在安全而舒适的地方,鼓励别人当英雄当烈士;或者是用英雄主义的大词,回避物资的缺乏。为什么当钟南山说"武汉是一座英雄的城市"时,我们都流泪了?钟南山自己是一位逆行者,他让别人"能不去就不去武汉",但他自己去了,把那里的现实情况告诉了世界。他没有苛求别人当英雄,当英雄是英雄自己的事。

前段时间,一段颇具批判和反讽的话在网上流行:"有口罩吗?没有。有防护服吗?没有。有消毒水吗?没有。有护目镜吗?没有。有困难吗?没有。有信心吗?有。"这段话,也把战疫下有些人的官僚主义的盲目信心,表现得淋漓尽致。信心,应该建立在物资的充分保障上,缺乏物资就要竭力去保障,不能鼓励医护人员的信心"裸奔"。英雄是个人自己的追求,每个人都可以选择去当英雄，作为旁观者，我们能做的是把医护人员当凡人一样呵护。

哪有什么英雄，不过是如你我一样平常家的儿女，穿上了白大褂，必须面对职业的召唤。疫情当前，替他们卸下那种英雄主义的重负，首先去考虑他们作为凡人的防护吧，真正站在他们的角度考虑每一种凡人的需求。这几天媒体都在呼吁给殉职者以烈士的身份，不能亏待做出巨大牺牲的医护人员，有部门已经做出真诚善意的回应。我知道，这些平凡如你我一样的人，不想看到身边的战友成为烈士，他们要的是，一个不少地安全归来，正像我们出门时，父亲的目光与母亲的期待。

（央视新闻2020年2月18日）

看丑陋摘桃子吃相，更明白我为何反对加分了吧

一线医护人员在最危险的地方拼命救人，功比天大，人们愿拿出一切去感谢他们。基于对某些劣根性的了解，人们知道肯定会有人抢功摘桃子的，但没想到的是，摘桃子者来得这么快，战疫还在进行，医护还在一线，后方就有人急吼吼地想摘桃了。媒体曝出陕西安康市中心医院一线补贴名单，领导专家拿到的钱比服务确诊患者的工作人员都高，一线员工遭遇了各种克扣。当地卫生健康委员会已介入调查，该医院回应称存在对一线防控人员工作补助核定把握不准、审核不严等问题。

但愿驰援一线的医护们没看到这条新闻，否则多让人难受啊。人家还在一线呢，你就这么急，吃相如此难看，即便医护能忍，旁观者也看不下去啊。摘桃子的人这么快暴露，也好，对还没开始的补贴分配和奖励提了个醒，别让摘桃者钻了空子，埋汰了社会慷慨感恩医护的好意，寒了真正一线医护的心。

说句题外话，看到这种丑陋的摘桃吃相，更明白我前段时间为何那么强烈地反对加分了吧。连这点补贴都想占为己有，比补贴不知有多大诱惑的中考加分，可想而知。当然，倒不是说"担心被摘桃所以反对给医护子女加分"，关键的反对理由不是这个，但也要考虑到这种危险：以牺牲教育公平作为奖励，在一种不公平的分配生态中，被掌握分配权力的非一线者摘桃，掌勺者冒功自肥，带来了比牺牲教育公平还让人恼火的不公平。过去的加分

腐败，我们又不是没见过。

回到正题，摘桃的苗头已经暴露出来了，必须跑在那些摘桃的欲望前面，把种种漏洞补上。这段时间，从中央到地方，从官方到民间，从企业到企业，对一线医护给予了各种关怀和奖励，到防控尾声的时候，评功奖励的机制启动后，各种补贴和奖励会更加集中，一定要严格把关奖励的分配，精准地将奖励送到真正的一线、真正做出贡献的医护人员手中。有些钱是不能动的，有些功是不能抢的，不仅事关公平，更关系到价值观和人心。对一线医护的补贴和奖励就是如此，人家在一线是用命在救人啊，你也好意思拿那补贴？

这应该成为高压线，碰一下都不行，哪怕冒出一点儿想法，都是丑陋的。

我看很多地方在出台关爱医护的措施时，都强调"一线医务人员"，那什么是"一线"呢？对此并没有做出严格的限定，这可能给有些人的后续操作留下了空间。在我看来，"一线"，首先就是湖北省（含驰援湖北医疗队）救治新型冠状病毒肺炎的一线医务人员，这是"一线"中的"一线"；然后，是那些疫情比较重的地区，救治此次新冠肺炎的一线医务人员；再就是一般地区，救治此次新冠肺炎的一线医务人员。每个出台奖励的部门，必须严格界定"一线"和"医护"，这才是负责任的奖励。不宜扩大化理解，无限扩大就失去了奖励和补贴的意义，也悖背了初衷，对真正的一线医护不公平。在有些地方，对于一些虎视眈眈的蛀虫，一点点很小很小的漏洞，都可能被撕开，变成大缺口。

特别要警惕抗疫中的种种形式主义和官僚主义摘桃抢功。发份文件，喊句口号，挂条横幅，搞个仪式，让填个表，让接个龙，不要以为这只是形式主义和官僚主义，这种所谓的"留痕"，很可能是为接下来摘桃做准备。这些没有做什么实际工作的人，没发口罩，没帮弄消毒水，没有去一线，而在安全的地方指手画脚。善于做表面功夫的人，很容易把这些"形式"写成"成绩"，把"办公室"当成"一线"。一线就那么几个人，但表功填表时变成了一大堆；就转发了份文件，纸上的工作也能写出花儿来。防范有些人以形式主义、官僚主义在进行"态度抗疫",更要防范官僚主义在后续奖励分配中把形式主义当功劳,抢一线的荣誉。

再说一句,幸亏暴露得早啊。正像对新型冠状病毒肺炎一样,早发现、早报告、早隔离、早治疗,对"贪状病毒"也一样,媒体早发现、早报道,相关部门要对其早处理、早严惩,杀一儆百,对奖励制度进行早限定、早严管,避免这种"病毒"的传染和暴发。

(微信公众号"吐槽青年:曹林的时政观察"2020年3月4日)

我也不支持用公务人员拉动消费

连湖北省都多日清零了,复工复产复常,众意所向。比民众更急的可能是各地领导,想方设法,采取各种方式发信号拉动消费,营造人气和烟火气,让商业和市场活起来。除了领导带头上街消费之外,多地都发了红头文件,鼓励机关干部和公务人员及其家属带头消费,引导和带动身边市民到市内卖场、商超、饭店等场所消费购物。有的地方甚至明确了标准,建议"区领导本周在区内商业、餐饮等的支出不低于100元",有的地方的标准则是"明确每周消费不低于200元,均由个人付费"。

理解这些地方的良苦用心,文件表达都很克制,谨守权力边界,用的都是"鼓励""建议"或"倡议",并没有强制,且严防公款吃喝。但这些倡议还是引发不少争议,被认为越位了,《人民日报》评论也称"干部不必站在前台,而是要充分发挥市场的作用,让政策给力"。我也不支持让公务人员拉动消费,公务人员不是万能的,事事都要他们去带头。公务人员跟普通人一样,也要养家糊口。他们尤其不容易,疫情防控中他们冲在一线,结束假期提前返岗,保持在线,各尽所能,冒风险、弄物资、担压力,面对种种矛盾,在各自岗位上打满全场,别什么都让他们上。

公私权界不能模糊,我们不支持公务人员有超越法制的特别权力,同时也不应该课以他们超出其职责的义务。苛求"事事带头",无限的超义务附加,只会在混淆公私权界中带来公职伦理的混乱。公权不能私用,同样,也不用把属于私域的权益征为公用；我们反对公务人员公款吃喝，同样，也反对让公务人员私款吃喝去拉动"公益"。这不是一两百元的问题，而事关公职伦理，事关我们对公权边界的理解。如果发文件让普通民众上街去消费，人们会反对，同样，这样来要求公务人员，也不应该支持。

首先，这种"领导带头"的舆论效应已经较为充分地释放了，普通公务人员的消费很难起到拉动效应。干部在消费人群中只占很小一部分，拉动效应主要体现在新闻象征层面，看到地方领导上街，普通人就放心多了，感受到了信心。但不是每个公务人员都能发挥这种舆论象征效应，领导上街是新闻，普通公务人员再跟着，就没有新闻效应了，边际效应不断递减。媒体报道了多地主政领导上街消费，这个层面的信号已经释放得很清楚，甚至已经透支，不需要普通公务人员再去引导。

公务人员，首先是一个职业，在各自岗位上做好本职工作，是他们的责任和对防控的贡献。术业有专攻，疫情是什么形势？复工复产应该放到什么程度？是科学的事；餐馆和消费该如何驱动和复苏，是市场的事；采取何种政策帮企业渡难关，是政府的事。部门不是万能的，公权力不可越位，在传递复工复产信心上，科学家和医生释放的信息可能更让人信赖。记得有一位医生说过："只要我们这身防护服没脱，你们就待在家里别出来，否则我们就白拼命了！"虽然这针对的是疫情严重的武汉地区，但对于其他地方来说，人们可能也更看重专业人士的判断和医护口罩指数。在这方面，公务人员也得尊重科学，听科学家和医生的建议，与其让公务人员上街拉动消费，不如多尊重钟南山、张文宏、李兰娟等专业人士的判断。

这不是放不放信号的事，而事关科学判断。一位有公信力的科学人士的声音，胜过无数外行人的信号。信息透明，专业人士的判断受到尊重，人们自然会受到理性引导。

消费冰冻，让很多地方心急如焚，不过这事儿真的不能硬来，不是放个信号，大家立刻就跟着上街。各地那么长时间的强防控，各种措施都用到极致，加上当下全球防疫形势的严峻，公众心中的那根弦很难立刻松下来。我觉得各地首先要做的不是急着放信号，而是要反思，为什么民众不敢松懈下来？一个很大的问题在于，信号比较混乱，公众不知道该听什么信号。

每天人们所接收的很多信号，其实是互相矛盾的。有些地方，一方面鼓励公务人员上街消费，开动复工复产的马力，营造积极氛围；另一方面各种关卡的管理却非常严格，虽然调到三级响应，但各种防控让人感觉还是像一级响应那样严格，在餐馆里甚至家人都不能坐到一张桌子。一些地方虽然是低风险地区，但人员和货物流动还有一些障碍，健康证明做不到全国通认，人员流动有很多麻烦。

有的地方紧，有的地方松；同一个地方时紧时松，有时甚至朝令夕改；不同部门不同环节有紧有松；行政系统上面松，基层紧；防控端紧，消费端松——这些不协调的信号，让很多人处于观望。戴不戴口罩、出不出门、何时开学，这些都很模糊，科学也在观望。应该说，受利益驱动的市场信号，是最灵敏的信号，但市场本身接收到的种种信号是冲突的。没有信号的充分统一，冰封了这么长时间的市场，很难迅速活跃起来。

这种情况下，让公务人员拉动消费，并没什么用，反而容易忽略真问题。科学的归科学，市场的归市场，谨守权界，不忽松忽紧，不这松那紧，在透明的信息和法律框架下，让市场有稳定的预期，该活跃时自然会活跃起来。

（微信公众号"吐槽青年：曹林的时政观察"2020 年 3 月 21 日）

张文宏的谦虚让人不安，别跟卖茶叶蛋的比收入了

在某种程度上，张文宏已经成为医生界的一位符号级、标杆级人物，他的专业主义表现让医学这个职业赢得了更多尊重。对那些想报考医学院的学生，张文宏会打鸡血、会灌"鸡汤"吗？事实证明，他真是一名"鸡汤"杀手，再一次打翻了"鸡汤"，给那些对未来充满想象的后辈浇了盆冷水。他在直播节目里给想报考医学院的学生指导建议时提道："不能为了赚很多钱而当医生，要因为自己喜欢这一治病救人的行当。医生不会挣很多的钱，不要为赚钱去当医生，不可能赚得像马云一样多，卖茶叶蛋的工资都有可能比医生高，这个很正常。"

有人说，张文宏是不是有点"装"，调门是不是太高了，医生算是这个社会中收入较高、令人羡慕的行业了，怎么只谈"治病救人"的崇高理想而回避赚钱，赚钱又怎么了？我是理解张文宏这种表达的，毕竟需要看直播语境和交流对象，这不是面向大众的演讲，而是与想报医学院的学生的交流，自然会把专业精神放在前面，用职业追求进行感召和筛选，降低收入期待。进入一个职业，当然首先是专业兴趣和追求，然后才是回报。弱化收入诱惑而谈职业天职，这是一位负责任的前辈对报考者应有的专业启蒙。

也有人说，张文宏这话是不是有点儿假，谦虚过度了，有点儿飘和矫情？医生收入虽然比不上那些商界成功精英，但也不至于比不上卖茶叶蛋的吧？如果医生不赚钱，那么哪个行业敢说自己赚钱？确实，拿医生收入跟马

云比，不太合适，马云这种巨富完全是个案，没有人会把自己的收入跟马云比，马云处于金字塔尖，不是可以比较的标准。同样，跟卖茶叶蛋的比也不合适，卖茶叶蛋最成功的，收入当然高，比如"乡巴佬卤蛋"总裁，但在平均意义上是不可比的，这属于个案统计之谬误。

毕竟是直播节目，表达不是太严谨，修辞高于论证。张文宏做这种类比，可能主要想说的是，医生收入并不像人们想象的那么高，为赚钱而当医生会有较大落差。这也不是假话，有数据可以支撑，我查到2017年的一个数据："尽管中国医生的劳动强度要高于普通行业，但他们的收入并不算高，据国家统计局报告，2017年，全国平均年收入为7.4万元。'丁香园'《2017医生薪酬报告》显示，医生的平均年收入为9.6万元。而2018年，他们的期望年收入为15.8万元，是实际收入的近2倍。相比2017年，55%的医生薪资无增长，甚至有9.7%的医生出现了降薪。"

看到这组数据，也许就能明白张文宏所言不虚。当然，有人可能会说，这只是账面上的收入，医生有"外快"等较多隐性收入，比如据人民网报道，几年前有一份调查显示，某医学专家对某地所有三甲医院进行调查，结果显示，当年医生账面上的平均年薪是4.6万余元，但实际收入为19万余元。——但这只是发达地区的三甲医院，并非每个地方的每家医院都这样，也非每个科室每名医生都这样。就像前几天"6亿人月收入低于千元"这一权威数字，让很多人目瞪口呆不敢相信一样。中国很大，在传播的幻象和圈层茧房效应下，人们常常容易高估别人的收入，尤其容易高估像医生、教授、科学家这些高声望群体的收入，把个别当普遍，把高声望当高收入。看多了吃回扣、拿红包之类的新闻，也容易高估这个群体。

不能为了赚很多钱而当医生，要因为自己喜欢这一治病救人的行当。——我理解张文宏作为一位有专业信仰的专家身上的那种天职感，这也正是医学让人觉得崇高、医生让人尊重的原因，一个职业必须有超功利的、关怀他人利益的追求，才能使一个谋生的手艺、饭碗成为受人景仰的专业。虽然不是奔着赚钱和高收入去当医生，但我觉得，医生应该有高收入，在这个问题上不要谦虚，不要羞于谈利，不要把自己架到道德高地。读医学院比读其他专业更难，培养一名成熟的医生会花更长的时间，医生的专业含量高，治病救人工作比普通工作更重要，有理由享受到相对高的收入。

不唯利是图，也不必羞于谈回报，一个医生缺乏高尊重、高回报的社会，很难让人安心。医生可以高尚和谦虚，只谈理想不谈收入，但社会不可不言回报，收入也是尊重的一部分，让治病救人者受到更多尊重，对于把自己的身体和生命托付给医院和医生的人们，也许才更心安。就像这一次疫情中，公众看到医护人员的逆行和拼命，恨不得穷尽努力去感谢他们，不允许他们受到半点委屈。这种感恩心态，不只是疫情下的临时激情和暂时感动，而包含着期待一个与生命紧密相连的职业获得更高回报的公众善意。

虽说都是劳动，劳动都是光荣的，但不同的职业应有不同的比较参照系，卖茶叶蛋的这个类比让人不安。过去所说的"拿手术刀的不如拿剃头刀的，造原子弹的不如卖茶叶蛋的"，针对的是分配失衡时代的"脑体倒挂"（体力劳动者收入高于脑力劳动者，让人感觉知识贬值，读书无用）。应该说，在市场主导的收入分配下，"脑体倒挂"的分配反智现象总体上并不存在了，新问题是"脑娱倒挂"，即明星唱一首歌可能胜过科学家几年的收入。张文宏医生的收入跟卖茶叶蛋的比，有点夸张，却也从潜意识里暴露出从业者在收入坐标上的心理定位。卖茶叶蛋的收入比医生高，这并不正常，拿两者去比较，本身就不太合适。

别为了赚钱而当医生，但一个社会不会亏待当医生的，不黑不吹，这才是完整的正解。

（微信公众号"吐槽青年：曹林的时政观察"2020年6月3日）

别被朋友圈里奔涌的摆摊浪潮忽悠了

这几天朋友圈里"摆摊"突然热了起来，各种段子、各种图片、各种新闻、各种摩拳擦掌跃跃欲试要去摆摊的姿态、各种话题，仿佛要迎来一个全民摆摊的浪潮，大众创业万众摆摊。不需要"早九晚五"地上班，也没有老板的约束，后浪没有奔涌，摆摊先奔涌起来了，甚至知名互联网公司都在路边摆摊招聘，好一派烟火气。真的是这样吗？千万别被朋友圈里作为话题的摆摊浪潮给忽悠了，自媒体太多，摊位太少，话题不够炒，多数人只是当成一个话题在闲扯罢了，摆摊没那么奔涌，不要觉得大街将被摊位所占领。

如果不是为生活所迫，谁愿意起早贪黑去路边冒着日晒雨淋去摆摊？这是辛苦活儿，是生存需要，不是可以用来晒的工作。那些真需要摆摊谋生的，哪有心思矫情，哪有时间闲扯，二话不说，早就拿起家伙到路边找摊位去了，不管生意好坏都得守着，没有生意就没有收入。在朋友圈里，这只是一个社交话题、一个传播景观，在车水马龙、尘土飞扬、挥洒汗水的路边，那才是真的生活。你看路边那些真的商贩，贩水果卖袜子、夜市里烧烤的，几个能有闲心到朋友圈去聊摆摊话题。话题爆热，摆摊无声。

有人说，之所以宁愿打工挣三千元，都不愿摆摊挣三万，就是克服不了摆摊时仰视别人的心理障碍。能在朋友圈轻松聊摆摊的人，多不用真去路边摆摊。互联网不仅是一种社交工具，也是一种赋权和变现渠道，掌握了这种渠道的人，多可以不用到路上摆摊，而是能在云端网店找到属于自己的用户，或者让用户找到自己。不用扯着嗓子大声吆喝，不必看天吃饭，在网店摆摊，在朋友圈带货，货放在线上，等需要的人在线下单，然后借助现代物流送到用户手上。也就是说，借助现代技术，传统的摆摊已经实现升级，掌握着技术和流量资本的人，已经把摊位摆到了云端，让生意摆脱了线下环境的约束。

但总有一部分人，他们没有搭上互联网的快车，被甩在了浪潮的后面。他们不会借助互联网去销售自己的东西，或者说，在数字鸿沟下，他们的生活方式、观念和圈子，使他们无法被互联网赋权，不能到线上以低成本、高效率的方式寻找到用户，只能绑定在线下街头巷尾的生活距离中。一个幸运的人，可能被媒体关注到，成为"帮农户卖滞销农产品"网络公益活动的帮扶对象，但多数人并没有这么幸运，只能以最传统的方式到路边去等待，等到那个正好路过且正有需要的人。

路边摆摊没有门槛和技术含量，不需要多大成本投入，有东西可卖，勤劳就可以，因此这种古老的生意模式常常成为老百姓的底线谋生方式。总理说，我们有6亿人月收入在1000元以下。是的，这些人可能是在疫情冲击下最脆弱的群体，他们中的不少人都会选择这种临工岗位去渡难关。摆摊，不是朋友圈和社交平台上的传播景观，而是别人的生计。

什么是景观？居里·德波认为，景观的在场是对社会本真存在的遮蔽，是对人类活动的逃避，是呈现给自己的虚假在场。景观由现实中"片段的场景"叠映而成，编织成一种被隔离的"虚假世界"。人之存在不再由自己真实的需要构成，而是由景观所指向的展示性目标和异化性需要堆积而成。这正是我所担心的，人们很容易被朋友圈里奔涌的摆摊景观所忽悠，呈现出一种虚假的在场，忽略了那个真实世界的摆摊。

景观一手遮天，除却它所愿意呈现的画面之外，我们的视野里空无一物。我们在朋友圈看到的摆摊，正是这种作为谈资和消费的景观，真正的摆摊者没有声音，没有表达，能听到的多是如"日赚三万""摆摊生意火爆""地摊经济彻底爆火"之类的传播神话或媒介幻象。景观的另一特点是，当景观有三天停止谈论某事时，好像这事就已不存在了。如今都在搭车消费谈摆摊，不知道可以热几天。

缺乏在场和自我的表达，脱离了真实世界的生活而成为朋友圈的戏仿狂欢，摆摊很容易被捧杀。捧杀，就是将摆摊美化，一边倒地炒作，仿佛是城市的生命，地摊创造世界，地摊撑起生活，地摊改变了世界，地摊是国家的生机，城管喊你来摆摊，下摆摊指标，全民动员。棒杀，就是很快厌倦一种景观，形成一边倒的否定，如破坏交通，带来污染，噪音扰民，卫生问题，冲击电商和实体店，等等。其实，现实中的摆摊并没有多大的变化，变化的只是传播景观。

"当初是你要分开，分开就分开，现在又要用真爱把我哄回来。""原来的牛夫人，现在成了小甜甜。"——这些都是朋友圈中的景观，现实中的地摊并没有从一个极端走向另一个极端，变化的只是议题中的情绪。捧杀，是一波流量，棒杀，又是一波流量，沉默的，始终是那些摆摊人。

（微信公众号"吐槽青年：曹林的时政观察"2020年6月4日）

本科休克式改革会毁了清华新闻教育

针对"清华新闻传播专业将取消本科招生",我在昨天的评论中谈到"四不代表":不代表清华不重视新闻传播专业了,毕竟会扩大新传研究生招生规模;不代表新闻传播专业的地位下降了,是对整个文科的强基改革;不代表新闻传播专业和学科遇到危机,这只是一所大学的改革尝试;不代表新闻教育改革的方向,这不是新闻教育改革的主流,其他大学不会效仿清华的激进改革。

与几位教授聊了这个话题,了解到更多详细情况,我后来自删了那篇文章,因为文中对个别事实可能稍有误判,需要修正。不只针对新闻传播专业,清华多数文科专业都取消了本科招生,成立五大书院,其中日新书院负责基础文科类专业的人才培养,以期打破本科阶段的专业壁垒,让学生的知识面更广。——我原先以为,所说的"新闻传播专业取消本科招生",并不是没有新闻传播专业的本科新闻教育了,只不过不以从前那种单独的、独立的学科门类去招生。但从后来了解的情况看,并非如此,新闻传播专业就是完全取消本科招生了,书院基本与新闻传播专业无关(除了安慰性地以"课组"方式在书院开课),新闻传播专业转向研究生培养,本科被突然休克了。

正如我在上一篇评论谈到,我是认同清华强基改革这个方向的,有其合理性,尤其是新闻教育,需要在职业化之外打通文史哲的任督二脉,夯实知识的金字塔基,在整体的通识知识背景下才能实现如詹姆斯·凯瑞所言的

"去报道作为'定位于现时的真实之整体'的新闻"。先成为一个有能力的、明智的人，才会成为有能力的、明智的新闻人——应该强基，但强基的目的是什么？还是需要有一个专业根本和专业灵魂。从不重视通识，到全面通识而取消本科专业教育，是从一个极端摆向了另一个极端，这种突然的（未经深思熟虑和公共讨论而突然推出）、激进的、不留余地的本科专业休克式改革，真会毁了多年积累才有了今天专业地位的清华新闻教育。

无论是"专业为体、通识为用"，还是"通识为体、专业为用"，以谁为中心，比例多少，这都没有关系，可以在教育实践中去平衡和调节，起码都是有各自实体位置的。现在完全取消新闻传播专业的本科招生，本科专业教育被连根拔起，不要说"体"，连"用"都没了，对一个专业来说，这是要命的事啊。

千万不能以机械工程思维看待学科建设，好像这只是取消了专业的本科教育，集中精力办更高层次的研究生教育。一个学科系统是血脉相连、紧密嵌合的生命有机体，切了某个部分，尤其是像本科这样的关键部位，那是伤筋动骨的。不要说是专业生命体，即使是机械切割重构，也会有方枘圆凿之忧。没有一流的本科，就没有一流的大学，对新闻传播这种实践性极强的专业也是如此，没有一流的本科专业教育，就不会有一流的学科。

我的本科和研究生读的都是新闻专业，当时本科两个班有六十多人，多数人都进了新闻业，从事与专业很近的工作，尤其是多进了传统媒体。而研究生班就不一样了，读了硕士后，很少有人去媒体工作，多流向了高校或研究机构，或者继续读博深造，锚定科研方向。留在学院做科研，当然没什么不好，但如果一个名为"新闻传播学院"的地方，所教的学生却很少去做新闻实务，与媒体这个职业实体缺乏关联，很少向业界输送人才，"新闻传播学院"还能叫"新闻传播学院"吗？

从我的经历和观感看，本科期间读新闻专业的学生，更会走向业界，选择去媒体工作，而研究生阶段才接触新闻专业，多会当教师做科研，走向学界。清华新闻传播专业取消本科招生，没有了新闻本科教育，而专注研究生教育，这意味着学院可能将与新闻媒体这个"职业实体"越来越远。做了这么多年新闻，与新闻系学生交流比较多，一般来说，一名学生在本科阶段是最有专业追求和新闻理想的，多会选择去媒体跑新闻；接受学院教育的时间越长，对新闻实务的兴趣就越弱。所以，新闻本科毕业之后会有去媒体的冲动，而到了研究生阶段，投入了更多读书成本，经过研究训练后，很多学生就不愿去一线做采编了。

新闻从业其实无须研究生教育背景，只不过现在是学历膨胀导致水涨船高。一名本科学新闻的学生，同时也有新闻理想，如果能在媒体找到一份好工作，那就先去工作，而不是读研深造，研究生是为研究做准备的。即使现在很多媒体要求硕士以上学历，但一所大学不能只盯着这个"结果"，而甩掉本科专业培养的过程，放弃本科专业熏陶的主动权，更不能把研究生当本科生培养。

新闻专业跟其他人文社科专业还不太一样，像文史哲之类的专业，不需要对应一个职业实体，没有对应的"业界"，学院自身有强大的专业基础，每个文科专业都得学文史哲。新闻专业要想有生命力和专业地位，须保持与"业界职业实体"的实质和精神勾连：毕业生流向媒体，媒体精英到学院教书，大学与媒体互相成就，学界与业界正常流动。清华新闻传播专业的地位，某种程度上正源于这种与职业实体的紧密关联，为主流媒体培养了很多优秀新闻人，在业界形成了较高声誉，这些优秀新闻人又激励着更多的后辈奔向媒体。而中国人民大学、复旦大学、中国传媒大学、华中科技大学等新闻学院的专业声誉，很大程度上也是与"职业实体"的紧密勾连所塑造的。

当然，新闻传播学院不只是为媒体培养人才，学院有自己的科研追求和国际化目标，但作为以"新闻"为名的学科，不能退守到学院和学术而失去与"职业实体"的互相滋养。取消本科教育后，老师的教学任务少了，可以腾出更多时间做科研，写论文，带学生做课题，可没有了自身本科专业教育这个抓手后，从他处"接手"的研究生教育，跟实务和实体的关系就远了。本科生的实践和实习，是学院与媒体联系最多的地方，取消了本科教育后，教出来的学生多走向科研，教授们多集中精力做科研，也无须请业界老师到学院讲采写编评，教授更不需要业界背景了。断了与职业实体的联系，新闻学院的发展会越来越自闭。虽然可能更国际化，科研论文量上去了，人才也显得"高端"了，却失去了新闻专业之根本。

当下新闻学科本就有"科研压倒教学"的弊病，新闻教育比较弱，科研取向过于强势，考核体制逼着老师发论文，而不是把心思用在教学上，这加剧着新闻专业学生对新闻和媒体的无感。清华新闻传播专业取消本科招生而完全转向研究生教育，将让"科研压倒教学"之病更重，使学院走向自我封闭。虽然不学新闻也可以做新闻，但那并非主流，在新闻职业化的今天，支撑着媒体从业者主流的还是得经过专业训练，尤其是本科专业训练。切掉本科专业教育，就是切断了与专业实体的联系，断了一个新闻学院的命脉。

这么大的事，未经讨论直接施行，激进休克，说停就停，我觉得是挺不负责任的。突然停招本科专业，不是一两届学生的事，而涉及一个学科的生命，涉及将来好几届学生，以及学科发展的路径依赖，还有教师的工作重心转向问题。不像课程设置，改了还可以改回来，一个专业取消本科招生，这是不可逆的，必须无比谨慎，必须三思四思五思啊。

（微信公众号"吐槽青年：曹林的时政观察"2020年5月17日）

幸亏告"赵薇瞪我"的人没向湖南广电举报

动画人物因染发被举报,这事儿已经够奇葩了,更奇葩的是,举报被受理,节目和频道竟然被停播整改。看到这样的新闻,首先想起几年前一个著名的奇葩诉讼,有人到法院起诉演员赵薇,要求其赔偿精神损失费,理由是认为赵薇在电视中一直瞪他。当然,法院拒绝了这种滥诉行为,不予受理。由此想到,幸亏那个告"赵薇瞪我"的人没向湖南广电举报,否则赵薇和相关影视制作方要倒霉了:赵薇的大眼瞪人行为,忽略了对个别人潜移默化的精神影响,未在情节细节上做仔细推敲,停播,道歉,赔钱。

举报"动画人物染发"跟起诉"赵薇瞪我"有什么区别呢?没多大区别,这个类比和归谬是想说明,再奇葩再愚蠢的举报都不可怕,怕的是无原则的裁决权。对于什么奇葩举报都回应,不是勤政和尊重民意,恰恰是另一种懒政、另一种侮辱民意。摆出一副"顺应民众要求"的样子,这是在顺应个别极端诉求而无视这个社会绝大多数正常人的声音。

动画人物染发换装,算什么问题呢?用常人思维看,根本就不是问题,真是吃饱了撑的,动画本来就是虚拟的,站在孩子的视角去创造和想象一个奇妙的世界,这个虚拟和创造的过程必然会有夸张、戏仿、造型、拟人、魔法等,五彩缤纷,美轮美奂,这也是孩子们喜欢动画片的原因。不要说现实中也有染发,即便没有,动画片中怎么就不能染发呢?网民怼得"三观"很正:"你看染发不舒服,不喜欢彩色,自己换个黑白电视不就行了?怎么能用

'染发会误导孩子'这种极其个别的莫须有审美,去绑架一个节目及其他观众的审美?"

现在有些家长身上的那种"恨媒病"真是可怕,不是反思自身对孩子缺乏陪伴和引导,而是动辄把问题归咎于媒体,仿佛媒体成了万恶之源,媒体要对平台内容中的每一个画面、每一个段落、每一个字眼可能出现的让父母觉得孩子会被误导的细节而负责。——这话多绕啊,不是我的话绕,而是有些人的脑回路太绕:出现悲观的镜头,担心孩子会抑郁;出现染发的镜头,担心孩子跟着一起染发。在我看来,其一,所谓影响,应该是"明显而即刻"的客观影响,而不是这种不可考量、莫须有的"我觉得会影响";其二,电视只是一种很微弱的教育途径,父母和老师难道不会教育和引导孩子该如何看电视、怎么识别电视上的行为吗?动画人物眼睛都超大,孩子会觉得自己的眼睛小而去整容了?

这么说,不是想讨伐那个举报者,其实,举报是这个人的权利,他就是不喜欢染发,他就是担心孩子被误导,他有权表达自己的担心,一个健康的社会不得不容忍那些有各种怪癖、怪想法、怪行为的人存在,只要他不影响别人。——他可以举报,问题是,掌握着受理和裁决权的人,得有原则啊,不能什么举报都当真去应对啊。就像有人到法院起诉"赵薇瞪我",向电视里总瞪着他的赵薇索赔精神损失,他起诉呗,法庭不受理不就行了。事实上,法院确实没受理,并且当成了一种不受理的典型案例以案说法。起诉的、举报的"有病",掌握着裁决权的不能跟着一起"生病"。

现在舆论中有一种"管制依赖症",动不动就说"这事儿政府该管管了":电视里哭戏太多,这事儿该管管了;摆摊影响市容,这事儿该管管了;剩女太多,这事儿该管管了;生二胎的意愿不太强烈,这事儿该管管了。有人说"这事儿该管管了",表达了一种诉求和情绪,掌握着判断权和裁决权的机构要有数,要有法律定力和对主流民意的判断:什么事该管,什么事不该管;什么只是个别奇葩诉求,什么才是主流民意;某种诉求背后的真实诉求是什么；应该由谁去管，怎么去管，而不能随意顺从了一些诉求，真就去管了。

举报是权利，受理举报是相关部门的义务，但驳回那些明显不合理的举报，捍卫举报的严肃性，也是相关部门的义务。法院通过拒绝"赵薇瞪我"这样的奇葩诉讼，证明了立案和法律之严肃，纪委通过驳回一些不实举报并还被举报者清白，也体现了担当和举报之严肃。举报是不是堂堂正正，关键在于相关部门能不能用一种堂堂正正的态度去对待：第一，不要错把"举报"当"民意"，要判断是个别人的偏执诉求，还是代表着多数人的正常判断，对民意水温和社会"三观"要有基本判断。第二，不要错把"举报"当"舆情"，现在有些人有舆情过敏症和恐惧症，把什么"争议"或"举报"都当成需要去赶紧平息的舆情，而失去法律判断的定力，只看到个别人"反对"而看不到多数人支持，看不到"争议"是一种正常现象而非反常舆情。第三，不要错把"举报"泛政治化、泛道德化，在自我敏感化中进退失据，在法治社会，法律判断是准绳，用法律原则在正当程序中堂堂正正地去处置，去脱敏。

大众口味可以多元，而权力需要依法。其实湖南广电对"动画人物染发"这种举报的回应，总体上"三观"很正，坚持认为节目是正能量，没有问题，但未能彻底坚持原则，仍做出了"停播整顿"这种牺牲节目并牺牲了原则的裁断。去管依法该管的吧，实在闲得慌的话，去管管电台深夜那些虚假医疗广告，管管收视率造假，管管假新闻，而不是在"动画人物染发"这种奇葩举报中让自己成为笑柄。

（微信公众号"吐槽青年：曹林的时政观察"2020年7月1日）

别跟着魔鬼逻辑去反思，别滑向"报复社会有理"论

贵州警方通报安顺公交坠河事故，众多媒体报道时都在标题处提炼出"司机蓄意报复社会"这个关键信息：张某钢离婚后租住其姐姐女儿的房子，常感叹家庭不幸福，生活不如意。自管公房棚户区改造，其签订补偿协议后未领取，申请一套公租房未获得。7月7日当天看到公房将被拆除，拨打政务服务热线表示不满。随后，联系对班司机，提出提前交接班；联系其女友，流露出厌世情绪；饮用白酒后，突然转向加速，这就是人们在视频中看到的那段诡异而可怕的"突然转向加速横穿五条车道冲入水库"。

这份通报，补全了"前情"，让此前很多的"无法理解"有了一个解释，印证了此前媒体的报道和公众的猜测——从选择车少时突然左转加速且无冲突的诡异来看，必是司机故意和蓄意。虽然"生活不如意——又遇上拆迁——且未申请到公租房——然后报复社会"，似乎形成了一个"蓄意报复社会"的闭合因果链，但原因的原因的原因，不能成为残害无辜的原因。应该调查真相，查清每一个细节，但没有任何理由可以同情这种恶，悲剧反思中不能进入魔鬼逻辑和所谓"冤情框架"。

因为对拆迁补偿不满，就报复社会，这不是正常的"因果"，而是魔鬼逻辑所构造的"因果"——我想不开，不想活了，大家都别想活——魔鬼最喜欢别人顺着这种逻辑去思考，思考着思考着，就把灵魂交给魔鬼而失去了正常判断。因为这种不满，就拿一车人当陪葬，提前交接班，刻意选择高峰

时段和学生上车之后,真该千刀万剐。可怜的是那些完全无辜的人,毫无征兆地就这样成为反社会人格的陪葬品。

当然,在这个过程中,拆迁是不是合程序,补偿是不是依法,申请公租房为什么不得?是应得而未得,还是条件本身不够,必须调查清楚,有问题的一个也逃不了。但无论如何,这不是可以"理解报复社会"的理由。"拆迁"这个词,容易挑动起很多情绪和联想,但不要一看到"拆迁"就想到权利被侵犯,就想到弱者身份和"社会欠他的"。即使可能存在补偿不公正,但社会不欠他的,凭什么以这种方式加害社会,让这么多人受害,让这么多家庭破裂?没有任何逻辑能推理到可以这样残害无辜,也没有任何正义能够容忍这种"报复",这是不可饶恕的魔鬼逻辑。

看到一些用莫须有的逻辑把矛头指向"抽象社会"的荒唐评论,真是让人目瞪口呆。依法维权是正当的事,但社会怎么欠他了,这些评论说社会没有关注他,没有为他伸张正义,没有及时关怀他。可社会怎么关怀他?他离婚,是社会的错?他生活不如意,是社会的错?遇到拆迁,对补偿不满意,是社会的错?每个人的生活遇到挫折,都可以怪社会?冤有头债有主,谁的错,就应该找谁去说理,去依法伸张自己的权利,或者依正当渠道去求助。泛责任化的抽象"归因",只会滑向"报复社会有理"的魔鬼逻辑。"雪崩的时候,没有一片雪花是无辜的"众生有罪论,对无辜遇害者有一点点公平吗?这让人想起一篇臭名昭著的评论,重庆公交车坠江后,一篇评论把矛头指向当时没有劝架的乘客,称"22路公交车上没有一个冤死的鬼",把泛责任化的、魔鬼逻辑的恶臭推向了极致。动辄顺着施害者的病态报复逻辑把矛头指向"社会",与其何其相似。

"社会有罪",好冷血的逻辑,如果自己有亲人在那辆车上,还说得出这种事不关己的冷血语言吗?有人会说,如果你的房子被拆迁又补偿不公,绝望之中,你会怎样?遇拆迁不公,还有法律维权之门,有求告、求助的救济之地。可怜那一车的人,突然之间,没有任何征兆和反应时间,就成为反社会人格的牺牲品。有人说,人已经死了,谴责他也没有用了,不如做点有价值的反思。——可是,那种"报复社会"的魔鬼逻辑没有死,阴魂不散,不能任其在"同情"中膨胀。

这种导致如此巨大死伤的悲剧,当然应该反思,给无辜受害者及其家人一个交代,给心理受到巨大冲击的公众一个交代,避免悲剧的重演。但怎么反思?不应该顺着这种"你不满足我的要求我就报复社会"的罪犯逻辑去反思,法律有原则,社会有道义,很多要求永远是无法以他们满意的方式去满足的,遇到病态人格、极端人格,法律远远跟不上其要求,或者说,法律实现正义和满足其要求的速度,跟不上其要求。即使遭遇不公,也应该有一个依法维权的过程,而不是"即时满足"。实际上,这种拿无辜平民去进行无差别报复的行径,已近乎恐怖暴力行径了,对这种恐怖行径,不能有任何顺从其"想不开"逻辑的"同情的理解"。

怎么办?想起重庆公交车坠江,当多数人都指向那个无理取闹的乘客时,一篇评论很有见地地指出:"公交坠江,更关键的是那个掌握方向盘的人。"我觉得,这件事里同样需要这种逻辑,值得关注的是"司机"这一职业的心理健康,这是可控和应控的。不能把这个问题仅仅当成个案,应该补上这个看得见的漏洞。民航和高铁对司机的心理健康有着极为苛刻的要求,从业时有严格的心理检测,睡眠不好可以不飞,家人吵架可以不飞,家庭遇到困难可以不飞,但即使有那么严格的规定,还是可能会遇到疯子,飞机被机长故意劫持而蓄意坠毁。公交车虽然在地面,风险较为可控,乘客也没有飞机那么多,但同样重要。重庆公交车坠江后,很多公交车加了护栏,司机安全不受干扰,但如果遇到像贵州安顺这个司机,该怎么办呢?掌握着方向盘的岗位,事关无数人命,都是极重要的岗位,心理健康的问题必须提上日程。

从通报看,对于一个常常感叹家庭不幸福不如意的人,一个公房可能被拆除、未申请到公租房而心理处于极大波动状态的人,让他继续掌握方向盘,显然是置乘客于巨大的危险之中。如果有日常的心理健康关注,有像民航和高铁那样一小半的重视程度，可能就不会出现这一惨剧了。这个教训太惨痛了，一辆车、一艘船、一架飞机，如果司机的精神状态出现问题，上面的人都跟着完蛋，再也不能把关键岗位上的心理健康问题不当问题了。

研究风险问题的学者说，原先社会问题的受害者，一般总能找出致害的根源，甚至直接的责任者——无论是某些人、某些集团，还是某些制度观念，但在风险社会的复杂系统中，个别要素几乎无法单独抽离出来，难以分离出单一的原因和责任。我不太赞成这个把很多问题搅在一起乱炖的复杂性思维，虽然这件事似乎有原因的原因的原因，但不要顺着"报复社会"的魔鬼逻辑去归因。无论是拆迁，还是申请公租房，暴露的问题都需要去解决，一个都不能少，但寄望于从某个莫须有的因果"源头"去终结魔鬼的产生，在"原因的原因的原因"的长链溯因中，可能是徒劳无力的，当务之急是，最大限度地避免置公众生命于魔鬼掌控之中。

（微信公众号"吐槽青年：曹林的时政观察"2020年7月13日）

宽容偷外卖的贫困学生,难道不是对贫困的侮辱?

你在家中即使什么都没做,天边也常会飘来三个字:"你有罪。"什么罪呢?不知道,反正你有罪,人人都有罪。贵州安顺公交车司机报复社会,有人说"房子被拆,社会有罪";某报道说南京有一名贫困大学生因多次偷外卖被刑拘,又有人说"人人都有罪"。真受够了这种泛责任化的滥情逻辑,一个社会的正义规则就是被这些"捣糨糊"逻辑给搅乱的。以贫困的理由滥用宽容,降低道德和法律标准,穷人会觉得这是一种对贫困的侮辱。

南京警方抓获的这名偷外卖盒饭的小偷,是南京某名校正在复习考研的大学生周某,他有据可查的偷外卖行为有十多次,目前周某已被刑拘。——这基本是可以确认的事实,至于"为了他读本科、研究生,其他三个兄弟姐妹都辍学了",虽是从民警嘴中说出来的,媒体也有报道,但需要追问的是,这到底是警方调查的结果,还是听当事人周某说的?此外,还有其他很多疑点,比如,作为"某名校本科生",他是否享受到了学校的助学安排;他的日常生活情况如何;偷外卖是生存所逼(是否属于饥寒交迫这种紧迫而必要的紧急状态),还是有其他问题;这名学生的学习情况、日常消费、道德品质如何。

这些事实都不清楚,仅靠一句语焉不详的"三个兄弟姐妹为他辍学",就开始进行自我感动的文学想象和道德抒情,想象出一个"社会性贫困逼得穷人偷外卖求生"的悲惨世界式的故事,认为"这是社会的耻辱","他有罪的话，人人都有罪"，"他没饭吃，我们都有罪"。他偷窃，有罪的却是别人？而且是社会中的每个人？看来，"鸡汤"灌多了所导致的食而不化，真是很容易流到脑子里去的，不着调的文艺思维碾压着法治思维和常人"三观"。

很多人觉得应该原谅这名偷外卖的大学生，给他一次机会，否则他那被全家人寄予厚望的前途就毁了。"宽容"是一个散发着圣母光环的词，但宽容并不带有天然的正义性，尤其是"代别人宽容""替别人原谅"时。宽容的正当性在于，它可以推而广之。也就是说，不仅是在你喜欢的事情上宽容，如果顺着同样的逻辑用到你讨厌的、相反的、无感的但却是同类情形下，你仍然接受和适用宽容，那么这种宽容才是正当的。

用这种宽容原则来审视"贫困大学生多次偷外卖"，看看推及其他人身上是否适用：一个游手好闲的懒汉多次偷外卖，你会不会宽容？一个有劳动能力的年轻人偷外卖，你会不会宽容？一个小区的业主多次偷别人的外卖，你会不会宽容？一个外卖员多次偷同行的外卖，你会不会宽容？一个有心理问题的人多次偷外卖，你会不会宽容？一个农民工多次偷外卖，你会不会宽容？一个贫困的司机偷外卖，你会不会宽容他？——如果换个主语，无限制地这样替换下去，你可能就觉得根本无法推广宽容了。如果"因为穷而去偷外卖"可以宽容的话，那么"偷窃"这一罪名就可以从法条中删去了。那些选择偷窃的人，谁还没点儿困难啊？这种宽容心一旦泛滥，法律就被消解了。

这种推而广之，可以让我们从逻辑映射中看到平等的重要，追求人格的平等、道德的平等。而平等地受到尊重，就要接受"法律面前人人平等"在有的时候对自己的不利。

贫困大学生比其他人更不容易吗？为什么一个贫穷的司机、农民工、大妈多次偷外卖，不会有人谈什么宽容，而对"贫困大学生"就谈宽容呢？法律的例外，不是情感用事、鼻子一酸，而是源于对紧急而必要的状态的原则考量，可以平等地适用同类情况。我被这个故事打动了，就宽容心大发；那个阶层跟我毫无关系，就不谈宽容了——这种不可在同类情况中推广的宽容，是不正当的。

讨论这类问题需要两个共识前提，一是事实，二是法律。先说事实，比如家庭经济状况、大学助学情况、日常消费情况，这些事实可帮我们判断他偷外卖是出于贫困所迫，还是其他问题。再看法律，比如偷了多少次外卖，价值多少，依法应受到什么惩罚，是不是够得上刑拘（这在法律上可以质疑），何种情节可以在法律原则中受到宽容。脱离了这两个判断前提，很容易走向胡扯和撕裂。仅仅是家庭贫困，并不能成为原谅偷外卖的理由，贫困不能成为降低道德底线的借口。以贫困的理由来滥用宽容，穷人会觉得这是一种对贫困的侮辱。因为这种貌似同情他者的宽容隐含着一种逻辑，即对穷困者应该降低道德标准，不能用同样的原则去平等地看待他们的行为。

有人会觉得，一名大学生偷外卖而被依法惩罚后，前途就没了，家庭也失去了希望。如果后果真这么严重的话，这一后果也是他自己造成的，而不是别人。承受着家庭改变命运的厚望，更该爱惜前途，活成让家人为自己骄傲的模样。这种后果，应该成为做一件事之前的谨慎考虑，而不是做之后的反向道德绑架。如果面对惩罚时每个人都能找出一个"有案底了前途就没了"的理由，是不是都可以被原谅？是根据"惩罚对一个人命运的影响"这个功利主义原则来决定是否惩罚，还是根据罪刑法定的平等原则？道德有不同的阐释，还是回到有共识基础的法律层面讨论这个案子吧。

平等地对待每个人，这可能是更高层次的尊重，那种"看人下菜碟"而扭曲原则的所谓宽容，反而是一种不尊重，是一种拉低道德水位的不平等。收起泛滥的宽容心，还是救助的归救助，惩罚的归惩罚吧。扶贫与法律是两码事，扶贫应该体现在生活救助上，而不是体现在降低法律要求上。

（微信公众号"吐槽青年：曹林的时政观察"2020年7月20日）

对张玉环案,别急于替受害者说"迟到的正义"

就像反感动不动"替别人原谅""代别人宽容"一样,我也不喜欢那种动不动就深情赞美"迟到的正义"、替受害者感慨的旁观视角。"原不原谅"和"宽不宽容"完全是受害者的事;同样,迟到的,是不是正义的,怎么看待这个过程中所承受的非正义对待,也是受害者的事,受害者最有资格去说。诸多所谓"正义会迟到但不会缺席",都是旁观者的感慨,而不是受害者的声音,当下热议的张玉环案就是如此。"迟到的正义"如果不是从像张玉环之类的受害者嘴里说出来,便一文不值。

是的,张玉环被羁押9778天之后,江西省高院以"原审判决事实不清,证据不足"撤销原审判决,宣告张玉环无罪,他是目前被羁押时间最长之后、被宣判无罪的申冤者。27年里,张玉环和儿子相互缺席了各自的成长,两兄弟顶着"杀人犯儿子"的"帽子"长大,为申冤奔走的前妻宋小女感动了很多人。张玉环称曾遭6天6夜刑讯逼供,被放狼狗咬。9778天中所承受和背负的一切、一个家庭所受的影响,不是一个"无罪判决"就可洗掉和翻过的。

正义实现了吗?旁观者所言太轻飘和随意了。作为正义最大的亏欠者和不正义最大的承受者,只有受害者说出来的正义才有力量,没有谁可以代替受害者说"正义没有缺席"。这不是鼻子一酸、热泪盈眶就能下判断的事,迟到带来的伤害是具体实在的,对一个人、一个家庭是灭顶之灾。补偿到何种程度、追究哪些人的责任才是正义,更多地去听受害者说。

正义实现了吗？感谢不被热点节奏遮望眼的媒体，在全网都感动于宋小女的深情，都聚焦于张玉环的申冤时，《齐鲁晚报》追问了一个重要的问题——张玉环虽然恢复了清白，但27年前杀害孩子的凶手到底是谁？他们回到案件的原点去追问问题。

"记者来到进贤县张家村，据当地村民介绍，当年的两家受害者家属目前生活情况并不好，受当年事件的影响，两家人都从张家村搬离。6岁遇害男童的父亲已患脑溢血，需要人照料，家中没有经济收入来源。4岁遇害男童的母亲刘荷花介绍，自己这么多年来也无法忘记，每每想起都很难受，睡不着觉。她说，现在已经不想再去追究了，不想了，心里恨到了极点，但是放弃了，'已经这样了，没有办法了'。"这个现状，跟张玉环被羁押9778天一样，让人窒息，无法释怀。将心比心，作为受害者，他们会感慨什么"迟到的正义"吗？众多疑点仍未解开，众多问题没有解决，只是回到了27年前的原点，对两个遇害的孩子，对两个被毁了的家庭，对被羁押了9778天的张玉环，谈什么"迟到的正义"？

不客气地说，所谓"迟到的正义"，只是一种置身事外的轻飘感慨，轻易说"虽然迟到了但正义终究没有缺席"，是对受害者的伤害。实际上，改判只是一种程序上的纠错，正义离他们还很遥远。

面对几个家庭不可承受之痛，很多人都愤怒于糊涂办案者的失职，愤怒于刑讯逼供者的恶劣。冤假错案不仅令无辜者蒙不白之冤，还错过了最佳办案时机，令真凶逍遥法外。27年过去了，当下可能很难回到案件的原点。不得不面对的现实是，案件可能找不到真凶，属于两个孩子及其家人的正义，也许永远等不到了。正义如此烂尾，当年制造这起冤假错案的人，罪不可赦。案件陷入僵局，真凶逍遥法外，违法办案者未受惩罚，脱离受害者之痛而奢谈什么"迟到的正义"，太轻飘了。

对旁观者来说，这个悲剧可能只是一个热点、两三天热度的新闻，但对当事人和受害者来说，是永远过不去的痛，是人生的改变和一辈子的折磨。

"办的不是案子,而是别人的人生",这话一点都没错。所以,我特别佩服在舆论都围着张玉环时能到案件原点去关注那两个受害家庭的记者,他们知道,这两个家庭更加在等一个交代,等属于他们的正义。他们心里恨到了极点,却没有什么能让他们释怀。能让每个人民群体在个案中感受到的公平正义,才是真正的正义,无视作为个案的他们,脱离了受害者,谈什么"迟到的正义",是自作多情和廉价的。

不要稀里糊涂地感动,不明不白地原谅,莫名其妙地释怀,新闻和案件不能这样烂尾,"迟到的正义"这种话还是留给受害者去说吧。只有当"正义会迟到但不会缺席"这样的话从受害者嘴里说出来,才能让人释怀,让人放下,让人感到公平正义的力量。正义的交代,首先需要受害者视角的确证,不放过每一个作恶者,抚平受害者的伤痛,然后才有旁观者的正义感受。

(微信公众号"吐槽青年:曹林的时政观察"2020年8月8日)

不要把看不看NBA当成敌我标准

莫雷，人不如其中文名，别雷，偏偏雷，踩了中国人的雷，发了一条史上代价最昂贵的推特，激起强烈不满。中国球迷愤怒，与NBA合作的各中国机构和明星不满，纷纷以不同方式表达了态度。有人说，中国球迷是不是太敏感了？中国网民是不是太容易生气了？在中国做生意怎么这么多雷区？我觉得在主权问题上，这种敏感态度很正常，毕竟这是核心国家利益，无论是美国人、法国人、加拿大人、西班牙人，在领土完整和主权尊严问题上的态度都是一样的，民族国家不只是一个想象的共同体，而是一个实质共同体，谁也别装出"这算多大点事儿"的国家虚无姿态。

对莫雷，对莫雷的各种支持者，骂也骂了，抗议也抗议了，态度充分表达了，堂堂正正，已经给了相关者一个教训。我觉得，不必无限扩大打击面，当事者如果没有进一步极端言行，咱自己就不要让那种愤怒无限升级了，不要关起门来在外围人、自己人和"不争论的日常大多数"中间制造矛盾，别把看不看NBA当成一种敌我标准。

尤其是，不要逼人对莫雷和NBA表态——姚明你怎么看？郎平你怎么看？见一个人就问，"你怎么看NBA这事儿"，"你还看不看NBA"，把看不看NBA当成一种态度判断标准，在这个问题上撕成一团。这就不好了，什么叫正当的民族情感？什么叫狭隘的民族主义情绪？正当和狭隘的边界标准在哪里？就在这里，把"反对莫雷言论"无限延伸到"看不看NBA节目"上，并将"看不看"当成一种敌我标准,这就越过了正当边界,成为一种狭隘的、非理性的情绪。

美国有些政客和媒体就很不好,挺狭隘的,将莫雷和NBA当成了一种立场测试标准,逼名人、明星表态。NBA另一个球星库里就被追问了对这事儿的态度,库里拒绝评论,他说:"不了解中国历史,不随意评论。"特别理解库里的这种态度,对不了解的事情不做评论,这才是成年人的正常行为。有网友说:"偏美,中国骂;偏中,美国骂;中立,两边骂,所以,不讲话是最好的,库里真聪明。"我觉得,这真不是什么聪明,而是被逼表态之下的无奈回避。表态是一种自由,沉默不评论也是一种自由,沉默并不代表暧昧的立场,而是一种正当权利,个人私域的事,与你无关。

在咱们这儿,某些人身上也有这种狭隘的情绪,自己不看NBA,但骂看NBA的人没骨气,丢国家的脸,将对NBA的态度当成了爱不爱国的标准。这就很不好了。《环球时报》总编胡锡进在微博上说得挺好:"昨晚NBA两支球队在上海比赛,现场观众坐满了席位,说实话,老胡是愿意看到这个场面的。尽管大家在NBA的问题上有不同看法,但我相信,愿意看到这个场面的中国人还有很多,而且这个场面与中国公众对莫雷言论的声讨,以及与人们对美国国会议员和舆论叫嚣支持莫雷言论的厌恶,在我们这个大社会里是不矛盾的"。

一个网友在胡锡进微博下的留言,赢得了很多支持:"年轻人需要上的第一课:世界不是非黑即白。"确实如此,对莫雷言论的态度,那涉及的是原则问题;但看不看NBA,完全不是如此,跟原则、立场没什么关系。一个开放的社会,应该在"非法律原则"上保持一种"各美其美、美美与共"的多元包容态度。

最近在看罗尔斯对"重叠共识"的分析,他关于"不同价值观念系统在保持各自前提的条件下如何共生"的"重叠共识"理论,广为人知。在罗尔斯的正义论框架中,有一个核心概念可能比"重叠共识"更重要,就是"合理的分歧"。罗尔斯认为，有些分歧的产生，完全可能并非是由于观点分歧者的偏见、无知、自私、盲目、自欺欺人等造成的，而源于很多可以理解的境况，源于一些无法消除的"判断的负担"。基于此，理性的行动者必须学会与"合理的分歧"共同生活。哈贝马斯也曾说，把"对"与"好"分开，在"对"的层次上达成越来越多的共识，而不必同时拉平有关"好"的分歧。

看不看NBA，甚至算不上什么"分歧"，而只是一种选择和偏好。从"对莫雷言论的态度"到"看不看NBA"，这是一种逻辑滑坡，中间隔着太遥远的关系。反对莫雷，批评NBA总裁的立场，与看NBA节目，完成是可以共存的，并不矛盾。有人拒绝看NBA，将其当成一种立场宣示，这没问题，但看了NBA，也并不代表什么。狭隘民族主义情绪的"狭隘"之所在，就是把在"原则立场"上的态度无限延伸到"非原则态度"上，并发展成一种围绕具体事物的敌我区分，在"合理的分歧"上营造一种非黑即白的态度——宁要什么，不要什么；看NBA，就是什么；不表态，就等于什么。把看不看NBA当成敌我标准，这是一种民族共同体内的自我撕裂，是对共同体有机团结的破坏。

莫雷算老几？NBA又算老几？原则须捍卫，球事就算了，看不看都无所谓，配不上当成一种敌我标准。把看不看NBA当成敌我标准，既撕裂了我们自己，又在抬高球事中矮化了自己。一个国家，爱国的大多数，很多时候也是沉默的大多数、不爱卷入争论和撕裂的大多数、热爱生活的大多数、远离泛政治化的大多数、在多元生活中追求自我的大多数，这是一种有机的团结，不要用"看不看NBA"来撕裂我们社会可贵的大多数。把自己人搞得多多的，把敌人搞得少少的，而不是像"高级黑"那样，以热爱的名义撕裂了自己人，撕裂了"各美其美"有机团结的大多数。

（微信公众号"吐槽青年：曹林的时政观察"2019年10月13日）

干部拒绝提拔受处分，背离法理不合情理不讲道理

千军万马考公务员，梦想着升官的人如过江之鲫，一个升官的机会摆在面前，竟有人拒绝提拔，让人觉得无法理解。更让人大跌眼镜的是，这两名女干部竟因为拒绝提拔受到了处分，被扣了个很重的帽子，"跟组织讨价还价，损害组织威信"，被公开严肃处理。云南绥江县纪委一篇题为《我县二名干部跟组织讨价还价被严肃处理》的新闻引发很大争议。这篇新闻后的评论多是网民一脸蒙圈的"这是什么操作，我竟然看不懂"，"我不拒绝，放着我来"。

其实没什么不好看懂的，这就是多元的现代社会。人各有志，在事业、家庭与健康的关系上，不同的人在不同的阶段有不同的排序，有人把事业看得很重，有人把家庭排在第一位，有人觉得没什么比身体健康更重要。一个刚生完孩子、处于哺乳期的女人，看着怀里嗷嗷待哺的孩子，可能觉得没什么比得上孩子和家庭了；而过了这个阶段，事业可能又成为她的第一选项。云南绥江这两名不接受提拔的女干部，可能就属于这种情况，一名是去年刚生完二胎，休完产假；另一名是身体原因，新岗位在基层，离家远、任务重、加班多。我觉得这些理由从常情常理角度都可理解，并非"借口个人家庭、身体等原因跟组织讨价还价"。

出现这种"尴尬"，如果非要问责，应该问责相关的组织人事部门，而不是处分不接受提拔的干部。这种处分不合法理、不近情理，也不太讲道理。

我查了一下新修订的《干部选拔任用条例》，对组织人事部门选人的要求是："组织（人事）部门应当深化对干部的日常了解，坚持知事识人，把功夫下在平时，全方位、多角度、近距离了解干部。根据日常了解情况，对领导班子和领导干部进行综合分析研判，为党委（党组）选人用人提供依据和参考。"把一名刚生完二胎、休完产假、可能还处于哺乳期的女干部推荐到基层任务重、加班多的岗位，这样真的合适吗？这样推荐任用，把当事女干部置于事业与家庭、孩子与工作、组织与家人的两难困境中，甚至逼得当事人不得不"拒绝"组织，说明什么？说明人事部门平时对干部关心得很不够，不知事识人，没有全方位、多角度、近距离了解干部，想当然做出这样的选拔任用。

对干部缺乏了解，不关心干部的日常生活，推荐了没有任职意愿、也不具备任职条件（刚生完二胎，家庭离不开）的人选，所以我觉得组织人事部门的责任更大一些。这种任用，既置当事干部于困境之中，也置组织于困境之中。

媒体报道说，那名女干部是去年生了二胎，如今刚休完产假。一般给孩子喂奶需要长约十个月至一年，现在又鼓励母乳喂养，从时间上说，可能还处于哺乳期。根据《中华人民共和国妇女权益保障法》和妇女权益保障条例相关规定，用人单位变更处于哺乳期的女职工的工作岗位时，应征得其本人同意。《女职工劳动保护特别规定》第九条也规定："对哺乳未满1周岁婴儿的女职工，用人单位不得延长劳动时间或者安排夜班劳动。"当地组织人事部门在任用干部时，有没有对女干部多些关心？在选拔到基层任务重、加班多的岗位时，有没有认真征求本人意见？

确实，相关处分和问责条例也规定，"拒不执行党组织的分配、调动、交流等决定的，给予警告、严重警告或者撤销党内职务处分。在特殊时期或者紧急状况下，拒不执行党组织决定的，给予留党察看或者开除党籍处分。"但这个规定的前提是，任职决定要合理合规。对干部生活缺乏了解和关心，又不是特殊时期或紧急状况，不是"除了这人没其他更适合的人选，且必须她去做这个工作"，并没有紧急性和必要性，在这种情况下让一名刚生完二胎、休完产假的女同志去那种岗位，决定本身不妥当。

这不是"舍小家为大家"，和平时期，非紧急状况，没有必要把一名干部逼到"你是要小家还是要大家"的艰难境地。小家和大家、集体和个人本就不是对立的，干部也是人，一名女干部，平常工作非常称职，各种考核都是数一数二，生完二胎，休完产假，家庭和孩子都离不开她，提拔任职的岗位又不是"非她不可"，组织人事部门如果真关心干部的话，应该考虑到这种情况。这时候两地分居，不顾两个孩子，心思全扑到基层工作上，只会滋长家庭矛盾。一名工作做得很好的干部，觉得既有的条件下自己在更高的岗位做不好，不占着那种高位置，把机会让给能做好的人，这难道不是一种对工作负责任的态度吗？

这种情况下完全可以竞争上岗，而不是赶人上架。《干部选拔任用条例》规定，"根据工作需要和实际情况，可以把公开选拔、竞争上岗作为产生人选的一种方式。领导职位出现空缺且本地区本部门没有合适人选的，特别是需要补充紧缺专业人才或者配备结构需要干部的，可以通过公开选拔产生人选。"竞争上岗多好，让有意愿、有追求、有抱负、有条件的人来干，不比强人所难更好？所以，出现拒绝提拔这种让组织尴尬的情况，不是干部"无担当"的问题，而是人事部门选人的制度设计问题。

提拔你是看重你，你竟然"拒绝"？有些领导便觉得"面子"挂不住，于是怒了，愤而处分。真不要把这当成"面子"问题，而应该反思组织人事部门在人才提拔任用上存在的问题，多关心和了解干部，多改进制度安排，从而把更适合的人选到合适的岗位。没有这种反思，情绪化的处分、不合情理的问责，既伤了基层干部人心，也掩盖了真问题。

（微信公众号"吐槽青年：曹林的时政观察"2019年9月20日）

别盯着骗保和殉情，让人窒息的是农村妇女自杀

新闻中目睹过很多人间悲剧，这一次在湖南发生的"男子伪造车辆坠河假象骗保，其妻以为丈夫身亡携子自杀"，尤其让人感到压抑，真有一种喘不过气来的窒息感。

从媒体报道可以看到大体的经过："10月12日，湖南新化县琅塘镇晚坪村人何某向公安局投案自首。经查，何某为逃避十余万的网络贷款，于9月7日隐瞒其妻在某保险公司购买一份赔偿金额100万的人身意外险。9月19日凌晨，何某利用借来的车辆在新化县一河段伪造坠河现场，制造车毁人亡假象，企图骗取保险金。其妻不明真相，以为丈夫真死了，带着一对儿女自杀身亡，并在朋友圈留下千余字的绝笔信：'再见了，美好而又残酷的社会。'何某悔恨万分地说：'没想到妻子这么痴情。'"

让人窒息的地方在于，这事儿太离奇和极端了，悲惨到虐心戳心，却无法总结出一个可避免的教训，无法梳理出一个可解释的理由，无法找到一个可理解的角度，有的只是失语无语。很多媒体报道时用了"殉情"这个词，这个词太刺眼了，被蒙在鼓里、永远看不到真相的妻子，可能以为自己是"殉情"，可如今了解真相的公众应该知道，这跟殉情完全没有关系。三条无辜的人命是一起骗保案的牺牲品，是一个无知而丑恶的人给自己家庭带来的毁灭性灾难，是一场骗人反害己的欺诈杀死了最爱自己的母子三人。其妻九泉之下如能知道真相的话，一定不会把自己的行为叫殉情，而是怪自己瞎了

眼,竟然遇到了这样的人渣,竟然干出这种搭上儿女性命的蠢事。

对于这起悲剧,很多人都盯着骗保或殉情,愤怒于何某的欺诈,悲哀于其妻的痴情,痛心于孩子的无辜。还有人反思贫穷,认为这又是一起贫穷制造的底层悲剧,贫穷让何某心生邪念,贫穷让妻子在"失去丈夫"后陷入绝望,贫穷让人做出愚昧的选择。我觉得,既要看到这起悲剧中一些因素很极端——极端的人和极端的选择,但对极端元素不必过度阐释,而应该关注那些普遍的问题。其实,这件事最应该关注的不是戏剧化的骗保和殉情,而是"农村妇女自杀"这个严峻而残酷的问题。

骗保和殉情也许是个案,但类似的自杀问题却并不是个案,而是一个严重的社会问题。不要被骗保和殉情遮望眼,不要沉浸于个案的极端情节和隐私窥探而忽略"农村妇女自杀"这个有一定普遍性的大问题。

这起悲剧让我想起几年前甘肃另一起类似的人间悲剧:"2016年8月26日,甘肃康乐县景古镇阿姑山村老爷湾社发生一起五人死亡的刑事案件。该村村民杨改兰在其家房屋后一小路上,用斧子将自己的四个子女致伤后,服农药自杀,四个孩子有的当场死亡,有的在送往医院抢救无效后死亡。事发后第八天,杨改兰丈夫李某英在本村树林服毒身亡。"甘肃农妇杀子案曾震惊舆论,可新闻就是这么残酷,现在已经很少有人记得这起案件,更少有人清楚这起惨案的原因。

一开始很多人把矛头指向贫困,不过后来相关专家在反思中称:"贫困本身并不会造成自杀,杨改兰走向自杀,中间有很多因素没有被发掘出来,包括许多偶然的因素。据当时媒体报道,杨改兰的家庭存在内在矛盾,她在村庄中也是比较孤立的,而孤立的人际关系会影响家庭的生活状态和心理状态。"另一名专家分析说:"出现采取残忍的手段和孩子们同归于尽的个案,里面有轻生者的无助,也有家庭矛盾,一个也不留,体现了对家庭的反抗。"

甘肃农妇杀子案、湖南农妇携子自杀案,这些极端个案背后是一个群体的一种现象。媒体报道称,"为了研究中国农民自杀现象,从2007年始,华中科大中国乡村治理研究中心在全国十多个省的多个农村进行了调研。2009年暑假,他们以鄂东南三个行政村在1970年至2009年的101例农民自杀案例为样本,发现当地农民年均自杀率高达每10万人37例,在1980年代和1990年代出现农民自杀高潮,女性自杀绝对人数是男性的2.74倍。"

而根据另外一份报告,"在2002年至2011年间,中国的年平均自杀率下降到了每10万人9.8例,降幅达到58%。其中最大的转变在于35岁以下的农村女性的自杀率减少了90%。"虽然农村妇女自杀率不断下降,但问题仍然存在。正像近年来几个极端个案所显示,每一个自杀个案的发生都有特殊性,都有很多难以预料的偶然因素,像甘肃案中的扶贫不到位,湖南案中的骗保和殉情。这种特殊性和偶然性所体现的是一种脆弱,很多时候甚至因为"一句话",或突然想不通,都可能引发自杀。

就拿此次湖南这个悲剧来说,从表象上看到的好像是无法预料的骗保和殉情,但从当事人的遗书看,问题没有这么简单,背后可能纠结着很多矛盾,丈夫失踪可能只是压死骆驼的一根稻草。她在前面谈了与丈夫的感情后,谈到了夫妻信用卡欠款数万元,谈到了打工产生的家庭矛盾,谈到了亲戚对她的指责,谈到了自己已经被逼得没有选择、没有退路。仔细看这封绝笔信,还会觉得只是骗保和殉情导致的悲剧吗?任何单一的解释都很无力,长期处于家庭与社会的深刻冲突和矛盾状态中,她们的世界太封闭、太小了,这使她们在受到某种偶然因素冲击时更容易陷入绝望。

关注农村妇女的这种生存状态,比关注骗保和殉情重要多了。

(《九江日报》2018年10月18日)

我身边怎么就没看到过几个"娘炮"

几大媒体剑指所谓"娘炮",痛心疾首于阳刚和血性文化的缺乏,到处可见油头粉面A4腰、矫揉造作兰花指。有人忧心忡忡地称"少年娘则中国娘",有人义愤填膺地呼吁"中央啊,快下命令把这些'娘炮'给封杀了吧",有中央级媒体义正词严地评论"娘炮之风当休矣",有段子手不无嘲讽地戏仿说"犯我中华者,讨厌"。

虽然我也不喜欢那种油头粉面、矫揉造作的错乱审美,但我觉得,这一次舆论对所谓"娘炮"的抨击,带着浓厚的舆论霸凌色彩。这么猛烈的炮火指向一群只是外形和审美有些跟自己不一样的人,太欺负人了。不客气地说,这一波的舆论讨伐,暴露了一个社会根深蒂固的男性霸权意识。

"娘炮"这个词,本身就包括一种矮化、贬低、鄙夷和侮辱的霸凌意识,张扬着男权的话语霸权。对比一下就能看到话语背后的性别权力,与"娘炮"相对的是另外一个词——"女汉子",即女性身上带着男性的特点和气质,女的像男的。虽然社交话语中也常拿"女汉子"开玩笑,或女孩子拿这个符号自黑,"我们女汉子如何如何",但在话语的生产和流变中,"女汉子"不是一个贬义词,而是一个中性词,甚至有时带着夸奖成分,说明一个女孩子自强自立,能独当一面。而"娘炮"呢,则完全是一个带着侮辱性的贬义词。

性别霸权就在这里,"女汉子"从来没有被当成一个社会问题,没人觉得

"女的像男的"是问题,觉得这很正常。而如果男的像女的,呈现出女性阴柔的一面,道学家们就痛心疾首,觉得这是很大的社会问题了。这种审美观视"女像男"为正常,而视"男像女"为不正常,暴露的是骨子里的男性审美霸权。性别边界的霸道规则是:社会是男性的,男性是标准的,阳刚是美的,女性呈现男性气质,可以接受,但男性偏离了男性气质,就是坏的,就应该用道德去抨击。

当然,我这篇文章主要想评论的不是男性话语霸权,主要想的说是,"娘炮"其实是一个伪问题,被道学家和"担心孩子被娘化"的"伪家长"们放大了。

为什么这么说呢?你看,舆论和媒体这么大张旗鼓地抨击"娘炮",仿佛我们身边已经被"娘炮"占领了,性别已经凌乱和沦陷了,阳刚和血性已经没有了。可现实并不是如此,我仔细回忆了一下身边的朋友、遇到过的人、接触的圈子,基本上没见到过媒体所抨击的那种"娘炮",放眼望去,男男女女都很正常,根本没有像某些人描述的那样。"娘炮"在哪里呢?我问了好几个朋友,他们也有同样的感觉,身边就没看到过几个"娘炮"。

问题出在哪里呢?为什么我们看到的世界完全不一样?谁在说谎,谁的感觉才是对的?后来恍然大悟,我从来不看电视,也很少用短视频,问题就出在这里。那个所谓的"娘炮"群体,主要在电视和短视频中,只要关上电视,少玩短视频,看到的世界就不一样,从拟态环境中回到现实,审美就恢复了常态,哪有那么多"娘炮"啊。

所谓"娘炮",根本不是社会现象,而是一种电视媒介现象。媒介即信息,这话一点也不错,电视这种媒介决定了透过这个媒介所呈现的视觉和美学,带着一层"娘"的色彩。我认识一位电视评论员,为人挺爷儿们的,但他包里常随身带着化妆品、镜子、梳子、粉饼、唇膏。为什么?因为他经常得进行电视连线,在演播室有专业化妆师替他化妆,而不在演播室时,就得自己搞几下。为了视觉的效果,电视对人的形象要求比较高,有时也是技术要求，脸上不涂脂抹粉一下，就容易反光。电视不仅欺生，还欺负胖子，欺负肤色，肤白偏瘦的人，电视呈现效果就是好。电视的节奏也适合呈现柔和的声音，铿锵有力会让观众产生压迫感。

所以我经常开玩笑说，电视就是一个"娘性"媒介——不是说做电视的人很"娘"，而是电视的视觉审美需要镜头中的人"娘一些更上镜"。所以，"娘"就成了电视娱乐工业的主流审美趣味和文化，娱乐节目主持人基本上被"娘性"所占领，偶像工业和粉丝经济靠"娘"去推动。手机和视频也属于这种"娘性"媒介，手机上最常用的功能一定是"自拍美颜"，磨一下皮，美一下肤，皮都快磨没了，再爷儿们的人在"自拍美颜"中都会"娘"起来。很多人经常在朋友圈发的自拍美颜照，跟自己抨击的那种"娘炮"形象，有多大差别呢？没有什么比技术更能洞悉人的偏好，人是多面的，每个人心中可能都有"娘"的一面。不同的媒介呈现出不同的一面，电视、手机和短视频，呈现出的主要是"娘性"的一面。

手机的社交场景，也催生了看起来挺"娘"的话语："讨厌""不要啦""宝宝如何""么么哒""美美哒"，等等。不瞒你说，我也常用，但只在手机社交场景中跟熟悉的朋友聊天时用，现实中不会用这套话语。这是"娘"吗？当然不是，而是媒介和场景中的特殊交流文化。一个觉得这个世界"娘炮"太多的人，问题可能出在这里：手机朋友圈刷多了，娱乐节目看多了，短视频玩多了。少刷手机，少看娱乐节目，这病就能治。

所以，不要大惊小怪，"娘炮"不是什么大不了的社会问题，那是一种电视和娱乐呈现方式。上了电视，进入视频，会呈现出与这种媒介框架相匹配的"身体性"，而回到现实，身体又呈现出另一面。人的身体的可塑性很强，媒介塑造着人的身体，关上电视，回到现实，人还是那个人，身体还是那个身体。电视上看起来"娘"的，现实中不一定没有血性；短视频中看起来柔情似水的，生活中不一定就不阳刚。

收起那套悲天悯人的道学忧虑吧，看看自己朋友圈的自拍美颜照，是不是也很"娘炮"。

(微信公众号"吐槽青年:曹林的时政观察"2019年9月10日)

咱不欠国家孩子，求求专家别提收费建议了

求求专家别给政府提收费的建议了。冒出这个想法，是因为看到有专家在媒体上建议"设立基金制度"，创造性提收费建议，让苦于各种收费的我们心里一颤。专家是这么建议的：

"可规定40岁以下公民不论男女，每年必须以工资的一定比例缴纳生育基金，并进入个人账户。家庭在生育第二胎及以上时，可申请取出生育基金并领取生育补贴，用于补偿妇女及其家庭在生育期中断劳动而造成的短期收入损失。如公民未生育二孩，账户资金则待退休时再行取出。生育基金采用现收现付制，即个人累计缴纳而尚未取出的生育基金，可用于政府对其他家庭的生育补贴支付，不足部分再由国家财政补贴。"

抑制生育的"社会抚养费"还没退出舞台，就急于建议"让40岁以下公民缴纳生育基金"，这急弯转的，真不怕闪着腰啊。不让生，是通过收费；催着生，也是通过收费。随时想着收钱，正反都是收费，真让人感觉很别扭。这个建议，真把40岁以下的公民都当成"待产者"了，急于让待产者都去生二孩，不生就缴费，生了才能取出，真有点用生育基金"绑架"40岁以下公民的意思，让人们觉得生来就欠国家俩孩子。

生不生，生几个，什么时候生，是现代人的自由权利，一个女人嫁给一个男人，不欠这家庭一个孩子；一个家庭生活在一个社会，不欠这社会两个孩子。

生孩子是个简单的事儿吗？是一个简单的经济决策吗？有些专家能不能别那么急，能不能别把人当成生育工具，催生催生催生？能不能尊重生育周期？能不能尊重生育意愿？等一等观念还没有转过来的人，让他们经过深思熟虑再做决定，让生孩子变成一种免于强制的自主安排。官方在宏观上鼓励，无可厚非，比如可以在财政上去鼓励，在教育、医疗、养老上去引导，但应该有界限感，尊重家庭的决策自由，不能有"不生二孩就缴纳生育基金"这样的惩罚，这就严重越界了。

当然，我更反感的是，有些专家动不动就提"加税收费"的建议。真的，求求专家们克制这样的建议冲动，少提收费的建议，少为收费做专家论证和舆论铺垫。著名经济学家周其仁说过一句话："我在北京作为一个经济学家，多年来有一个经验，就是不要轻易去提加税的建议。因为这建议很容易被政府吸收，政府最容易听的意见就是加税的意见。"

政府部门天然有一种扩张财政的冲动，增税和收费是很多地方和部门的天性，哪个部门不钟情于费和税？收费是"表现自己在解决问题"的最看得见的方式，也最对部门有利，有钱就有了权力，有钱就可以上项目。所以很多部门对"收费"有一种根深蒂固的依赖，这种手段被有关部门用多了、用顺手了、用习惯了，一有问题，就习惯性地想到收费增税：拥堵了，想到收费；污染了，想到收费；房价高了，想到收费；节约资源，想到收费。这不，鼓励生育，又建议"40岁以下公民不分男女征收生育基金"了，在降税减费的大背景下，又在创造一种莫名其妙的收费。

我们的工资已经被叠加了太多的功能，这个费，那个税，扣这个，扣那个，什么都想用工资去卡去套，工资就那么多，已经不堪重负，还准备"以工资的一定比例缴纳生育基金"，真以为我们的工资可以无穷无尽地扣啊。多问一句，请问专家贵庚？是不是刚过40岁而不用缴纳生育基金了？

税费是政府治理社会的重要工具，是调节经济社会的杠杆，但，即使从经济角度看，生一个孩子，从抚养到教育要花那么多钱，不是那点生育基金能调节的。相比庞大的生娃费用，那点生育基金根本撬动不了，我想，没有一个家庭会为了拿回那点生育基金而去生孩子，那钱交了等于白交。此外，生孩子不是一件小事，是一个生命，生一个人，一辈子的事，涉及很多方面：女性对身体恢复的考虑、生育的身体条件、精神和心理上的准备，还有这么多年来心理上只生一个孩子的习惯，以及经济方面的考虑。这是一个家庭的重大决策，从昨天的"只生一个好"到今天的"发挥基层计生干部的力量，引导社会恢复和树立多子多福的理念"（专家语），弯不能转太急，需要一个心理上的转变过程，有关部门别把生孩子考虑得那么功利，别指望立竿见影的变化。

人口红利对一个国家是很重要，但得慢慢来，孩子是"人"生的，不是"国"生的。急于用生育基金这种经济调节手段，只会刺激公众对"为人口红利生孩子"的抵触心态。

（《人民日报》2018年8月17日）

性侵会毁掉一个人，性侵指控一样会

看到熊培云回应性骚扰指控的长文《两袖红尘碧雨，一枕青史黄粱——我的供词》，能感觉到他遭受指控羞辱后的抑郁和悲愤。对一个那么珍视自己声誉的读书人来说，没有比性侵犯之类的指控更严重的羞辱了。这种指控，等于宣告了一个读书人所有社会资本的破产，苦心积累的形象、公信、道义、思想资产，瞬间消失，被人戳着脊梁骨骂道貌岸然，被亲人怀疑，被熟人质询，被狂欢的吃瓜群众踩踏，被曾经信任并喜爱的人表达失望感。

这几天看到很多人在朋友圈中失望地说："连熊培云都这样了，太让人不敢想象了。"明显感觉到这种感叹背后的失望，还有一种"从此不敢再相信""不敢再因为一种思想而喜欢一个人"的道德幻灭感。甚至连带到不敢再相信"这种人"讲的那些道理、写的那些评论，以及那些曾点燃很多人心中光亮的思想。

看到熊培云的回应，我松了一口气，相信很多朋友也都松了一口气。我不是那种"易感人群"，不会轻易相信某种单方叙述，但我选择相信熊培云这篇文章。一方面，我比较了解培云，一起开过好几次会，住过一个房间，看过他的好几本书，一直佩服他的文和人。培云跟很多那种游走于各种社交场合的饭局老男人不一样，他不油腻，极本分低调，不喜社交，甚至以社交为累，跟女粉丝说话都会羞涩，很难想象他会对一个第一次采访他的陌生女记者做出那种"拍屁股"的猥琐行为，并且当众，这太不符合他的平常形象了。

另一方面，他在文中对那名女记者的指控进行了回应，有具体的事实描述，有其他人的回忆。我觉得这个描述更符合常识，相反，那名女记者的描述倒是很模糊，语焉不详，不合常识：当众"拍屁股"，当众让看半身裸照，当众近距离拍单人照。

能够理解，性骚扰很难取证，很难有证据，让那名女记者拿直接的证据，很难。但是，也不能凭一方纯粹的口证，就可以形成性骚扰指控吧？没有实锤，没有确凿的证据，起码应该稍微谨慎一些，而不是言之凿凿地指名道姓。那名女记者说："我被他要求看半身裸照、被拍屁股……全部发生在公开场合，其他学员都看着呢。"那好，既然发生在公开场合，其他学员都看着，如果指控的话，就应该让旁观者也站出来一起指控，作为实锤。既然"其他学员都看着呢"，找个旁证并不难。虽然不同的人可以对"性骚扰"的界定不一样，但基本的事实还是应该有共识的吧：到底有没有拍屁股，到底看所谓半身裸照的语境是什么？既然很多人看着，找个旁证者很难吗？

毕竟，指控一个人性骚扰，绝不是小事，既然指名道姓，就置一个人的"名誉"于死地了。可想而知，这种指控在当下的舆论场，会形成怎样的冲击波，对一个珍视自己形象、靠声誉赢得尊重的人来说，就是原子弹，就是一招致命。性侵会毁掉一个人，性骚扰会在一个人心中留下永远的伤痕，而关于性侵、性骚扰的指控，一样会毁掉一个人。

这绝不是小事，言之凿凿地说一个人性骚扰，在"米兔运动"风起云涌的当下，在要把一个个"伪君子"拉下道德神坛的场景中，可想而知这种指控的爆炸力：迅速有人拉了名单，长长的名单游街，"性骚扰"指控已经在传播中被演绎成了"性侵惯犯"的标签。也可想而知，在混乱的舆论场，即使澄清了，辟谣永远跑不过造谣，被污名的形象永远无法洗清。

熊培云已经做了回应，现在球又踢到了那个指控者的脚下，请回应，请给公众一个负责任的解释！既然指名道姓，言之凿凿，就应该有配得上这种指控的实锤。

(微信公众号"吐槽青年:曹林的时政观察"2018年7月27日)

别透支丁真流量,别让他的传播超过实力

没有无缘无故的爱。丁真大红大火,他的火是有理由的。第一,人们厌烦了电视和短视频里那些"不是同年同月同日生却似同年同月同医生"的精致美颜产品,突然看到这种毫无修饰、完全天然的"甜野"男孩,怎不让人心旷神怡?第二,人们厌烦了那些千人一面的所谓"城市形象大使",不管形象与城市是否匹配,不求最配,只求最贵,只看名气和粉丝,突然看到一个地方把土生土长、带着浓厚地方气质的普通人当名片,怎不让人眼前一亮?第三,人们厌烦了很多地方那种缺乏城市传播和营销想象力的套路,如荆州"最大关公像"的那种刻意求大,如"武则天他妈""一个叫春的城市"的那种歪门旁道,这种从脚下土壤和带着烟火气的人身上发掘创意的平民传播方式,怎不脱颖而出?

有人说:"一看就是没做过'学而思'、没学过奥数的明亮眼睛。"这句略带戏谑的评论,包含着现代人太多复杂的情感、浓厚的现代性焦虑。丁真的火爆中,包含着"困在系统中"的人们对原野、诗和远方的想象,丁真身上被赋予了一种关于男版李子柒的情感投射。诸种情感,推动着这个符号迅速蹿红、爆红。

但我总觉得,红得太快,红得缺乏底蕴,红得超过了其本身的价值。为丁真考虑,还是不要透支他,不要过度消费他,不要让传播超过实力。流量如蜂蜜,当你享受其带来的好处时,会觉得很甜;但流量又如毒药,如果实

力和内容撑不起流量，流量本身缺乏刹车机制，很容易变成一种反噬的力量，在反噬中掏空最后一点剩余价值并用负面去补贴。所以，挺佩服丁真及其所在的单位，面对如潮水般而来的流量红利，他们表现出了难得的克制和可贵的清醒，拒绝了选秀公司和综艺节目的邀约，不接受过度消费。他们的回应太清醒了："别人会弹吉他弹钢琴，他会什么？放牛。这对他不公平。"

这句话如果"翻译"成我过去在评论中写过的一个观点，就是："不要让宣传超过了实力，实力如果hold不住流量，就会被流量所反噬和碾压。"丁真做过什么特别的事，有什么特别的才能，有多少可以撑起流量的才华？没有，他只是露了一下脸，只是他的面孔、生活和身后的日常，触动了网络上有话语权的那部分人的某种兴奋点，在惯常的驯化、复制、精致外，看到了一种"不一样"的野性。这种爆红，是一种缺乏底蕴、没有努力的红，是自身无法掌控、任由他者涂抹、任由围观者消费的红，是如果缺乏克制就很容易走火入魔、迅速透支燃尽的红。

从我这么多年来对流量的观察来看，流量有两个规律：缺乏自律无刹车，溢出主体而狂欢。

第一个规律是：流量没有自律机制，缺乏刹车，只会一路狂奔，直到燃尽最后一点剩余价值并走向反面，在反面中再收割一拨流量，这是流量"赢两次"的逻辑。人能够"见好就收"，觉察到负反馈后就会往回收，而流量本身不会有什么"见好就收"的克制力，它有一种变本加厉的加速度，只有更大的火、更爆的红才能满足流量胃口。所以，我们很少见到"流量网红"会有什么好结果，成于流量，往往也淹没于流量。当人们已经表现出强烈的反感、排斥、厌恶时，流量是收不住手的，直到炒臭、炒焦、炒煳才会罢休。流量并不在乎"人"，而只在乎"量"。

流量就其本质而言，天然带着一种"自我毁灭"的加速度机制。对于流量，让人失去传播价值和"被厌恶"的过程，本身也是一个"产生流量"的"赢两次"过程。所以，"理性"很难有流量，"疯狂"和"非理性"才会有，而所谓"疯狂",就是缺乏刹车。

第二个规律是:流量总会溢出并脱离主体,主体终会被虚无化,被掏空,成为被他者消费的工具,"流量主"被毁灭,消费者得流量。流量的生成一般是这样的:先是以流量当事人为中心,但在脸上写着"10万+"的狰狞欲望、流量逻辑渗透进骨子的传播环境中,对流量的榨取会迅速脱离对主体的成就,而走向对主体的消费。一般的消费还好,简单地蹭一下热点,并无不可,就像现在一些官方微博做的,互相成就嘛,宣传了你,我得到流量,顺便也宣传了我,你好我好大家好。但随着流量边际效应的递减,会很快走向一种消费式透支,通过踩踏、掏空别人来成就自己的流量,为了流量不择手段,"三观"扭曲是非不分。炒着炒着,很多流量就跟丁真本身无关了,选秀公司、综艺节目、代言、访谈、爆款文化工业运转起来,各取所需,借丁真成就自己。

实际上,目前丁真的红火,已经脱离了他本身,成为他自身甚至当地都无法掌控的现象。火得自身无法掌控,火得跟自己无关,这可能是挺可怕的事。

好不容易出一个"丁真现象",要善待善用这种流量,呵护这名少年,不要把他当成流量工具,不要落进以往那些"掏空了他然后一笑而过"的流量陷阱。打破这个陷阱和规律的关键在于,流量不要超过实力的限度,宣传不要超过实力本身。丁真不只是一个人,而代表着一个地方,地方要有撑得起这种形象的实力,这种流量才能成就一个地方。丁真不只是一个人,也成为了一个符号,其本身要有撑得起"甜野"形象的实力,他现在还很单薄,生活在一个美丽而贫困的地方;让他有更多的时间读书,接受教育,积累起能够撑得起颜值的特长和才华,有能力去代言本地文化和风景,为地方脱贫攻坚做贡献,那才会真正成为地方形象传播的佳话。

"别人会弹吉他弹钢琴,他会什么?放牛。"怎么办?不是也让他一样去学吉他学钢琴学奥数,重要的是让他成为一个"用知识改变放牛命运"的人,而不是"被流量围观放牛命运"的人。知识给一个人带来的是永远的内涵,而流量只是暂时的、他赋的、不可控的。理塘很美,理塘人很努力,丁真不只是一个人,而是一种现象,背后是一个地方勤劳的人们脱贫攻坚改变命运的追求,这些,都需要超越流量去奋斗。

(公众号"吐槽青年:曹林的时政观察"2020年12月1日)

第三辑
不平则鸣

写评论快二十年了,我注意到一个现象,"不平则鸣"是评论最大的内驱力,公平仍是当下国人最大的价值诉求:当一个事件触动和刺激了人们普遍的不公感,某个人某件事动了人们的公平奶酪时,舆论就会咆哮起来,形成潮水般奔流和传染的愤怒。2020年诸多轰动舆论的事件,多与公平相关,尤其是教育公平。这一辑记录了人们在这些公平议题上的敏感,以及我对这些讨论的态度。

在锚定靶子中让评论写作"热启动"

> 时评这样写

构思时找靶子,找矛头,也就是在某个有着较大冲突性、对抗性、争议性的框架中找一个清晰的站位。说得通俗一点,评论最原始的功能,就是用来"吵架"的,当然,文明的说法不叫"吵架",叫"讲理"。但回到它的原始性,就是"吵架",找一个靶子。那些好看的、让人有阅读欲望的评论,往往带着某种"吵"和"撕"的野性和原始性。找一个评论入射角,瞄准这个靶子射击,这样的评论最有效率。评论要有问题意识,而问题意识常常表现在"你反对什么"。思想,本身就是一种否定。

我在《中国青年报》有一个专栏,叫"暖评",就是倡导一些温暖的价值观,从建设性的视角看问题,看到事物的阳光面。这些"暖评"的选题都是正面新闻,好人好事,但我在写这些评论的时候,并没有局限于"就正面谈正面",那样很容易变成"鸡汤"。我在写每一个正面人物或倡导某种正面价值的时候,都是尝试在对负面或反面现象的批评中来凸显正面的意义,也就是说,我一般都要找到一个反面抓手,用它去反衬反射,这样有对抗性的正面凸显,才更有一种感染力和交流气场,否则,很容易变成说教。

比如我写过一篇文章,题目叫《感谢在快时代慢下来精耕细作的工匠们》,从题目就能看到我的良苦用心,主要是想赞美那些慢下来精耕细作的工匠,细活出精品,而不是流水线的东西。如果你直接赞美这些工匠,说教味就很浓。为了提高感染力,我找到了一个对抗性的框架 —— 快与慢,在快时代慢下来的他们,有了比较,更加动人,观点在"对抗性、冲突性"的辩证锤炼中,更加得到了强化。

我是这么写的:"在快得让人窒息的焦虑氛围中,人们都热衷于追逐着快的刺激,以快为美,追求一夜成名、一纸风行、一张图让你了解、一次行动登上头条、一分钟创造奇迹、一次创业成为亿万富翁。每个人都像被施了魔法上了发条,使耐心、沉浸、安静、细致变得越来越稀缺,使'勤劳'成为贬义词,使'专注'被人嘲讽。但在这一片喧嚣之中,却有这样一群人,他们没有被那种快节奏所干扰……"

前几天看到一个对比各年龄段特点的段子,很好玩:"'70后',请假是因为父母不舒服,'80后',请假是因为孩子不舒服,'90后',请假是因为自己不舒服,'00后',请假是因为看你不舒服。"——如果只看"70后",很难产生问题意识,但如果与"80后""90后""00后"就某种话语或思维习惯来比较一下,能激发和碰撞出问题意识。北京疫情流调信息所反映的常人生活状态,曾让很多人唏嘘不已。"上班—加班—吃包子—公交车—往返几十公里上下班—很晚回家,还要复习考研—到医院看生病的家人—转场兼职",生活轨迹所反映出的艰辛让人感慨北漂之拼。有人对比了不同城市流调信息所反映的常人生活,成都人好像就是吃喝玩乐、茶馆打麻将,重庆人好像是泡在火锅店。如果一座城市的流调信息,没有一个比较参照系,很难产生问题意识,在否思和比较中,才能彰显某种潜藏的特质。这就是评论角度的奥妙。

郭德纲有一句挺损的话:"不是我们有多优秀,全靠同行衬托。"我们的评论观点要想有冲击力,需学会借助"找靶子找矛头"去衬托你的观点。我写过另外一篇《你负责貌美如花,一定有人在承担"丑"的代价》的评论,这篇文章是赞美一些环卫工人、掏垃圾的工人,他们常常身处污水中。你看,我就是在"美和丑"这个对抗性的框架中来表现他们的,他们在承担着"丑"的代价。

之所以要"找靶子找矛头",找一个对抗性的视角,还有一个很重要的原因，就是它能把我们评论写作的亢奋给调动起来。评论是一种需要投入情绪和情感，才会把气场调动起来的活动。怎么调动呢？你要学会自己调动，让自己沉浸到这个话题中去，而一个对抗性的框架，是最能把人的情绪调动起来的。

我曾经在课堂上做过统计，问同学们写什么话题时最有表达的欲望，最有写作的冲动。有的说写熟悉的话题和擅长的领域；有的说感觉会有很多读者的时候；有的说觉得自己的观点很独到，别人没有想到，从而急于跟别人分享，等等。最多被谈到的是，"跟人撕跟人怼"的时候最有表达冲动。这就对了。写作的时候要学会把自己调动到这种"很有冲动很兴奋"的状态，写文章需要酝酿情感，而最好的酝酿，就是找到一个靶子。想要带别人的节奏，先得把自己带进文章的节奏里。

是什么让艺人膨胀到把高考舞弊当励志佳话宣讲

恕我孤陋寡闻,以前真没听过"仝卓"这个名字,正如翟天临出事之前,也不知道他是干吗的。很多网友称仝卓为"翟天临第二",据媒体报道,他在一次直播中称,因为第一年高考没有能够考上,所以选择复读,但是自己心仪的这所院校只招收应届生,为此,"我还搞了很多很多,也就是所谓的……就是……然后我就成了应届生"。他说很遗憾后来还是没进入最初梦想的院校。本当成励志"鸡汤"去煲的这段话,却像一枚炸弹一样引爆网民愤慨:将往届生身份改为应届生,这不是高考舞弊吗?怎么还这么毫无愧疚、不以为耻地讲出来?

仝卓回应舆论时,并没有就"复读生改应届生"做解释,而是激动地讲述自己有多努力。"你知道他有多努力吗"这种蠢话,还是留给"脑残粉"去说吧,关键是改身份的问题。不要觉得"不过就是一句话"的事儿,这可不是随口一句话,高考之下没有什么明星,人们根本不关心一个明星的人设,只关心高考公平的人设,这个人设,关系到无数人的上升通道,关系到他们对高考公平的信心和信仰。你今天把"身份作弊"当成了成功后的抖机灵,当成了直播话题的噱头,当成了凸显自己"星路坎坷"的励志材料,可曾想到,这会让多少人对公平产生幻灭感。

从当事人的回应来看,仍然带着偶像对粉丝的嬉戏姿态,真的别太把自己当回事儿,相比对高考公平的信仰,明星实在算不了什么。中国人都是高考的粉丝，某某明星的粉丝、某某"爱豆"的拥趸，只是一种浅层、临时和易变的身份，而对高考公平的追求和信赖，才是在精神层面的深层膜拜。这种深层信仰和精神依赖，让人们在闹市狭窄的案板下也能坚持读书，让人们身处再艰难的困境中也能看到眼前的光。高考公平意味着什么？意味着分数面前人人平等，拼不过富二代但可以拼高考，负载着不同社会身份的人在高考时都有一个同样的身份——考生。

再大的明星，如果意识不到这一点，不把自己置于"高考公平"之下，不去尊重和敬畏公众的这个信仰，只会被公众所踩踏。在高考公平崇拜这个"偶像"面前，其他所有的明星崇拜都得靠边站，不值一提。翟天临已经摔过跟头的地方，不要再去以这种方式试探公众的底线。这时已经没有了明星和公众人物，没有了粉丝，而只有一个自曝"高考改身份"的涉嫌舞弊者对每一个公平竞争者应有的交代。

很多人都在讨论这个问题，正如当初对"不识知网"的困惑一样，是什么让一个明星膨胀到把高考舞弊当成励志佳话，在直播中津津乐道欢乐开讲呢？是蠢吗？不太像。是无知吗？可能有点，不知道这是一种破坏公平的违法行为，更不知道会触犯公众痛点和怒点，所以才口无遮拦。

这可能不是个案，而是一些"自以为成功"的人在讲述成功经验时身上的通病——对规则的不屑。他们是没有什么规则信仰的精致利己主义者，信奉"弱肉强食"的社会达尔文主义，只追求成功而不相信什么原则，崇拜为达目的不择手段，一旦成功，就会用今天的成功去证明过去行为的正当性。只要今天成为"成功人士"，就有了镀金过去的资本。我曾见过一些所谓成功人士，有钱后大谈"读什么书啊，我当年根本没读书""欺骗没什么不好，能骗人说明你智商高""不要信什么规则，守规则的那批企业都倒了"之类，因为其成功身份，这些反智、反规则的言谈甚至被当成励志金句去追捧。

成功就是信仰，成功了就可以大言不惭地去碾压其他的价值。我不知道这个翻车的明星有没有受到这种社会达尔文主义的影响，骨子里是不是崇拜

"为了成功可以不择手段",但如此毫不遮掩地大谈当年高考时如何改身份,丝毫意识不到对公众的冒犯,真让人感受到了那种自以为成功者的傲慢。

稍有点判断,都会知道那种行为属于舞弊,会触犯众怒,为什么就口无遮拦了呢?另一个很重要的原因可能在于,平常被粉丝惯坏了,常常生活在粉丝营造的"彩虹屁"中,真把自己当神了,认为自己说什么都会获得追捧。就像前段时间那个被一打就趴、三打三趴的"高手",被屁精徒弟们的吹捧捧出了幻觉,形成了对自己对他人的误判,以为真是天下无敌手了。当整天背负着偶像的光环去看待粉丝们的追捧,生活在粉圈的温暖区,以为自己不管说什么都会有人"刷火箭"时,无知无畏中必然会踩个大雷。

不管是"傻白甜",还是"真厚黑",既然自己说了,总得给公众一个说法,给相信高考的人一个交代。不要拿"无意的一句话"当借口,越是无意中说出,越是个问题。如果"有意",就不会说了。尽管改身份也没考上,但改身份本身就是舞弊行为,既破坏公平,也隐藏腐败,怎么操作的?谁给办的?有没有给其他人也办过?别浪费了送上门来的这条线索啊。

(微信公众号"吐槽青年:曹林的时政观察"2020年5月28日)

给了山东理工大学补错机会，却说没有先例，真太蠢了

山东农家女陈春秀被人顶替上大学，让人愤怒且唏嘘，"读书改变命运"的人生，就这样被人偷走了，而且不可逆。她曾被贫困的家庭寄予厚望，砸锅卖铁也要供她上学，可最终"落榜"，让她深深自责。之后的十六年里，她干过流水线工人、餐厅服务员，因为学历不高，尝尽了体力劳动的辛酸。如今过得越艰难，越让人难受，觉得很多人欠她一个公平。顶替者虽受到注销学籍的处理和停职，但对陈春秀没什么用，时光不能逆转，命运不能重来。只有揪出当初顶替操作背后的腐败，并让陈春秀得到妥善安置，陈春秀才能释怀，公众才能稍许心安，"读书改变命运"的信仰才不会被玷污。

从新闻中看，陈春秀很通情达理，受到如此不公的对待，十六年的人生被这样偷走，顶替者至今连一个道歉都没有，她没有跟谁激烈地"闹"，而是通过媒体理性地表达和维护自身权利。她提出了一个要求，请当年没有履行好审查义务、错录了顶替者的山东理工大学恢复她的学籍，她想让家人帮她带一下孩子，她去完成这个梦想。这个卑微的请求，真让人难过。是啊，虽然十六后再去读这个大学，跟当年去读无法相比，命运已经转了弯，但不去读完，心里真过不了这一关。最需要读书去改变命运的她，十六年前却被人顶替了，不去读完，自己岂能心安？

这也是给了山东理工大学一个纠错的机会，在招录审查上负有责任，没有把录取通知书送到该招的学生手中，招了不该招的人，误了别人的青春。

十六年了，现在该到了纠错的时候，把送错的通知书送到该送的人手中。不要说十六年，即便是二十年、三十年，这份当初没有送到的通知书也要送到。我相信，人们只会为这样的大学鼓掌，没有人会觉得这违反了什么规定和原则。这所大学的校长如果有人情味和担当感，应该亲手把通知书送到陈春秀手上。不管怎么追究顶替者，大学先做一个担当的示范。

本该是山东理工大学纠错和表现大学担当的一个机会，本该是还陈春秀公平和抚平舆论不安的一个台阶，可山东理工大学竟然冷冰冰地回了这几个字："无此先例。"好一个"无此先例"，正如很多网友所批评的："难道贵校当初'录取了本该拒绝的顶替者'是有多少先例吗？"既然犯错时"没有先例"，为什么纠错时不能打破一下，从而树立一个负责任的先例？

山东理工大学承认自身有错，在入学资格审查上存在漏洞，陈春秀当年的"考生电子档案"未被篡改，上面还有她本人的照片，假如学校在入学时仔细对比，本应该揪出顶替者。顶替者有错，负责资格审查的大学也有错，既然有错，就应该担责和纠错。山东理工大学拿什么去纠错呢？除了注销顶替者的学籍，不应该多做些来还陈春秀一个公平吗？当初她是考上了山东理工大学的，她有入读的权利，因为顶替者和学校的责任，她未能入读。如今不说什么赔偿了，也不说什么十六年不可逆的青春了，还她读大学的机会，是最底线的公平。不能把所有责任都推给那个可恶的顶替者，也不能就这样让一个命运被改写的人"认命"。

错了，就该纠错，这个"天理"高于其他所谓的规定。记得去年的北大退档事件，北大退档了两名考生，这两名考生虽然分数不高，但达到了"国家专项计划"的分数线，退档引发舆论哗然。此后北大及时纠错，称"国家专项计划"招生任务虽已完成，但鉴于已退档的两名考生达到了同批录取控制分数线且符合录取条件，应予录取，退档处理过程存在不合规之处，招生办公室的退档理由不成立，招生委员会决定按程序申请补录已退档的两名考生。——错了就应该纠错。虽然北大退档事件跟山东理工大学这件事不一样，但说明了大学是应该纠错的,有纠错之责,也有纠错之权,别拿"无此先例"当挡箭牌。补录陈春秀,给被误了青春的农家女一个补偿,我相信没有人会觉得这开了"违反招录制度"的先例。

关于大学在招生中的责任,《教育部关于实行高等学校招生工作责任制及责任追究暂行办法》有明确要求,错录了就应该承担责任。招生和录取通知书形成了大学与学生的一种契约,十六年后要求大学履行当年弄错了对象的契约,这也是对契约严肃性的尊重。

山东理工大学可能会拿几年前的王娜娜这个"先例"说事。2015年,王娜娜发现自己在2003年被人顶替上大学(周口职业技术学院),为了弥补这个遗憾,2017年她再次参加高考,考上了洛阳理工学院,今年已经毕业。王娜娜事件和陈春秀事件在处理上并不相同:第一,王娜娜没有要求上原来的大学,而是参加高考,考上了其他大学。第二,如果王娜娜坚持上原来的大学,大学是有重录义务的。第三,至今相关大学仍未向王娜娜道歉,她于2018年已向周口市相关法院递交了民事诉状,要求顶替者、涉事的两所学校向她公开道歉,并要求他们承担相应责任、做出赔偿。

最近当地被曝出242名冒名顶替上大学者,让人触目惊心,拒绝了陈春秀的请求,也许不是怕"没有先例",而是怕"开了先例",形成效仿。但这些代价本就是犯错者应该承担的,纠错,需要付出代价,而不是仅仅注销学籍。吸取了教训,今后才会更加重视信息审查。前段时间,一名检察官的文章激起了很多人的共鸣,"你办的不是案子,而是别人的人生"。高考、大学招生录取,尤其如此,你审核的不是一份表格、一张照片,而事关别人的人生。别人误了十六年的青春,你只是纠错,给一张本属于别人的通知书,多为难你啊?

(微信公众号"吐槽青年:曹林的时政观察"2020年6月22日)

为何被顶替的都是农家女？
恶人总挑弱者中的最弱者欺负

农家女陈春秀十六年前被人冒名顶替上大学，前几天写评论批评山东理工大学"无此先例"的冷漠卸责说辞，一名网友在文章后留言批评说："搞不懂为什么这类新闻和相关评论总以'农家女'作为身份标签？"这名网友意思是，总贴这样的标签有新闻卖惨之嫌。我挺生气的，有些人对"冒名顶替"这样的大恶大非从来无感，却对新闻中的个别措辞这样的小节无比敏感、上纲上线。不过，这也提起了我的话语敏感，包括新近爆出的山东农家女苟晶自称"两次被人顶替上大学"。为什么这类新闻都会贴"农家女"的标签？为什么媒体报道评论时会不自觉地都用"农家女"这个词？

越是深入思考这个问题，越是心痛，这哪是什么新闻标签啊？这是残酷的事实啊。不是媒体爱用这样的标签，而是被顶替的受害者多是农家女，"农家女被顶替"不是一两起个案，而是一个群体性现象，农家女是一个受害群体。从最早曝出的罗彩霞，到王娜娜，再到陈春秀、苟晶，都有一个共同的弱者身份——农家女。起码在既有的新闻镜像中，没看到一个城市孩子被顶替上大学，没看到"农家女"之外的受害者。最近曝出的242个顶替案，可以去查一查，"农家女"身份占多大的比重。冒名顶替上大学，这是对农村子弟、农家女无尽无耻的伤害。

这不是新闻拿去卖惨的标签啊，而是新闻反映出的、必须去重视的悲惨现实。坐在空调房里岁月静好地喝着咖啡打着字的那位，你不应该问"搞不懂为何这类新闻总以'农家女'做标签",你应该问"为何摊上这种事的都是可怜的农家女"。从什么角度发问,发掘出什么样的问题,体现的不仅是视野和认知,更体现着问题意识和良知,你的良心呢?

为什么被顶替的多是农家女?这个问题真让人有窒息的沉重感。记得在当年的罗彩霞被顶替案中,罗彩霞面对媒体时说,她潜意识里或许也认识到这一点,不停地问自己:"王峥嵘为什么偏偏选中我?难道就因我家在偏僻的小村子,家里没有任何社会背景?""我认为,自己是被精挑细选而选中的。"是的,选择弱势的农家女,这可能是精心设计的顶替链条,农家女在有些地方成为某些人顶替的羔羊,恶人总爱对弱者中的最弱者下手。

写到这里,不禁泪流满面。已经曝出这么多起农家女被顶替的新闻了,不要当成个案去查,而要从打击顶替链和底层公平生态治理的层面去查。很多网民义愤填膺地说:"放在古代,这可是砍头之罪啊。"也有网民说:"放在古代,信息闭塞传播不畅,可能根本无法发现有人顶替。"这种比较没有意义,重要的是面对曝出的问题,严惩顶替链上的每一个作恶者,堵上漏洞,尤其是让弱者中的最弱者受到保护。

为什么被顶替的多是农家女?这可能也正是作恶者精心选中这个群体下手的原因。分析罗彩霞、王娜娜、陈春秀、苟晶这几个新闻个案,可以找到一些共性。

首先是农家,他们没什么社会背景,遇事不擅去争,忍是首选。他们是好欺负的老实人,即使事后露馅儿也方便去摆平,吓一吓可能就平息了。农家,在其物质贫困之下是信息的贫困——孩子平常成绩不错,如果高考落榜,在信息发达的城市,家长可能会通过各种渠道去查分数找原因,而在很多农家,不懂政策规定,没有咨询通道,可能就唉声叹气地"认了",王娜娜、陈春秀都是如此。农家,穷,很多考生复读不起,陈春秀还有个哥哥,父亲再拼命也只能供一个孩子上大学,谁成绩好就谁上;哥哥初中毕业后辍学,支持妹妹读书,妹妹努力了还是"没考上",无力支撑复读。——而复读不起，这是顶替者最希望看到的。

然后是农家女的身份。其一，在高中阶段，女孩学习一般比男孩更努力，尤其是农家女孩，更懂事，心里很清楚，不像男孩，考不上大学还有挺多工作可选，女孩可选择的很少，考不上就无法主宰自己的命运。所以她们读书尤其拼。拼命读书跳出农门的她们，恰恰成了恶人的猎物。

其二，很多女孩性格比较内向懦弱，越是要强，越容易自责。平常成绩不错，如果没有收到通知书，她们更容易把问题归咎于自己"没发挥好""考砸了"，而不会向外怀疑。她们也多会选择默默承受，羞于让别人知道。就像陈春秀在接受媒体采访时所说，对拼命供她上学的家人充满愧疚，然后选择了打工。王娜娜也是如此，2003年高考后未能收到录取通知书，当时非常难过，但也只能接受，便开始外出打工，之后结婚生子。

其三，一些地区有重男轻女的陋习，男孩如果没考上，一般会选择复读，冒险拼一下。而女孩如果没考上，大多选择放弃了，毕竟复读既耗金钱，又耗时间，也是在承受风险，万一没赌上就荒废了一年。对操作顶替上大学的人来说，他们需要的就是"没考上就放弃"，因为已经用了她们的名字，如果复读考上了，会加大败露风险。其实，因为已经被顶替上了大学，可能连报名都报不上，更别谈考上，但会给后续操作带来很多"麻烦"。所以这些作恶者会选择"多半不会选择复读的农家女"去操作。

越是底层农人，越信仰"读书改变命运"，需要这个底线公平；越是底层农家女，越需要借助高考跳出母辈的循环命运，她们特别努力，她们比同龄人付出更多，可她们中很多人，唯一的命运通道却被人偷走了。在一些地方反而形成了被剥夺机会的对象——越是底层，他们在地方权力生态中越缺乏保护，成为被欺负的老实人。知道你在拼高考，分数不会低，所以在你身上操作比较"靠谱"；知道你是老实人，信息闭塞，不会去查去追问，所以比较"安全"；知道你会"认命"，所以后续麻烦比较少；知道这个关系网可以在"小地方"一手遮天，瞒天过海，神不知鬼不觉。

一个正义的社会尤其呵护弱者中的弱者,每个政策都会去考虑最弱者的最大利益,他们更需要正义阳光的照射。这些触目惊心的顶替案中,每一起都有"农家女"这个让人心酸、心痛的身份,还有那242起,同样的命运在242个人身上上演着,可能还有没清查出的。关注陈春秀、苟晶,关注被欺负的农民女,关注高考公平能不能保护这些最弱者的公平,不要让人怀疑"读书改变命运""拼不了爹妈可以拼高考"这个谦卑的信仰。

(微信公众号"吐槽青年:曹林的时政观察"2020年6月26日)

不是苟某被顶替案，是邱某顶替案！

这几天满眼"苟晶""陈春秀"的名字，这些命运被人生生偷走、被顶替了十多年、二十多年的人，起码已经堂堂正正地夺回了属于自己的名字。不出意外，在媒体追踪和舆论压力下，顶替者会被打回原形，齐玉苓被顶替案、罗彩霞被顶替案、王娜娜被顶替案，同类案件的舆论记忆名单中又会多几个这样的名字——陈春秀被顶替案、苟晶被顶替案。

这几天媒体用的都是"高考被顶替当事人""高考被顶替两次""农家女被冒名顶替事件"。好一个"被顶替"，汉语的简单、清晰、直接，在这个"被"字中显得那么绕口，顶替者在这种公共记忆习惯中成功隐身。于是，高考顶替历史中，留下的都是受害者的名字供人同情和唏嘘，而不是加害者、作恶者的名字供人唾弃、鄙视、吊打和遗臭万年。不是苟某涉嫌被顶替案，而应是邱某涉嫌顶替案，相比"罗彩霞""王娜娜""陈春秀""苟晶"这些受害者的名字，人们更想记住那些加害者的名字，让这些名字在经受法律审判后，继续在时间中接受舆论、人心和道义的审判。

不知道像"陈春秀被顶替上大学事件"这样的舆论命名和记忆法是怎么形成的，舆论习惯性地以受害者的名字记录着这些事件，而看不到作恶者的名字。在新近几起顶替案的热点效应下，过去几起著名的顶替事件也被激活，比如当年"宪法司法化第一案"滕州齐玉苓被顶替案，人们对"齐玉苓"这个名字印象深刻，却对顶替者陈晓琪（其父陈克政）很陌生。在罗彩霞被顶替案中,"罗彩霞"这个名字深深刻在人们脑海里,却忘记了顶替者王佳俊的名字,还有顶替操作者——王佳俊的父亲,隆回县公安局原政委王峥嵘。记住了被顶替者王娜娜的名字,却对顶替者张莹莹的名字毫无印象。

为什么不是陈晓琪顶替案、王佳俊顶替案、张莹莹顶替案?虽然这些案件是父辈作恶的结果,她们不是直接和主动的操作者,是背后的父母在运作,但作为顶替上大学最大的受益者,作为偷走别人人生的人,作为不可能不知情的人,名字被人唾弃和鄙视,并不冤。

舆论只记住了受害者之名,看不到作恶者的名字,这种集体记忆方式背后可能有很多原因。比如,作为受害者有积极维权的驱动,积极在媒体上表达和求助,借助媒体阳光的照射而让真相大白。而施害者则见不得阳光,一直躲着媒体,回避舆论,于是媒体中更多留下了受害者的名字。还有先入为主的传播效应,这些事件总是以受害者曝光开始,媒体的首报命名形成了记忆的路径依赖,加上官方调查一般都很滞后,形成了信息的不对称。而媒体命名时也很谨慎,在确定之前都不会暴露作恶者的名字,可当确定的时候,受害者名字已经固化了这类事件。

还有受害者的善良,一般这类事件多是熟人作案,受害者常常被情感绑架,比如王娜娜被顶替案中,她一直不愿公布对方照片,说不想影响她的生活。"她也是个母亲,我也是个母亲,现在网络舆论这么厉害,一旦把她的照片公布了,也许她都无法正常生活了。我并不愿意看到这一幕。但这和我要争取我的正常生活是两回事。"苟晶也是如此,操作者是她曾尊重的班主任,她至今也没有透露班主任和他女儿的名字,就这样还受到各种情感敲诈(作恶者寻找她的各种家庭软肋去逐个击破)。齐玉苓被顶替案中,顶替者是她的同班同学。因为善良,她们被选中、被欺负、被顶替,又因为善良,她们不忍张扬施害者的名字。

无论如何,我更想看到作恶者的名字遗臭万年,看到舆论用作恶者的名字去命名顶替案,让作恶者在舆论命名标签中永远受到道义和良心的谴责。

受害者有在舆论淡忘中回归正常生活的权利，而作恶者没有被遗忘权，媒体底稿和集体记忆应该记下那些人的骂名，并常常提起，以警醒那些如虎狼一样盯着穷人、老实人的最后上升通道的无耻窃贼。罗彩霞、王娜娜、陈春秀，多年之后，人们提起这些受害者名字的时候，也许只是一声叹息，感慨命运之不公和顶替之罪恶。如果记下的是作恶者的名字，每一次提起，都是一次"引起公众极度舒适"的正义凝聚——作恶，就应该留下这样的骂名，偷走别人的前半生，就应该用后半生的骂名去赎罪。

顶替之孽太可恶，徒法律惩罚不足以平公众之愤，必须记住那些作恶之名，供道义去审判。法律惩罚是不对称的，顶替的人生不可逆，顶替者偷走的学历可以注销，但因顶替而得到的利益无法注销，就让打上作恶者名字的公众记忆来平衡这不公吧。官方仍在调查，会有水落石出的时候，等最终确定了，记住了，不是苟某被顶替案，是邱某顶替案。

（微信公众号"吐槽青年：曹林的时政观察"2020年6月27日）

顶替案中那些"替别人原谅"的恶臭嘴脸

后真相传播语境的一个特点是,无论你以为是非多么清晰、应该会同仇敌忾、"这回该有共识而不会撕裂"的话题,都会有出其不意的"不同角度"杀出。你认为再正确的道理,都会有一个反作用力的角度将其消解,谎言、歪理、扯淡可以毫无心理障碍地巧辩为"另一种观点"或"意见",即便你觉得这种歪理再荒谬,也能在"相似声音的回音室"中找到知音并获得高赞,从而让是非价值虚无化和相对化。当下舆论穷追和热议的系列顶替上大学案,就是如此,本以为"痛打顶替者"该是全民、全球、全人类共识,没想到却有种种肢解这种共同价值的反对声粉墨登场。

比如,对于苟晶曝光两次高考被顶替,将矛头指向其班主任,二十多年后要一个真相和公平,就有一篇热评指责苟晶缺乏宽容和格局。该评论列举了这几个理由:其一,你今天过得不错,为何要为难过得不如你的老师,一个年过七旬的老人。其二,曝光了班主任,网络舆论一定会把这家人推到绝境,你良心能安吗?其三,如果当年你没被顶替,能保证自己的生活一定会比现在好吗?老师已经道歉了,得饶人处且饶人,这是修养。

多么熟悉的论调,无论多大的罪恶、多么不可饶恕的行为,都会有这种"劝别人宽容""替别人原谅"的声音出现,形成一种情感敲诈和宽容绑架。"算了算了,何必呢,过去就让它过去吧。往前看,不要往后看,格局大一点,毕竟是你的老师,毕竟已经是白发苍苍的老人。"替别人原谅的人,不考虑基本是非和法律常识，不考虑顶替对一个人命运的剥夺和伤害，不考虑背后可能隐藏的利益链，不考虑这种破坏制度公平的行为对无数农家孩子命运的谋杀，不尝试进入受害者的心灵去感受那种噩梦般的经历，不谈施害者的担责和担当，而是站在体贴施害者和强者、让受害者"放下"的角度，去谈宽容。这不是和解与宽容，这是对正义的二次谋杀，本来这应该是正义弥补的一次机会。

可怕的是，这种"替别人宽容"的论调并非极端个案，并非只是互联网上个别跟帖，而是在现实中围绕着当事人，找各种关系、研究家庭软肋，进行软硬兼施的情感敲诈，试图以人情和关系瓦解被顶替者的求真相意志。

首先，所有的受害都是受害者在承担，所以原谅和宽容永远都是当事人自己的事，"替别人原谅"和"代别人宽容"的逻辑都是剥夺他者决断主权的敲诈。你不是顶替案的受害者，不知道受害者因此承受了多大的物质和精神伤害，不知道"读书改变命运"对一个农家意味着什么，不知道努力奋斗了却一直没有等到大学录取通知书所经历的怀疑、自卑、自责和煎熬。"他毕竟是你的老师"这个命题推出来的不应该是"那就原谅他吧"，而应该是"一个老师，怎么能够对学生做出这样丧尽天良、近乎谋杀的事"。

换句话说，如果你在施害者行凶时没有尽过旁观者的干预责任，没有大声呵斥过作恶者，没有行使过对强者的监督责任，没有要求过应该担责的人去履行该尽的补偿和赎罪义务，没有承受过当事人类似的受害之痛，可能就不足以在道义上去谈宽容和原谅。

"如果当年你没被顶替，能保证自己的生活一定会比现在好吗？"——不去问作恶的顶替者，却把苛刻的追问指向受害者，这种逻辑是很坏的。对于这个问题，有良心的正确打开方式应该是：第一，如果当年没被顶替，不会吃那么多苦，可能也比现在过得更好。第二，我今天过得好一些不是"被顶替"带来的，不管我今天过得如何，顶替都是不可饶恕之罪恶。第三，命运被顶替了，我今天过得好一些，只是偶然个案，是个体付出超常的努力才获得的，绝大多数被顶替者过着艰难的生活。第四，我过去过得如何不是应该原谅的理由，顶替这种谋杀他者命运的罪恶，自始至终都是不可宽容的。受害者现在过得好不好不关你的事，让作恶者过得不好（受到惩罚）才是你应该关心的事。

"白发苍苍的老师"？就不要玩弄这种倚老饰非、以尊掩错的舆论修辞了，作恶时，可曾想到自己是老师？作恶时，可曾想到人家白发苍苍的父母收不到通知书时的绝望和离开世间时的遗憾？"替别人宽容"时，多想想这些。更重要的是，这已经不是一个人的私事，而是公事，不是一个人能够原谅的，既然曝出，就事关制度之公平，事关无数人对"不容底线公平被剥夺"之热切渴望。这件事已经不能用个人利益来定义，而事关公共利益，高考公平"关系到众人命运并最终与自己的命运密切相关"。

宽容是有前提的，法律上追究了，真相大白，基本的公平得到捍卫，然后才轮到谈原谅和宽容。宽容不是不明不白地和稀泥，不是让真相永远沉到海底和让法律的原则消解，而是基本正义实现后，当事人基于自身怨恨化解的停止追究。

除了这种"替别人宽容"的论调，还有"你不够优秀，你不够强大，所以才被顶替，如果是第一名，他们敢吗？"以及"你这样做有没有考虑对还在本地的亲人的影响"之类，都属于站在施害者立场敲诈受害者、混淆是非的逻辑。别用圣人的标准要求受害者，而用贱人的标准原谅施害者，请用常人的标准去要求施害者。

（微信公众号"吐槽青年：曹林的时政观察"2020年6月28日）

无论如何都应该感谢苟晶这名举报者

公众对真相和公平的渴求，不允许苟晶举报被顶替案拖过高考。山东这一点做得挺好，赶在高考前发布了调查结果，处理了涉案一众人等，体现了高考公平的神圣不可侵犯性。调查结果大意如此：第一年551分（满分900分）考上委培中专，但本人未填报相关志愿，选择复读；第二年569分达到中专分数线，服从调剂，被录取到湖北黄冈一所中专。第一年的身份和高考成绩被班主任女儿邱小慧冒用，第二年不存在他人冒名顶替问题。十五名顶替涉案者受到不同处理。

虽然是别人放弃的成绩，虽然冒名顶替的是中专，涉案也多是小官，但这盘根错节的家族地方权力，还是让人细思恐极：父亲邱印林利用班主任身份涂改档案，亲戚邱印水（镇长）联系派出所所长违规出具虚假户籍材料，长兄邱通是派出所民警，伪造户口迁移证，后又请托关系将名字变更回来。一"邱"之合，天衣无缝，让人看到"好大一棵树"的基层权力生态。陈春秀被顶替，也是如此一条龙。

另外一个引起讨论的问题是，苟晶所说与部分调查事实不符。比如并未两次被冒名顶替，成绩并非如她说得那么好，考上的也不是大学而是中专。基于此，有媒体称这件事"部分反转"，有声音认为苟晶"说谎"带节奏了。

针对这种"部分事实不符"，我觉得有一名网友的评论说得比较厚道，入情入理。对于此前苟晶在网络举报时的种种说法，该网友说："那些说法只是对自己命运被安排的一种未知，很多东西被夸大了，我觉得也是可以理解的，因为她自己本身并不知道真相是什么，只是用最大的恶意来揣测，调查结果出来了，真相大白了，没必要再去踩她了。"我认同这种说法，苟晶对背后的很多事情也是被蒙在鼓里的，不知道具体真相是什么，她只知道自己"被冒名顶替"，但当年到底考了多少？有没有被大学录取？到底怎么被人操作？她其实也不知道，所以一直强调"要一个真相"。为什么会被顶替？为什么被选中的是自己？她似乎有理由认为"自己考了一个很好的成绩然后被人看中"，并合理猜想"第二年也被顶替了"。

对于这种实名公开举报，当然可以本着一种"宁可信其有""宁可认为比较严重"的态度，高度重视并不是什么坏事。事实查清了，顶替确实存在，并无诬告，众矢之的的被举报者并不冤。

无论如何，苟晶确实被冒名顶替上学了，这个核心事实存在，作恶者形成了一个冒名链条，不要动不动就说"反转"。在有些人眼中，苟晶不是一个"完美受害者"：她不是一个高分学生，考上的不是大学而是中专，人生并未受到冒名顶替多少影响，现在过得还不错，她的部分说法与调查也不符，夸大了受害可能。对这些，该怎么看？我觉得在这个问题上，应该严对冒名顶替者，而宽对受害者。这起冒名顶替的恶劣性比想象的要小一些，她的人生并未受冒名顶替多大影响，我们应该感到相对轻松一些——那还好一些，没想那么严重。善良者应该有一种"那还好一些"的释然感，而不是强烈的"被欺骗感"。她没那么惨，没受到冒名顶替太大的影响，公众应该安心一些。否则，也像陈春秀那样完全被偷走了人生，真让人非常不安。

当然，这个结果也提醒舆论和公众，再激愤，再正义凛然，也不能偏信某一方的声音，不能把某一方的倾诉当"事实"，事实是需要调查和证据支撑的，应该耐心等待调查结果。我们是求真相者，作为当事人的苟晶，也是求真相者之一，而不是真相代表者。

有人说，从这个调查结果来看，虽然冒名顶替是事实，但苟晶似乎并未因此受害,她不是一名受害者:第一,她第一年放弃了高考成绩,选择了复读,别人只是用了她不要的成绩。第二,第二年复读仍未考上大学,她服从调剂,上了那所中专,并未受到此前被冒名的影响。我觉得不能这样看,名字和成绩一旦被冒用,她就是一名受害者。这么多年不知事实真相,被蒙在鼓里,仅仅从传言和道歉中知道"被顶替",心理上的煎熬、命运被人捉弄的未知感和愚弄感,这些都是受害。说到受害,只要有顶替发生,必有受害,一个未付出努力的人拿别人的成绩、用别人的名字去上学,对每一位像苟晶这样的努力者都不公平。

无论如何,我们也应该感谢苟晶这名举报者,正因为她在犹豫多年后的现身和努力,才揭开了一起卷入多人的顶替上学案。顶替是实实在在存在的,类似的操作窃走了很多本属于其他人的命运。她虽然并未在这次被顶替中失去多少,但不能掩饰这种顶替是非常恶劣的。可以这样以一条龙的操作顶替苟晶,也能以这种方式顶替其他人,从而践踏对这个社会至关重要的高考公平,正像其他很多案例所显示的。让顶替者付出代价,让这个利益链条上的人受到惩罚,让民众在个案中感受到公平正义,让暴露出的漏洞及时补上,这本身就是一种值得追求的正义。

正值高考季,这种对顶替上学者虽远必诛的查处,只会增加考生和家长对公平的信心,让心怀不轨者有所忌惮,让曾经顶替者惶惶不可终日,让高考公平的信仰更深入人心,这可能也是官方如此迅速赶在高考前公布调查结果所想达到的目的。

(微信公众号"吐槽青年:曹林的时政观察"2020年7月3日)

对苟晶少些恩主意识，就会少很多反转愤慨

之前写了文章《无论如何都应该感谢苟晶这名举报者》，有人留言说："看来你太善良了，事情又反转了，苟晶竟然在直播中骂帮她的人，'我没有请你来'，真是白眼狼啊。"看了一下视频，苟晶大致说了这样的话："就算我夸大其词，你们又失去了什么？那些反击我的、说我卖惨的、消费人们感情的，我没有请你来。"而且，说这段话时，似乎还"挑衅"地笑了。

这时候还站出来以这种方式跟网民开怼，逞口舌之快，确实很不明智，可能真是被网络批评气坏了。苟晶如果明智一些，看到调查结论后应该转身而退，从热闹的网络回到自己的生活。求交代而得交代，要真相而得真相，冒名顶替者已受到惩罚，开始所述与最终调查也确有不符，这时再说什么，都会引发新一波的网络讨伐，何况说的又是公众最反感的话。虽然苟晶之前的一些"夸大"叙述，情有可原，从其求真相的角度可以理解，但苟晶也应理解公众的某种不爽，毕竟事实有出入，正如有网民所说："舆论不要苛求一个完美受害者，当事人也别把自己扮成一个完美受害者。"

不过，我觉得这些都不构成什么"反转"，是被逼急之后的意气用事而已，不用去理会，不值得在这上面浪费口水。对这起冒名顶替案应该有基本的事实判断和是非定力，不要被情绪和意气所干扰。以下这些问题，需要明辨基本是非。

第一，有人觉得苟晶浪费了公共流量，透支了公众对顶替之类事件的关

注。这是不对的,从最终调查结果来看,确实是冒名顶替,涉及很多腐败,揪出一群人。这种侵犯高考公平的违法操作,当然值得公众的关注,值得舆论向这样的流量和热度倾斜,值得动用公共资源去查清,并给舆论和当事人一个交代。此案跟其他顶替案不太一样,不是顶替上大学,而是用别人放弃的高考成绩去操作,这种特殊性让公众发现了另一种不易发现、容易被忽略的顶替操作方式,这类操作也许比一般顶替更多,太值得继续去调查了!这样的流量关注,比耗在那些娱乐明星的宠物上不知道高出多少倍价值,岂能说是浪费!

第二,有人说苟晶抢了本属于陈春秀们的热度。这种把苟晶和陈春秀对立起来的坏逻辑,更不知所云了。作为冒名顶替案,两者不都需要关注吗?不是学霸被顶替,就不配享有热度了?这恰是要纠正的热点价值观。陈春秀案此前已公布调查结果,涉案人受到惩罚,苟晶并没有"遮掩"对陈春秀事件的调查,两者并无热度冲突,何谈"抢"?对冒名顶替案的治理,需要的是法治,而不是"媒治""舆治"和"网治",引起关注可能需要一定的"热度"进行启动,但成为案件后就不应该再由"热度"主导了,而应该是法律和程序主导。"热度"这东西,是身在舆论场中的人自我感觉良好的一种迷思,舆论有舆论的规律,法治有法治的逻辑,不要高估了所谓"热度"而贪法治之功。

第三,有人担心这种"与事实不符"的描述,会透支公众的信任,在"狼来了"效应下,以后人们不敢轻易相信这种举报了。不客气地说,这种担心带着点"撒娇"意味了,如一些人经常在个案中的摇摆——"从此不敢相信爱情了""我又相信爱情了""我又不相信了"。信任与怀疑,本来应该是一种相对稳定的判断,而不是随个案进行无主见地摇摆。关于信任与怀疑,有这样以下几个问题需要弄清:(一)对于单方举报,本就不该全盘接受和轻信,不应被单方讲述的故事带节奏,"轻信一方"本就是需要避免的。(二)舆论信不信不要紧,每一个这类的举报和曝光,最终都要接受事实的检验,驱动事件进程的不是舆论"信不信",而是"经不经得起检验"。是事实,你不信也得信;不是事实,你信了也会被打脸。官方对这类事件的调查,不因舆论相信而不做调查,也不因舆论不信而拒绝调查。(三)有什么不信的呢?这不是确实有人冒名顶替并受到惩罚了?

我不担心透支信任,我倒担心这种动辄反转的架势,可能吓得人不敢维权表达了。维权时你必须保证每句话都正确,每个细节都严丝合缝,不能与最终事实有半点不同,否则就会被拷问和反噬。我还是觉得应该有这样的原则,即严对施害者,宽对受害者。

第四,有人认为,苟晶不值得同情,那个白发苍苍、在晚年受到如此大打击的老师倒值得同情。这就没有是非了,冒名顶替确实存在,有违师德和国法,这有什么好说的。说到道歉,有人觉得"这个老师还是有良心的",虽然用苟晶放弃的高考成绩冒名顶替,这对苟晶没造成什么伤害,但出于良心还是道歉了,何苦紧追不放?这个判断是有问题的,道歉不是出于良知,而是因为当时很多人都知道顶替这件事了,出于平息怨恨和担心事发而做的道歉。冒名顶替存在,就不算什么冤枉,不可感性用事和稀泥。

第五,关于说谎和夸大,在上一篇文章我已经做了分析,我比较认同一名网友的判断:"那些说法只是对自己命运被安排的一种未知,很多东西被夸大了,我觉得也是可以理解的,因为她自己本身并不知道真相是什么,只是用最大的恶意来揣测。"被瞒了很多年,身边人一直传闻她被顶替,班主任也给她写了道歉信,这种命运被人偷走和捉弄所产生的心理冲击,事情过了二十多年,对"冒名顶替"背后的操作和"自身的受害",不惮以"最坏的可能"去猜想,是可以理解的,在这个问题上不要有上帝视角的苛求。

我觉得很多人还忽略了另一个问题,苟晶只是被蒙在鼓里的当事一方,班主任作为操作者比她更知情,了解背后的一切。如果双方早点对质,让声音平衡,也不会由一方主导讲述。——不去追问施害一方为何在舆论追问下一直沉默,不说出当年真相,而反问受害一方为何"没有都实话实说",这可能不太厚道。舆论不应该由一方主导，故事不应该由一方讲述，掌握真相的人更有说出事实的义务。

第六，有人觉得苟晶对舆论和公众应该有感恩意识，是舆论的不懈关注才帮她讨了一个公道，她有义务就"诚实问题"给个交代。可能正是这种强烈的恩主意识，让舆论产生了反噬的怨恨：我们这么帮你，你竟然没跟我们全说实话。对于感恩，我想说的是，还是应该少点儿这种恩主意识，帮苟晶讨回公道和给一个交代的关键，不是流量和热度，不是舆论和公众，而是"她确实被冒名顶替"这个硬的事实和法律正义，以及二十多年后她的不放弃、这个过程中的不妥协。当然，舆论关注起到了作用，但不必让人去感恩，这本来就是舆论捍卫正义应有之义务，不管她是谁，如果她受到不公对待，他在侵害高考公平，他们在黑暗处肆意践踏正义，舆论有责任去"修理"他们。

我们可以捧你，支持你，也可以臭你，讨伐你，让你翻车——不要带着热度和流量自负去看待那些举报者和求助者，挑三拣四，苛求完美，提各种要求。把义愤面向施害者，把宽容留给受害者，即使这个受害者似乎并不讨人喜欢，那个施害者似乎并不那么让人恨。

我也反感对真相缺乏诚实的人，反感那种怼网民的态度，但我觉得有些事是可以理解的，我们要面对的现实是：有些事并不是天使和恶魔那么简单，有时需要一种在复杂性面前克制某种不舒服而坚守大是大非的判断定力——温和而坚定，善良而有牙齿。追踪冒名顶替案和捍卫社会公平，需要这样"不被浮云遮望眼"的正义韧性。

（微信公众号"吐槽青年：曹林的时政观察"2020年7月3日）

小学生写博士论文，我不信评委都瞎了眼

《C10orf67在结直肠癌发生发展中的功能与机制研究》《二氢杨梅素调节肝脏脂代谢及细胞外基质生成的作用研究》，看到这些根本看不懂的题目，字都认识，但觉得是天书，你可能为自己的智商感到着急。可如果告诉你，这是人家小学生、中学生做的科研项目，你就会感觉自己的智商被侮辱了。别震惊，这些题目就在全国青少年科技创新大赛的获奖名单里挂着，挑衅着公众智商。

那则《6年级小学生凭借结肠癌研究获奖》的消息登上热搜后，中科院昆明动物研究所没法保持沉默了，发布声明称："全国青少年科技创新大赛《C10orf67在结直肠癌发生发展中的功能与机制研究》获奖项目学生陈某某，系该所研究员之子。目前该研究所已成立调查组，对此事进行深入调查。"最新消息是，作为论文推荐方的云南省科协称，十分重视，也已成立调查组。一瓜牵出多瓜，获奖名单成为反腐线索，网民和媒体顺着名单对其他获奖作品也展开调查。

当年有胡润财富榜成为富豪杀手，如今有这种科技创新奖成为网络反腐线索，有意思。

这是典型的坑孩子啊，过去讲究"书香门第"，知识分子家庭有天然的文化资本，使孩子在耳濡目染中获得教育优势，子承父智，传为佳话。但有些家长根本没有"熏"的耐心，没有言传身教的知识分子正派。信奉"靠山

吃山靠水吃水"的变现哲学，热衷于对资源进行变现，靠科研吃科研，不是传给孩子知识和专业素养，而是直接在自己的科研成果中署上孩子的名字，抢各种加分跑位，把自己的功利、贪婪、无耻、虚伪传给二代，丝毫不顾别人在他的孩子脊梁骨后指指戳戳的"这人是靠署他爸的论文保上研的"，生生把"书香门第"的佳话糟蹋成了坑孩子、坑自己、坑社会、丢知识脸的丑闻。

明明就是个坑，为什么争相往里面跳呢？想起前段时间《半月谈》的那个调查，对这些潜规则来了个毫不留情的全景曝光："很多家长只是在痛苦地代娃做手工交作业，而一些'神通广大'的家长却在亲力亲为，从搞科研、策画展、发文章等方面，砸资源、拼人脉，为孩子升学、加分、保研全面助攻。《半月谈》记者查阅了某全国性青少年科技创新大赛的官方网站，从获奖名单和线上展厅来看，中学组以上的项目水平都已达到硕士乃至博士水平。调查披露，南方某省一位高中生的一等奖作品用到了国家大科学装置——某地同步辐射光源，获奖的同时，该生还在核心期刊发表了署名为第一作者的论文，第二作者则是某国家工程研究中心的一位博士。巧合的是，这位博士所在高校学院的负责人、核心期刊的负责人，不仅与这位高中生同姓，研究方向也重合。"

看到这些报道，是不是感觉情绪很不稳定？心里很堵？价值观被碾压了？你拼命追求而不得的东西——核心期刊第一作者的论文、国家大奖，人家在小学、中学时，就轻易得到了。

说实话，我并不担心那些"科研爹""文艺爹""体育爹""学阀爹"利用自己的优势给孩子牟取不正当的抢跑资格，有一个查一个，这没什么好说的。我担心的是，腐败已经不是单纯的了，背后可能形成了一种由学术腐败、评奖腐败、加分腐败等多重腐败合流的腐败生态，多种权力叠加在一起，形成对公平资源的巧取豪夺。有个"科研爹"，这个科研爹至多只能做到代写论文，署上自家孩子的名字，但发在核心期刊上，谁在把关？推荐国家奖励和评奖，谁在把关？升学保研加分奖励，又是谁在把关？

《C10orf67在结直肠癌发生发展中的功能与机制研究》，你我这样的文科生，可能只是被这样看不懂的题目亮瞎了眼。可当这样具有博士生水平的项目被当成小学生的科研成果推荐评奖时，推荐者不看吗？主办方不看吗？评委都不长眼睛，真认为一个小学生能做出这样的项目吗？对不起，我用了这样的粗话，但很多怀疑是合理怀疑，评委请给公众一个说得过去的解释，凭什么认为一个小学生能做出博士论文水平的科研？

还有获奖名单上那些唬人的科研成果，什么纳米粒应用于抗癌、螺吡喃－芘双色团的力致多色转变材料、昆虫翅膀微型分级孔洞结构、微重力对干细胞成骨分化的影响，每一个都拉出来遛一遛——作者遛一遛，评委遛一遛，父母遛一遛，评奖方遛一遛。多厉害啊，这些神童怎么只拿个奖就深藏功与名呢？必须亮个相，让人们看看神童有多神，也让父母分享下神童教育法，同时让评出神童的伯乐们分享下千里马评判法。

你的奖亮瞎了我的眼，那就出来遛一遛，这个要求不算过分吧？

（微信公众号"吐槽青年：曹林的时政观察"2020年7月15日）

这个处理结果告诉我们，原来评委真瞎了

近日，"昆明小学生研究癌症获奖"遭到网民强烈质疑，有关部门成立调查组，最新消息是："第34届云南青少年科技创新大赛组委会发布通报称，撤销该学生所获一等奖，专家组认定，该项目研究报告的专业程度超出了作者认知水平和写作能力，报告不可能由作者本人独立撰写。专家组为'工作的失误'向公众致歉。获奖小学生父亲致歉，承认在项目申报过程中过度参与了文本材料的编撰过程，使用了大量专业术语，申请上交奖项。"

这个处理结果出来后，一个朋友给我发来消息说："看来结果让你失望了，这些人是真瞎，还不是一般的瞎。"朋友发这段话，是因为我之前写了《小学生写博士论文，我不信评委都亮瞎了眼》一文，质疑评奖过程，追问评委为什么连最基本的判断都没有，竟然认为一个小学生能做博士才能做的科研题目，认为一个小学生的认知水平能驾驭那些艰深的科研术语，还评上了大奖。如果有一个评委负责任，有一个评委提出基于常识的起码疑问，能让这种明显的造假公然招摇过市、侮辱公众智商吗？

什么叫"工作的失误"？这种轻描淡写，让人不得不怀疑，主办方是不是真有面对问题的坦诚，真有纠错的勇气，真有为这个奖洗刷耻辱的准备。就问一句，几个评委认真看了《C10orf67在结直肠癌发生发展中的功能与机制研究》的材料了吗？有没有想过这是不是一个小学生可以做出的科技创新？

我怀疑主办方与涉事家长在发出回应之前,进行了口径上的勾兑,统一口径,大事化小,蒙混过关。从回应来看,两方都心照不宣地把问题定位和局限于"报告的写作问题",也就是文本文字的问题,而不是整体的造假问题。专家组的口径是,报告不可能由作者本人独立撰写——言下之意是,项目是小学生本人研究的,课题是小学生做的,科技创新是小学生创的,只不过报告不是他本人亲自独立撰写的。涉事家长也是这一口径,在申报过程中过度参与了文本材料的编撰过程——研究是孩子做的,我只是在申报过程上进行了文字修饰,错,也只是"过度参与"之错。

还好,这个家长还比较"谦虚",没恶狠狠地反问我们这些质疑者:"难道你在孩子成长的过程中,没帮孩子做过手工、板报、美图?没帮孩子的作文做过文字修饰和美化?没帮孩子代做过社会实践?我,过度参与了一下孩子的科技创新,怎么了?怎么了?"

这个家长,真是把"厚黑"演绎得淋漓尽致,按理说,事情到了这个程度,哪有你回应的份儿,等着有关部门的调查处理就行。好一个"主动向组委会申请上交奖项",好一个"尊重大赛组委会的处理意见"——都这时候了,还要等你"主动上交奖励",你也有"主动"的资格?这种鸡贼的姿态、"过度参与"之类的鸡贼语言,更不能不让人怀疑造假、骗奖、抢占起跑线之恶。这不是望子成龙心切,这就是犯罪。

回到评委的责任,"工作失误"的修辞,很难让公众理解。这是怎样的失误呢?一个小学生,做出了博士级、教授级的课题,解决了这么大一个科学难题,仅仅只是评了个奖,而没有直评为博士、教授,是这样的失误吗?一两个数据没看出问题,中学生的项目拿去小学组评比,没看出来,这些叫"工作失误"。博士级的课题,放到小学生身上,一个评委都没看出来,还评上了大奖,说这是失误,继续把公众当傻子吗?

主办方已经被自己的问题和家长的造假所绑架,此时已经无法直视问题,无法直面真相,所以只会"大事化小",以"失误"来平息舆情。要查出问题真相和赢得公信，必须有无利益关联的上级部门介入，科技部门和科协必须出场了。科协应该彻查这个主办方，查一下那些评委，到底是怎么评奖的，如此明显的问题都视而不见。为了避免这起丑闻留下后遗症，避免被动，科协应该将近几年相关大赛的获奖项目进行全面核实，必要的项目进行公开答辩，看看家长替考的项目到底有多少，多少奖项名副其实。是神童和天才，绝不能埋没；是骗子，绝不能饶恕。科学的尊严、科学奖的公信，不能由那些瞎了眼的评委和主办方主导，需要权威的科技部门去捍卫。

（微信公众号"吐槽青年：曹林的时政观察"2020年7月16日）

钟美美是教育包容度的一块试金石

近来"影帝"钟美美模仿老师的系列视频很火，这个浑身是戏的东北小孩，真是把老师演绝了，熟悉的课堂场景、夸张的姿态、眼神、嘴唇、穿着、语气、神态等细节上的精妙刻画与戏仿，勾起了很多人对中小学时代的回忆，瞬间回到上学时期被老师支配的恐惧中，瞬间坐直。尤其是那个仰拍的视角所形成的俯视气场，将"学生仰视老师"这个课堂格局演绎得淋漓尽致，通过反串的表演展现出来，更多了一份夸张的表现力。

前段时间被逗得捧腹大笑的网民还调侃说："这么模仿老师，看样子是不想回学校了？""我还是很想知道开学以后怎么办？""小朋友下学期不打算上学了吗？""老师不多布置点作业，对不起你这么卖力的表演。"这几天网传这个孩子被"约谈"了，退网并自删所有作品。并无官方消息，也无本人声音，多是自媒体猜测。希望这些都是传言，钟美美小朋友是考验教育包容度的一块试金石，不要觉得这孩子"影响"了老师或学校的形象，别把一件很有童趣的事情在成人霸权下弄得很无趣，甚至很无聊。

我在好几个中学老师群里讨论了钟美美视频，好几位老师都笑出眼泪了，一位老师说："看得出来，这不是模仿哪个老师，而是积累了很多素材，把很多细节夸张地集纳到一个人身上去了。很多时候，老师上课对自身的肢体语言是无意识的，没想到有很多双眼睛在看着自己。"另一位老师说："虽然很多表演很夸张，但对我们老师是一种提醒，孩子们是怎么看你的？孩子们平常是沉默的，或者只在私下议论、模仿和吐槽老师，老师看不到孩子看自己的视角，这些视频是一面镜子。"

确实，这些来自孩子视角的夸张表演，提供了一个既熟悉又陌生的视角，熟悉在于，我们都经历过，都有感觉；陌生在于，孩子看在眼里、留在心里，却不会跟大人去表达。成人主导的话语空间中，孩子们是缺席的。每年儿童节的时候，一个孩子视角的段子都会刷屏："为什么大人们从不挑食？因为大人们只买自己喜欢吃的东西，挑着买，吃的时候当然不挑食。"前几天看到另外一个段子也很有意思："孩子，你也不小了，我想和你聊聊性教育的事情。""好的，爸，你有啥不懂的尽管问。"当然，这些都是成人编的，却在提醒着一个我们陌生的他者角度的存在。

借着儿童节，我又翻了一遍尼尔·波兹曼的《童年的消逝》，波兹曼的提醒是，通过电视和网络媒介，成人世界的战争、暴力、混乱正源源不断地入侵到儿童世界，儿童被迫提早成年，不得不眼睁睁看着儿童的天真无邪、可塑性和好奇心逐渐退化，然后扭曲成为伪成人的面目。有人可能会把钟美美模仿老师的视频看成"童年消逝"的表现，这是对波兹曼的误解。这种模仿，其实也是童年的一部分，回忆一下，你在中学或小学的时候是不是也在私底下模仿过老师？每个班上是不是也有一两个善于模仿老师的"影帝"？只不过教育禁忌和成人霸权的压制，使这些只能在私下伙伴间以游戏的方式进行。电子媒介时代可能在重塑童年，而不是让童年消逝，就像南希·拜厄姆在《交往在云端》中所言，父母通常将新媒体视为控制和监视孩子的手段，孩子却将其视为实现独立和隐私的方式，对儿童使用新技术的恐惧可以理解为成年人害怕丧失控制权。

在视频中，作为孩子的钟美美们获得了一种自我表达的控制权，这种"熟悉而陌生"的表达，应该让成人们反思。不要用成人的霸权尝试去打压这种戏仿，满足控制欲，而应该学会去倾听并看到自己的影子。如果我是钟美美们的老师，不仅不会有被模仿的反感，还会以有这样善于观察和敢于表达的孩子为骄傲。教育本能就是双向互动的，这是一次很好的教育机会，可以跟孩子一起模仿，可以鼓励孩子去模仿更多的人，比如父母平常是怎样教育孩子的，父母辅导作业时是如何不耐烦的。童年不是大人怎么安排就怎么去做，童年不是"被控制"的，也需要表达、被听到和被尊重。对钟美美的态度，考验着我们教育的包容度。

除了教育部门和老师们的包容之外，也需要舆论的包容性解读，不要对应解读和过度阐释孩子的戏仿行为，用成人的思维将孩子推到那种违背其意愿的角色中。他肯定有所指，他肯定在模仿和讽刺某个他不喜欢的老师，可见他的老师如何如何——这些"试图寻找现实对应"的复杂性解读，只会把孩子推到一个与环境产生对立的尴尬境地，也给他的自由创作增加思想包袱。本来就是好玩，闲在家里找点乐子，让大人看到孩子的视角，就像相声、小品、电视剧那样，属于艺术创作，非要去寻找孩子的学校、班级、老师，寻找现实的对应，就很不好玩了。以轻松心态看待，而不是动辄延伸到现实的对位解读，才是成人与孩子正确的对话姿态。

复课复学了，估计钟小同学没有那么多上网时间了，期待他更多的表演，模仿父母辅导作业，模仿乘务员、售票员，模仿政务大厅的办事员，通过孩子的创造性模仿，让更多人看到自己的影子。

（微信公众号"吐槽青年：曹林的时政观察"2020年6月1日）

放过钟美美吧,一个孩子处在风口浪尖不是好事

挺喜欢钟美美这个孩子以及他的模仿秀,这种模仿不只是表演艺术和网络乐子,也是成人世界的一面镜子,从他的模仿中能看到孩子眼里的世界,看到他对成人的理解。在前面一篇评论中我也谈到过,钟美美是教育包容度的一块试金石,应该用最大的宽容对待孩子可能会让有些人不舒服的表达。但这几天看了媒体对钟美美铺天盖地的报道,一个孩子不断在媒体曝光,风口浪尖被捧,真不是什么好事。放过钟美美,不要让他在这个年龄过度暴露在他驾驭不了的网络世界,给他一点不受干扰的成长空间吧。

不要捧杀。孩子的模仿确实很到位,老师训学生,售票员对游客,惟妙惟肖,模仿中更有超越。看着孩子的表演,觉得很过瘾,表达了我们日常的很多情绪,浇了胸中的块垒。这恰恰是我要说的,我们成人需要克制这种"拿孩子的模仿浇我们胸中块垒"的过瘾感和自私感,孩子没有生活经验,对社会其实并没有太多了解,甚至我们从模仿中阐释出的很多意义,他并不很明白,他也许只是觉得好玩。不要用我们的快意,去捧杀一种属于孩子纯真的表演。有些带刺儿的话,要说自己去说,不要借孩子的嘴去说。

不少人给了孩子很高的评价,仿佛真是"本山"现身、"影帝"附体,天才神童、表演艺术家,北影为他敞开,中戏不在话下,怂恿他去模仿这个模仿那个。实际上,模仿是需要深入的生活体验,对老师模仿得如此深刻,因为他是个学生,对老师有长期的观察,是积累的产物。让他模仿生活经历之

外的角色，就很吃力和够呛了。不要"伤仲永"，不要过早地透支天才，天才也需要学习，这个年龄是好好学习、打好基础的年龄，过早地暴露在网络世界、为与年龄不相称的"声名"所累，对成长真的好吗？

短视频风口中，这种类型的模仿在网上有很多，钟美美的模仿火在其特殊身份，以及反差形成的戏剧效果。网络很势利，在喜新厌旧上从不含糊，抛弃一个热点时连声"再见"都不会说，正如孩子的老师和母亲也意识到的，人们的"口味"可能很快就会变，会厌倦一种套路表演。过度关注、过度曝光、过度捧杀，只会加快一种热度的迭代速度。热度只是暂时的，学习是长久的，成长是需要耐心的，"网红"路上的大起大落，不是孩子可以承受之重。

不要让孩子过早地承受网络世界的压力。这段时间孩子一直处于舆论的风口浪尖，像过山车一样，一会儿是"影帝"，一会儿被"约谈"，一会儿是媒体围追，一会儿是铺天盖地的评论，流量和话题包围着孩子。仅凭孩子的心智和心理，能平常看待这些风浪和世相，能驾驭这种流量驱动吗？成人热爱流量，但还是应该为孩子多考虑，网络世界有满满的善意，也有无处不在的恶意，可能都不是这个年龄的人能驾驭的。在流量的驱动面前，很多成人都把持不了，容易自我迷失，更不能苛求孩子。模仿老师出圈，再去模仿生活中的其他角色，也挺出彩，如果继续模仿自己不熟悉的，就有可能翻车了。网络世界的波谲云诡和翻云覆雨，不是孩子可以驾驭的。

这个年龄的孩子，有着很强的可塑性。我觉得，应该在一个不受干扰的安静学习环境中塑造成天才演员，而不是在喧嚣网络的围观下塑造成被别人定义、被流量裹胁的人。一个人如果缺乏主见，很容易被流量牵着鼻子走，市场喜欢什么就模仿什么，什么热度高就去模仿什么，追随流量，个性就没了。还是应该在流量与孩子之间，设一道负责任的保护。

我还想说的是，"讽刺作品"这种成人的文体，也不是孩子可以驾驭的。无论孩子模仿老师的初衷是什么，无法阻挡的是，很多人都站在成人视角将其解读为一种讽刺。当然，讽刺并没什么问题，有些问题应该去刺一下。但我总觉得，让一个孩子去承担这种"讽刺"责任，并不合适。每个年龄，都有属于自己年龄的文体和表达方式，就像写文章，得慢慢从说明文、记叙文写起，再到任务驱动型议论文、评论、杂文、论文等，使年龄和心性在文体的阶梯上可以驾驭。人们都不喜欢自己的孩子说小大人话，不喜欢孩子说官话套话大话，同样，反讽也是一种"大人话"。孩子模仿的初衷未必是反讽，其实就是孩子气、孩子角度的艺术重现、调皮的演绎，但在舆论视角的反向塑造中，很容易强化其讽刺性、批判性和叛逆性，"孩子性"可能就没了。

最后想说的是，不要强化对立。不少媒体在追问钟美美是不是被"约谈"，当地教育部门说跟孩子接触了，班主任说只是聊了聊，"别影响学习"，钟美美母亲说，"我让隐藏了视频，担心评论影响孩子"。看得出来，身边人在面对舆论围观时都小心翼翼，害怕外界所赋予的约谈框架。我觉得，最好不要用"约谈"这个带着惩罚、规训、训诫意味的词去贴标签，构想出一个人和他的教育环境的对立关系，这样只会在传播中形成一种"自我实现预言"，强化了不友好关系。其实，一个孩子的视频在网上如此火爆，网民又在关注他的真实身份及其背后的学校，甚至将视频解读为影射学校老师，学校和当地教育部门很难不无动于衷，很难不去关注一下。怎么关注呢？无非就是说要好好学习，不要影响学习，传播正能量，等等，老师也有义务关注和关心自己的学生。

舆论担心"打压"，这可以理解，但还是要善意理解学校的关注，以对孩子最有利的方式去推动他与环境的友好相处，而不是在"关心孩子处境"的冲突式围观下反影响他与环境的关系。本来并没有什么冲突，如果都觉得有冲突，都说被"约谈"，可能就真有冲突了。

都消停消停，放过钟美美吧，对孩子尤其需要这份温柔和善意，设身处地考虑到他的最大利益，而不是当成一个可以消费的流量。希望孩子能健康地成长,如己所愿,心态不会受到围观的影响,成为自己喜欢而不是别人喜欢的那个最好的自己。

(微信公众号"吐槽青年:曹林的时政观察"2020年6月6日)

上热搜的浙大能否经得起"类比正义"的考验

浙大上热搜了,因为对强奸未遂的学生未开除,引发舆论争议。浙大学工部的一份文件显示,"涉事学生系浙江大学2016级学生,今年4月17日,被杭州市西湖区人民法院以强奸罪为名判处有期徒刑一年六个月,缓刑一年六个月。根据《浙江大学学生违纪处理办法》第十七条第一款第(三)项的规定,经研究决定,给予该名学生留校察看处分"。公众无法接受,一个被判强奸罪的学生竟只被给予"留校察看"的处分。

想起20世纪90年代读大学时,听老师讲过当时大学校风之严。按校规,学生寝室不能留宿异性,本系一名师兄留宿女友,被学校知道了,虽然这名师兄已近大四毕业,学校还是毫不留情地按校规开除了他。有意思的是,师兄很努力,一切从头再来,当年参加高考,还是考回来了,后来跟学弟一起顺利毕业。更有意思的是,师兄后来还"亲自"把这段经历写出来,发表在《知音》上,赚了一笔不菲的稿费。"华中神学院""九思大主教""学在华工"的声誉,就是由这些"故事"积累起来的。

浙大的校风、学风如何呢?记得几年前看过浙大的一部宣传片,表现了浙大校风之严。当时浙大研究生工作部部长告诉记者,某年,有一名研一的学生,写了四篇水平比较高的论文,但是他向十几个杂志投稿(一稿不能多投),对他进行调查后,严肃的处理也马上下来了——被学校退学。"从学术上来讲,他是个勤奋有才的学生,但是他没有遵守规范,破了学界的道德底线，这是为人为学都不能容忍的。"——"论文一稿多投"就被退学，对在很多人看来可容忍的事都零容忍，见证了浙大校规之严。可，一稿多投的被退学了，强奸的却只是"留校察看"，这让那个被退学的学生情何以堪？能服人吗？

这就是问题的关键，经不起"类比正义"的考验。其实舆论和公众并不认为动不动开除学生就能体现校规之严，毕竟"开除"差不多是对一个大学生的命运极刑。曾看过浙大前领导郑强受访时的一段视频，他说他作为教授和校领导经常做的一件事就是，拯救那些要被开除和处分的学生，能不开除的尽量不开除，能不处分的尽量不处分。考上大学太不容易了，不能轻易处极刑。我是认同这个判断的，教书育人者需要这种善意，大学需要这种善意，我认识的很多教授都因对犯错学生的拯救而被传为佳话，被学生一生铭记。大学跟其他社会机构不一样，作为象牙塔，尽可能首先穷尽教育之手段（当然也不是法外之地）。

但，不是每一种"拯救"都能被传为佳话。是佳话、争议，还是丑闻，关键看其能不能经得起"类比正义"的考验。

什么叫"类比正义"？这是人的一种正义本能，人们往往不是根据事物本身去判断正义的，而是借助某个对比参照系所形成的朴素的正义观。就像我在之前一篇文章谈到的宽容，宽容的正当在于能不能推而广之到同类事件上。法谚有云，"类似案件类似处理"，对类似的情况所做的判决也应该相同，法律中没有什么事情比对同类案件适用不同的法律更难以容忍的了。公平正义不仅在个案中实现，更在对比中实现，不平则鸣，人们是根据"同样的事情有没有得到同样处理"这个准绳来衡量正义的。法律要求罪刑法定、罪刑适当，还要求同类案件必须同判，类案必须强制检索，这正是尊重公众的"类比正义"的朴素正义观。

就拿强奸未遂来说，虽然听起来让人感觉恶心，觉得是畜生，但是不是必须开除？这是可以讨论的，按教育部的学生管理规定，学生有下列情形之一，学校可以给予开除学籍处分：触犯国家法律，构成刑事犯罪的；受到治安管理处罚，情节严重、性质恶劣的。但是否开除，大学可以根据情节严重程度去判定，也就是说，大学是有一定裁量权的。

然而，大学的裁量权，要经得起公众"类比正义"的裁量，人们会在大学间进行横向和纵向的对比。记得曾看过一个案例，某大学一个大学生猥亵女生被开除，这个学生后来还在社交媒体发文抱怨《我辛辛苦苦考大学，摸了一下女生就全没了》，被舆论怒怼。猥亵都被开除了，强奸的还留着？最近也有不少"开除案"，涉及旷课的、言论不当的、学术不端的，浙大的这起"留校察看"似乎经不起对比、类比的人心衡平。

回望这些年来的高校重大舆情、重大争议，多数都是"不公平"所引发，经不起"类比正义"的衡量，无法推及同类案例。浙大需要面对法律之问，更要面对这种"类比正义"的朴素之问。严正的名校校风，需要很多佳话故事的多年积累，而形象坍塌，只需一个让人义愤填膺的故事就够了。

（微信公众号"吐槽青年：曹林的时政观察"2020年7月21日）

刻意选择周五深夜发，这样算计舆论真不好

如果不是晚睡，可能看不到浙大第一时间发的"浙大就学生开除学籍处分通报相关情况"，得第二天早上打开手机、刷朋友圈时才看到，而经过一夜的情绪延宕，那时已经不是刷屏的讨论"热点"了。对于舆论对"只是对犯强奸罪的学生留校察看"的质疑，浙大没有让事情拖过7月，重启调查后很快给了一个交代，及时纠错，挺好，但刻意选择这个时间发通报，挺不好。

浙大公众号发布的时间是7月31日深夜11点40分，这个时间显然是刻意选择的：7月最后一天、最后一个工作日的最后一点时间，没有拖过7月，这个时间很多人都睡了，尤其是媒体小编可能都下班过周末去了，第一时间不会形成大的传播和讨论。周末大家起得晚，第二天媒体再发布时，可能已经被新的热点覆盖，情绪延宕后，公众也没有第一时间的讨论和追问的热情了，周末习惯性的热点冷淡，使留下的诸多问题也就混过去了。

又不是突发事件，从调查和处理程序所留出的时间看，也没有深夜发布的紧迫性、仓促性和必要性。就舆论密切关切的事件进行回应，该正大光明，何苦这么算计舆论呢？羞答答的问题，深夜静悄悄地发，这不是值得学的技巧，反而暴露了自身的心虚和对舆论的不诚恳。是的，这是大学的负面事件，有耻感，觉得丢人，希望"压水花"，低调落地，不想被过多关注。但洗刷耻感和平息争议最好的方式，应该是诚恳地面对问题，用负责任的、经得起拷问的调查结论去赢得理解，用"道"重建公信，而不是以这种"术"

去算计舆论。

每一份官方通报,都是一份与公众的对话,发布的主体、内容、语态、时间和平台选择,都体现着沟通的态度。刻意选择一个很多人都洗洗睡了、处于疲惫和休假状态、媒体小编下班的时间点跟舆论"对话",不是好的对话姿态。公众又不傻,让人一眼就看出来的"刻意安排",只会招致反感。

在这个开放的全息传播语境中,这么大的热点,无论怎么算计,总是回避不了公众讨论的。总得面对公众,如果通报经得起各种角度的拷问,何必刻意选深夜发?如果通报经不起拷问,深夜何必发?堂堂正正多好,何必让人感觉偷偷摸摸、遮遮掩掩。越是针对负面的回应,越需要一种诚恳的态度去修复负面带来的形象损失。

这份通报虽然纠正了此前"留校察看"的错误,开除了相关学生的学籍,但有很多问题语焉不详,没有回应舆论。最关键的是,这个努某某身上到底有哪些问题,不能不明不白地开除。通报说,"网络出现了很多新的问题线索,学校梳理网络举报,分成学业、经济、作风等小组开展调查取证工作"。这个负责任的态度很赞,但在调查核实这些网络举报问题时,到底哪些是确证的,哪些没有确证?应该有一个清单式的回应,而不是像这样打包含混回应。网络提供了哪些线索,校方做了哪些调查,调查结果分别是什么,学业是不是有问题,经济是不是有问题,作风有哪些问题,网民举报了另外多起性侵线索,是不是存在——清单式的回应,既是给现身举报当事人的交代,也是给舆论的交代。否则,打包在一起,只给出一个处理结果,而根本不对每个具体举报做回应,这种稀里糊涂的捣糨糊处理,没有形成与舆论的对话,也是对线索提供者的不尊重。

浙大应该学习一些地方的"清单式回应"经验,比如仝卓案回应,就是清单式回应典范。舆论在哪些方面有质疑,提供了哪些线索,我们做了哪些调查,调查结果是什么,依据现有校规,应该受到什么处理,在这个问题上哪个部门监管失责,责任人是谁——拉出清单,长长的一份明细,清清楚楚一目了然。事件发酵到如今，已经不是浙大的校内事件，而是一个需回应公众关切的公共事件。

真正诚恳的回应，不仅应有一个结果，还应该有得出结论的过程：从曝光的努某某朋友圈看，平常花费出手很阔绰，他是怎么获得助学金资格的？舆论对其入学身份和资格也有不少疑问，他是怎么进入浙大的？舆论曝光其有考试作弊和论文造假的问题，是真还是假？强奸案之外的多起性侵指控，到底是否存在？这些问题，不能以一句"现查实，努某某确实存在多项被举报的违纪违规情况"而含混过去。"多项"，到底是几项？说清楚了，既让努某某服，让舆论服，也是对其他学生和管理者的警示。不明不白的几句话，是对舆论的敷衍。

这些问题，不能在"周五深夜发"中以掩耳盗铃的方式挥发掉。浙大在回应中称，"浙大是一所具有优良校风学风的学校，重视立德树人，对违纪违规的人和事，无论来自哪里什么出身都一视同仁严肃处理。通过这个事件，也发现了一些工作中的问题和值得反思的地方"。到底是哪些问题、哪些值得反思的地方，不要这样含糊其词、一笔带过。创世界一流，应该树立一个坦诚面对问题的榜样，黑夜给了我们黑色的眼睛，是用来寻找光明，而不是讳饰问题的。

（微信公众号"吐槽青年：曹林的时政观察"2020年8月1日）

未婚未育怎么成了争议？杨丽萍认真回应就输了

看到"杨丽萍回应未婚未育争议"这样的新闻时，真是既诧异又悲哀：杨丽萍招谁惹谁了？未婚未育怎么就成"争议"了？谁把这种属于私人主权的事定性成"争议"？这种事情干吗要回应？"关你什么事"，最多五个字就可以表明态度的事，干吗要解释。回应那些明显背离常识认知的碰瓷声音，既掉进了喷子的话题陷阱，也拉低了公共讨论的观念水位。

事情是这样的，杨丽萍没有像很多人那样结婚生孩子，有网友在其社交媒体下留言称"一个女人最大的失败是没一个儿女"，一石激起千层浪，莫名其妙就成了"争议"，戚薇、陈数等女星纷纷发文反驳，称自身价值不需要别人来定义，女人的价值不是用来生儿育女。杨丽萍也回应争议："只要自己过得好，没有伤害其他人，就可以。谢谢大家的理解和爱，望我们都能自在，如我。"

争议并不都是好东西，有些话题经过争议，能提升公共认知，让真理越争越明，而有些明显背离常理、没事儿挑事儿的伪争议，你跟着去争一下，只会拉低了公共讨论的层次，降低了观念的水位。今天是什么时代了，孔雀有孔雀的快乐，自己的事情自己做主，私人的事务私人决定，婚育是个人的事，女人不是生育工具，女人不需要通过结婚、生孩子来证明自己的价值——这样的常识还要去争，那是怎样低的一个讨论层次。

我不知道是谁把这种事情贴标签为"争议"的，这有什么好"争"好

"议"的？完全是挑事者制造的争议。各美其美，个别人有"一个女人最大的失败是没一个儿女"这样的观念，挺正常，她的世界就是这样，你不能指望每一个人都有自我观念，每个女性都生活在观念相同的平行空间中。现代社会是一个多元并存、观念并行不悖的社会，你可以认为养一对优秀的儿女是自己作为女人最大的成功，她可以认为有自己的事业是最大的成功，她还可以认为失去自我活在男人的阴影下是一个女人最大的失败——有这种声音很正常，不正常的是把这种声音挑选出来制造争议，变成一种彼此否定、尖锐的二元对立。

这有什么好争的？我不想结婚不想生育，是吃你家的米了，要靠你养，还是需要跟你在一起过日子？如果两个人到了谈婚论嫁的地步，女的不想生孩子，男的说"一个女人最大的失败是没一个儿女"，这可能是个事儿；如果哪个公共人物指责另一个公共人物称"最大的失败是没一个儿女"，这也是需要撕一撕的争议。但仅仅只是某条微博后面某个连名字都没有的网友随便发个感慨，就挑出来说"不婚不育引起争议"，这争议点也太低了。

当下舆论一大丑陋是，热衷于制造争议，挑事儿，"引起争议"成为一个制造话题的噱头。有两种倾向很不好，一种是泛舆情化，一种是泛争议化，按理说，对一件事有不同的声音，甚至是批评声，七嘴八舌，本身很正常，你不能指望每个人的反应是一样的，或每个人都表示赞同。本来是正常的吐槽，如果当成舆情去应对，就不正常了；本来是不同层次、不同立场的自我言说，你当成"争议"去挑事儿，似乎就成了一种不可调和的二元对立。把一条微博下随便一句"一个女人最大的失败是没一个儿女"当成"杨丽萍未婚未育引争议"，就是滥用了争议的名义，理它干吗？

什么叫争议？把一个话题界定为争议，是有标准的：第一，是非价值上有模糊性和对抗性，值得一争；第二，势均力敌，有很大一部分人这么认为，身份相对平等；第三，不同观点者要有相对成熟的理由，形成道理与道理的对垒，有"争"的氛围。一名科学家说"全球气候变暖"，一个网民说"这纯粹是胡扯，这专家有资本背景"——这叫争议吗？不叫，完全不对等啊。随便一人，在杨丽萍微博下面那么随便一说，没给出任何论证，缺乏可见的代表性，不用为自己的话负任何论证责任，怎么就叫"未婚未育引争议"呢？互联网让层次完全不同的人有了平台的交集，界定争议尤其须谨慎。

讨论这样的话题，不觉得无聊吗？传播学者哈林把公共话题分为三个区域：第一个叫"共识区"，一般不会有人反对，代表着社会的主流；第二个叫"合法争议区"，就是虽然会引发争议，但不会觉得反常，虽然意见不一样，但不会觉得对方离经叛道；第三个叫"越轨区"，指偏离常识和常理，不可理喻，甚至是反社会的，政治不正确。比如在当下中国社会，婚育是法定的自由，尊重女性权利，女性不应成为生育工具，应该属于共识区。一个社会观念进步的标志在于，将原先一些看起来不可接受或争议的行为，纳入多元包容的共识区，共识区代表着一个社会观念的水位。

什么叫退步，就是把本该有共识度的话题拉到"争议区"，从而拉低公共讨论的层次和观念的水位。"未婚未育引争议"这种话题的恶劣之处在于，有一种反向制约和议题设置的效果，无论你是反对还是支持，看了它一眼，讨论了它，就被它设置议题了。本来没几个人觉得未婚未育是什么可争议的事，一讨论，成为议题，就被反向锚定了，让人感觉好像很多人认为"未婚未育是女人最大的失败"一样，制造某种压力并形成一种羞耻感，这就是话题的陷阱所在。

杨丽萍在文艺圈向来以特立独行著称，回应这种被人制造出来的所谓"争议"，说明特立独行得还不够。彪悍的人生不需要解释，权利的事不需要他者接受，一认真一理会，就成了碰瓷者、挑事者、流量寄生虫的话题猎物。

（微信公众号"吐槽青年：曹林的时政观察"2020年6月8日）

理解"恰饭",就是不喜欢"养肥被宰"的恶心感

从目前各地小区的抵制情况来看,丰巢这次收费估计要黄。悍然收费犯了众怒,硬收的话,只会激化商业矛盾,甚至会被物业和业主赶出小区。

4月底,丰巢宣布旗下智能快递柜超时取快递将收取0.5元—3元。5月5日,第一波抵制浪起,杭州一小区业委会一纸通知,宣告丰巢快递柜停用。随后,上海、杭州等地多个小区跟进抵制,有媒体统计,全国各地已有近100个小区对丰巢收费的新条款说"不",认为收费是违约的。而丰巢方则认为,没强制收费,针对"希望快递是否上门"设置不同定价。

这还不是强制收费啊?直接把手伸到用户钱包里抢才叫强制吗?企业不是慈善机构,天下没有免费的午餐,能理解花钱投资了快递柜想"恰饭"的变现需求,超时收个几毛钱或一两块也不算多,用户之所以集体抵制,就是不喜欢那种"养肥了被人宰"的恶心感。先免费,让你形成依赖,等你离不开后,立刻打收费的主意,这不是强制是什么。多少商业模式就是这样打用户主意的,培养依赖,免费喂养,养到一定的程度,宰你变现。用户苦这种套路久矣,忍够了,这次不想忍了。

按理说,你享受了别人智能快递柜替你保管快递的服务,超时了付个几毛钱的保管钱,有什么不能接受的呢?人家的柜子也是要花钱的,付费保管天经地义。但,这种"保管"环节本不是用户的需求,也不是用户的选择,而是从快递义务中派生出来的,这个过程中从来没有给用户选择的权利。从

市场交易来看，快递本是企业与用户间的契约，用户下单，快递负责把货送到用户手上。也就是说，已经花了钱的用户本应享受到"送货上门"的服务，无须智能快递柜这个中介。

但因为中间沟通的种种麻烦，为了提高投寄效率，出现了智能快递柜。可以说，这本非必要环节，而是快递行业为了提高效率而"派生"出来的，主要不是为了方便用户，而是提高投递效率。对于这个环节，如果用户可以自由选择，他们会优先做这样的选择：第一，让快递员直接送上门，不允许寄存，免得还要自己去取。第二，敦促小区为业主提供统一寄存服务。第三，倒逼快递企业为用户在小区提供配套的寄存服务，就像邮政、媒体、小区为用户配套信箱、报箱，奶品企业为订奶用户配套奶箱。方便的存放是服务的一部分，要不你就直接送上门。

但未经用户选择，出现了丰巢智能快递柜，用户一开始就失去了通过集体博弈去获得配套的"快递寄存服务"之权利。用户现在好像没有什么选择，不管你是不是需要寄存，快递员基本都是直接送到快递柜，用户是强制"被寄存"。未经用户同意，就直接将快递送到快递柜而不是家中，用户本来是反对的，但因为是免费寄存，也就勉强接受了。现在养成了快递员和用户对快递柜的依赖，就开始收费了，这种步步铺垫的收费套路，怎不让人反感？

丰巢要明白一个道理，不是用户离不开丰巢快递柜，这种寄存服务完全是派生出来的，是丰巢"寄生"于快递行业。用户一开始并不需要寄存，快递快递，直接送上门才叫快和方便。丰巢的出现，并非用户需求的驱动，而是快递行业的效率驱动，绕过了用户的选择，而在快递环节中增加的一个环节（不是"服务"）。实际上，对快递柜最有需求的不是用户，而是快递员和快递公司。

当然，用户在某种程度上也是受益者，人不在家的时候，快递暂时存放在快递柜，避免了后续诸多协商投递时间的沟通成本。但这种寄存，本应该就是快递平台提供的一种配套服务，比如，邮政为用户设的报箱信箱，奶品企业设的订奶的奶箱，都属于配套服务。实际上，丰巢本就属于快递企业的一种配套服务，是快递企业投资所办。作为快递公司提高投递效率的配套安排，不应该独立去赢利，不是算"寄存带来了多少成本"，而应该算算因为提高了投递效率所带来了多少利润。算了这账就应该明白，这笔钱不应该打用户的主意，不用跟用户去哭这种穷。

自始至终，从把快递放智能柜，到养成对智能柜的依赖，用户都没有参与选择。这时却以"超时保管"向用户收费，用户当然很反感。没人在意那几毛钱，人们在意的是选择的权利，不喜欢那种"养肥被宰"的绑架感。企业赢利，不该靠这种"养肥被宰"的变现模式。尊重用户的选择权，正大光明地赚钱，没人会反对。养成了依赖，今天收"超时费"，明天就可能收"存放费"，千万不能惯着这种变现模式。

（微信公众号"吐槽青年：曹林的时政观察"2020年5月12日）

道歉一文不值，故宫根本没读懂公众的愤怒

故宫耗费了近十年与公众建立的亲密关系，被一个炫耀特权的"傻白甜"空姐轻易就打碎了。感谢这种肆无忌惮地毫不掩饰特权感的"傻白甜"，暴露了故宫的"后门"，让公众看到了有些人竭力想向舆论掩饰的后台。这就是特权的悖论，一方面特权需要保持某种隐秘性，背着普通人，闷声大发财，避免激起公众愤怒；另一方面，特权又需要适度向他者暴露，以炫耀所引起的羡慕目光，去滋养那种特权满足感。一个老奸巨猾的特权享有者，也许能在隐秘与炫耀间保持某种微妙平衡，而一个"傻白甜"，则没有这种禁忌感，嘚瑟欲冲昏头脑。呵呵，公众最喜欢这样的蠢货了，没有这种蠢货，舆论场会少多少欢乐，反腐会少多少线索！

说好的"严禁开车进故宫"呢？说好的"文化尊严"呢？面对开"大奔"狂故宫嘚瑟的女子和汹涌的舆情，故宫虽然很快道歉了，但这种貌似由道歉机器人写成的通稿，真的一文不值，在空话、套话和官话中，公众读不到半点儿如其所说的"痛心"和"诚恳"。像极了国航那句"我们抱歉地通知，你乘坐的航班由于特殊原因延误，不能按时起飞"。

看看这个不足百字的文本："针对今日有网民发布周一开车进入故宫事件，经核查属实。故宫博物院对此深表痛心并向公众诚恳致歉。今后，我院将严格管理，杜绝此类现象。感谢社会各界对故宫博物院的关爱与监督。"——经核查属实，然后呢？怎么调查了？怎么属实了？"事实"是什

么?好一个"有网民发布",这是一个"普通网民"吗?这个网民是开车私自擅闯故宫,还是有人放进来的?如果是私自擅闯,那故宫的安保真是纸糊的了;如果是有人放进来的,那是谁放进来的?违反了什么样的规定?依规应受到什么样的惩罚?

对这些,一个字的解释都没有,直接过渡到"痛心和诚恳"了,表演好失败。避重就轻,转移话题,轻描淡写,这是哪门子的"诚恳"?没有通报调查结果,也没有进行相应惩罚,就直接到了"今后,我院将严格管理"——别啊,怎么就到今后了呢?这事儿还没完呢,这人是谁?不知道。谁放进来的?不知道。该受什么惩罚?抱歉,没有。对这一切稀里糊涂不明不白,今后怎么能够"杜绝此类现象"。如此敷衍的道歉,机器人都不敢这么写。

故宫这几年苦心树立的亲民形象,就这么垮塌了。还记得2011年故宫"十重门"事件,故宫深陷各类丑闻"门"。先是发生展品离奇失窃事件,被公众称为"失窃门";紧接着在公安机关神速破案后,故宫赠送北京市公安局的锦旗上,却赫然将"捍祖国强盛"的"捍"字错写成"撼"字,闹出"错字门";接着是"会所门""哥窑门""瞒报门""封口门""门票门""古籍门"等,让故宫形象大伤元气。此后故宫痛定思痛,做了一系列重塑形象的工作,这几年以各种创新方式打造故宫的亲民和开放的形象,赢得了众多粉丝。故宫与公众积极互动,堪称某种蜜月期。

然而,一张"傻白甜"在庄严的故宫前炫耀特权的照片,打破了这种蜜月期,让故宫这几年努力建立的那个前台形象光环受到冲击。如果故宫诚恳道歉,如果这只是偶然个案,如果故宫能以行动向公众证明自身有清理门户的能力,公众情绪本不至于继续发酵。但这样一个充斥着空话套话的道歉,写满傲慢、敷衍、毫不在乎,只会加剧公众的反感。

故宫方面可能很不以为然,一个网友开车进故宫了,这算多大的事儿啊,下不为例,就行了呵。这真不是一件小事!看来,故宫完全没有读懂公众愤怒的原因,没有理解这一次舆论为何"小题大做"。

当下公众正处于某种公平敏感期，总是焦虑于公平的制度得不到保障，有人凌驾于制度之上。近来这一波对学术期刊的"扒粪"热潮，就是这种焦虑的表现。故宫在国人心中更有一层特殊的象征意义，在这个特殊的场所，那张炫耀特权的照片，触动了那种公平敏感。故宫这几年之所以成为国民文化偶像，经常在朋友圈成为公众打卡的地方，元宵、中秋、春日、秋色、雪后，以各种方式刷屏，正源于其"从皇权回归民权"的文化象征意义，让平民产生了一种亲切的文化归属感。过去，这里象征着皇家特权，是私人的地盘，平民被排斥在外，而在当下这个打破封建特权的平权时代，故宫已成为向公众开放的文化景点，皇权成为历史，特权成为供平民观赏的遗物。

而在一个有着如此特殊象征和文化尊严的地方，竟有人以这种方式炫耀特权，张扬的"大奔"、得意扬扬的表情，既侮辱了故宫的文化尊严，也侮辱了公众对故宫的文化亲近感。从近年来一系列舆情可以看出，民众对那种"公地沦为私家园林"的特权倾向极为敏感，眼中揉不进半粒沙子，这是公共领地，不是网红、商家、明星、特权者撒野的地方。从敷衍的道歉看，故宫显然没有意识到这一点。

（微信公众号"吐槽青年：曹林的时政观察"2020年1月18日）

忍不住嘚瑟是特权天性

这事儿越看越有意思了,"傻白甜"蝴蝶在微博晒了一下"大奔"图,傲骄地扇动了一下翅膀,引起全民"扒粪"热情,在太平洋彼岸已引起一场数据"扒粪"风暴。民间数据高手以其某张微博炫富图为线索,扒出一幢让吃瓜者瞠目结舌的豪宅,以及其背后可能存在的利益输送。当然,真实性还有待专业记者、专业媒体去核实,有待当事人答辩自证清白,有待反腐部门表态"剩下的工作可以交给我们了"。

有人说,这种事情警醒不了那些特权者,至多只是给特权者一种反向的提醒,提高了其反侦查能力和嘚瑟的自控力:教训好惨痛,以后吃肉不吧唧嘴了,不在社交媒体嘚瑟了。这话前半段说对了,特权是人本能的欲望,除了透明的监督和约束,把权力关进制度的笼子,没有什么可以管得住人对特权的渴望,你不是人好,不是天性善良、疾恶如仇,只是没机会放荡。但后半段说错了,虽然这个"傻白甜"因为嘚瑟付出了巨大的代价,损失不可估量,拔出的萝卜不知道还能带出多少脏东西,然而无论代价多么昂贵,正如人对特权的渴望是无法抑制的,有了特权而忍不住嘚瑟,是另一种天性。

人性有"三大"做不到:慎独,锦衣夜行,有特权而不嘚瑟。

在希腊神话中,坦塔罗斯因为把意味着应该向凡人保守的秘密泄露给了他的同胞,辜负了神的信任,而受到神的惩罚:站在齐脖子深的流水中,但当他低头想要喝水解渴时,水却流走了。在他的头顶上,悬挂着一串香甜的果子，但无论何时，他想伸出手去抓住它以解除饥饿时，突然一阵狂风把这串令人垂涎欲滴的珍品吹走。无论何时，在他看来已经得到并且最终能够得到的时刻，那些东西往往会消失。这种惩罚够狠的！可如果给一个人特权，却禁止他向别人展示这种特权，必须守住这个秘密，只能自己偷着乐，这种惩罚，比对坦塔罗斯的惩罚还狠。

"特权"的词义中天然就包含着比较，是由比较而产生的优越感，它离不开他者目光的滋养。特权之为"特"，在于它预设着一个比较参照系：一个遵守着制度、受到规范约束的大多数，一些凌驾于制度之上、不受约束的人。你们不能做什么，但我们能；你们必须做什么，而我们不用做。如果"我们能"缺乏"他们不能"的羡慕和忌妒，特权的尊荣感就大为降低了。所以，特权者天然需要他者目光的滋养，特权给一个人带来的利益当然重要，但同样重要的是，从他者的羡慕忌妒中所获得的与众不同的优越感。有些特权，比如开车进入一个普通人进入不了的场所，能带来多少利益呢？这种特权的最大价值，就是用来嘚瑟，在他者的目光中获得权力的高潮体验。

忍不住嘚瑟，绝对是特权者的天性，吃肉吧唧嘴的优越感，是无法克制的，不由自主地会表现出来。普通乘客严禁进入飞行航班中的驾驶舱，那些能进入驾驶舱并与机长一起喝咖啡自拍的"网红"，怎能克制得了炫耀的欲望？——不炫耀的话，进入飞机驾驶舱对"网红"有什么价值呢？小明星参加晚会忘带演出服，公权力为其开道一路绿灯，小明星怎么忍得住在那些见到红灯必须停车的人面前不嘚瑟？炫耀带来的忌妒目光，很多时候正是人们热爱特权的重要驱动力之一，让人沉浸其中无法自拔。

忍，真的是忍不住的，老子忍得了，孙子忍不了；孙子忍得了，孙媳妇忍不了，孙媳妇的闺蜜忍不了。忍得了别墅，忍不了皮带，特权总会在某个特别的地方，以某种看得见的方式表达出来。你看严书记，很能忍，做事谨慎不张扬，位高权重擅表演，闷声大发财，但前妻忍不了啊，于是在女儿班级的微信群中忍不住向老师逞威，于是暴露了。有时候，越是有特权的，越是低调善忍，不给自己惹事。据说有贪官家里藏着几个亿，一分钱都不敢花，平时还穿着有补丁的衣服，藏富于家忍着不炫，对自己好残忍。而那些败家衙内、败家孙子，可不管这些，他们是权力延伸出的特权受益者，对权力羽毛毫无敬畏感和珍惜感，无所忌惮，无法忍受享有着特权却不张扬。一个基本规律是，越是手上没多少权力的外围特权享受者，越需要特权感来滋养自己的虚荣，这是一种心理补偿。

过去的嘚瑟炫耀，主要是在熟人圈子，而社交媒体则为炫耀者提供了更广阔、更有诱惑的炫耀空间，在处于熟悉与陌生交界处的圈子中展示特权，获得更大的满足感。这几乎是一种无法抑制的诱惑，一边享受特权一边记录下来，发到社交媒体上接受羡慕忌妒的"朝拜"。这是一个致命的诱惑，炫耀者获得了满足感，也埋下了无数的雷，一旦某天偶然在某个热点中触动了公众的公平敏感，嘚瑟就爆雷了。

不必担心特权者从此吸取教训不再暴露，他们忍不住的，有人删微博，有人乐此不疲地继续发着微博，高调地炫着本不属于她的财富。

（微信公众号"吐槽青年：曹林的时政观察"2020年1月19日）

镜头里农民的泪水让我们良心很痛

"小偷来偷我的瓜,还让我出300元,你说我亏不亏,我辛辛苦苦种地,我不容易,起早贪黑的。他来偷我的西瓜,我还得倒赔300元,这事儿我觉得太不合理。"——河南淇县一对农民夫妇在镜头前的哭诉,让人很难受。真的,让人们的良心很痛,不平则鸣,这不只是300元的事,这是公平正义被当众粗暴践踏之痛。英国哲学家培根曾说:"一次不公正的审判,其恶果甚至超过十次犯罪。"警察先生,这样的判罚,远胜过偷瓜贼之恶,就是犯罪,污染人心践踏正义之罪。

谁来帮他们擦去脸上的泪水,谁来帮他们抚平内心对法律和正义的失望?

警方通报是这么写的:"淇县北阳镇枣生村村民宋某(女)与其女儿耿某骑电动车路过庞某的西瓜地时,宋某下地摘了八九个西瓜,价值二十余元。当她与女儿骑电动自行车离开时,庞某追赶中拉拽电动车把,致使三人同时摔倒。耿某双膝盖擦伤,电动车车把摔坏。民警处警后进行了询问,因西瓜价值小,情节显著轻微,对宋某及其女儿的行为进行了批评教育。同时考虑到宋某及其女儿受伤,即进行了现场调解,庞某赔偿宋某伤情300元钱。"——这就是"瓜农抓贼倒赔三百"。

好一个"摘瓜",好一个"八九个西瓜,价值二十余元",好一个"因西瓜价值小,情节显著轻微",本是纠错的通报,却带着浓浓的"洗地"辩解味道。因为"价值二十余元""西瓜价值小",就不是偷了?瓜被偷了还不让人追?做贼心虚摔倒了还让人赔?你说亏不亏,抹着眼泪的农民夫妇对着镜头的哭诉,每一句都让人痛心。西瓜运到城里一公斤才卖一元左右,瓜农卖出去也就三四毛,一个西瓜才卖两三元,300元得卖一百多个西瓜。地里一共才多少个西瓜,辛苦种了一年,被人偷了八九个,还得倒赔一百多个,亏的不只是血汗钱,更是良心。

这样的判罚,不仅让瓜农失去了种瓜的信心,更失去了对正义的信心。瓜农也许不懂《治安管理处罚法》,不懂正当防卫的相关规定,但有常识感,法律并不高深,更不会与人们的常识感为敌,而是源于人们内心深处朴素的正义感,与良知和良心相通。抓贼反倒赔三百,农民夫妇的哭诉,正是基于这种朴素的正义感。他们老实巴交,守法规矩,起早贪黑,这辈子可能都不会跟"法律"这个抽象之物有什么交道。在他们眼里,骑着警车穿着警服的人,就代表着"政府",代表着法律和正义,所以当遭遇冲突和不公时,他们会报警,寻求公正的保护。他们没有违反过法律,他们相信"罪有应得"这样的朴素道理,不能偷盗,不能欺负人,但这样的判罚,砸碎了他们心中朴素的正义感。

于是,辛勤种瓜的他们哭了。他们愤愤不平,更加无力和无助,这样的判罚,让他们无所适从,祖辈传下来的那套朴素的正义观,他们一直所信赖的"公家人会主持正义",被一纸判罚击得粉碎。以后这瓜还能不能种了?以后有人偷瓜还能不能追了?哀莫大于这种心累和绝望。

这也是一起300元的"小案"引发如此大舆论关注的关键所在,这样的判罚,让人们的良心痛了。这样的"小事"并不小,它在人们心中激起的波澜,跟昆山反杀案,跟河北涞源反杀案,是一样的。几个西瓜、一条人命、一个处罚、一个判决,都事关正义,都要放到人心的天平上去接受评判和度量。法律是抽象的,它被束之高阁,并没有多少人去汗牛充栋的图书馆中查阅和学习法律。一个健康的法治社会,并不需要人们去积极学法,不需要人们熟记法条，因为法律基于常识和人情，只要你守常识，按良心和朴素的正义观、自然法生活，就能做一个守法而良善的公民，良法与你心中那套朴素的正义观是同源同构的。日常生活中，人们并不是走进图书馆去学法，而是通过一个个判决去习得法律，判决契合那套正义观，人们会拍手称快，从而强化对法律的信仰；判决背离正义观，人们就会怒吼，拍案而起，横眉怒怼。

为什么一个个反杀案、反赔案、反罚案那么牵动人心？"反"字冲击着人们的正义观，虽然只是几个西瓜，只是300元钱，但道理反了，法律反了，正义反了，它跟那些被骚扰反杀案、扶老人反赔案一样，冲击了人们的朴素信仰，所以瓜农会哭，我们的良心也跟着痛了。这样的判罚等于说：你种瓜有错，别人偷瓜没错，你追人有错，别人做贼心虚受伤了你要赔钱。天理何在？今天不去为流泪的农民夫妇讨个说法，不帮他们擦去泪水，明天流泪的、哭诉的、被恶判碾压的，可能就是我们。

想起前段时间一个赢得网友支持的判决：南京有四人抓小偷致贼受伤，遭索赔14万元。法院硬核判决，当事人追贼是正当防卫，邻居帮着追是见义勇为，不承担任何赔偿责任。是啊，这才符合人们朴素的正义观。前几天，在另一个类似的判决中，主审法官那句"不能让一个人从自己的错误中受益"，也是对法律和正义最好的阐释。

和稀泥式执法，欺负被偷西瓜的农民不懂法，任由这样反道德反法律的处罚生效，人们心中的道德底线会下降一万尺。在舆论压力下，公安部门纠错了，偷瓜者返还了300元，双方达成谅解。——这样的所谓纠错，继续是在和稀泥，是"和稀泥式纠错"，出现这种罚单，影响恶劣，岂能一撤了之？谁罚的，谁开出这种罚单的？不给这样缺德、缺法的执法者一个教训，农民夫妇脸上的眼泪和心中的愤懑很难抹去，吃瓜群众人心难平。事关全民的法律信仰，没有小事。

（《九江日报》2019年8月15日）

刘强东的兄弟与嗜血的社会达尔文主义

在关于"996.icu"和程序员权利的讨论中,充分暴露出当下中国不少企业负责人的法盲意识,暴露出《劳动法》毫无权威和效力的尴尬地位,暴露出加班文化已经完全打败法律、冠冕堂皇地凌驾于法律之上的残酷现实。霸道总裁们撕去温情脉脉的面纱,盛气凌人地说:"这世界上的每种成功,都带着加班的味道。"法律在沉默,程序员、"加班狗"们敢怒不敢言,只能在心里默骂一句:"这世界上所有的加班,都带着猝死的味道。"

这场讨论中,法律完全被搁置和藐视,执法和监管部门完全作壁上观,仿佛这单纯只是一场企业内部事务,公权不管"家务事"。"996"本是一个法律和权利问题,可强势的资本话语权已经把这个法律议题窜改为"你还是不是兄弟"的江湖情义问题。看这场混战,真应了那段话:"你跟他谈法律,他跟你谈拼搏;你跟他谈奋斗,他跟你谈情怀;你跟他谈贡献,他跟你谈'负重前行';你跟他谈企业文化,他跟你谈'你不是我兄弟'。无论如何,就是不谈法律,法律在这些人眼里,什么也不是。"

"兄弟"这个词,好像充满情义和情分。两个身份平等的人谈兄弟,那是拉近距离的情分,但一个身份比你强势好几倍的老板跟你谈"兄弟",就不是什么好事。当一个老板跟你谈"兄弟"的时候,他在谈什么呢?谈的是让你无条件地贡献和付出。如果老板还在奋斗期,喊你"兄弟",言下之意是要你忍受高强度的工作和低工资低福利;如果老板遇到难题,喊你"兄弟",言下之意是需要你为他两肋插刀、背锅、忍辱；如果老板飞黄腾达、不可一世，仍然喊你"兄弟"，你更要注意了，他准备插你两肋几刀，拿你祭旗立威了。

"兄弟"这个词，在平等的人之间是情谊，在不平等的人之间，是让人不寒而栗的挥刀前奏。兄弟如果脱离了血缘、平等和情感，就是凌驾于明规则之上的圈子和江湖义气。当一个老板在谈"兄弟"时，千万别感动得泪流满面，他的言下之意是："别跟我讲法律，别跟我讲规则，别跟我讲文化和道义，这里我说了算。"当老板说"兄弟"时，往往说的不是"我要把你当兄弟一样善待"，隐含的是"你没有把我当兄弟，你没有粉身碎骨，你没有肝脑涂地，你没有死而后已"。当老板说"兄弟"时，是一种要清除外人的信号，"兄弟"的另一面是"敌人"，"兄弟话语"的实质是清除那些在他看来"不是兄弟"的人。

也就是说，当一个老板在谈"兄弟"的时候，他是准备"开人"了，是在用"兄弟"这种堂皇的修辞去界定"不是兄弟"的人——"谁是兄弟"是为了区分"谁是敌人"。说句题外话，我是不太喜欢那种超越关系合宜度的称呼的：店员叫顾客"亲爱的"，上级叫下级"兄弟"，老师叫学生"小可爱"，这种语言贿赂背后一般都包含着不好的事。

读懂了老板的"兄弟"修辞术，就明白了刘强东那段"兄弟宣言"背后嗜血的社会达尔文主义。什么是社会达尔文主义？这里没有法律规则，没有平等，只有弱肉强食，只有权力血酬；这里是一个如生物圈的食物链，处于食物链顶端的人制订规则，在链条底层的人只能任人宰割，你只能"996"，你只能不要命地拼搏；这里没有一个可以预期的法律，无法在法律框架下争取自己的权利，所有的一切系于老板的判断：你是兄弟，还是敌人？"兄弟"的修辞象征着老板的权威，老板觉得你是兄弟，你就是兄弟，老板觉得你是个不能创造价值的、没有了拼命精神的废人，你就"不是兄弟"了。老板就是规则，"兄弟"就是法律。

当下很多领域，尤其是一些大公司，被这种嗜血的社会达尔文主义垄断，而不是由法律所调控。特别是在"996"、加班问题上，成为法律最大的飞地。在这里，年轻是资本，年轻意味着可以加班，可以为老板拼命，可以承受重压，可以面对KPI的残酷考核而暂时垮不掉，那你就是"兄弟"。当你不再年轻，又没有混到中高层，上有老下有小，身体吃不消，无法拼命了，那你很可能就不是"兄弟"了。生物界拼的是身体资本，在达尔文的世界里，强胜劣汰，弱肉强食，加班也把工作变成了一种身体资本的竞争，像动物一样比拼体力和耐力。能加班就是"兄弟"，不能加班，就走人吧。

法律呢，法律被置于什么地位？谈自己当年创业时拼搏，有什么意义？这是一种绑架：第一，你的拼搏是你自己的主动选择，你也获得了巨大的回报；第二，很多像这样拼命的人，命早就没有了，怎么就视而不见？说公司膨胀，人浮于事，失去了当初的拼搏精神，导致这种问题的原因是什么？是员工问题，还是管理问题、企业负责人的决策问题？这些问题不搞清楚，不反思自身在外面乱搞，不从公司治理结构上考虑，把问题都推给员工，归咎于员工不拼搏，这也太霸道了。老板与员工之间的关系，是契约和合同的平等关系，是股权激励的经济关系，而不是兄弟关系：给多少股权，开多少工资；何种激励体制，就是何种工作表现，这是一种经济激励、法律保障下的有限责任，而不是"我给你开工资了，你就得给我拼命，就得像我当年一样不要命地工作"的无限道义关系。

你可以继续享受拼搏的快感，但在法律框架下，请你尊重别人的法律权利，别以"情怀"和"兄弟"之名，用有限的工资去要求别人无限的拼搏、无限的贡献。公司是一个法律帝国下的机体，它不是一个人的江湖，你不是家长，每个人都在法律之下。

（微信公众号"吐槽青年：曹林的时政观察"2019年4月14日）

翟天临的人设算什么，我只在意招考公平的人设

2019年新春最具黑色幽默的事莫过于，晚会上正义凛然"打假"的演员，走下舞台就被打了假，一句"不识知网"激起全民"扒粪"热情，假学术被扒得精光。论文抄袭的实锤证据，让翟天临"娱乐圈学霸"的标签成了笑话，也让"博士后录取的炫耀"成了耻辱柱。"眼看他起朱楼，眼看他宴宾客，眼看他楼塌了"，看翟天临最新一条微博下的留言很有意思，以2月8日为界线，前一秒还是"脑残粉"的"哥哥好棒、哥哥好爱你"式的"彩虹屁"，下一秒成了"你受到的流言蜚语、污蔑诽谤实在太多了！不能让那些人再猖狂下去了，赶快拿出核心期刊论文来打烂他们的脸"之类的剥皮群嘲。

有人说，翟天临的人设崩塌了。我想说，翟天临的人设算什么啊，娱乐圈里这样的人如过江之鲫，塌就塌了，我关心的是，千万别让招考公平的人设崩塌了，别让无数普通人对教育公平的信心破碎了。

翟天临微博下面的一条评论让我看得很难受，这条评论指着翟天临的鼻子痛骂："你可能无法理解自己的炫耀为什么激起全民愤怒，你可能永远不知道平民百姓为了获得稍微好那么一点点的教育资源要背负整个家庭的期望，以及他们无私的付出，能读到大学已经是过五关斩六将，还有千万考研的学生。普通家庭的孩子，读书有多么心酸。明白了这一点，你才能理解今天锤你翟天临这样明目张胆地学术造假、走后门的人为什么那么执着。"

满口谎言的翟天临，你能读懂一个群体的愤懑吗？

不平则鸣，正是一个群体强烈的不公平感，驱动着这场针对翟天临的"扒粪"运动。可能跟我一样，很多人之前并不认识翟天临，不知道这个名字，也不关心他的生活，人们关心的是公平，是教育公平、招考公平、上升公平等这个社会公平的底线。人们跟翟天临无冤无仇，你再红、再优秀、人设再完美，人们不会忌妒眼红，人们介意的是事关自己切身利益的公平，人们追问的是凭什么你不识"知网"就能拿到博士学位？凭什么你没发表一篇论文就可以进入名校博士后流动站？凭什么作为一个全日制博士生却整天在拍戏代言上晚会，还连拍十部戏？凭什么没有发表核心期刊论文却可以参加博士答辩？凭什么没有任何看得见的学术成果却得到了学术圈的顶尖学历？

凭什么呢？翟博士后，请用对得起这个称号的方式回应公众的疑问，请拿出晚会上扮演"打假警察"那样的正义凛然。对不起，学术圈没有你们娱乐圈那些不管你犯了什么错都仍有人围着你、替你辩护"你知道他有多努力"的"脑残粉"，学术圈会跟你讲理，讲证据，讲规则，讲论文，还有一种死磕到底的硬核精神。

作为演员，你已经拥有了那么多资源，多到让普通人奋斗几十辈子也赶不上，天赋、机遇、人脉加上后天的努力，你已经得到了你所在的这个领域所有的东西——财富、声望、粉丝追捧、名满娱乐圈、前途无量，为什么还要在你并不擅长、不配得到、也没有能力拥有的领域去攫取资源呢？为什么那么贪婪地想赢家通吃？为什么去掠夺本属于别人的资本？为什么不能谦虚地见好就收？博士学位，对于你来说锦上添花都算不上，至多只是多一个"高智商学霸"的虚名，可对多数真正读博的普通人来说，是一份养家的工作，是向上流动的机会，是一种"为生民立命"的志业，是一份带着信仰的学术生命。为了拿到这个学历，为了配得上博士这个人设，他们经历了多少生活的辛苦挣扎，有人秃了头毁了眼睛，有人推迟生孩子，有人在事业如日中天时辞掉工作，有人奋斗了五六年最后都没拿到学位，望"博"兴叹。

而你呢，密集地拍着电影，享受着娱乐圈的一切虚荣，不写一篇论文，没有任何学术成果，一路搞到博士后，你凭什么呢？演员对学术感兴趣，这没问题，但请跟其他人一样公平地获取，而不是以通吃的权力逻辑去掠夺。学术的王国里，博士的头衔，不能为名人明星开后门，不是可拿来交换的资源。明星吸毒、醉驾、出轨、嫖娼，可能只是娱乐圈的一条丑闻，而像这样学术不端的假博士，却冲击着人们对社会公平的信心。

真的，人们并不在乎一个明星人设的崩塌，塌就塌了吧，大牌如吴秀波塌了都没什么，录好的晚会都能把人给抠掉，可替代的"小鲜肉"一大堆，人们盯着的是教育公平、招考公平这个人设。换句话说，人们并不指望翟天临会做什么回应，而是期望录取他、给他发学位、给他戴博士帽的大学做一个回应：他何德何能何学术奇才，能在没有论文、不识"知网"、缺少成果的情况下读到博士后？翟天临可以不要脸，可以不介意网络的滔滔追问，大学不能不要，大学必须介意自己的人设，介意教育公平的人设。大学算不上神圣，却关系到这个国家无数普通人向上流动的希望，他们原本认为，在学术和教育这个王国里，拼不过富二代，拼不过明星，拼不过官二代，但可以拼教育。

一边号称"不识知网"，一边炫耀着博士后录取通知的翟天临，冲击着招考公平这个人设。我知道，如果翟天临不出事不露马脚，学霸人设坚挺，相关高校会争着蹭他上晚会的热度和流量，争相在大学的公众号上炫耀这个知名校友，"你们的博士师兄上某晚会""你们的博士后同事又拍新戏"之类蹭热点标题肯定少不了。可现实是，这一次你们的博士校友丢人了，因为丑闻上了热搜，而且这个丑闻事关大学形象。

为了教育公平这个人设，为了人们对大学招考公平的信心，给翟天临发博士学位的大学、录取翟博士后的大学，能不能负点儿责任，给公众一个回应。

（微信公众号"吐槽青年：曹林的时政观察"2019年2月11日）

声援反杀不是支持杀人,我们只是反杀

舆论隔段时间就爆出一起反杀案,测试着正当防卫条款的法律效力,也考验着司法在面对舆论咆哮时的回应力。这一次让民众愤怒的是河北涞源反杀案,男子表白女孩被拒后,多次跟踪进家骚扰,曾强奸未遂,对一家人生活形成严重侵扰,深夜携刀棍闯入对方家中后被反杀。媒体最新调查显示,这家人曾多次报警,但未能阻止,一家人也在恐惧中找到很多自救方法,但最终仍未能摆脱骚扰。

跟以前类似的反杀案一样,在媒体报道的后面,一边倒地都是声援反杀者的声音。涞源检察院将此定性为正当防卫,而当地公安则称:"王磊受伤倒地后,赵印芝在未确认王磊是否死亡的情况下,持菜刀连续数刀砍王磊颈部,主观上对自己伤害他人身体的行为持放任态度,具有伤害的故意。"这种回应,明显与高院去年鼓励正当防卫的司法解释严重不符。试问,在一家人长期被骚扰,精神高度紧张,深夜被人翻墙持刀棍侵害,家人被刺伤,生命受到威胁的情境下,还要去确认侵害人是否死亡,要判断刀有没有砍到要害部位,要权衡对伤害他人身体是否属放任态度,这种苛求难道不是严重地违背法理和人情吗?

执法者难道不知道这样一条法律格言:"没有什么比紧急需要更正当了,紧急需要高于法律,紧急需要可以使本来非法的东西变为合法。"捍卫一家人生命的反杀行为,正是在实践这一高于法律的天理——在生命受到威胁而又

没有任何外在保护的紧急状态下，拿刀自卫是人们天经地义、不证自明的天然权利，无论这种防卫造成何种后果。

我一向对"杀气腾腾""喊打喊杀"的声音保持警惕，但我能理解，这起反杀案新闻跟帖中齐刷刷的"杀得好""为民除害""碰到这种情况我也杀"，人们激烈地声援反杀，支持的不是"杀人"，恰恰相反，人们都是在反对杀戮，是在以天理和良心的名义反杀。什么是反对杀戮的最好武器？第一选择当然是法律的保护，可当法律和公权离人们很远，良民被置于恶人威胁生命的绝境之中且叫天不应、叫地不灵时，诉诸自我保护的正当防卫权是反对杀戮的最好武器。身体是平等的，以命搏命，拥有这一权利，就拥有了反制、反抗、抗衡邪恶和暴力的天然武器，这种权利会让欺人太甚、逼人于绝境、想置人于死地的作恶者有所忌惮，让为所欲为的人有所畏惧，兔子急了也会咬人，把人逼急了，别人起码还有血肉之躯，拥有不用承担任何法律后果的正当防卫权。

法律是民众权利的保护神，可法律是抽象的，仍需通过公权的力量去保护民众，然而公权再强大，也无法如影随形地贴身保护民众，所以赋予了每个人一定限度的自卫权。即使你身边一个人也没有，你手无寸铁，你被暴徒逼到绝境，你远离公权的护佑，但你起码有自己的身体，这种正当防卫权是反抗杀戮的最后堡垒，也是制衡杀戮的底线力量。就像一个国家建立强大的国防力量，不是为了侵略其他国家，不是为了发起战争，而正是为了保卫和平，遏制战争。一个国家拥有强大的武器，不是使用这种武器，而是遏制其他国家使用这种武器。声援反杀不是支持杀人，而是反对杀戮，也正是这个逻辑。

从当地检察院和媒体的后续调查看，这家人老实本分，被骚扰之后，已经穷尽了寻找外在保护的所有努力，不得不自我防卫：家人多次报警，没有受到保护；女孩寻求学校的保护，问题没有得到解决；家里装了摄像头；数次借住到亲戚家；求村委会帮助；常被翻墙的地方装了报警器；一家人换着房间睡觉；卧室衣柜里准备了躲藏的空间。但这些防护都失效了，一步步地被逼到拣起别人砍向他们的刀去保护自己。这难道不是正当防卫最无奈的演示吗？当公权力没有尽到保护这家人义务的时候，最好的补救就是，承认这种情境下的正当防卫权，赋予反杀以法律上的正当性。

舆论齐说"杀得好"，声援反杀不是支持杀人，我们都在反杀。每一次对反杀的支持，我们都在保护自己，保护自己在被逼到这种绝境时拥有不必顾忌法律后果的自卫权。人们之所以一次次为正当防卫权而咆哮，不只是追求个案中的正义，更重要的是希望拥有这种自卫的权利去遏制杀戮和罪恶。多一份反杀者胜诉的判例，社会就会多一份反杀的底气，作恶者就会多一份忌惮，公众就才会多一份安全感。

（微信公众号"吐槽青年：曹林的时政观察"2019年1月25日）

这句硬气的话注定要写进自媒体新闻史

"不会删稿,对每一个字负责,欢迎来告。"——面对权健对其报道的法律声明,"丁香医生"这句硬气的话,注定要写进自媒体新闻史。在舆论监督问题上,很久没听到这么刚正硬气的话了。倒不是认为"丁香医生"的相关报道就是事实和真相,也不认为"为患者维权"就天然站到了道德高地,令人称赞的是这种敢于负责的态度——"不会删稿"表达的是原则自信,"对每一个字负责"表达的是专业自信,"欢迎来告"表达的是法律自信。多硬气啊!

"丁香医生"的那篇《百亿保健帝国权健和它阴影下的中国家庭》真让人感觉触目惊心。原以为某些保健品公司只是造概念骗钱,治不好病也吃不死人,只是谋财,没想到还害命,耽误了一个本来有可能治愈的孩子的生命。天价鞋垫、负离子卫生巾和火疗,宣称能治疗的疾病从脑部萎缩到秃头,从耳聋到子宫糜烂,从肾虚阳痿早泄到面瘫便秘肩周炎,简直就是笑话,竟然撑起了百亿保健帝国。媒体起底发现,这家公司不仅涉嫌虚假宣传,还涉嫌传销,多地都有对其传销的投诉;发明专利申请多处于失效状态;所谓"火疗"存在严重风险,曾导致烧伤甚至烧死人的事件。

随着越来越多媒体的介入,权健被扒出的问题也越来越多,权健如果硬气的话,就一个个地发声明、一个个地告啊?看了一下权健的法律声明,说的都是空话,并没有对媒体报道进行有针对性的回应,跟其以前那些所谓天价鞋垫、负离子卫生巾治脑部萎缩面瘫便秘的宣传骗术一样，用的全是唬人的话术。

权健说："权健积极投身慈善公益事业，2005年至今，权健平均每年投入5000余万元用于社会公益事业，截至目前捐款总额已超过5亿元。"——这是典型的"你跟他说违法，他跟你讲慈善"，媒体曝光虚假宣传和涉嫌传销，涉嫌跟一起人命有关，你把捐款总额抬出来干吗？能不能就事论事，有一说一，就媒体曝光的那些问题做有针对性的回应，晒公益慈善项目没用。捐过钱的公司就不会作恶吗？慈善能作为罪恶的遮羞布吗？

权健说："权健是一家立足于传承和弘扬中医药文化产业的民营企业，国务院印发了《中医药发展战略规划纲要（2016—2030年）》，国家对中医药发展很重视，权健积极响应国家号召，推动中医药传承与弘扬。"——这是典型的拉大旗作虎皮，把国务院抬出来吓人。媒体曝光一下你权健，就等于是跟国务院作对？媒体的报道批评中医药了吗？批评中医药文化的传承了吗？批评中医药文化产业了吗？没有，批评的是那种打着中医药幌子招摇撞骗谋财害命之徒，批评的是那些披着中医保健外衣祸害中医药文化形象的骗子。你跟他讲法律，他跟你讲文化。

权健说："权健是国家政府机构颁发直销牌照的合法企业。"——终于讲到法律了，可这里又玩概念偷换，你跟他讲企业违法了，他跟你说我是合法企业。媒体质疑你企业的法律身份了吗？媒体有没有说你是一家没有牌照的黑作坊？没有，媒体质疑的是你权健有很多违法的地方，违法宣传、违法传销。一个国家政府机构颁发直销牌照的合法企业，干了很多不合法的事，这是两回事，不要拿那个"直销牌照"当幌子。你跟他讲法律，他跟你讲牌照。

权健说："'丁香医生'发布不实文章，利用从互联网搜集的不实信息，对权健进行诽谤中伤，严重侵犯权健合法权益。以推测、臆想、编造文章的方式，利用广大民众善良的同情心，博得关注，实现道德绑架，从而达到其不可告人的目的。"——好一个"不可告人的目的",既然"丁香医生"有"不可告人的目的",那权健就告诉一下我们,他们到底想干吗?到底是怎么别有用心,背后是怎样一个阴谋?你跟他法律,他跟你讲阴谋。

讲慈善,讲文化,讲牌照,讲阴谋,就是不讲法律。这么多废话干吗呢?就一个字:"干。"或者学"丁香医生"那么硬气:"不怕报道,对每一片药负责,欢迎来查。"——多干脆啊。媒体敢说"对每一个字负责",权健就来一句"对每一片药负责"啊。

当然了,肯定不能指望权健说"欢迎来查"。现在媒体的任务已经完成了,报也报了,扒也扒了,怼也怼了,球已经踢给了监管部门。如果媒体报道都属实,这不仅是权健的问题,更是打相关监管部门的脸啊,一个屁股上这么多屎、被屡次举报屡次曝光、明显涉嫌严重虚假宣传的问题企业,是怎么做到现在这样的保健帝国的?这时人们最期待监管部门能站出来硬气地说一句:"不会沉默,对每一个公民的健康负责,欢迎报道!"

媒体这么硬,监管千万别软啊!

(微信公众号"吐槽青年:曹林的时政观察"2018年12月26日)

天使和鸡贼们，放过那些无辜陪葬乘客的灵魂吧

重庆公交车坠江悲剧，真相不明，让人痛心，真相大白了，反而更让人唏嘘，更让人难以释怀。事故那么惨烈，死亡那么惨重，原因竟那么荒诞，坐过站引发的冲突、情绪冲动的魔鬼，让一车人的生命来陪葬。公众号后台和朋友圈有很多朋友让我谈谈看法，一个评论员，对这种事总得评论几句吧？我一直没有评论，因为面对坠江前那段极具冲击力的视频，我是愤慨而无力的。视频本身的冲击力，让一切评论都显得多余、无力、矫情和苍白。

清晰的事实是它本身最好的评论，想从这起事故中得到些什么教训，看看那段坠江前最后的视频就行了。看了一些评论，讲的那些大道理，都远远比不上视频本身的力量。"遇事要理性，要控制情绪，千万别冲动，冲动是魔鬼啊"——这种人人都懂的正确废话，空讲是没用的，看一下视频，才能直击灵魂，长个记性。"要有规则意识，要有公德，要有法律观念"——在事实和视频的教训面前，这些套话是多余的。这段视频是这起悲剧最好的评论，不用解说，无须引申，让每个人自己去看，让自己的灵魂受到触动，让自己内心冲动的魔鬼受到规训。

只是在朋友圈转发了官方通报和那段视频，本不想评论，但看到一些无良评论在"自媒体反思竞赛"中寻找"10万＋"站位时，竟把矛头指向了无辜陪葬的乘客，我有点无法忍了。其实，在看到视频的时候，我就知道，肯定会有人站在道德高地吃死者的人血馒头，踩在无辜乘客的尸体上表演廉价

的道德优越感。果然，这种垃圾评论很快就粉墨登场了，骂乘客没有公德，批乘客习惯性冷漠，甚至说"22路公交车上没有一个屈死的鬼"，诅咒和侮辱乘客"死得活该"。

自媒体时代，在"10万＋"荷尔蒙的驱动下，会形成铺天盖地的"反思"效应，姿态竞争下所谓反思总会走向极端，变成一种剑走偏锋、语不"10万＋"誓不休的阐释狂欢。骂"泼妇"的有了，骂司机的有了，骂"大桥栏杆不经撞"的有了，骂"过去怎么没吸取教训"的有了，还能骂谁呢？冷漠的路人啊，无动于衷的乘客啊。于是，这样的评论就出现了："司机为他的冲动买单，当事乘客为她的不讲理买单，其他乘客也为他们的无动于衷买了单。"——这种评论再进一步演绎一下，就变成了"22路公交车上没有一个屈死的鬼"。

写这样的评论，做这样的判断，良心不会痛吗？如果你的父母、你的妻儿、你的亲友，在这辆公交车上，你会做这样的评论吗？这辆车上的人，都如你我的父母和妻儿一样，有人准备买菜回家做午饭，有人带父母去看病，有人准备给儿子过生日，有人想趁着天晴出去逛逛，你把你的手放在你心脏的位置想一下，如果你的父母妻儿在这辆公交车上，如果看到像这种在市井中经常出现的平常吵架时，他们会不会理性地立刻去劝架，他们能不能立刻意识到这种吵架会让一车人丧命，他们敢不敢路见不平去阻击乘客？

会不会？好好想一想，只要良心没被狗吃了，良心没被狰狞的"10万＋"蒙住，就能做出符合常情常理的判断，也才能说人话。

出这事之后，你们都去盛赞另一辆车上另一次事件中，一个怒踹干扰司机方向盘二货的英雄，显得好像一个个都是侠义心肠，一个个都是路见不平的英雄。可是，在盛赞这个大侠的同时，你们有没有关注到这些新闻："2018年9月，安徽芜湖，一女子劝架被砍伤，缝了106针，对方边砍边喊：'叫你管闲事！'""69岁老人救人被砍遭嘲笑，亲朋好友讽其多管闲事。""许昌一男子劝架被打，反击后致人轻伤赔偿5.5万元。""街头男女约架群殴，男子劝架反被打，当场身亡。"——随便搜索一下，这样的新闻在网上数不胜数，大侠们，你们的身影呢？你们的关怀呢？你们的热血沸腾呢？要不，在恶评那些乘客冷漠时，自己都先在朋友圈晒一晒自己见义勇为的劝架履历，把自己遇到这种情况而经常去劝架的行为晒出来鄙视我们一下？

你们劝过几次架，没有吧？你们不去起哄，不去喊"打得好"，不去一边围观一边拍视频，就算不错了。

说这些，我不是传递"别管闲事"的消极能量，而是想让那些沉浸在上帝角度的天使，多一点儿同情的理解，多一点儿同理心。街头巷尾的这种吵闹，太平常了，这种情境下不去干扰很正常，不是冷漠，不是无动于衷，而是见多了，没当回事。当时两人只是吵架，并没有抢方向盘，一开始车也没有偏离方向，有几个人能想到后来突然发生这样的事，又有几个人能想到平常的吵架会演变成那样？日常生活中，有些架，自己吵着吵着就歇了。

天使们、上帝们、鸡贼们，你们能讲那些大道理，是因为你们看到的是后来的监控。事后从这个位置看视频，信息充分，全知全能，在后果的警示下，会惋惜，会痛心，会假设，会矫情。可是你们有没有设身处地想想那时乘客的视角，很多坐在后面的人可能根本没有注意到这场冲突，他们正坐在后面看江景，低着头刷着手机，或者跟身边的人聊着天。特别是离得那么远的人，处在那种视角和那种情境下，你们苛求他们也站出来阻止，说他们死得活该，说的是人话吗？

你们说，长达5分钟里没有一个人站出来劝一下，你们怎么知道的？当时在旁边了？有关部门公布的视频只有很小一段，你们怎么就知道当时没人劝，你们看到完整的视频了？一个个"键盘侠"为了踩乘客，强化乘客的冷漠，臆想出很多情节。

我最不喜欢的一句话就是："雪崩的时候，没有一片雪花是无辜的。"这话太混账了，太不讲理了，泛责任化，把远的、近的、大的、小的、强的、弱的、相关的、推理的、法律的、道义的责任混在一起说，制造一种"没一个好人"的效应，人人都有错，人人都应反思，人人都有原罪。这样的混账思维是在混淆关键责任。无疑，这起事件中，乘客是无辜的，他们就是别人冲动魔鬼的陪葬品，应该反思的是，如何让掌握方向盘的人不失控，如何让司机免于这种干扰，如何在法律上保护司机也不受侵犯。——这些是关键，是应长的记性。其余的延伸、推理、臆测、妄断，把弱相关和不相关的大道理拿出来抢"10万＋"站位，就算了。

天使和鸡贼们，放过那些无辜陪葬乘客的灵魂吧，让他们安息，让他们悲痛欲绝的家属不要受干扰，不要受二次伤害。

（微信公众号"吐槽青年：曹林的时政观察"2018年11月3日）

昆山反杀案后,人民用咆哮进行正当防卫

宝马男砍人反被砍,关于这起昆山反杀案,用"咆哮"形容这两天的舆论态度,一点也不为过。有网站调查显示,近九成网友称反杀者系正当防卫,舆论一边倒地支持那种情境下的自卫行为,不少法律学者也称此案应适用"无限防卫"——有同伙、带着黑恶性质、无故行凶、持凶器危及人的性命,这种情境显然属于法律所规定的"严重危及人身安全的暴力犯罪"。

很少看到舆论和公众对一起案件近乎咆哮的介入冲动,集体为一个"杀人者"辩护。以往很多类似案件,舆论在认定正当防卫上还有诸多争议,但这一次发生在视频监控场景之下,清楚地发生在人们的眼皮底下,产生了直播式的身份和情感代入效果:开车者霸道抢道,逼停骑车者,发生口角后,文身大汉冲出车外殴打骑车者,后又跑回车中拿出凶器砍人,刀不慎落地反被砍。正当防卫,有什么好争议的,这不就是现代版的"杨志卖刀"吗?那货比泼皮牛二恶劣多了,欺人逼人害人太甚,砍人的刀最终砍了自己。有评论说,不仅是正当防卫,还是为民除害。

舆论的咆哮,不仅是为正当防卫的骑车男咆哮,为正义和道德咆哮,也是为自身可能遇到的境遇所咆哮。这起案件太有代入感了,我们每个人都可能陷于骑车男所遭遇的危险境地,他代表着日常生活中的一种"大多数身份"——老实人,遵纪守法,隐忍,不惹事。下班骑车回家的路上,老实遵守交规,被不守规则的人逼停,殴打中只能躲闪,被黑社会的人拿刀追砍?

老实人都被逼成这样了，还能怎么样？就这样被砍死吗？最后在新闻的跟帖中被网友哀叹："守规矩的人死了，不守规矩的人滋润地活着？"

不要这种无用无力的哀叹，必须让守规矩的人好好地活着，必须让不守规则的人付出代价。

那些跟帖咆哮、为当事人辩护的人，就是这无数"老实人"中的一个。公众的咆哮，为骑车男辩护，也是一次集体在道义上的正当防卫行为。生命遇到威胁的骑车男，用砍向自己的刀反刃相向，防卫自己的身体和生命。而当法律可能判这个人有罪的时候，公众用咆哮进行正当防卫，防范可能出现的不公判决，防范道德和人心的因此受害。

人民担心自己的境遇，作为一个遵纪守法的老实人，遇到这种情况可能无所适从。是躲，是任人砍，还是去防卫？只要去防卫，就可能掉进"防卫过当"的陷阱，因为法律似乎对"防卫"有着非常苛刻的限定，稍不小心就可能"过"了，超过必要的限度。在那种生命受到威胁的高度危险和激烈对抗的情境下，人不是机器，不是电脑，没有精准的算法，人会紧张，人为了保护自己的生命很难精准控制自己的行为。

人民也担心自己以后遇到这种危险时，没有人敢施予援手。当对正当防卫有着过于严苛的限定时，谁敢拔刀相助，万一不慎手重了一点，责任谁来承担。多一事不如少一事，路人的冷漠，很多时候就是那些"让人流血又流泪"的不公判决和寒心遭遇所制造的。法律如果保护坏人而不保护好人，谁还敢做好人，谁还敢路见不平一声吼？

人民更担心可能出现的不公判决会伤害这个社会越来越稀缺的道德血性。这里说的血性，不是那种没脑子的瞎冲动、非理性的乱沸腾、反规则的江湖气，而是面对威胁和危险时敢于捍卫规则的勇气，不惹事但不怕事，看不惯凌强欺弱，保护弱小敢于出头，不惜以血的代价捍卫朴素的民间道义。这种被传统视为美德的道德血性，在现代社会似乎越来越稀薄了，得不到法律的支持，被工具理性的精致算计所代表。扶不扶人，先考虑法律后果；帮不帮人，先考虑不利的可能性；出不出手，先考虑可能的代价。法律应该用公正的判决去阻止这种道德堕落，阻止社会的犬儒化、平庸化和血性的工具化，而不是去强化，让社会进一步失去可贵的血性。

人民在这件事上的咆哮，是出于对可能不利判决的焦虑。法律在正当防卫的判决上一直非常慎重，过去很少有类似的案件会被定性为"正当防卫"。能够理解法律人对激进态度的警惕，在判决上保守，毕竟这涉及暴力的合法使用，涉及对生命的合法剥夺。人民负责咆哮，法律负责冷静，还是请法律对遵守规则、捍卫规则的老实人温柔一点，一次这样的判决，事关道德人心，事关人们对法律的信仰和信心。

（微信公众号"吐槽青年：曹林的时政观察"2018年8月30日）

不要让基层公务员白了头又寒了心

很多地方向来视"网络质疑"为洪水猛兽,不过这一次的新闻反转表明,事实和真相从不怕质疑。纸里包不住火,真相不怕火烤,有时质疑反而让真相更有一种让人尊重的力量。纸糊的真相包不住火——在西安高新区任董事的奇才"90后",遭网络一质疑,背后的违法乱象就现形了。而云南楚雄这位头发花白的"80后",与履历年龄完全不相符的长相,却经受住了质疑的火烤,烤出了一则基层佳话,烤出了基层公务员的不容易。

公开资料显示,李忠凯为"80后",但照片上却头发全白,部分网友认为其照片和年龄差距较大,质疑年龄不真实。对此,楚雄州委组织部回应称,照片确系李忠凯本人。与其共事多年的工作人员也透露,2011年至2014年湾碧乡村民搬迁期间,李忠凯因工作劳累致头发变白。李忠凯受访时称,因白发"走红"感到意外,作息不定,头发变白已有时日。李忠凯参加工作后,从村干部到乡镇干部,一直在基层工作,现在工作的大姚县湾碧乡是楚雄州最偏远的乡镇之一,条件很艰苦。

舆论很快反转成对这位"白发80后"的膜拜,官方也借此开始一波基层公务员艰苦工作环境的宣传,进入典型塑造的宣传框架。说实话,我不太喜欢这种把艰苦和悲情当做宣传材料的取向,不忍心去赞美这样以牺牲身体健康为代价、摧毁身体式的典型。——"杀君马者道旁儿",我担心这种站在云端而非苦在其中的廉价赞美,只会变成一种绑架基层公务员的道德压力。面对早生白发的李忠凯同志，面对与其年龄完全不相称的苍老、疲惫和过劳，面对工作对他身体的摧残，相关部门应该多一点关怀，给他减负，让他能有常人的休息、常人的健康和"80后"的身体。

没有什么比健康和生命更重要，没有什么值得拿健康和生命去换，这才是应该倡导的价值观。对公务员也是如此，不能通过拼命的工作让别人脱贫了，自己的身体却严重透支，使自己入贫。听一个记者朋友说，"李忠凯式白发"可能是个案，但贫穷地区基层干部的过劳却是普遍现象，尤其是做易地移民搬迁工作的，他们需要的不是廉价的赞美，而是减负，是摆脱那种"把一个人当几个人使""靠精神支撑而不顾身体"的摧残式使用。

当然，我这篇评论主要不是谈李忠凯，不是谈对身体的摧残，而是另一种累，另一种让基层公务员早生白发的累。很巧，李忠凯的白发和苍老走红网络时，另一条有关基层公务员的新闻在网上发酵，那则官方通告伤了多少基层公务员的心啊。安徽全椒一名基层的扶贫干部张伟，仅仅因为晚上洗澡时，在4分钟内没接巡视组的电话，受到党内警告处分。——在这个处分上扣了一大堆帽子："四个意识"不够啊，工作不严不实啊，人浮于事作风漂浮啊，厌战松劲情绪啊。这都哪儿跟哪儿啊，扣帽子一套一套的，你洗澡时带着手机啊？你没有日常私生活啊？你工作没有喘息几分钟的时候啊？

虽然在舆论压力下，当地官方撤销了这一处分，但这种不合法纪、不合常情、不合人性的处分，伤了不少基层公务员的心。也不问这名干部是不是经常不接电话，不问这个电话是不是重要到需要让人必须立即接的地步，不问公务员的义务和权利，不问这名干部为扶贫工作牺牲了很多，一件小事就翻脸就处分，就抹杀他的工作，就扣上能把人压死的大帽子。我不知道白发的李忠凯如果没接这样的电话，是不是也会受这样的处分？

这一次的"漏接电话风波"之所以引发舆论这么大的反弹，是因为这并非个别地方的特殊个案，而在不少基层都存在：以官僚主义反官僚主义，以形式主义反形式主义。——8小时之外漏接个电话，就扣这么大的帽子，这不是官僚主义又是什么？媒体曝光过好几个地方的这种偏激的执纪行为：办公室放零食被处理，教师在教师节当天自费聚餐被处分，公务员工作时被直接查手机是不是在网购。——这哪是在树立公务员对法纪权威的尊重，而是让人心惶惶，让人怕某些纪委干部，损害的恰恰正是法纪，因为这些执纪行为恰恰是违反法纪的，在法纪外附加不合人性的义务，让公务员失去了稳定的预期。这种心累，是比白了头发、苍老了面孔更累的累。

心累在于，层层加码下动辄得咎，扶贫工作干得再好，一个电话漏接了，工作就被否定了。心累更在于，被这么处分你还不能辩护，辩护的话再扣个大帽子，说你不讲纪律不讲规矩。这一次如果不是舆论及时发现这个官方通报，这名干部只有忍气吞声地接受了，他根本不敢为自己辩护。媒体报道后形成倒逼压力，才纠了这个错。很多基层公务员都是含泪转发了这个纠错通告，不能让他们既白头又寒心啊。常常有基层公务员让我评论这种现象，繁重的检查、过分的要求和各种形式主义，真让他们不堪重负，但他们又不敢说。

初衷是好的，但执行总会走偏。总有一些人，习惯把一些做法推到违反常识常理的极端。他们知道，这样做虽然过了，即使引起反感，但起码能在上级面前树立一种"坚决执行规定"的存在感——我是在雷厉风行地执行啊，只不过是有点"过"了。千万不能纵容这种过头的取向，远离了制度初衷和常识，危害性甚至比"不执行"还强。这种严重走过头的执纪者，折腾干部，折腾做事的人，实际上也是在损害纪委执纪的群众基础，从严治官当然支持，但不是这么个偏离常识和法纪的"任性之严"，不是瞎折腾。这样把严管的经念歪，对得起人们对反腐和纪委的信赖吗？对得起李忠凯这样为扶贫而白头而苍老的基层公务员吗？

这样的乱执纪，绝不能只是一撤了之，不让瞎折腾的人付出代价，只会强化他们"宁愿偏激一点、走过头一点也不要紧"的错觉，至多只会撤销，而不会受处理，下一次他们会受到激励。为李忠凯式基层公务员点赞并减负，更要给伤害、折腾基层公务员的检查和评比大大的差评,才能抚慰人心。

(《人民日报》2018 年 11 月 18 日)

不会水的警察是否必须以命救命救轻生者

一个轻生的女孩，在包括警察在内数十人众目睽睽之下溺亡。这个场景，确实让人在心理上无法接受。发生在安庆望江的这起悲剧，警察受到了激烈的舆论批评，为什么没跳入水中施救？为什么没有专业救援设施？为什么眼睁睁看着近在眼前的女孩沉入水中未有行动？最无法接受的就是这种"众人围观之下的死亡""本可轻易阻止的死亡"，如果早伸把手，如果冒点风险及时拉一把，人不至于溺亡。当地公安部门已成立调查组，对涉事民警、辅警做出停职并接受调查的决定。

我也觉得当地警方的施救是存在不少问题的，没派出能处置这种涉水复杂情况的专业警察，没有基本的水上施救设施，没有针对性的施救准备，纯粹以人肉方式去处置，对悲剧的发生负有责任。我这么说的意思是，不要把矛头太多地指向那个不会水、未及时跳水施救、未能以命救命的警察个人。

看那段视频时，我也义愤填膺，如果能及时拉一把就好了，可以想到很多"如果"，太痛心和惋惜。但我们有必要警惕"事后通过摄像头所见"这个全景全知的上帝视角，用"事后全景全知角度"去要求正在发生的"场景局部认知角度"。我们看那段视频时，掌握着充分的事前事中事后信息，对整体有充分的判断，早点伸手拉就好了，早点跳水救就好了。但在具体场景中的人，事发突然，女孩突然扑向水中，当事警察不会水，当地人知道此处水域情况，呈漏斗形，越往中间越深越陡，于是出现了本能的犹豫。缺乏专业救援设施，现场变化得又非常快，于是慌乱无措。

不是为当事警察辩护，而是想说，"事后视频的视角"跟当时场景里的"进行中的视角"可能是不一样的。"冷漠"经常成为一个道德批判议题——见死不救，见老不护，见险不挺身而出——有时确实是冷漠，但有时是源于视角冲突。有一个著名的矛盾叫"为什么义愤填膺的都是网友，冷漠无情的都是路人？到底是路人不上网，还是网友不上路？"矛盾的症结可能在于，事后摄像头的全景全知，天然就是一种上帝视角。

需要进入具体的情景中去判断，而不是根据"摄像头视角"去要求视频中看不到全景的人能做出事后看视频的人所能做出的理性判断。当地警方施救肯定存在问题，但主要不是那个当事警察没以命救命的问题。

再说另一个关键议题，一个不会水的警察是否必须以命救命救一个轻生者。很多人都搬出了相关法律规定，当人民群众生命安全受到威胁时，警察应该去救。然而，这个规定太抽象笼统，无法直接援引出这种场景。法律并没有说，当警察不会水时，也必须以命救命，即便以身殉职也必须去救。我们看过很多这样英勇的、奋不顾身的警察故事，看到很多关于警察形象宣传中舍己救人"负重前行"的事迹，形成了对一个职业的期待——有事找警察，警察是万能的，警察必须如何如何。

这真是一个值得讨论的话题，在这种情况下必须以命救命吗？在警察不会水的情况下，明明知道那地方水很深，而且面对的是一个求死而不是求生的人（救一个求生的人，可能还好办，如果是救一个求死的人，在水中更危险），应该怎么办？警察作为一个职业，权力和能力有限，为保护公共利益，警察职责的限度在哪里？是无限责任吗？这不仅是伦理矛盾，也是值得讨论的职业规范问题，还有公众对警察的角色期待和警察的角色认知的冲突问题。

是的，警察没有如期待的那样去舍身救人，让人感觉不安。如果一个警察在这种情况下舍己救人，拼命救人，会受到舆论赞誉。但如果他因此而殉职，献出了自己的生命，舆论就觉得心安了吗？可能，没有哪个职业天然就是为了"以命救命",每个生命都值得去珍惜。

  在我看来,不会水的警察是否必须以命救命救轻生者,这可能是一个伪问题。重要的是"不会水",为什么让一个不会水的警察去处置这种水上案情?为什么没有相应的应对方案和准备?为什么没有考虑现场的复杂情况?为什么没有基本的专业施救设施?为什么警察缺乏专业训练?这些不是苛求吧。求生是人的本能,英勇是值得赞赏的行为,不要把人性推到这种生死场景中做道德审判,要反思的是人本来可驾驭和解决的实际问题。

(公众号"吐槽青年:曹林的时政观察"2020年12月6日)

任何对清华学姐的延伸阐释只会走向引战

"清华""学姐""性骚扰""反转""社会性死亡",这几个爆款关键词连起来的热点,想不火都难。从目前媒体报道来看,可确证的事实如下:大一学弟在食堂走路时背包碰到了该学姐臀部,学姐当即声称被性骚扰,争执过程中,学弟交出了身份信息并表示可调监控证清白。在等待调取监控的时间里,该学姐直接在朋友圈、树洞网站公开曝光学弟的身份信息,声称要让其"社会性死亡"。随后监控证明只是背包碰到,学姐并未道歉,而是称"我们相互道歉即可,此事了结,望相互理解"。毁人声誉,只一句"相互理解"轻飘而过,这种态度激怒公众,网上因此延伸出战火不断。

无论从什么角度看,这个学姐的行为都是大错特错的。在事实还没有弄清、等待调取监控的情况下,就曝光别人信息,欲让人"社会性死亡",何其狠毒。从对"社死"之类网语的灵活运用来看,她深谙社交媒体传播规律和网络发酵之威力。可惜没有法律常识,也不懂流量规律,只想借流量逞一时情绪之快,却看不到流量巨大的反噬力——当事实反转时,满足了情绪宣泄之快的流量,会在一种巨大的反弹力中将一个人吞噬。

我在之前的一篇文章中写过,性侵会毁掉一个人,性侵指控也会。性骚扰或猥亵是很严重的指控,肯定是能让一个人社会性死亡的。缺乏证据,尤其是在现场有监控的情况下(如果真骚扰了是能找到证据的,校方已经调查),就急于以那种方式曝光,无视曝光对一名大一新生声誉毁灭性的打击。

监控还原事实后，不仅没有道歉，还声称"相互道歉，相互理解"，让人无法理解其逻辑。如果说刚开始是误解，在公开场合以那种撕扯方式让一个人无地自容，还可以理解；但后来在朋友圈让人"社死"，就无法理解了，而真相大白后拒绝道歉，更匪夷所思。

这就是基本的是非，无论如何评论这件事，这个基本的是非是无法回避的。再高明的逻辑、再厉害的分析，如果能够分析出相反的是非，推理出与这个判断相悖的道理，为清华学姐的行为辩护，那样的逻辑必然是坏逻辑。更重要的是，这件事纯粹只是特殊个案，它的是非可能仅限于这件事本身，不可过度延伸，如果脱离个案本身，尝试"归纳"出一个普遍性道理，只会引发网络战火，形成本不应该有的性别、身份、道德撕裂。个案太极端，反应太奇葩，行为太反常，不适合归纳和演绎。

比如说，只能批评这个女生如何如何，不能延伸到"女性如何如何"。这个清华女生代表不了女性，我的朋友圈就有很多女性朋友在批评这种完全无法理解的行为。不管男性、女性，都不能这么干，这种行为与性别没有任何关系。这种冲突，不是男性与女性两种性别的矛盾，而是一个无视他者尊严和权利的违法者与行为被误解者、声誉被破坏者、权利被侵犯者的关系，男性、女性都可能成为这种违法行为的受害者。

还有人上升到对"女权主义"的批判，这跟女权又有什么关系呢？这个清华学姐在朋友圈曝光学弟身份信息时，打出"女权主义"旗号了没？女权主义者将此人树为英雄、引为同道了吗？或者说，女权主义者捍卫自身权利时，有没有也采取这种违法行为？没有，将一种不可理喻的极端违法行为与女权主义绑定，把问题归咎于女权主义，是对女权主义的污蔑。女权主义是为女性争平等权利，而不是侵犯别人权利。

还有一种声音将矛头指向"反性骚扰"，好像这个案例"证明了反性骚扰者有时是多么的过度敏感、无理取闹"。这也是不对的，这件事只能证明这个女生是误解了、过度反应并伤害了他人，并没有证明"反性骚扰"有什么不对。这个男生并没有性骚扰行为，只是被误解了，所以这事跟性骚扰没啥关系。此事中的误解，并不能证明大学不存在性骚扰，更不能证明以往很多性骚扰指控多属于这种敏感和误解。实际上，清华这个女生的"敏感"并没有错，她确实感受到了"被冒犯"，很多时候，性骚扰中的女性很难举证，只能忍受，勇敢地表达出来，这没问题。她只是错在，在有监控可以还原事实的情况下，粗暴地宣判了他人的"社会性死亡"，并在知错后拒绝道歉。性骚扰是一个需要正视的存在，这个被误解的特殊个案，无法洗白性骚扰问题。

至于把矛头指向"清华""艺术生"，甚至开地图炮，这些延伸阐释就更是唯恐天下不乱的引战行为了。就事论事是一种评论美德，如果能就事论事，舆论会少很多无谓的争论和撕裂。故作高深的延伸阐释，脱离个案的是非去归纳和演绎，跳过基本的是非去谈论抽象的是非，很多时候是无聊的口水争论之源。

（公众号"吐槽青年：曹林的时政观察"2020年11月20日）

第四辑
媒介素养

现代社会越来越成为一个新闻化、社交化、媒介化的社会，我们身处新闻信息浸漫、过载的媒介环境中，被各种媒介在具身和精神上双重嵌入，成为媒介化的人。获得信息、与人交流、日常消费、工作事务，都需要借助某种媒介完成。媒介不仅构成了一种生活的环境，还结构化一种利益，越能利用和掌握媒介，便越能获得媒介信息利益。如何对媒介上的信息进行判断；如何跳出"信息茧房"和"过滤泡"，看到真实的社会；如何获得能给自己带来帮助的有效信息——这就是媒介素养所包含的专业知识。媒介素养，应该成为人文素养、公民素养、通识知识不可缺少的核心组成部分。

借助比喻和意象的延伸去拓展思维

思维固化是让评论写作者感到很沮丧的一件事，看到一个题目，思维只能在这个题目上转圈，钻进死胡同，跳不出来，角度非常平庸，被别人甩下好几条华尔街。思维开放的人总能找到好角度，看山能见水见桃花，而思维固化的人只能看山见山。为什么会有这种差距？关键是思维方式。比如，可以借助比喻和意象的延伸，去拓展你的思维。

什么叫比喻和意象的延伸呢？举个案例，2020年B站关于"后浪"的演讲很火。"五四"青年节，演员何冰站在一个中年人的视角对年轻人喊话："奔涌吧，后浪。"——这引起了很多讨论。"后浪"，是一个比喻、一种意象，代表着"90后""00后"的年轻人。什么叫意象的延伸呢？就是当你看到这个"后浪"时，你能想到什么？因为"后浪"本身就是一个比喻，那么，围绕着这个比喻会有一个概念家族，即"后浪"这个词的周围有一群相关的词，你能想象到它周围的这个概念家族，这就叫意象的延伸。

那么，"后浪"有怎样一个概念家族，周围有哪些词呢？一般人也许都能想到"前浪"，"前"与"后"相对，"长江后浪推前浪"，"后浪"的比喻就是从这句话来的。"后浪"代表着年轻人，"前浪"代表着前辈，代表着老人。这么来思考两者的关系，说明你的思维开始活跃地延伸了，而不是局限、封闭于"后浪"之中。一般人只能想到"前浪""后浪"，这也是固定思维，如果你能从"前""后"，想到还有一个"中间的"，那就甩掉一群人了。

"前浪""后浪"，还有"中间的"，那就是"中浪"啊。就像社会的人群，有年轻人，有前辈、老人，还有中年人啊。都说年轻人是社会的未来和希望，但那只是未来，主宰和主导当下社会的其实是中年人，也就是"中浪"们。什么叫"中流砥柱"？"中浪"们就是承前启后的中流砥柱，上要养老，下要养小，社会靠这些"中浪"撑着。实际上，"后浪"这个话题就是由掌握着话语权的"中浪"们搞出来的。从"前""后"，拓展到看不见的"中浪"，这就是延伸，这就能找到一个很好的评论角度了。

这只是延伸的开始，还可以继续想象"浪"这个比喻背后的概念家族。"后浪""前浪""中浪"，还有呢？我看有评论说："你们哪是什么浪啊，至多只不过是被浪花拍碎在沙滩上的沙子、任浪花推来推去的石子。"这是不是又往前延伸了一大步，从"浪"想象到这个概念家族的外延——沙滩、沙子、石子。"浪"还是有一定流动性、柔韧性和主动性的，而沙子和石子只能随波逐流，被人拍打，完全是被动的。谁是"浪"，谁是"沙子"和"石子"呢？

还可以继续联想。我还想到一个词，叫"弄潮儿"。这"弄潮儿"是专门在浪头驯服那些浪花的，乘风破浪，是人。是不是还可以从"前浪""后浪"想到"潮水"？不管你是什么"浪"，只有把自己融入潮水，顺着潮水的方向，才能形成一种巨大的力量，否则，只会被蒸发被晒干被吹散。另外，还可以由"浪"想到"大海"，"前浪""后浪"栖身的地方都是大海，大海是靠山和背景。这个"大海"是国家，还是世界？能延伸出不同的观点。

思维僵化和固化的人，只能就看得见的东西进行评论，被眼前的事物套牢了，想象力被关进了套子里。而思维开放的人，能从看得见的东西延伸到看不见的，从"浪"想象到它的背后看不见的"大海"和"沙滩"。我建议大家拿到一个题目时，要善于在纸上画思维导图，这个导图能帮着你思考，当"导"到跟一个概念有着家族联系的其他概念上时，你的思维就打开了。

再举个案例。有一次，我的一名学生写大学校园霸凌事件，老学生欺负新学生,学姐欺负学妹。她的角度是"大学里的婆媳关系",那些学姐觉得自己"媳妇熬成婆了",就开始欺负新生了。然后,她的评论围绕"婆媳关系"说了半天,不能欺负人啊,应该尊重同学啊。这样写评论,就被"婆媳关系"这个比喻套住了,跳不出来,思维被局限住了。

如果用思维导图来进行比喻和意象的延伸,想象力就被打开了。比如,如果说这是"婆媳关系",这种关系不正常,那么,一个正常的关系,应该是什么样的?你可能会想到"兄弟姐妹关系",好像"兄弟姐妹关系"比"婆媳关系"要正常一些,是平等的。可再想一想,如果是"兄弟姐妹关系",那谁是家长呢?老师、校长、辅导员?实际上,这还是停留在家长制思维框架中。现代社会的理想关系应该是,人格平等、没有人身依附的公民关系。从"婆媳关系"想到"兄弟姐妹关系",再想到公民间的"平等关系",你就成功地释放了自己的想象力。

角度和论点,往往是在这种比喻和意象的拓展中进行延伸:从看得见的事物延伸到看不见的,从一个层次延伸到另一个层次,从A面扩展到B面,从一个概念想象到它背后的概念家族,从这个概念家族中寻找到与那个看得见的概念相对的概念,这样,思路就完全打开了。思路打开了,才会有观点。

感谢《南方周末》，一篇有缺憾的报道胜过鸦雀无声

黑格尔曾说："密涅瓦的猫头鹰，黄昏时才会飞起。"让子弹飞一会儿，让事情过去一段时间，才会看得更清楚。北大女孩包丽自杀事件，舆论热议好几天了，议题已迭代好几波，从媒介伦理到PUA，从处女情结到名校讨伐，再到这两天对学生会官僚生态的讨论。《南方周末》的一篇报道，能引发如此广泛的讨论，提起这么多的公共议题，不正是一篇报道的成功吗？它踢爆了问题并呈现了复杂性！是的，我接下来要分析，这篇报道存在一些问题，但一篇有缺陷的报道，绝对胜过鸦雀无声和舆论静默。从报道规律看，揭露问题的"第一篇报道"难免承担诸多风险和压力，但起码把问题曝出来了，厥功至伟。

先有报道，再有伦理，率先披露事实者了不起，我一向认为应该对事实突破性的"第一篇报道"少点苛责。

这篇报道受到最多批评的地方，也被视为最大的硬伤在于，详细描述了一种罕为人知的自杀方式。这个确实不应该，我在课堂上与学生们讨论时也提到了这一点。虽然记者描述的是客观事实，但对于这件事来说，完全不是"必要的事实"，完全没必要写自杀方式。记者报道时要进行利弊权衡，如果自杀方式对于完整的新闻事实之理解存在必要，不详细写的话，人们就无法理解这个事件，那就只能写，因为那是"新闻要素"，缺了要素就残缺不全了。凡事都有必要性，法律有"紧急避险"和"正当防卫"，有"现实而急迫

的危险"这个标准，必要性的论证，是记者责任豁免的一套如盖伊·塔奇曼所言的策略仪式。可从这篇报道看，不写包丽的自杀方式，完全不影响人们理解这起悲剧。关于自杀方式的描述，不写完全不影响理解事件，写了却可能引发可怕的效仿，那为什么要写呢？

有细节才好看，但细节描写需要有克制意识，有些电影之所以让人感觉情色味太重，是因为情色细节不是服务于情节理解，而是拿情色当噱头和卖点，渲染刺激感官。细节描述，可以增加真实性和代入感，让"故事"可读性更强，但需要有谨慎衡量社会后果的底线意识。

这篇报道受到批评的另外一点是缺乏平衡，全是女方声音，缺乏男方声音。其实，记者给了男方充分的表达机会，但男方拒绝了采访，这种失衡，是怪不得记者的，只能怪当事人自己放弃了平衡的机会。实际上，这篇文章最大的失衡不在于表面上的"男方缺席"，而在于深层叙事框架上"天使—魔鬼"的结构铺色，细看报道可以发现，描述女方所使用的语言和材料，基本多是正面的，而描述男方时所使用的材料、用语的修辞，基本多是负面的，读者不知不觉就会陷入这种修辞节奏中。在聊天记录的选取中，无论是对学生会生态的描述，还是家庭背景的叙述，都带着立场和观点。

虽然说"一篇客观的报道是自身的最佳社论"，但我是能理解记者在叙事中的这种倾向性的，有时这种倾向性甚至无法控制，面对一个死者（脑死亡），很难不产生情感代入。新闻要追求客观，但很多时候客观性只是一种神话，主观与客观相反相成，一旦抽离了主观性，连"客观性"这个词都无法存在。客观性意味着对单个人主观性的承认，事实的完整呈现绝不是靠一个记者、一家媒体、一篇报道。一篇报道自然带着主观和立场，所以需要多个记者多篇报道的"重叠事实"和"交互印证"。有一个报道和观点的自由市场，让读者自己去判断，单个人并不垄断着客观之表达，这是客观性的关键所在。

呈现真相不是一篇报道可以完成的，但第一篇报道非常重要，它提起了议题。如李普曼所言,"之前一切事实都处于黑暗之中,第一篇报道像探照灯一样,将光束打到了这件事上,引起疗救的注意"。

齐格蒙·鲍曼区分过"立法者"和"阐释者",从报道与评论的关系来说,第一篇报道往往是"事实的立法者",而依附于这个报道的都是"事实的阐释者"。当下媒体生态的最大问题就是,事实的报道者太少,无比稀缺,而蹲守在键盘后做的阐释太多。我在课堂上提出了一个问题,推翻一篇报道的只能是另一篇报道,而不是"口水",伦理是见仁见智的判断,是可以互相抵消的阐释(任何一种阐释总有一种力度相同、来自相反方向的反作用力),拿什么证明一种阐释高于另一种阐释呢?唯有事实才是推翻一篇报道的实锤。至今,还没有一篇新的报道出来去推翻《南方周末》对于基本事实的"立法",这是《南方周末》报道的坚硬所在。

我这么说,不是让阐释者闭嘴,"你行你来呵,你觉得报道有问题,那你来一篇报道呵"。——这不是讨论问题的态度。我是认为,键盘后的"事实阐释者"要对新闻一线的"事实立法者"有某种尊重,不装外宾,不做上帝,用行动的逻辑而不是理想的范式去规训可贵的"第一篇报道"。

(微信公众号"吐槽青年:曹林的时政观察"2019年12月17日)

媒体不盲目乱放信号，盲目扎堆者自然会减少

这两天媒体批评了不少地方人群扎堆聚集的现象。那种跟严峻防控现实违和的人山人海，让老老实实蹲家里的人，有点心惊肉跳。有的地方超市大排长龙，蛋糕、肉类区域水泄不通，停车场转几圈才找到空位。有的地方市民扎堆出门喝茶，视频中人山人海的脑袋，在这特殊时期更让人产生特殊的密集恐惧症。还有某些景区，那种熟悉的扎堆场景，让人产生恍惚，不知今夕何夕，疫情还没有结束吧？拐点还没有到来吧？刚有点儿阳光，就开始灿烂了，这种盲目乐观和没必要的"逆行"，真可能毁掉全民前期的所有努力，真可能让既有的防控努力功亏一篑啊。

忍都忍了一个月了，关键时期，为何会出现这种松懈现象？很多人把矛头指向那些扎堆的人——麻痹大意，侥幸，盲目乐观，好了伤疤忘了痛，关键时候掉链子，甚至骂他们"无知""不负责任"，等等。确实应该引导一种科学、理性、审慎的态度，这个病毒太狡猾了，千万大意不得，这时盲目扎堆，该批评。但我觉得，把板子打到这些人身上，可能有失公允，几个人扎堆，可能是"无知"的问题，但那么多地方那么多人扎堆，就不能只谴责扎堆者了。有些媒体乱放的乐观信号，可能传递了不切实际的期待，让很多憋不住的人做出了误判。加上地方管理不善，形成了那种刺眼的场景。

别说很多不太关心时事的人，就像我这种整天刷手机看新闻，对疫情形势了解比较多的人，面对那些混杂甚至相互矛盾的信息，都有点儿晕，不知

道该不该出门，不知道能不能乐观一下。媒体关于"五连降""八连降""十连降""多日为零"的消息，还有一些公共场所开放的信息，对复工复产的乐观判断，缺乏对防控复杂性的解释，很容易让人产生误解。

前几天一名研究统计学的专家，不客气地批评了媒体关于"五连降""十二连降"之类笼统的用法，既容易误导决策者，也容易让缺乏统计专业认知的大众产生误判。这种数据虽然不假，却是错的。一些城市连降，一些城市起起伏伏，一些城市还在增长，千万不能掉以轻心。

这名专家在《笼统说疫情"十二连降"这种说法的危害性》的文章中说："总体呈现出下降趋势，不代表结论是这个趋势。第一，需要尊重公共卫生学多年的研究经验，尊重科学，因为中国这么大，各地情况非常复杂，'连降'能够持续多久，需要观察，而且以天为计数单位是非常不稳定的，因此这种说法只是所有可能的'趋势'中最好的一个，不宜大规模宣传，至少需要降温。第二，有些地方政府如果因为看到'全国在降''邻市在降''周边在降'，会不会有作弊的可能性，需要特别小心。第三，要在引导开工生产的同时，重视疫情的复杂性。第四，新增病例下降到一定数量之后，会进入一个小的平台期，多多少少差不多，然后才可能确定真正的趋势。当然这只是一个假设。"

这种专业层面的提醒，非常重要，媒体报道不能想当然地说"十二连降"，应该尊重统计科学。这段时期，多少看起来很乐观的判断，最后被现实无情地推翻了？——关于病毒不传年轻人和孩子的，关于元宵节前后是拐点的，关于气溶胶传播的，还有关于潜伏期和基础病的，非常复杂。仅仅根据几天的数据或既有的病例基数，就做出一个趋势性的判断，太容易误导公众了。一些地方降了之后，突然又在盲区出现增长，吓人一跳。持"双拐论"的专家说，有下降的拐点，但也潜伏着上升的拐点，拐来拐去，千万别大意地拐回去。

人们憋家里憋这么久，渴望听到好消息，企业希望赶紧复工，官方希望

"取得成就",赶紧恢复常态。疫情胶着下的这种"好消息综合征",很容易形成一种集体"自我实现诺言",把某个暂时的数字,解读为一种"趋势"。媒体希望做好消息的信使,专家被诱导进行乐观判断,酒店、公园、企业也乐观估计,渐渐变成一种自我放大的乐观螺旋。扎堆的人群,显然是受到了"好消息综合征"氛围的感染,被错误的信号误导,奔向自然,放逐自我。

透明和准确的信息,是公众理性判断的基础,媒体尊重科学,不迎合期待地乱放信号,及时把准确信息告诉公众,公众才会有准确和稳定的预期。另外,管理也要跟上,不能忽紧忽松,没有章法,要么用力过猛,要么麻木不仁。前段时间街上一个人都没有,安静得让人慌,怎么突然多了这么多人?报道说,广元扎堆喝茶事件,多人被追责,该市纪委监委对"人员大量聚集"有关问题进行了调查,对城管执法局广场服务中心领导、文旅集团领导进行了问责。确实应该问责,人群聚集不是人的问题,而是管理的问题,一些地方松懈的管理,也传递了松懈的信号。

(微信公众号"吐槽青年:曹林的时政观察"2020年2月24日)

拒绝妖魔化，国人的世界观别被营销号毁了

事情正在起变化，中国疫情防控虽未到拐点，但形势明显好转，而全球疫情则在升级，多国确诊病例在攀升，韩国破2000，日本近1000，伊朗多名政要感染，意大利形势也非常严峻。这再次说明，抗疫不是哪个国家的事，全球命运相连，这是人类的灾难，病毒是人类的敌人，没有一个国家可以置身事外、以邻为壑，必须摒弃种种偏见分歧、政治心结和意识形态铁幕，从而形成全球性的联防联控。

正如中国抗疫之初某些外国人阴阳怪调的声音、妖魔化中国的小动作，让我们极为反感一样，在世界抗疫的形势下，我们舆论场上某些营销号对外国抗疫的妖魔化呈现和调侃，一样让人反感。看最近的社交媒体上一些自媒体营销号所描述的国外抗疫场景，简直弱爆了：意大利人不会戴口罩，韩国人纷纷逃往外国避难，日本人连抄中国作业都不会抄，新加坡不行了，某国人惊慌失措，某国陷入全国恐慌，某国人为什么还不抄中国作业，某国抗疫的画风简直惨不忍睹，某国人很愚昧地"认为新冠病毒就是普通感冒"，某国流感就是病源，某国疫情严重到让全球都顶不住了。

看这些自媒体带着"幸灾乐祸"调侃口吻的文章，感觉有些国家都快不行了。然而事实并非如此，问了好几个驻外记者朋友，提到这些文章，他们都摇头说"纯粹胡扯"，利用信息不对称和国人对国外情况的不了解，或断章取义，或编造谣言，或夸大其词，拿贬低别人的抗疫努力来滋养和迎合某种

虚荣感，用这样的文章拉流量，太下作。"不会戴口罩"纯粹是选择性截取，所谓"逃难"也是夸张。一个朋友特别谴责了"让外国抄中国作业"这种自我膨胀的提法，自私、狭窄、健忘，对不起国人在这场灾难中的付出，也对不起外国友人的援助和国外抗疫的努力。

确实，都这个时候了，我们的国家和民众付出了如此沉重的代价，可有些人还在用那套自我膨胀的语态，拿代价去炫耀，拿教训当"鸡血"，拿妖魔化别人的努力当调侃材料，利用信息不对称去编段子拉流量，实在让人不齿。

让人忧心的是，我们对世界的抗疫努力，对他国疫情的具体情况，真的知之甚少，正规媒体上只有每天抽象的数字攀升，很容易对世界疫情形成误判。人们对其他国家疫情的了解，很多都是由一些自媒体和营销号传递的，这些自媒体营销号，缺乏公共平台、公共媒体的专业和权威，没有受过专业和伦理训练，缺乏传统媒体新闻生产的规范基因，以流量和营利为追求，热衷于迎合圈层需求，打造爆款，并没有客观、真实和较全面地反映他国在抗疫上的进程和努力。

那些"专供内销"的营销号文章，并非是忠实的信息二传手或忠实的呈现，而是带着强烈的商业变现欲望。一是信源可疑，不是自己采写，不明来源，缺乏核实，没有公信力背书，随意截取某个片段就成文，混入信息不对称的舆论场中，填补了国人对世界了解的空白，却发生了严重的扭曲。二是目的可疑，不是为了让国人了解他国的抗疫情况，让信息自由流动，消除信息不对称，而是用某种畸形的价值观选择性地截取矮化他者的信息，迎合与消费舆论场上某种自大、自媚、傲骄的不健康情绪，从而成就一笔流量生意。三是结果可怕，这些矮化别人的信息在中国舆论场传播，形成信息茧房，外人看不见，不想辟谣，也没法辟谣，国人看不到真实的外界，形成洋洋自得的固化认知。

最坏的结果是什么？就是世界观的扭曲。什么是世界观？是对世界万事万物的观点和看法，可连真实全面的世界都看不见，哪会有靠谱的世界观？

有些人价值观、世界观和方法论的"三观"扭曲，跟信息流动不畅通所形成的信息茧房不无关系。当我看到那些爆款文后面一边倒的"连抄作业都不会"的留言时，很为这些人痛心，他们并不坏，只是信息不对称的受害者。善良的人们，很容易被那些心术不正的吹捧误导了。

应该打破这种信息茧房，我们对世界抗疫形势的了解，不能由那些自媒体和营销号塑造。中国抗疫是一盘棋，世界抗疫也是一盘棋，在报道我们抗疫的努力时，我们的媒体也应该去客观呈现其他国家政府和民众的抗疫努力，不卑不亢，用堂堂正正的专业报道之师，去向国人报道一个真实的图景。伊朗不只是政要染病，普遍人如何面对？韩国不只有攀升的数字，还有国家层面是怎么防止扩散和输出的。"风月同天"的日本是如何面对医疗物资紧缺问题的，新加坡是怎么闯过开始那一关并有效防控的。堂堂正正地去报道，而不是像某些自媒体那样把其他国家当段子调侃，当反衬我们是如何"硬核"的慌乱背景。

如果外国自媒体这样妖魔化我们，我们一定非常愤怒，人同此心，"己所不欲，勿施于人"，请营销号们注意吃相，别用那种下作的姿态去妖魔化别人的努力。国家需要同舟共渡，世界也需要，我们的专业媒体应用良币驱逐劣币，呈现一个全球共同抗疫的客观全景，既能避免我们对世界的误判，提升全球命运共同体意识，也是对他人、对自己抗疫努力的尊重。

（微信公众号"吐槽青年：曹林的时政观察"2020年2月28日）

谣言美学，正能量谣言如美颜般让人上瘾

一名新闻学新锐学者说的一句话，特别精彩，大意如此："信息传播事业的专业基石是'真'，价值基石是'善'，哪个都不能缺。需要警惕的是'美'，因为审美化的信息内容中往往隐藏或掺杂着各种类型的东西。"——对于"美"，确实应有这样的警惕，真善美的日常表达，不是随意排列，而包含着一种先后的价值次序，"真"有着最高的位置，"美"处于末端。我在《时评写作十六讲》中也再次重申了这个专业主义原则：一事当前，先问真假，再说是非，后说利害。审美中往往包含着利害。

最近就看到一则看起来挺"美"的传闻，说"陈薇院士先试疫苗第一针"，一张陈院士被注射药物的图片配文说，"陈院士团队研制的疫苗已进入临床阶段，第一支新冠病毒疫苗，今天注射到陈薇院士左臂，专家组七名党员也一同注射"。照片和配文在网络疯传，不过很快被辟谣，疫苗的研发周期是很长的，陈院士注射的根本不是疫苗，而是前段时间出征武汉一线前所注射的提高免疫力的药物。此前媒体报道，各个疫苗研发团队都在夜以继日争分夺秒，最快的疫苗力争在4月开始临床试验。

有一种美学，叫"谣言美学"。这则谣言就符合那种美学的审美特征，无论是照片，还是文字描述，及其传递的意义和对公众痛点的把握，都充满"美感"，所以能够轻易俘获公众，以几何级数的速率在社交媒体刷屏传播。谣言美学具有四个特征：第一，大众期待看到的；第二，形象直观的；第

三,假中有一点儿真;第四,有一个善良的意图。显然,这则谣言,是用美学化的方式对公众期待的精准喂养。这种谣言美学,常常有恃无恐,因为其意图之"美",虽然是假新闻,蒙蔽了很多人,但很少受到追究。

美学化的谣言,也叫"正能量谣言"。近段时间,不少带着谣言美学特征的正能量谣言广为传播,比如鸭视频的传播,说邻国遭受蝗灾,我们有企业捐了很多鸭子——十万"鸭子军团"出征助力灭蝗,有图有真相。不过这一消息很快被证明是一条乌龙新闻,是否派出鸭子,农业专家还在论证。还有羊视频,说蒙古国向中方赠送了三万只羊,这些羊已经在来中国的路上了,有视频为证。——无论是鸭视频,还是羊视频,都带着一种美感,包含了友谊、关爱和善良,充满了温暖人心的正能量。

可惜网民太急了,无论是鸭视频,还是羊视频,其背后的事都不算假,确实有企业想捐鸭子,也确实有三万只羊的事,但鸭子灭蝗还在论证,羊还在落实,视频都是假的。这也算是新媒体时代的一种传播景象——不在场却热爱用图文并茂去渲染的人,急于用"有图有真相"的在场呈现,用承载着意义想象的"美"图去证明真相,结果是让"图像"跑在了事实前面。呈现是后发的,报道往往是对已发生之事的还原,所以新闻专业主义的一个要求是,图像和视频应该在事实之后,而不能跑在事实前面。谣言美学的另一个重要特征是,改头换面、偷梁换柱,将粗糙的事实美颜化,或用美好的意图去想象一个可能会发生的事实。

谣言就是谣言,加再多的修辞,也是谣言。让人担心的是,人们往往容易吃"修辞"那一套,以泪掩错,以萌遮丑,以修辞和美学糊化事实,人们往往就失去了判断。其实,这世界上很少有谣言是赤裸裸的,正如那些丑陋的东西,必然会拉上人们热爱的形容词做排场,用某种貌似正义的修辞为之背书。当谣言被美学化,加了某种正能量的意图,人们就被麻醉了。美颜化的事实、美学化的谣言,如手机中的美颜效果那样让人上瘾,让人陶醉,让人欲罢不能。

回到刚才那几个被美学化的谣言,院士第一个打疫苗,虽然给我们带来了信心和希望,但却是假的。疫苗还在研制,盲目乐观,只会带来对疫情的误判和防控的松懈。鸭视频、羊视频,预支着还没有发生的"正能量",当拔高的事物被现实还原的时候,只会带来尴尬。

实事求是,实事求是,实事求是,这种品质和追求对一个社会永不会过时。对种种美学化的正能量假象——形式主义的、官僚主义的、煽情主义的——只要违背事实,就应该勇敢地喊出来:假的、假的、假的。

(微信公众号"吐槽青年:曹林的时政观察"2020年3月6日)

新闻学院不是帮着大学擦舆情屁股的

每当一所大学出现舆情时,总听有人说:"这所大学不也有新闻学院嘛,而且是很牛的新闻学院,有很多顶尖教授,为什么真应对舆情的时候如此差劲,闹出这么多笑话,看来那些理论真是纸上谈兵啊,连自己学校的舆情都应对不了,还怎么跟学生讲课?"

每次听到这种声音,我都忍不住跟这些人解释半天。第一,新闻学院不是教人应对舆情的。第二,不要高估了新闻学院在一所大学形象塑造和舆情应对中的地位,如果新闻学院教授的话真有人认真听,新闻规律受到尊重,媒介和传播素养得到普及,大学也不至于有那么多舆情了。第三,新闻学院是大学的学术分支,新闻发布部门是学校的行政分支,两者严格区分且多没有交集,功能分殊,不要想当然地认为两者是一体的,觉得新闻学院要为大学的舆情应对负责。

总有一种根深蒂固的误解,认为出了舆情,舆情没应对好,是宣传部门和应对者的事。不是这样的,出了负面舆情,受到公众普遍批评,往往首先是事情没做好,应对只是一种"事后弥补",应对得好与坏,不是"新闻发言人说得好与坏""公关文本写得好与坏""对媒体的态度好与坏",而是事情做得好与坏。公众不是傻子,你事情没做好,暴露的问题没解决,光靠公关技巧用得溜,态度装得很真诚,写得一手好文稿,就能过关吗?不会的,大家笑一笑,会继续扒。大学出现舆情,首先是事情没做好,这是根本问题,不关新闻学院和新闻发布部门的事。

所以，千万不要对"舆情应对"有不切实际的期待，认为有顶尖的舆情应对专家，就能把舆情摆平。专业人士往往是建议"怎么做"，关键还是在涉舆情部门"做了什么"，然后把所做的与舆论及时、诚恳地沟通，决定舆情进程的不是某个"舆情应对大师"，不是新闻发言人说了什么，而是"做"的努力。新闻发布和新闻发言是一种呈现，把公众看不见的官方努力和"线下所做的内容"呈现出来，这个"做的内容"决定了舆情走向。以萌遮丑，玩幽默抖机灵来回避问题，用公关套路忽悠大众，这一套越来越不行了。

不要说牛的新闻学院并不对应着牛的大学舆情应对力，即使这所大学有很多公关专家和舆情应对大师，也并不对应着强应对力，因为决定舆情的不是这些人。舆情只是一种应激反馈，行动产生反馈。解决了问题，回应了诉求，"技巧"能够锦上添花，而如果问题没解决，诉求总被回避，"技巧"反而让人反感。所以，这些大学出现舆情，并且在回应时那么差劲，跟新闻学院的强弱八竿子打不到一处去，锅不能乱甩。

从专业谱系的角度看，新闻学院本身跟舆情就不是同质的。新闻传播专业确实有舆论学的分支，但舆论学的核心并不是"行政控制"取向，而是研究舆论传播规律。公共关系和公共传播的核心也并不仅仅是"舆情应对"，不是功利性地"摆平某个具体负面"，而是一套关于与公众和社会构建友好关系、塑造良好形象的策略体系。当然，可能也会有"舆论引导"的咨询功能，但这种"咨询"也是基于"怎么做而提供一种建议"，关键还是"做了什么"。建议者提再好的建议，决策者不去做，实践中没有行动，还是不行。

随着新闻传播学科的边界扩张，新闻学院其实早不像过去那样"专业血统纯正"，以传统新闻学为底色的已经很少了，而混合了传播、公关、舆论、广告等，但无论如何，"新闻传播学"的学科规定性使这个大熔炉里的每一个方向都会自带新闻基因，即"尊重事实、面对事实"。无论是传播，还是公关，抑或是舆论舆情，都要遵守这个本体承诺。我相信这些新闻学院的老师在跟相关部门讲舆情回应时，都会强调事实的重要性，强调新闻规律的重要性，哪怕真话不全说，也不能说假话。新闻学院的教育使命，一定是不会背叛"事实"这个专业生命的。记者，是挖掘真相；传播，是研究事实呈现和传布的客观规律；新闻发布和舆情回应，是面对事实，尊重新闻规律，看到真实的反馈，了解公众痛点，与媒体合作，用真正的行动去化解冲突，形成正反馈，这也是传播素养和媒介素养的核心。

理解了这些，就不会说"有新闻学院怎么还应对得那么差"了，毕竟，新闻学院不是帮所在大学擦舆情屁股的。大学其实也深知这一点，不会把新闻学院的研究和大学舆情应对搅在一起，学术是学术，行政是行政，这样严格分开，挺好。

（微信公众号"吐槽青年：曹林的时政观察"2020年7月23日）

看待洪灾别带美颜和远景视角，这是起码的良心

抗洪救灾，跟抗疫救人一样，都是拼命，只不过战场上换了战士，从白衣战士换成浑身沾满泥泞的战士。在洪水中泡了很长时间，消防员发白发皱的手脚，让人想起医护人员被防护服捂了一天满是勒痕的脸。水里泡了一天，抗洪官兵裤腿里灌满了水，那段伏地倒出水的场景，触动很多人的泪腺。安徽歙县茶企3000吨茶叶被泡，老板痛哭的场景，让无数人一起揪心。越是让自己进入这些灾难语境中，体会灾难之痛和救灾之艰，越会明白，那些在洪水之外带着美颜和远景视角看洪水的段子和心态，那些瞎抒情、乱唱高调的灾难美学，那些不合时宜的调侃，真让人无法忍受。

今年南方洪灾来势汹汹，也特别牵动着举国上下的神经。一来，洪水确实严重，很多地方水位超1998年；二来，开始注意力似乎都在疫情上，突然发现洪灾是更"明显而即刻的危险"，逼着人们去关注和重视。有些人身在洪灾之中，经历着不可承受的灾难之重；有些人远在洪灾之外，在朋友圈里刷屏的视频中围观着漫堤的大水。无穷的远方、无数的人们、无边的洪水，和我是怎样一种关系呢？

反感那些消解着他者灾难之痛的段子，我没看到什么机灵和智慧，看到的只是冷漠无情和麻木不仁。洪水导致湘江和浏阳河出现了分层，"鸳鸯锅"的调侃盛传。大水淹没街头，有人修图说："只要心态好，门口就是巴厘岛。"泄洪的场景被"网红"当成现场直播的"美景奇观"，调侃"下游人民不缺安

江鱼吃了""大自然的搬运工被大自然搬走了"。村民的整幢房子被洪水冲走,欲哭无泪,而到朋友圈里就成了段子素材:"这套房子目前在苏州境内,等漂到上海,就不是这个价了。"

这种笑不出来的段子背后让人读到的是:无穷的远方、无数的人们、无边的洪水,跟我有什么关系啊,来,给哥笑一个。

想起埃德蒙·伯克在《关于我们崇高与美观念之根源的哲学探讨》中谈到"崇高",他认为崇高起源于任何"可怕类"的事物,只要观察者处于远离危险的安全情境下,他就能将在其他情境下是痛苦的惊骇体验为"愉快的恐惧"。巨大的瀑布、狂风暴雨、电闪雷鸣,或大炮发出的声响,可能会引发崇高的激情,所有这些事物都会激发起"心灵中伟大与敬畏的感觉"。——可是,处于远离危险的安全情境中的人们,能不能克制一下这种"愉快的恐惧",压抑一下那种自私的审美愉悦,稍微有些悲悯,对他者"痛苦的惊骇"有一丝同情的理解。

视角背后是良心。从美颜和远景视角看,如果没心没肺没温度,确实容易把洪水看成"波澜壮阔"的审美对象——飞流直下三千尺,一望无际的看海景观。什么是人文主义和人本关怀?就是在自然景观的审美愉悦中看到人,在事不关己的抽象崇高激情中看到具体之人的命运,并形成在自然面前人的命运关联感。远景和美颜、朋友圈场景、无人机航拍、俯冲式掠过、宏大的画面、抒情的音乐,很容易消解灾难中具体人物的具体痛苦。所以,关闭心中的那个美颜和远景之镜,让自己的眼睛伸到具体之境,设身处地将心比心,才能跳出那种审美的冷漠。

反感那些没心没肺的段子和调侃,更反感一种如"冠状君"那样"赞美灾难"的"灾难美学"。看到一篇文章,那种抒情的调子,简直让人反胃。这篇文章题目叫《洪灾也不是一个彻头彻脑的坏东西》,说洪灾激起了人们的昂扬斗志,让人们同舟共济同甘共苦,催化出许许多多感天动地的故事。——我理解,这种文章本意并非赞美灾难,而是用反衬的修辞法凸显人们在灾难面前的战斗力和凝聚力。可在这种战斗和凝聚的背后，付出了多少的牺牲，承受了多大的代价？多少百姓家园被毁无家可归，多少积累瞬间付之东流？这么从"坏事"中总结灾难"好的方面"，是对受灾百姓的不敬，对付出巨大牺牲的抗洪军民的不敬。灾难都是坏的，都是百姓无法承受之重，我们的战斗力和凝聚力，永远不需要通过灾难去反衬，灾难中的努力都是在拼命。

这种自我感动的灾难美学，显然也带着美颜和远景视角——站在远离灾难的地方，用宏大的视角看灾难；语调貌似充满激情，实质是一种冷漠，眼中没有人。到水里泡一下，到废墟上走一下，感受一下房子被冲走、家园被毁的绝望，就不会用这样小清新的调调去抒情了。当你就灾难发声时，你的内心是在面向谁？面向领导邀功，面向拿着手机看视频的悠闲者，还是面向受灾的人？你觉得一个正承受灾难的人会有心情跟你一样拟人化地抒情？甚至抖无厘头的机灵、卖小清新的萌吗？

收起审美，卸下美颜，拉近远景，在心理上走进受灾之地，在情感上跟受灾者站在一起，忧他们所忧，帮助他们解决实际问题。做不到这些，起码可以做一个静默的凝视者。

(《中国青年报》2020 年 7 月 14 日）

没想清楚的话，劝你最好别报新闻专业

好几个学生在公众号留言问我，"比较喜欢新闻，报新闻专业怎么样？工作好找吗？有竞争优势吗？做新闻有前途吗？收入怎么样？"他们有很多的疑问。几年前面对这种咨询，我一般都会鼓励一下，"煽动"一下其新闻理想，讲一些新闻专业的优势，聊聊不得不报新闻系的N个理由。后来总担心这种信息不对称的描述会误导很多孩子，让他们对新闻产生不切实际的期待，入行后产生巨大的心理落差。所以如今面对这些问题时，我一般都会说，如果没想清楚的话，劝你最好还是别报新闻专业。

倒不是我人近中年失去新闻激情了，我爱新闻如初，只不过是希望正在做人生重大抉择的孩子对这个专业能有信息对称的、深入的了解，不要被表面的职业光环和流行误解所迷惑。虽然大学读什么专业，未来并不一定会进入相应的职业和行业，新闻专业毕业后进媒体的越来越少，但我一直以为，大学专业与最终从事的职业不对口，是挺遗憾和浪费的事，有专业积累的对口就业，可能更容易成功。如果在起点上选择专业时能有较清晰理性的判断，更能不走弯路地对口就业。

很多人选择新闻专业，是觉得"做新闻很风光"，经常能出现在电视上，名字出现在报纸上，在重大事件中发出声音，在亲友熟人眼中傲然是个人物，比一般工作更容易成名。这其实是站在行业外看新闻业的一种幻觉。新闻人只是新闻的记录者和报道者，新闻人的名气，很多是附着于所报道的新闻之

上的,一个报道重大外交事件的人,新闻所产生的影响是"爆炸性的外交事件"带来的,而不是报道者。美国社会学家赫伯特·甘斯在《什么在决定新闻》中也提到这一点:"新闻媒体的主要角色是信息的传输者,例如,如果他们报道失业增加的新闻,其产生的效果源于失业,而非源于报道。"名气的另一个重要来源是平台和机构,一篇报道、一种声音,往往因为发在特定平台才产生特别效果,别误把平台当自己的本事。

明白这一点,就能克服很多自恋。干这行干久了,很容易产生一种"我很重要""我身在舆论中心""聚光灯对着我""我的一篇文章打掉股市多少点"的职业自恋,滋长一种自我中心主义和个人英雄主义,摆不正自己的位置,不知道自己几斤几两,有点虚名就膨胀。不知道报道者的名气是依附于新闻和平台,产生一种凌驾于新闻之上、冲到新闻中心让自己成为新闻的精英自负,并因为这种自恋和膨胀而翻车的人太多了。

实际上,这行在"成名"问题上是很残酷的,干得越久越知道,这行的"名气"更多地会产生一种反噬的力量——当我们做对了,没有人会记得;当我们做错了,没有人会忘记。你在报纸上写千篇报道,可能都很难让人记住你,但哪一天你的标题错了一个字,白纸黑字删都删不掉,立刻会成为全网群嘲的对象。你的第一篇"10万+"的文章,可能是丢人现眼的"10万+"。当然,这个行业有不少名记者、名编辑、名评论员,但没有一个"成名"的过程不经历了舆论的锤炼、不需要从业者有面对争议的强大内心。克服那种"光环加身"的自恋和辉格式的成名想象,才会在自己面前树起一面平滑的专业之镜,有一颗平常的入镜之心。

再说说这个专业的"学问",这更要想清楚了,否则以后自己会因为大学四年没学到什么而找不到工作,再反过来怪这个专业。常有人说"新闻无学",真的"无学"吗?不是这样的,"有学",而且很有学问,但这个专业的学问并不像社会学、历史学、经济学那样有一个稳定而坚固的学科内核,可以对外专业的人形成垄断和排他门槛。新闻的专业知识不是"内向内敛"的垄断,而是外向的开放,是围绕未来所报道的新闻而进行的知识积累。——你要为未来能报道这个社会而进行充分的知识积累,你必须在大学博采文史哲的知识营养,让自己有一个坚固的知识金字塔基,才能驾驭未来无数不分专业领域、纠结着很多社会因素、涉及众多社会问题的新闻。这种建立在文史哲整体知识塔基上所形成的对整体事实的敏锐洞察力,就是新闻之学。

新闻教育家詹姆斯·凯瑞曾说,新闻是一种特殊的社会实践,他借用已故历史学家奥克肖特对历史的定义——"定位于过去的真实之整体",来给新闻下的定义是:"定位于现时的真实之整体。"——每天变化多端的新闻,不会按经济、政治、文化、国际、体育、社会的领域去分,它的事实本身是一个整体,是社会整体真实的一部分,所以需要文史哲的宽阔视野。新闻专业的训练,就是以文史哲的通才为基础,在实践中去训练"认知现时真实之整体"的新闻思维,"专业知识再生产"远高于专业本身,专业积累很大程度上依赖于学生积极、主动、创造性的再生产能力。习惯专业上的自闭和内卷,没有以文史哲为基础的通才积累,抱着几本新闻专业的书就想学好新闻,以考研式的知识点结构去积累新闻专业知识,那,就算了吧。

常有人说,学新闻缺乏专业自信,容易有专业上的挫败感。如果你寄望着这个专业能给你很硬的专业知识,从而去树立自信,那就错了,这个专业的自信,需要你自己在大学开放的知识场域中去树立。新闻专业给你创造了自由宽松的氛围、开放的实践平台、"见什么都不怯"的专业气场,还有专业主义精神的启蒙和熏陶,但更多的专业资本和学问架构,需要你自己去填充。一所大学的新闻学院,往往是这所大学选课最自由、管理最宽松、最尊重学生自主选择的学院,这种自由用得好,能通过四年的培养塑造出一个有自由灵魂的通才,用得不好,那就是什么也没学到、去媒体就业时被其他专业学生碾压的庸才。

最后想说的是"干",懒人不适合学新闻,新闻是勤奋的人"干出来"

的,而不是在电脑前憋出来挤出来的。有一种误解,觉得新闻是"耍笔杆子的",大错特错。在这行要干出名堂,写出可以让自己在此起彼伏的热点节奏和残酷的新奇追逐中免于焦虑的代表作,需要极度的勤奋。用脚采访,用笔才能还原,脚力高于脑力和笔力,这是金规则。培根在《新工具》中提到知识的三种生产方法:"凭借经验漫无目的收集的搬动材料的蚂蚁,用内部体液编织网格的经院式蜘蛛,用采来的花粉酿制蜂蜜的蜜蜂。"——新闻人的知识生产更像是蜜蜂,蜜蜂不仅隐喻着一种生产方式,更隐喻着勤劳。你必须不断飞去采花粉,才能酿出蜂蜜。

一个名记者曾说:"我遇见过许多幸运的记者,但我从没遇见到一个懒惰却又幸运的记者。"独家新闻的发掘看似是幸运的偶然,实际上是辛勤积累的产物,独家只垂青勤奋的家伙。新媒体时代容易让人产生一种幻觉,好像坐在电脑前就能编出篇爆款,微信聊几句、打个电话、翻几条微博就能写篇新闻。如果这样来看待新闻,完全不必读新闻专业,随便读个什么专业都可以,然后自己去玩自媒体,搞内容变现,即使会很辉煌,但缺乏专业主义训练,终有以"一个寒门状元之死"那种方式爆雷的时候。

另外,虽然理想在当下受到嘲讽,但不吹不黑,干这行还真需要点儿理想。理想是什么?它是一种比饭碗追求高一些的东西,"有梦想使生活变得可以忍受"(Having dreams is what makes life tolerable),新闻并不是一个每天都面对新奇之物的行业,相反,它会有不断的重复,如热点的重复、问题的固化、框架的重复、程序的重复,这些重复常常带来周期性的职业疲倦,而理想,可以让自己在这个行业走得稍远一些。理想,不是一个自我感动自我美颜的自恋之物化对象,理想不是物,而是把自己从某种物质利益锚定中解放出来,在公共追求中与他者产生意义关联的超越性思考。小清新们还没有接触新闻,会对新闻有很多美好想象,会被一些英雄主义的"扒粪"故事搞得热血沸腾,但这些并不是理想,而是幻想,脆弱得很,大三大四时就碎了。经历过冲撞和打击,仍保持着相信,那才是理想。

想清楚这些之后,再在人生重大选择的那一栏写上——"新闻"。到大城市,到最好的新闻学院,与一群自由奔放的灵魂相遇。

(微信公众号"吐槽青年:曹林的时政观察"2020年7月26日)

一个杀妻碎尸案可以反思出多少大道理

一个让人毛骨悚然的惊天血案,对公众形成的心理冲击,可能会持续一段时间,而现代媒体从悬疑、探访、追踪、反转到侦破的全景直播所烘托的氛围,加剧了这种冲击。警方的通报虽然比较干巴,但加上媒体既有报道所"拼凑"出的事实,已经足以让公众震惊。"深夜""碎尸""2吨水""化粪池""绕过所有监控""找不到线索""冷静受访",这些词也足够拼出一个冷血恶魔的模样。

自媒体太多,记者太少,事实不够用。每次这种事件发生后,舆论场总会产生一种我称之为"观点爆炸性挤兑"的现象,即在反常带来的巨大的愤怒、恐惧、焦虑之下,人们急于找到一种确定性的解释,然而有限的碎片事实又无法给出这种解释,于是便出现阐释的狂欢。看看一个仍云山雾罩的杀妻碎尸案,已经被反思出了多少大道理了:"男人都不是好东西,我说别结婚吧?""防火防盗防老公""父母反对的婚姻别坚持,最终会证明父母是对的""不要贪图帅不要迷恋甜言蜜语,该离早点离,别谈什么冷静期""知道女人必须有一份工作的好处了吧,否则死了都没人问"……

道理一套一套的,好像全民都成了婚姻爱情专家、男人专家。这让我想起去年某地一男孩跳桥身亡后,满眼刷屏的是"毁掉一个人,一句话就够了""很多自杀,往往都是他杀""你的语言暴力,终会变成杀伤孩子的凶器""父母对孩子的尊重,才是最好的家教""在我跳桥之前,我已经死了""父母的气话，是插在孩子胸口的刀"之类的口水化感慨，俨然都成了教育心理专家。八达岭动物园的老虎咬死人之后，大家仿佛又都变身为"女性情绪专家"："比老虎咬人更可怕的是女人的情绪化""血的教训告诉你，女人的性格决定一家人的命运"。

我注意到舆论场的一种怪象——一方面对一线记者百般挑剔，容不得事实呈现过程的半点儿误差，另一方面却又对抽离事实的"扯淡式反思"万般宽容，太容易被带节奏，跟着那些偏执的情绪节奏一惊一乍。前方记者稍有点问题，比如前方记者报道了从某个信源获知的"化粪池中发现尸体"，官方否认了，然后媒体被骂得狗血淋头，可后来事实证明媒体没有造假，报道并无问题。他们装出对事实无比忠诚，却对种种缺乏事实支撑的感慨那么随意地相信。

这些是有反思价值的道理吗？当然不是，跟反思没有关系，而只是"口水"和情绪，是"故事会"式的随意感慨。"摆事实讲道理"，所谓道理，是需要事实支撑的，论点不能超过论据所允许的限度，也就是说，有一分论据说一分话，有三分论据说三分话。这个案件引发了不少关于恐婚的感慨，可这事儿跟结婚有多大的关系呢？婚姻是一种古老的制度，有多少婚姻会变成这个样子？单身就不会遇到这种恶魔了吗？哪里有数据支撑，这种恶性案件多数是枕边人干的？仅仅根据报道提到女方父母曾反对这门婚姻，就断言"父母反对的婚姻别坚持"，也太扯了。还有什么"女人必须有一份工作"，更是离题万里。此案的一个关键是女方家人的坚持，但只要有亲人，多少亲人不去坚持呢？

判断一种说法是不是有道理，有两个简单的标准：第一，看能不能推而广之应用到同类事情上，换到另外一件事上能不能站得住脚。仅适用某个个案的说法不叫道理，而叫随感或"口水"，道理应该有一定的普遍适用性，能够在另一件事上也成立。网友有一句俏皮话叫"性别互换、评论过万"，也是检验的一种方式。第二，看有没有统计数据和完整事实来支撑，"完整事实"

非常重要，一个事件的发生，它是有自身完整的因果链条的，仅仅根据某个脱离整体事实的细节就进行归因，肯定是扯淡。他们是夫妻，他们是二婚，男方是退伍军人，女方有一套房，女方家人曾反对这门亲事，男方看上去对女方挺好，两人有过口角——这些都属于脱离整体事实的非决定性的、支离破碎的个案性细节，截取相关的碎片细节去归因，总结出一个大道理，基本是胡扯。

杭州女子被杀案后，诸多讨论讲的并不是道理，而只是基于个案的阐释狂欢，是截取细节的胡乱感慨。这种感慨，是对一个惊悚性案件的消费，而没有对事实、道理和反思的"生产"价值。人脑是一部需要因果确定性的机器，凶案对公众心理产生巨大冲击，人们急需要一种解释来消除案件带来的恐惧和不确定性，可既有的事实无法给出一个靠谱的解释，于是这些感慨便在某种程度上起到了"替代解释"的效应。阐释的狂欢满足了一种情绪，仿佛找到了一种解释，其实都是脱离事实的"伪反思"。这些"伪反思"利用着人们面对凶案的恐惧和焦虑，营销种种歪理。那些歪理，平常是没人信的，但被凶案这么一吓，很容易就吓住了。你品你细品，那些歪理，很多是半编半吓的——你不信就等着那什么吧。

事实越模糊，越便于扯淡。真相完全大白时，就不容易扯淡了。其实，最应该有的反思是在事实调查清楚之后，媒体一般会在一两个月后有事实翔实的深度调查出来，可那时候，热点早已过了，人们可能早就没有阐释的兴趣。最模糊的时候最热情，最清晰的时候却失去了兴趣，背过身扬长而去，消费新的热点。

（微信公众号"吐槽青年：曹林的时政观察"2020年7月27日）

贺平安早受些舆论监督，就不至于活成全民笑话了

中纪委网站发文《如此平安太荒谬》，不仅痛批《平安经》背后的拍马之风，更指向出版流程，追问"都是谁来买这样的书"，真是问到要害了。很多人戏称"中纪委发来'贺电'，贺厅长看来没法平安了"。我不认为这是什么反腐信号，而理解为这种"垃圾"真是犯了众怒，谁也忍不了自己的智商被这样侮辱。"1岁平安，2岁平安，3岁平安"，脑子进了多少水，才把这些内容出书并当宝贝让人吹捧。这几天一直忍着没评论这事儿，实在太荒唐，不想让这种荒谬的题目拉低了我的评论水位，但实在忍不住啊。

有人说，这贺厅长心里难道真没数啊，真不知道这种《平安经》是"垃圾"吗？稍微有点数，也不至于制造出这样一个娱乐全民的笑柄。你还别说，我相信贺厅长是真诚的，真诚地觉得这是神一般的创意，前无古人后无来者。——活在肉麻的吹捧中，整天被下属、被求办事的人、被朋友圈有所求的人点赞，写什么都被捧成惊世之作，放个屁都真香，双博士、专家、诗人、神警，久而久之，还能指望他有什么"数"呢？看看当地媒体、专家和官方微博把那本"垃圾"吹成什么样了，公开吹都能不要脸地吹捧成那样子，私下朋友圈里不知道有多肉麻，被捧成什么奇观了。

可以想象，多少个平常的马屁，多少次语言的贿赂，多少个炫丽"彩虹屁"的经年铺垫，才酝酿出这样一个惊天动地、天雷滚滚、震撼全民的"轰天屁"来。毫无疑问，贺同志通往仕途终结之狱的道路，最终让他丢人现眼

的，是日常无数的马屁铺就的。今天的全媒体围观、全民群嘲，其实已经算不上是舆论监督，而是要命的"舆论打虎"，属于休克式毁灭式舆情，假如贺厅长平常早受些舆论监督，活在有刺有批评的正常环境中，而不是为自己营造一个马屁包围、吹捧环绕的温暖区、舒服区，日常有所敬畏和忌惮，写几句歪诗的时候就有人挑刺说"这写的什么东西啊""劝君多读书""自娱自乐开玩笑还行，就别出版了"，何至于如今丢这么大的人，遭遇这种形象毁灭性的、别无他法唯有撤职以谢天下的舆情？

有人不喜欢舆论监督，觉得有些话听着刺耳，爱听吹捧。唉，千万不能等闹出这种笑话时，才明白舆论监督的可贵。最坏的人是哪种人啊？就是明明你错了，明明你可能出丑，他还在夸你，把你捧成一朵花，惯着你的虚荣，惯出大毛病，等着你出大丑。就像《平安经》这样，不就是用心险恶的吹捧惯出的大丑吗？真爱，负责任，看到你出了问题，才会直言不讳地批评，帮着你改正，从而避免这种无可挽回的大错大丑。舆论监督，平常扮演的就是这种真诚、负责任的真爱角色，让你看到真实的自己，在监督下有所敬畏，这样才不会出颠覆性、翻车式的大丑。

我猜，这个贺厅长的朋友圈里肯定没几个记者，要是有的话，至多也是本地或者行业媒体的"自己人"，更多的是同行、下属、学界利益相关者和有求于自己的人。这种朋友圈，是最容易惯出极端自恋型人格的圈子。不管你发什么，肯定都是齐刷刷的点赞、一边倒的吹捧，捧得你通体畅快无比舒服。一开始可能还有点清醒，觉得别人是奉承，可整天活在这氛围中，被权力遮掩和自我营造的"彩虹屁"世界所催眠，陷入幻境，渐渐就以为是真的了，不知道自己几斤几两，不知道他者的真实评价为何物。可能只是随意说了一个《平安经》的创意，立刻被下属夸张的神态"惊为天人"，便被马屁煽动起来，造句神作一气呵成。

出版社嘛，本系统的领导出书，怎么会拒绝呢？有人花钱出书，又肯定有人买，定多高的价都有人买，为什么不出呢？层层吹捧，群丑恭维，越吹越膨胀，越吹越以为这真是堪与老子《道德经》比高下的今世巨著。这个膨胀的过程中，朋友圈没有一个人告诉贺厅长真实的反馈，于是乎，必然就膨胀到非炸不可的程度了，挡都挡不住。

如果贺同志的朋友圈里有一两个刺儿头记者，有几个"杠精"媒体人，有几个没有利益关系、没有所求、日常之交淡如水的人，看到这种"垃圾"，肯定会忍不住提醒的。说句不中听的话，抬个让厅长不高兴的杠，来几句扫兴冒犯的批评，拉黑就拉黑呗。如果贺同志生活的媒介环境中有正常的舆论监督，知道有批评者盯着，有不同声音的提醒，怎么会发展到今天这种"对外界评价完全无数"的媒介低能程度？出这么一大丑，这时应该知道舆论监督的好处了吧。

评价一个官员的媒介情商，看他朋友圈中有多少记者就行了（我说的是真记者），如果再多几个利益无涉的外行人，就更好了。这种开放的朋友圈环境，能帮一个官员形成真实的自我评价，看到真实的反馈，避免活在自我美颜的环境中，避免成为早晚翻车的"傻白甜""低级红"和自恋狂。什么是舆情？舆情实际上就是一种反馈，如果总是对他者的反馈无感，舆情会以让你不舒服、不可控的方式暴露出来。如果一个人平常经常接收到真实的反馈，就能对自己、对外界、对所做之事、对他者评价形成一种准确的判断，能绕过很多舆情陷阱。什么是情商？情商就是对他者的反馈有精准的把握，从而做出有分寸感的合宜言行。活在美颜环境中，整天被拍被捧，接收不到真实的反馈，久而久之，对反馈就失能了，最后活成贺同志这样的笑话。

多么痛的领悟，毁掉一个人最损的方法是什么？让他活在马屁中，最终活成大笑话。什么才是真正应念的《平安经》？舆论监督，舆论监督，舆论监督啊。

（微信公众号"吐槽青年：曹林的时政观察"2020年7月30日）

美颜和磨皮：融媒体官宣评论的"低级红"陷阱

我曾写过一篇题为《"高级黑""低级红"的十种逻辑，远离这些坑爹货》的技术帖，分析了"高级黑""低级红"的逻辑框架，其中一种叫"坏事好评式低级红"，就是硬想把坏事洗白成好事，从公众深恶痛绝的丑恶和伤痛中"辩证"出美感，美公众所丑，强作美颜，结果翻车，对"红"与"黑"缺乏界限感、分寸感，形成"高级黑"的效果。前段时间，某地官方公众号那篇引起全网群愤的《洪灾也不是一个彻头彻脑的坏东西》，反向称灾难"激起了人们的昂扬斗志，让人们同舟共济同甘共苦，催化出许许多多感天动地的故事"，就属于这种"高级黑""低级红"。

全网群嘲群愤，我觉得这名小编一定感觉很委屈，他并无恶意，只是想用一种特别的话语修辞来表达那种"洪灾让我们守望相助众志成城"的正能量告白；并不是想美化灾难，只是用灾难背景衬托民众抗灾行动，用洪流反衬洪流，没想到公众有那么强烈的抵触。这种委屈和判断，体现了基层舆论系统和县级融媒体的很多小编对舆论场的认知隔膜，思考问题完全没有跳出"朋友圈"格局，没有站在网络舆论场的整体格局来看信息发布和舆情痛点。

传统的信息发布，有媒体这个中介，有媒体人基于新闻传播规律判断的专业把关，而如今政务新媒体发达，部门甩开媒体中介，充当发布者，直接面向受众。对于新闻和舆论经验丰富的人，这不是问题，他们的新闻素养使他们能驾驭这种"直接面对公众"的岗位。而在一些缺乏新闻传播经验的基层,却埋下了一些舆情隐患,小编由通讯员、内宣员、机关写手、办公室材料高手转化而来,缺乏新闻经验和对网络舆论场的整体判断,思维仍停留于"机关内宣"层次:以领导为传播对象,以朋友圈为传播半径,以"自己人"为受众圈层,以"准备接受好评"为心理预期,意识不到互联网的波谲云诡和朋友圈外的多元复杂。

《洪灾也不是一个彻头彻脑的坏东西》显然是在这种思维框架中写出来的,把关的又都是"自己人",没一个人觉得有什么不妥。现在一些小编,学到了新媒体的一些技巧皮毛,却缺乏实质的把握和"时度效"分寸感。不错,新媒体不像传统主流媒体那么庄重正经,网民也对抖机灵玩噱头和标题党喜闻乐见,灵活灵动是新媒体的特点。但听课不能只听半句,我还讲过,不是什么事情都适合抖机灵和玩梗,媒介情商的关键就是基于场景和情境的判断。如果是好事,是普通正面新闻,新媒体可以玩梗,皮一下,调侃一下,绕一下,卖个萌,耍个幽默,弄个辩证法,制造个冲突;但如果是一场灾难,是一件坏事,是一个悲剧,就不能玩梗了。

特别是标题,灾难事故和悲剧新闻的标题千万不能玩梗,在逻辑上不能绕,要简单直接地表达自己的态度和立场。态度前置,如"震惊""悲痛""揪心""愤怒""流泪",等等,铺设文章底色,千万不能留悬念或抖机灵地"拐个弯""绕一道"。新媒体传播中,标题传递的就是情绪,人们不会细致地品味内容,而是在标题传递的观点中形成传染。《洪灾也不是一个彻头彻脑的坏东西》——这标题是想"绕一下":不是个坏东西,因为它激起了人们的昂扬斗志。可是网络传播根本没有跟着你的逻辑去"细品"的回路空间,标题体现着你的立场,当你的立场没有通过标题完整清晰地表达,于是就翻车了。

所以,灾难事故和悲剧信息的发布,绝不适合玩梗,没有修辞空间,态度须明确,观点须清晰,情感须到位,"三观"得与舆论共振。灾难事故的信息发布,尤其要考虑到舆论场的情感氛围和灾难情绪:第一,公众一向对

"美化灾难"的赞歌思维非常痛恨，最新近的舆情就是"冠状君"之类所引发的批评。第二，此次南方洪灾带来巨大损失，很多场景触目惊心，舆论基本的情感基调是"共情地关注"。信息发布须顺着这种潮水的方向，形成共振，大家痛于洪灾带来的损失，你突然来个"洪灾也不是一个彻头彻脑的坏东西"，逆潮而行，自然激起公怒。

我在不少文章中都强调过一个理念：尽可能一次把话说清楚，不要去"二次解释"。新媒体时代，一定要把自己的想法充分表达清楚，特别是灾难故事或负面事件。——一个标题、一种提法、一句话、一篇文章，如果你觉得一次没说清楚，还需要二次、三次再向人解释一下，说明这种提法是有问题的，会留下较大的脑补和舆情发酵空间。如果一句话、一个名词需要向别人解释，那就把它划掉重写，换成简单直接、一看就懂的表达。网络传播适合一次到位，不适合解释，容不得多少解释。

灾难事故信息发布和评论，存在的问题在于叙事框架太习惯以"领导视角"为中心，那种常引起舆情的，一上来就是"领导高度重视"，动辄"家属情绪稳定""百字通稿全是领导职务"的发布稿，围着领导转，而缺乏公众视角。从叙事的语态看，《洪灾也不是一个彻头彻脑的坏东西》就是以领导为中心的对救灾的审美——领导组织得好，协调得好，凝聚得好——而缺少对受灾民众的同情站位。这种稿子，有些领导可能爱看，大笔一挥就过审了。但既然公开发出来，有没有考虑过网络受众的感受？灾难事故的网络发布和传播中，越以领导为中心的叙事框架，缺乏对受灾者的关怀，越容易刺激起公众的逆反心理。

新闻传播眼中要有人，而不是光顾着"自我感动"，走向那种"只有事迹没有人"的功利主义。这个"人"，包含两个方面，一是"新闻中的人"，他是一个人，而不是一个表现事迹背景的催泪机器，他有作为人的需求、人的情感、人的不完美。二是"读新闻的人"，也就是说，眼中要有读者，读者不是"你说我听、你写我看"的被动接收者，他有自己的思想，有自己的阐释角度和理解。报道者要有对读者的尊重，不要让人产生"低估读者智商""把读者当傻子"的反感。克制美颜，少磨皮，避免磨着磨着，把皮都磨没了。

《洪灾也不是一个彻头彻脑的坏东西》怎么改才能避免"高级黑""低级红"的陷阱？其实内容没有太大问题，老编辑给改个标题就可以了，下面给几个备选标题：1.《洪灾是个无情的恶魔，但我们用暖流阻挡洪流》；2.《洪灾没有打倒我们，只会让我们更坚强》；3.《洪灾冲垮了我们的家园，但冲不垮我们的意志》；4.《洪水没让我们哭，但这些场景让我们热泪盈眶》。这些标题既把握住了情感氛围，体现了灾难悲悯，又传递了正能量，这就是传播所需要的"时度效"驾驭。

另外，我特别讨厌"小编"这个词。新媒体、自媒体这样的自称，可能是一种自贬、自谦、自黑、自嗲，但已经泛化成对自媒体岗位的惯性轻视，变成自轻自贱。这是对把关者岗位的矮化，编辑工作不"小"，更不是"瞎编"。在传统媒体时代，经典文章的面世和传播，往往离不开大编辑之手。手工匠人将自己的灵魂置于工作之中，此为匠心，编者、作者对作品需要有这样的匠心，而不是肤浅的美颜和磨皮。对了，我不是小编，我是评论员。

（微信公众号"吐槽青年：曹林的时政观察"2020年8月10日）

官员越玩装聋作哑术，媒体越好做新闻

真让人哭笑不得！面对媒体采访的镜头，竟有官员发明了"只张嘴不出声"的"哑语应对术"，自以为很聪明，其实蠢到家了。河南校舍假水泥事件，那一捏就碎的水泥，经《中国青年报》曝光后，让舆论震惊和哗然。央视接棒追踪报道水泥的生产销售渠道和监管问题，采访山东枣庄台儿庄区一市场监管局干部时，在媒体逼问下，这位干部面对镜头竟然玩起了"哑语应对术"，只张嘴不说话，只动嘴不出声，如果不是记者识破其花招提醒称"你嗓子是不是有问题"，电视机前的观众还以为话筒坏了或电视信号出问题了。

话筒没坏，电视没坏，信号没问题，这个官员的嗓子也没发炎，是某些人心坏了，新闻发言人成了"新闻发炎人"，让新闻"发炎"了。

这个想耍小聪明的官员可能会认为，我不出声，你们媒体就没法做新闻了，这事儿就没法追踪了。真是滑天下之大稽，对媒体报道规律和舆情发酵规律无知到令人发指的地步。本来正常接受媒体采访，面对镜头坦诚说几句，或者让掌握相关信息的人出来走几步，接受采访，基于"第一热点"已过，这可能只是一条"小新闻"，不会上头条引发轰动。但像这样面对镜头鬼鬼祟祟玩花招，表演起了哑语，玩起了"打死我都不说"的行为艺术，挤眉弄眼丑态百出，反而"逆向"设置了一个显眼议题，制造了一个充满戏剧冲突性的新闻点，成为一个轰动性的大新闻。

《校舍假水泥事件追踪，枣庄市场监管部门回应媒体》《河南校舍假水泥：枣庄官员面对央视记者光张嘴不出声》——看看，哪条新闻更劲爆，更容易上头条？这种玩"哑语应对术"的官员，不知道是无知中的"高级黑"，还是高明中的"真黑"。

从信息控制的角度看，"不说话"似乎可以捂住信源，切断传播，但从新闻传播规律来说，这种"不说话"，反而是一种逆向的提醒，等于向公众宣称——大家快来看啊，这里有问题，这里有见不得阳光的事，我真不方便说，我心里有鬼，我不得不保持沉默啊。大大方方地说，光明正大地说，这事就脱敏了，人们反而不会当回事。想方设法捂着，在记者的这种逼问下也表演哑语，只会将事件敏感化。你改变不了的规律是，越是刻意遮掩某个信息，反而越是一种凸显、放大、聚集和宣传，把人们本来不太关注的目光，聚集到刻意想遮掩的那个点。

在政务公开和新闻发布中，总有一些官员对媒体采访有一种误解，将"官方回应"当成媒体报道的要素，甚至当成对媒体的"恩赐"，好像官方不说话，官员不接受采访，媒体就没法报道了。这些觉得"官方发布养着媒体"的官员，对新闻传播规律太不了解了，他们不知道，官方不发布信息，官员不说话，很多时候媒体更好报道。

比如，有些官员喜欢挂电话，或者故意不接电话，或者采取各种方式阻挠记者采访，这会形成一种"我没有接受采访，你就没法写新闻"的幻觉。幻觉毕竟是幻觉，记者的新闻照样可以写，而且可以写得更有冲突性和戏剧性，更能勾起读者的追踪欲望，也让事件更充满想象力。你想想，新闻中如果出现"某官员以'正在开会'匆匆挂断了电话""某官员的电话一直无人接听""某官员说'不便接受采访'""某官员回绝了记者的采访要求"，新闻一样可以写，而且增加了冲突性，这些"不便接受采访"给舆论留下了更多想象空间和发酵由头。

为什么呢？这就是新闻规律，不仅"你说了什么"是新闻，在舆论聚集下，"你没有说什么"更是新闻，你的肢体语言、你对媒体的态度、你挂断的电话、你流露出的拒绝采访的姿态，都是新闻的一部分。为什么需要新闻发布啊？就是官方及时发言，让官方的态度和声音去引导舆论，避免舆论歪楼，避免次生舆情。媒体采访，不是渲染和炒作，而是给官方发声的机会，让舆论平衡，避免舆论场被猜测、脑补和误传所占据，避免官方缺席而导致的一边倒。这倒好，明明是给官方发声的机会，把麦克风递到官员面前，你反而打起了哑语，放弃了机会。蠢啊。

所以，某些官员要明白一个道理，别把"新闻发布"当成对媒体和记者的恩赐，新闻发布和政务发布，不是为媒体好，不是方便记者，不是给记者送新闻，而是为了自己，媒体和记者是帮你澄清问题，帮你引导舆论，帮你把事实和真相传递给更多的人，帮你跟谣言赛跑。面对采访，把记者当敌人，粗暴地推开话筒，在话筒前装聋作哑，丢人的不是媒体，而是自己。除了丢人，制造了比"发布的新闻"更大的新闻，也失去了一次借助媒体发声的机会。

何以出现这种装聋作哑的官员？我想，绝不只是一两个官员的问题，而是这个地方的新闻发布和官场生态出了问题，上面领导有了"不许接受采访"的命令，下面办事的人能怎么办？又不能推开话筒，只能装聋作哑了。所以出了这事，不能只盯着这个装聋作哑的官员，而要追问，谁让他聋了，谁让他哑了？当然，别被聋哑遮望眼，更要防范"装聋作哑术"背后的另一种厚黑术——金蝉脱壳术，牺牲一个装聋作哑的，让大家去群嘲这种丑态，然后忘记校舍假水泥。

对"装聋作哑"需要刨根问底，对"校舍假水泥"更要穷追不舍。前几天一个官员批评当下一些地方的习惯，不是鼓励和支持舆论监督，而是热衷于"监督舆论"，防着媒体，把媒体当敌人，把"舆情研判"当成"敌情研判"。"装聋作哑术"，正是这种丑态的一种症状吧。

（微信公众号"吐槽青年：曹林的时政观察"2019年7月27日）

新闻业不适合养老，须不断用新闻证明自己

前几天跟一名资深记者聊天，他的一段反思很坦诚，让我也受到了触动。他跑的采访线出了一件大事，网上沸沸扬扬，领导让他去做一个深度调查，挖掘背后的真相。这正是他所擅长的，过去做过不少这样的深度挖掘。不过这次他实在懒得出差去跑，就说："让年轻记者去吧，多把机会留给年轻人，我打个电话问问当地宣传部。"拖着拖着，后来这报道就不了了之，不过另一家媒体的调查记者第一时间去挖了，独家采访到当事人，挖出一条大新闻，那一天全网转的都是那条独家。

他后悔不已，狠狠甩了自己一耳光，漏掉了一篇大新闻，他觉得是自己的职业耻辱。什么"多把机会留给年轻人"啊，就是懒，没了跑采访的冲动，他很自责。我安慰他说："兄弟你很不错了，竟然还有这种'新闻被别人抢走了'的耻辱感，有'自己竟然缺席这种采访'的职业遗憾，有'刀刃向内'的反思精神。"很多新闻人已经失去了这种耻感和新闻成就感，早早把这份职业当成了一份养老职业，对新闻失去了冲动，对网上沸腾的关注熟视无睹，对"漏报新闻"毫无愧疚——不就一条新闻嘛，那么拼干吗，谁爱抢谁抢去。

缺席了大事件大新闻，新闻人还有耻感，说明内心的新闻追求还在，当初那个驱使着让自己选择这个行业、对一切真相充满好奇心、用报道推动社会进步的冲动还在，怕的是完全没有了耻感，对一切变得无所谓。对于写不

出新闻，会找到很多理由：环境不行，写了发不出；舆论不行，写了也没用；单位不行，写了没回报；平台不行，写了没影响；读者不行，深度没人看；新媒体自媒体不行，写了被人偷；行业不行，用脚跑新闻的不如用手拼材料的。

这个不行，那个不行，就是不愿意说"自己不行"，不是老了跑不动新闻了，是懒了，油了，不爱了，对新闻无感了，身不在岗位上了，心不在新闻上了。

听说，当某家媒体的一名记者在领导面前抱怨"环境不行，写了也发不出"时，这位领导拍案而起，怒斥："写了也发不出？你写了吗？你写了吗？你写过多少'发不出'的稿件？你写过什么调查扎实、事实翔实、让领导眼前一亮、顶着种种压力也要发出来的稿件？"怼得真的很有道理，读者不行吗？特稿、长稿没人看吗？冰点特稿《我站立的地方》《这块屏幕可能改变命运》都是万字长文，都在新媒体上创造了现象级传播。写了也没用？且不说很多报道对推动时事进程起到了很大作用，即使"没用"，有没有用、能不能改变什么，不是新闻人考虑的，新闻人的职责是发掘事实、报道真相。

新闻没有死，是新闻人那份拼新闻、抢新闻、挖新闻之心死了。传统媒体不会死于媒介落后，只会死于没有新闻。前段时间，跟几个同行一起讨论当下传统媒体的现状时，都是忧心忡忡，不是忧心于"跟不上转型和融合节奏"，而是忧心于"没有了新闻"；不是报道没有读者看，而是作为写报道编报道的记者，自己都不愿意看自己办的报纸。那种垃圾报道，可能只会有三种人看：谁写谁看，看看有没有发出来；写谁谁看，写本单位的事，我得点开看一下；谁把关谁看，负责把关的必须得看一下。除此之外，没有让人点开阅读的理由。

前段时间，深圳特区报业集团社长陈寅的一段内部讲话在网上很火，激起很多媒体同行的共鸣，他说："每个单位都容不下混日子的人。报社的月薪虽然不算高，但'时薪'可能是比较高的。现在有的夜班编辑，晚上7点才晃过来上班，吃个饭，聊聊天，编个版，晚上10点钟左右就下班。要是碰到减版，好几天都不见人影。"他说得很尖锐，不一起琢磨选题、探讨稿件写法，弄出来的东西谁爱看？一些人连自己编的报纸都不看。

昨天是星期六，晚上刷朋友圈时看到《新京报》一位记者朋友发的朋友圈，他很骄傲地发出六个截屏，说："今天是周末，但我们发出了六条独家网稿。"我看了一下，确实值得骄傲，这些独家包括：内蒙古五原县"男子派出所身亡"续、青岛地铁施工方再自曝问题、自我举报追踪"葛洲坝电力涉违法分包"、青岛地铁将葛洲坝电力列入工程建设黑名单、地产商实名举报官员侵吞国有资产等。这样的新闻，读者怎么会不感兴趣？记者会休假，新闻不会停止发生，这种"抢独家、挖新闻"的职业状态让人佩服，这是一种职业士气，会带动大家都去用脚采访、用笔还原，而不是在办公室里刷朋友圈。

在转发另一篇媒体人关于"不忘初心"的职业反思时，我加了这样一段评论："写新闻就是媒体人的'初心'和'使命'，记者离开了'拿得出手的硬新闻'，什么都不是。媒体圈不是混资格的，不能一两篇作品吃几年，新闻是易碎品，需要不断用作品证明自己，守土有责。新媒体时代更残酷，没有好作品，没有挖新闻跑新闻的狼性，就会被淘汰，体制不养懒人。"

很多行业，可以混资历，一个成就，可以吃一辈子，一个代表作，可以吃到退休，但新闻行业可能不行，需要一直带着那种对新闻的好奇心和挖掘冲动，新闻不断在变，新闻人的宿命就是不断去挖掘它，一个一个地挖掘，如西西弗斯那样。很多行业，资历深了就可以歇一歇，靠在新人面前吹牛就可以活下去，新闻业不行，越老越吃香，越老越应该保持着那份职业状态，给新记者做好示范，这也是新闻专业主义精神的一个重要维度。

千万不能做那种"35岁已死，只不过到75岁才埋"的新闻人——25岁研究生毕业进入这个行业，写了10年新闻，35岁左右有了一些代表作，然后就开始倚老卖老，没有了新闻热情和职业闯劲，混到一个中层职位，再无新闻作品，再不到一线跑新闻，躺在老本上混到退休。其实，这个年龄正是跑新闻挖新闻的黄金年龄,新闻并不属于刚毕业的年轻人,而是属于30多岁、40多岁有资历有经验有积累的人,但从当下现状看,往往都是刚毕业的年轻人最有闯劲,然后热情不断衰竭。这样的人才结构、这样的职场惯习,让一个行业成了养老行业,对新闻业绝不是什么好事。

(微信公众号"吐槽青年:曹林的时政观察"2019年6月30日)

男孩跳桥身亡，一个本不可能完成的新闻叙述

上海一个17岁男孩跳桥身亡的新闻，让人痛心。对于公众，是一条痛心的新闻，但再大的新闻，很快也会被新的热点覆盖，而对这个母亲、这个家庭以及他的亲人，将是心中永远无法愈合的伤痛和一生挥之不去的阴影。那段跳桥的视频，我一直没敢点开，不敢看一个年轻的生命以如此方式从眼前消失，不敢看这样的家庭悲剧。不知道这样的视频是从何处流出，也不明白媒体为何能毫无心理障碍地刊播这样的视频。

知名媒体人魏武挥在《能让我尊重的新闻媒体，已经不多了》里，痛批了此件事中毫无底线的媒体，他的批评集中在这几个方面：第一，渲染自杀细节，可能导致自杀情绪的传染，这是吃人血馒头。第二，缺乏事实基础而基于脑补的瞎评论，胡说八道，未经调查就敢乱下判断，动辄归于家庭问题、青少年教育问题、家庭教育问题、父母教育资格问题。第三，够不到事实核心就走周边，纯粹属于"蹭"。

总结一下，其实就是我过去曾提到的一个说法——"自媒体太多，记者太少，事实不够用"。当然，这件事中陷入舆论狂欢的不只有自媒体，也有传统媒体的新媒体平台——有记者和调查能力，却没去尝试核实和接近事实，而是在外围借助视频脑补，去寻找"10万+"体位。李方曾说："当自媒体都想从帽子里变出兔子，已经没有记者赶往新闻现场了。大家都停留于事实的外围，想象着家长的焦虑，从悲剧和焦虑的帽子里变出'10万+'的兔子。"

公众号后台一直有网友留言，让我评论一下这个"事件"，谈谈对"男孩跳桥身亡"的看法。我拒绝了这种"点题"，对不起，评论员不是服务员，不是"你点题我评论"，不是用我的评论来满足你的某种情绪和立场需要。评论的前提是，得有事实基础，评论员不能把自己的无知和困惑传递给受众。悲剧发生前，母亲跟儿子到底因为什么发生了冲突，冲突的细节是什么，平常两人的关系如何，是长久积累的问题的爆发还是冲动性，或者有其他原因。这些，都不清楚。评论什么呢？评论必须站在新闻事实的肩膀上，评论永远不能跑在事实的前面，不能根据脑补去迫切归因。

我们不能犯那些"喷子"常犯的错误，即对于一件事情知道得越少，就越容易形成判断，而且是越容易形成强烈的单纯判断。那些诸如"毁掉一个人，一句话就够了""很多自杀，往往都是他杀""你的语言暴力，终会变成杀伤孩子的凶器""父母对孩子的尊重，才是最好的家教""在我跳桥之前，我已经死了""父母的气话，是插在孩子胸口的刀"之类的口水化感慨，都属于"自媒体太多，事实不够用"的表现，是站在事实外围的瞎感慨。

那么，为什么记者不去调查事实呢？在我看来，从新闻伦理的角度看，此时既无法"还原"事实，也不宜急于去"还原"。新闻之上，还有人性，不能满足某种窥探欲望，而在一个家庭陷入巨大悲痛之时去让他们向世人展示伤口，去做那个遭人唾弃的负面典型。男孩跳桥身亡，不仅是一个本不可能完成的评论，也是一条不可能完成的新闻。

想起《南方周末：后台》一书里一名老记者在某个事件报道中的伦理反思，他最终决定，放弃那条新闻，因为那是一个不可能完成的叙述。某地发生网吧特大杀人案，一个网吧网管用残忍的手段杀害了数名少年。这名记者通过赴杀人现场调查发现，事实可能并不像网上猜测的那样。他和编辑商量了一下可能报道的思路，但是最后都被他们否决了。

首先，他们想反思公安部门在案件侦破中的问题。按受害人家属的说法，警方至少有三次机会发现犯罪嫌疑人，但由于警方不立案，嫌犯在作案一年后才落网。这个方向被否决了,因为太表面了,受害人家属的说法很难确证。其次,想聚焦于受害人家长对孩子管教不严,约束不力,导致这些孩子迷恋游戏和上网,最终给嫌犯可乘之机。这个方向也被否决了,因为太没人性了,当父母痛失儿女之时却来质疑人家没管好孩子,实在有失人性。此外,想批评警方对网吧的管理不严,对网吧工作人员审查不严,导致悲剧发生。这个方向也被否决了,太老套了,未成年人泡吧并非当地独有,偏偏发生这样的惨案,可见两者并没有必然联系。最后,他们想找几位犯罪学家聊聊,但这些专家都说对案情不了解,停留于外围说些片儿汤话,这样的报道没什么意思。后来,记者调查发现,杀人者是个精神病人,如果硬要和除此之外的什么社会根源扯上联系,只能是牵强附会。最终他们放弃了这个报道。

对于男孩跳桥身亡,媒体也需要这样的克制,甚至是放弃。这是一个当下不可能完成的新闻叙述,采访这名母亲,很没有人性,采访孩子的其他家人,不近人情。这首先是一个家庭悲剧,然后才是一个"公共教育话题"。也许过一段时间,当事人才愿意去反思和剖析,此时的"还原",包括在网上疯传跳桥视频,是对一个家庭的二次伤害。

(微信公众号"吐槽青年:曹林的时政观察"2019年4月22日)

怎么就泼妇了？向西安维权女士学八种讲理技巧

"坐宝马车里哭，还是坐在奔驰引擎盖上哭"，成了这两天最火的流行语。66万买奔驰还没开就漏油，当事女车主坐在引擎盖上哭诉和痛斥奔驰的视频，把奔驰及西安4S店顶上舆论审判席，网友一边倒地站在维权者那一边，并感慨："女研究生撒泼式维权大获全胜，愿你能当文明人，也能做泼妇。"很多文章都说："世道变坏，是从老实人变泼妇开始的。讲道理不如做泼妇，才是真正的悲哀，一个研究生怎么被奔驰逼成了泼妇？"

我明白，这些文章中的"泼妇"，不是一个贬义词，而是一种控诉，一种对当事维权者的声援，一种对当下维权生态"不闹不解决，大闹大解决"的批判式修辞。但我一直不明白，西安那位维权的女士怎么就"泼妇"了？什么叫泼妇？胡搅蛮缠不讲理，一哭二闹三上吊，颠倒黑白耍赖皮，凶悍阴险捣糨糊，这叫泼妇，可那位维权女士的何种行为、哪句话能跟这个定义挂上钩？也就坐到引擎盖上，哭了几声，不很正常吗？4S店不把人逼得那样，人家会坐上引擎盖吗？只是坐一下，没打没砸没挂横幅，够文明了。哭一下怎么了？把一女子逼成那样，还不能哭吗？舆论有一种性别霸权，总是丑化和贬低女性的"哭"，把"哭"等同于"闹"，并引申为"耍泼"式情感敲诈或扮弱势博同情。设身处地将心比心，4S店那么霸道和流氓，欺负一名女消费者，孤立无援，无奈无力无助，那种情境下被逼哭太正常了。

"泼妇"完全是一个伪问题，此一事件中，最值得学习的，是这位女士自始至终坚持讲道理维权的理性和智慧。坐在奔驰引擎盖上的哭诉，也许只是引起公众关注的由头，但真正赢得舆论关注、支持和形成对奔驰及4S店压倒性谴责的，还是她讲的道理——对事实清晰而有效率的表达、严密的推理和论证、有理有据有力的反驳、充满法律智慧的论辩、情理交融的修辞和逻辑，都很值得维权者和讲理者学习。帮她彻底碾压奔驰的，不是她的哭，而是她讲的这番道理。

我在大学讲评论写作，评论就是以讲道理为业，我跟学生说，这位女士那段十八多分钟反驳4S店老板的论证，精彩绝伦，妙语如珠，堪称一篇讨奔驰檄文，一篇评论表达的典范，一篇"摆事实讲道理"的样本。听了好几遍，我尝试总结了一些值得学习的论辩技巧。

一、不失礼貌地戳穿对方精心包装的谎言。比如，那位4S店老板解释为什么处理和应对比较慢时，找了个借口，说自己那几天在德国，回来后很快又到北京出差。她立刻批评说："很荣幸今天在这里见到你，前几天一直找不到见不到你，打电话也找不到你。你在德国出差，难道没联系方式吗？没有电话吗？现在网络时代联系这么方便，又不是在一维空间里。"漂亮的反驳，4S店老板想用"在德国"回避"处理拖拉和回应缓慢"的问题，被一句"在德国难道没联系方式"怼死。

二、巧用类比戳穿4S店老板的甩锅企图。4S店一直想把锅甩给奔驰官方，车毕竟是奔驰生产的，他们"只是"卖车。她是这么怼的："我是做餐饮的，不能说，客人在我店里吃饭食物中毒了，然后把客人推给那个给菜打农药的农民吧？你不承担责任吗？"用餐饮店之于消费者饮食安全，类比4S店之于车主，这类比用得多好，道理讲得多帅。用自己经营和公众日常熟悉的餐饮店作类比，既起到将心比心的效果，对公众又有代入感，满分。

三、抓住矛盾，以子之矛攻子之盾，让对方哑口无言。4S店说换发动机，是按国家的"三包"规定。她这么怼道："国家'三包'政策是保护消费者，不是让你们断章取义的，国家'三包'不是你们包的，不能只选对你们有利的，回避对你们不利的。就算换发动机是国家'三包'规定，那么我问你们，国家'三包'还规定，修车超过5天，得为消费者提供备用车，你们提供了吗？我给你们打电话，你们回复说'这得看各店的情况'，国家'三包'有帮助我的地方，你们怎么不说了？"用你的左手打你的右脸，一记漂亮的逻辑扣球，估计4S店老板内心已崩溃。

四、留下实锤，让对方自己跳进自己编织的逻辑陷阱。她问了4S店老板一个问题："你敢保证你们没有欺骗我吗？你敢保证没有让我受到欺骗吗？"果然，4S店老板立刻上钩："我有什么理由和动机要欺骗一个我们的用户、我们的上帝。"——这店老板没想到，人家敢这么问问题，一定是有实锤的硬证据。果然，她放出了实锤，讲了被欺骗欺诈的经过，4S店工作人员一直引诱她贷款买车，一步步地引向"奔驰金融费"，最后用半哄半骗半威胁的方式让消费者向私人账户转了15000多元不明不白的金融服务费。对收费不知情，不知道服务了什么，不知道哪个政策规定的，不知道进了何人腰包，不知道多少消费者上当了。——一连串的追问，又打得对方满地找牙。

最后还来了个反问："你问得很好，有什么理由和动机要欺骗自己的用户，这话不应该问我，而应该问你们自己，扪心自问。"——剔肉见骨的锤问，原来在这里等着4S店老板呢！

五、巧借共情，诉诸情感。谈到那15000多元不明不白、没有发票、转入私人钱包的所谓金融服务费，她说："你们大公司有钱，我是做餐饮的，一碗面才10块钱，要卖1000多碗面，才能赚到这个金融服务费。当然，我可以赚到，但很辛苦。"——入理入情，进一步把乱收钱又不讲理的店家，钉死在道义耻辱柱上。

六、逻辑清晰，不被对方带节奏。4S店老板开始时提到："9日已经达成和解，不知道后来怎么又说这事了？当然，回复确实有点慢，11日奔驰才回复。看到你坐在车上哭，我也是女生，我比你还难受。"——这种假惺惺的同情背后的逻辑矛盾立刻被揪住了，她反驳说："时间是错乱的，逻辑是不通的，你说9日已经达成了和解，但为什么又说11日才回复，这在时间上是矛盾的。"——这一点反驳很关键，否则，很容易给公众留下印象，明明开始达成了友好协调，怎么后来又反悔"闹事"了。

七、与监管者站在一起，共同指向侵害消费者权益的人。这位女士很聪明，维权的棒子没有乱抡，没有眉毛胡子一把抓，善于团结战友，指向共同的"敌人"。当时在场的还有西安有关监管部门，她一直对监管者在这一事件中加班加点协调维权的努力表示感谢，这种"统战能力"是一种很好的维权策略，能争取到最多的支持。她也没有去为难那些底层办事的人，而是指向4S店的管理者，这也是讲理的一种表现。谁是"敌人"，谁是需要团结的朋友，道理讲给谁听，这种界定对讲理效果至关重要。此情此景，道理其实不是讲给4S店老板和奔驰听，而是讲给监管者和舆论听，对方屁股决定脑袋，是听不进道理的，只有公正的旁观者才是道理的倾听者。

八、善于借助媒体，凝聚舆论力量。这没什么错，很聪明，面对这么大的一个公司，这么霸道的一个4S店，单靠一个弱女子的力量，完全不是对手。在法律框架内借助媒体，形成舆论压力，倒逼官方关注，没什么不可以。这也是讲理的一种方式，我讲理你不听，好，我们就到媒体上讲理，讲给公众听，让天下人评评理。讲理，不仅仅是把道理讲出来，要有论证的力量，还必须找适合传播道理的平台，找愿意听道理的公众，这，也是讲道理的一部分。

所以，我觉得这位女士一直是在讲道理，值得效仿的也是讲道理，千万别跟风说"女研究生撒泼式维权大获全胜，愿你能当文明人，也能做泼妇"。从上面八个方面的分析看，她的道理讲得非常漂亮、有技巧，且能借助很多方面去强化道理的感染力。只不过一开始言语稍显激动而已，这很正常，完全跟泼妇不相关。现在有些部门，习惯将正常的维权行为妖魔化，动不动就说别人"别有用心"，动不动就说是"刁民"，动不动就扣个什么"炒作"或

"过激"的帽子。这位女士违反法律了吗？没有，都是正常行为，一直在法律框架内。所以，我们应该向这位女士学习，学习她讲道理的逻辑，学习她的死磕，包括善于借助网络和媒体。

这个事件，应该提高我们普通人讲道理维权的信心，大家都像这样讲理，到媒体上讲理，做一个强势而不失道义、聪明而不鸡贼、善用媒体却不搅乱视线、始于情绪终于逻辑的讲理者，像奔驰这样的大公司，像很多垄断企业和一些"霸王"，就会收敛很多。

（微信公众号"吐槽青年：曹林的时政观察"2019年4月15日）

每个寡头企业都潜伏着"视觉中国"式舆情爆炸

可能没有人会想到,闷声大发财的"视觉中国",会以这种方式成为舆情焦点,在貌似不相关的黑洞图像传播中被卷入了"舆情黑洞",被群嘲、群踩、群扒、群蹭热点。主管部门连夜介入约谈后,"视觉中国"已暂时关闭网站,后续如何,对这家公司可能真是一个看不到未来的黑洞。

有人感慨,舆论是如此汹涌,舆情是如此无常,缺乏可预见的逻辑和可把握的规律,风险说来就来,毫无征兆。活得好好的一家公司,平常似乎也看不到"负面",突然间就舆情爆炸了。前一刻还岁月静好坐收红利,后一刻成众矢之的,坠入可能万劫不复的舆情深渊。黑洞本是一场科学传播和自媒体蹭热点狂欢,"视觉中国"怎么就中枪爆雷了?这一两年来,舆论好像上演了太多的类似蝴蝶效应般的"无常剧":公众号"有限才华青年"的一篇文章,导致了互联网第一大号咪蒙的退场;演员翟天临受访时一句"不识知网",引发一场指向明星读博和高校招生的舆论风暴,舆论冲击波下,也让被提及的"知网"被架上舆论审判台。

加上这一次"视觉中国"的无常舆情,进一步加剧了人们对蝴蝶效应式舆情的恐惧感,人在家中坐,祸从天上掉,好无辜;千里之外啥事没干,也可能突然卷入舆情中心,太可怕了。

貌似无常,实则有常;看似偶然,实则必然。关于"视觉中国"是碰瓷式维权触犯众怒,还是因正当版权保护而树敌太多,从而招致多数暴力?这是一个法律问题，我不想多说，我更感兴趣的是背后的舆情发酵规律。可能连"视觉中国"自己都被舆论打得一脸蒙圈，到现在还没缓过劲来，怎么就突然成全民公敌了？为什么这么多人恨自己？其实一点也不奇怪，熟悉舆论传播和舆情发酵规律就会明白，这种舆论风暴并非偶然触发，没有无缘无故的爱恨，没有毫无迹象的危机，天下苦"视觉中国"久矣，企业实际上早就坐在舆情的火山口上，舆论早就积蓄着满腔的怒火，只是因为其行业寡头身份而缺乏嗅觉和敏感罢了。近几年的公司舆情有个显著的特点，就是多发生在行业寡头身上，而且都是突然爆发式舆情，一夜之间全网暴风骤雨般讨伐。

网约车如此，搜索引擎如此，"知网"如此，咪蒙也是如此。哪有什么"舆情无常"，这就是规律，每个当下活在舒适区、温暖区、岁月静好区的行业寡头和独角兽企业，可能都潜伏着一场"视觉中国"式舆情冲击，猝不及防，突然四面楚歌，一夜间从天上到地上。

为什么像"视觉中国"这样的行业寡头容易发生如此突然爆发式舆情？关键在于，寡头式的地位使其缺乏对日常负面舆情的警觉，店大欺客，可以不用太在乎消费者的投诉和批评。其实舆论对"视觉中国"如此绑架式维权一直有批评，网上有很多相关的吐槽，批评其漫天要价，已失去了版权保护的良好初衷，而完全成为一种生意。网上有人早就批评说："'视觉中国'这么干，早晚会出事。"然而因为这家企业的行业巨头和寡头身份，垄断着某种资源，可以不把舆论的这种批评当回事，企业发展太顺，赢利模式很简单，钱赚得太容易，没有竞争对手，可以无视那些分散的消费者和网民的评价。

常有做公关的朋友跟我抱怨说，经常被竞争对手"黑"，稍微出点儿问题，对手就会借机起哄炒作，推波助澜把小事炒大，让人很苦恼。我一般都会安慰他们，这未必都是坏事，市场竞争对手的存在，有一个好处就是，让企业时刻处于警觉和忧患之中，避免出错。平常有小舆情不要紧，使自己处于某种"健康的紧张"之中，对手盯着，赚钱也会保持克制，不至于"吃相"

太难看。行业竞争对手的存在，某种程度上也能分担部分舆论批评和用户抱怨，不会被盯着骂。如果是行业寡头，虽然钱比较好赚，活得比较滋润，可躺在温床上，没有舆情监测安全阀，很容易失去警觉，对问题和批评毫无嗅觉，对逼近的危险毫无意识，对一夜成为舆论公敌毫无心理准备。

咪蒙是如此，作为行业寡头，她已经强大到了可以忽略所有批评的地步，把一切批评都视为"眼红忌妒"，把所有不同声音都鄙之为low，不去管它。"状元之死"下，突然全网倒咪。"知网"作为行业寡头，也强大到可以无视人们的日常批评，不管你再骂"知网"，再说它店大欺客，再说它霸道，还得用"知网"，情绪积蓄到一定情绪，翟天临一句"不识知网"也能让"知网"被架上舆论审判台。

"视觉中国"更是如此，活在"版权暴利"温暖区和"维权模式"舒适区的寡头，借助版权垄断位置，钱赚得太容易了，也有忽视舆论的资本。媒体骂就骂吧，自媒体不服就不服吧，又能奈我何？没有竞争对手，没有一个市场制约力量，完全不必克制，寡头效应很容易使其违背版权保护初衷而走向滥讼、恶讼和无节制的暴讼，失去了道义，偏离了法律，失去了媒体共同体的认同，"一方有难，八方点赞"，传统媒体、自媒体、新媒体、政务媒体群起攻之。黑洞这个热点由头下的爆发，是偶然的，而舆情爆炸，是必然的。正如"不识知网"只是触发全民讨伐"知网"的一个偶然导火索，而情绪早就充分蓄积。

"视觉中国"式行业寡头企业，居安思危，多点儿忧患意识，多点儿舆情体检，别沾沾自喜于钱赚得那么容易，日子过得那么滋润了。这一刻岁月静好，下一秒，也许就是舆情爆炸。

（微信公众号"吐槽青年：曹林的时政观察"2019年4月12日）

过了三十还信"那一年岳云鹏14岁"就没救了

这几天朋友圈一篇题为《那一年岳云鹏14岁,郭德纲26岁》的文章很火,其实不用点开,光看标题就能闻到一股硬造乐观主义的浓浓"鸡汤"味儿。这类"鸡汤文"隔段时间就会到朋友圈收割一波流量,逻辑和框架大体差不多,只不过每年换几个新潮名人。我记得最早的版本是:"十年前大鹏还是一个编辑,雷军还在金山打工,刘强东还在中关村卖光盘……"

一位40多岁、年近半百的朋友转发这篇文章时说:"看了之后热泪盈眶。"我跟他说:"泪水是很珍贵的东西,尽量省着点用,别老是眼里常含泪水。"中学写作文时举这种案例没问题,刚开始奋斗时用这种"鸡汤"励一下志,也未尝不可。人过三十,还信"那一年岳云鹏14岁"这种反智"鸡汤",可能就无可救药了。人总得成长和成熟,不能总活在低稚化的成功学"鸡汤"中。有些人这辈子,小时候被逼上各种兴趣班,长大了被朋友圈"鸡汤"浸泡,人到中年被贩卖知识焦虑,老了吃骗子推荐的保健品,如此人生该多可悲。

反感《那一年岳云鹏14岁,郭德纲26岁》之类的文章,并不是怀疑奋斗的意义,也不否认岳云鹏之类草根明星的奋斗价值。但不客气地说,岳云鹏、王宝强等人的奋斗和成功之路,太偶然太非典型了,集中了太多的特殊和外在因素,游离于主流的成功叙事之外,在当下社会并不具有代表性,无法学习,也没有可学习的价值。他们成功了,从最底层一路打拼到今天让人羡慕的样子,改变了命运,这很好,但不是每一种成功都可以还原成可学习的榜样，也不是每一种努力和奋斗都有让人学习的价值。成功人物的叙事，需要在成功逻辑上给人以真正的价值支撑，而不是仅仅传递一种"每位爷都是从孙子过来的"精神按摩。

谁不在努力生活呢？人不能总活在中学作文的励志案例中，我们的努力不需要名人成功的激励。"名人成功学"让人反感之处就在于，成功就是一切，成功就说明了一切，成功之下一切都值得学习。成功成为一面美颜滤镜，美化名人过去的每一个经历，用庸俗的苦难辩证法过度阐释名人经历的失败、奋斗和努力，把失败、贫穷、不堪、茫然、落后看成是成功的铺垫，以"努力就能成功"的简单而虚假的因果，遮蔽对个体成功起决定因素的偶然、特殊、运气、阴差阳错和贵人相助。

就拿岳云鹏来说，他今天确实算是一位成功人物，但不客气地说，他早年的经历并没有什么可学习的价值，甚至可以当成一种反例，看成社会问题的一个缩影，给孩子当反面教材：不好好读书，早早辍学到北京打工，没有一技之长，只有"一定要争气，早日挣钱孝敬父母"的盲目自信。干一行不行一行，当保安不专业，经常睡觉被扣钱；到美食城洗过碗，到酒店洗过厕所，到饭店当过服务员，到炸酱面馆干过招待。——如果没有后来的成功，这样的经历只能算是失败教训。偶然遇到一个经常来吃面的老熟客，夸他嗓子不错，介绍他跟郭德纲学相声，后来投奔郭德纲，命运才迎来转机。没有老熟客偶然的介绍，不遇到郭德纲，没有贵人相助，二十年后的岳云鹏可能还是那个漂在北京不知道自己要干吗的人，努力却没有回报，奋斗却看不到生活的光芒。

王宝强也是如此，没读过几天书，没有文化，穷怕了，小小年纪就想出去赚钱。表演上没有天赋，也没有一技之长，却盲目地想"闯北京拍电影"。看了《少林寺》兴奋得睡不着觉，脑子一发热就说"去少林寺学武功"。作为千千万万北漂群众演员中的一个，穷困潦倒的群演生涯中，如果不是《盲井》原先的男二号临阵逃脱，不遇到冯小刚，二十年前是什么样，二十年后仍是什么样。有过王宝强、岳云鹏这样经历的人太多了，城市的各个角落有无数个，可"成功"的人很少。不只是演艺圈，整个社会留给因这种方式而成功的名额太少了，他们的成功太非典型了。

我当然相信"屌丝"逆袭的故事，不会贬低努力奋斗的意义。你不努力奋斗，别人想拉你一把，都找不到你的手在哪里，王宝强不努力，冯小刚怎么会发现他；岳云鹏不努力，郭德纲不会看上他。我只是反感那种盲目而低稚的成功学自信，用偶然的成功去美化没有方向、没有结果、没有未来的努力，制造虚幻的童话和神话，给无力者一种精神麻醉，只让人盲目地努力，拼命地奋斗，却不管有没有逻辑和价值。

比努力更重要的是知识，"知识改变命运"比"努力改变命运"靠谱多了，岳云鹏式的成功只是一个不可复制的神话。他的苦难经历，不应该成为炮制成功"鸡汤"的材料，而应该这么去思考：如果岳云鹏没有早早辍学，好好读书，他当年不会吃那么多苦，不至于经历那些挫折和失败，走那些弯路。你也许会说，如果他不早早辍学，没有后来那些经历，就不会有今天大红大紫的岳云鹏了。可这样成功的有几个呢？今天的成功并不是过去苦难、挫折和失败的结果，而是命运的阴差阳错。更多的知名相声演员和成功人物，都是知识和文化造就的，而不是岳云鹏式的努力。四十多年的中国改革最大的意义是，无数普通人在知识框架中改善了生活，改变了命运，而不是这种草莽传奇式的奋斗。

面对二十年前14岁的岳云鹏和15岁的王宝强，不必用今天的成功去给他们的苦难和失败镀金，传递一种"努力必有回报"的虚幻乐观主义，而应该摒弃盲目的成功崇拜和苦难美学，从他们经历的苦难和非典型的成功中反观到知识的价值——努力总是没错的，多读点书，别小小年纪就辍学，用知识改变和主宰自己的命运，而不是寄望贵人相助和中彩票式成功。二十年后的今天，我们身边可能有无数个身处当年岳云鹏、王宝强的处境的年轻人，他们把岳云鹏、王宝强当成奋斗的偶像。偶像并不是神，并不是过去每一种经历都闪耀着光芒,也有灰暗、问题和教训,但我们的社会似乎习惯以社会达尔文主义的视角仰望偶像,将成功人物的所有经历炖成一锅"鸡汤",容不得其他叙事。面对成功的光环,人们很容易失去思考。

还是多读点书,戒掉矫情,少喝"鸡汤"吧。强大的内心、知识的信仰、梦想的追求,需要一种不受外界浮华干扰的定力,包括不被成功人物的传奇和光芒所干扰。

(微信公众号"吐槽青年:曹林的时政观察"2019年2月10日)

为什么说"状元之死"百分百是胡编的

对咪蒙团伙的扒皮,已经沸腾了一天,"含咪率"的朋友圈鄙视链,见证了人们对咪蒙作为一种现象的深恶痛绝。千万不要乐观,不要高估了舆论的解构和解毒作用,小小的惩罚对这种把流量当生意的变现团伙,没有丝毫的威慑力,甚至会成为其证明影响力、蓄积新流量的自媒体资本。必须将其钉死在耻辱柱上,才能将此次事件凝固成一种不会被轻易健忘的记忆。

面对网络诸多质疑,咪蒙方回应说是"为保护当事人而做了细节处理",其实,这个回应已经证明了"状元之死"百分百是胡编的。2019年十大假新闻之死,非咪蒙团伙的"状元之死"莫属,这个团伙写的每一个字都别信。

第一,如果故事是真实的,事情沸腾到这种地步,举国皆知,沸沸扬扬,根据社交媒体传播定律,起码会有一两个相关者或知情者站出来对号入座,形成社交关系验证。这是常识,当年媒体报道北大才女张培祥的故事后,各方——当年的老师、现在的同事、大学的同学——很快站出来形成交叉和多元的视角。社交媒介网络将每个人网入其中,一个故事火爆网络后,如果是真实的,从人的社交心理看,必然会有相关者和知情者"忍不住"现身说法,在朋友圈中凸显自己"跟新闻有关系""与当事人有关系"的新闻亲近身份,主动跳到新闻热点中,从近亲视角进行讲述,使故事更加丰满,在碎片拼凑中形成一个完整的叙述。

社交媒介定律是,一个人如果有社交关系,出事后肯定会反映在社交网络上。按"状元之死"的叙述，当事人有中学同学，有大学同学，有亲戚朋友，有公司同事，这么多社会关系，总有一个会走进新闻中。可是，这事儿闹得这么大，网上吵翻了，现实中竟没有一个人站出来交叉验证！没有知情者发朋友圈，没有相关者对号入座，没有微信群截图讨论，仿佛这人没有一个社交关系。至今肯定故事真实性的人，只有两个人——咪蒙和她的助手，她们两人垄断着对这个故事的讲述权、阐释权和占有权，其他所有人都消失了。

状元的同学没有朋友圈？作者的同学不上社交媒体？如此沸腾却不在微信群中讨论这事？社交网络如此发达，只要有一个知情者和相关者讨论了，必然会在二次传播中迅速进入传播链条。然而其他所有人似乎都人间蒸发了，面对这种情况，只有一种可能性，故事纯粹是这俩人编的，她们才会垄断阐释权。

第二，"状元之死"闹到如今这个地步，被质疑撒谎，被删文封号，被网络群嘲，公信力破产，如果是真的，如果作者要点儿脸，肯定会站出来拿证据捍卫自己的尊严。一方面，即使保护当事人隐私，但洋洋洒洒写了上万字，不可能没有任何一点儿既保护隐私又能证明事实的证据可以拿出来。另一方面，如果怕泄露当事人隐私，起码可以向微信平台提供证据以证明文章的真实性，向平台申诉，从而免于删文和封号的平台处罚。怎么，是怕微信平台会泄露相关证据？实在不信任微信平台，还可以把相关证据交给有公信力的第三方，如可靠的媒体机构、信得过的朋友或学界权威专家，做第三方证明。

既不公布证据，又不向平台申诉，也没有哪个"第三方"看到相关证据，可能性只有一个，纯粹是编的。

第三，当下新闻如此发达，"状元之死"如果是事实，信息不可能被某一个人垄断，肯定早就成为新闻了。从新闻规律看，一个贫困县出了一名高考状元，肯定是当地的大新闻，成为当地的骄傲和新闻人物。在新闻效应下，从进入名牌大学、大学生活到找到工作，会一直被当地人谈论和媒体关注，任何一点变故，都会成为地方新闻。寒门状元英年早逝，这么大的事，怎么可能不成为当地媒体关注的重大新闻？可除了这篇刷屏的"状元之死"外，竟然没有任何一篇相关新闻报道，地方媒体没发现任何相关的新闻线索，一直被咪蒙团伙牢牢垄断，甚至引发如此大的舆论风波后，媒体仍然挖掘不到有关这名状元的任何线索。根据新闻学定律，这是不可能的，除非完全是编的。

第四，从专业伦理看，"保护当事人隐私"不足以成为回避证据公开义务的借口。文章提到了，故事写出来已经过状元家人同意。虽然状元早逝让人惋惜，但寒门出状元，如此用力地生活，能给很多人以力量。妹妹上大学缺钱，状元去世前没有挣够供妹妹上学的钱，报道能让他家人受到更多的社会关注和政府救助。拒绝做假账，缺钱却不卖坑人的保健品，都是值得传播的正能量。对于揭露丑闻的调查性报道，保护线人是一种新闻伦理，可这种非负面、非监督性、无伤害的人物写作，在真实性受到严重质疑的情况下，仍把"保护当事人"当成借口，是不正当的。

好一句"文章很重要，但保护当事人更重要"，脸被打肿了，坚持说瞎话，以"保护当事人"的名义说瞎话，编造"状元之死"吃人血馒头，余生良心能安吗？语不带"死"誓不休，"死"是咪蒙团伙爆款策略常用的符号，你自己作死没事，不要逾越事实的防火墙去编"状元之死"的故事骗眼泪骗流量。

有人说，这件丑闻进一步证明了咪蒙团伙的巨大影响力，会给她带来更多的流量。且不说这种说法的是非不分，不以为耻，以丑为美，关键是分不清影响力到底来自什么？是咪蒙的影响力吗？当然不是，在《报纸的良知》一书中，提到这样一个事实：如果有个人撞开你的门，大叫："着火了。"他的影响力应该是很大的——不是他自身的影响力，而是其消息的影响力。此次事件的影响力，显然是"状元之死"的影响力。就像高铁霸座男带来的爆款传播力，是那个渣男有影响力吗？当然不是，是其丢人的霸座行为。

对于这种百分百编造的假新闻,这一次不能让咪蒙跑了,不能一删了之,不能一天沸腾后迅速遗忘。传统媒体如果有记者编这样的报道,肯定会身败名裂,被永远驱逐出新闻界,不可能再在媒体圈混了。自媒体写作,即使是非虚构写作,也要按非虚构写作的要求去规范,否则,任由这种自媒体享受传播变现却不承担传播责任,只会毒化传媒生态,咪蒙团伙效应下,以后这种胡编滥造、冠以"非虚构写作"的"垃圾"会越来越多。

(微信公众号"吐槽青年:曹林的时政观察"2019年1月31日)

面对那块可能改变命运的屏幕，少点阴阳怪气

没有明星，没有焦虑，没有悲情，没有英雄，《这块屏幕可能改变命运》火得让人觉得有些意外，不只是噌噌上涨的阅读量所呈现的热度，也不只是刷屏所带来的那种涌向人心的冲击力，更火的是，已经成为一个从线上延伸到线下的现象级话题。有多家企业老总被这篇报道感动，决定参与网络直播课程建设，捐出亿元支持更多学校落地这个模式，打破"知沟"，让知识无阶层流动，让更多的"教育平等线"汇合成一条线。

"冰点"这篇特稿在报纸上的题目叫《教育的水平线》，写的是以云南禄劝第一中学为代表的200多所贫困学校，全天候跟随名校成都七中平行班直播，一起上课、写作业、考试，改变了很多学生命运的故事。这篇报道周三发出时，并没有成为话题，周四在公众号以《这块屏幕可能改变命运》为题发出后，形成了震撼级的传播。也许是因为"屏幕"和"命运"这两个词隐含的意象触动了舆论痛点，让人温暖和感动，更让人心安。贫富差距所形成的教育鸿沟，穷人孩子奋斗了十八年很难进入大学跟城里孩子一起喝咖啡，一直是社会的一个隐痛，让人不安，让整个社会都觉得在道德上有很多亏欠，这块屏幕让人感觉稍稍心安了一些。

有些人盯着的可能只是那个炫目的成绩——这些平行直播班跟随成都七中走完了高中三年，其中88人考上了清华和北大，其他大多数成功考取了本科。——在很多贫困县"零一本"的现实下，这个成绩确实很有说服力，但

我相信刷屏之后更触动人心的是报道中的另一句话："那种感觉就像，往井下打了光，丢下绳子，井里的人看到了天空，才会拼命向上爬。"这个屏幕，不仅提高了很多孩子的成绩，更让他们看到了井外的光。这篇报道不也是丢往井下的一根绳子，不也是一束光吗？让很多人看到了打破"知沟"、让知识无阶层流动的希望和信心。温慰人心之处还在于，当很多人因为这种教育鸿沟在抱怨、焦虑、愤世嫉俗、丧、愤怒、撕裂、绝望的时候，有这样一群人，他们努力在干在奔跑，尝试做一些实事，让行动跑在焦虑的前面。这种努力也许扳不动教育不公背后的那个大逻辑，但起码可以让差距小一些，让很多井里的人看到了天空，爬出井来。"十年树木百年树人"，这种模式经过了二十多年的慢慢耕耘，才有了今天的效果，这种耐心也很打动人。

有一些批评声音，觉得推广还面临着诸多难题，教育专业人士理性的批评碰撞出了很多精彩的火花，但也有一些阴阳怪气、刻意挑刺的声音，让人感觉很不舒服。我们这些坐在电脑前靠键盘写字的人，还是应该对那些努力想做一些事而改变现实的行动派多一些同情的理解，多一些"虽不能至、心向往之"的敬意，多一些呵护、善意和包容，少一些不懂装懂高谈阔论的苛求，少一些站在云端不食烟火的空谈，更少一些胡同串子般的阴阳怪气。

比如，有一种声音批评称，平行直播班模式虽然取得一些成绩，改变了一些学生的命运，但这种模式不能"根治"城乡教育不公的鸿沟，不能从根本上解决教育差距。——这纯粹是屁话，谁说借助这种模式去"根治"什么了？"根治"是一些人惯用的批判武器，仿佛达不到"根治效果"就不行。可一种药如果能让人缓解一下疼痛，能局部解决一些问题，能解决一批算一批，为什么不可以呢？一时没法填平井下与井外的落差，往井下多放一些绳子，让井下的人看到外面的光，让尽可能多的人往外爬，虽然没有治本，却治了很多标，不也是很好的吗？暂时没有"根治"之策，就让人慢慢等，等着"城乡教育资源完全平等"后再努力吗？实际上，根本没有一个完美的、迅速的"根治"之策，解决教育资源不平等的问题没法用休克疗法，只能依赖像这样一点一滴的努力去逐渐拉平教育的水平线。

比如，还有人说，这种直播班，确实让一些贫困县的中学与大城市名校看齐了，但在校内形成了新的不公平。因为看这种直播班的是学校的尖子生、尖子班，那些普通学生、差生并没有机会上，他们被甩下了。——这种逻辑是不成立的，第一，这种不平等本来在很多学校就存在，即使没有直播，很多学校为了升学率，也会分快班、尖子班，择优教育，这种分班和不平等不是直播班带来的，而是原先固有的。第二，直播并不会加剧不平等，而会形成示范，其他班和落后的学生在直播班的示范下，在越来越多学生考上名校的感染下，也会受到那束光的感染。

从经济学角度看，这种模式其实是一种帕累托优化，在没有使任何人境况变坏的前提下，使得至少一个人变得更好，在不损害别人利益的情况下而使部分人的境况变好，也就是说，没有产生负外部性。一方面，直播班的学生享受到了好处，另一方面，其他班的学生也受到了感染。报道中提到，很多班其实都在违约"偷录"视频"偷放"直播，形成一种"改变命运"的学习氛围，谁是受害者呢？没有受害者。不上进的本来就扶不起来，而有上进心的，会受到直播的感染和激励。

还有人说，解决教育资源不平等的问题，关键是培训教师，这种平行直播只能影响学生。——这显然不是事实，贫困县的中学教师其实也是直播的受益者，学生在学习，当助教的老师也在学习，这也是无形中的一种培训方式。报道中提到，平行直播后，县里一大拨年轻老师被直播培养了出来。禄劝的一位老师说，教出好学生，录取率高了，被人称为"名师"，"是一种教师特有的虚荣心"。当然，对老师的培训也不是立竿见影的，也不能只依赖这种形式，需要更多的途径。

当然，还有人指向了这种模式，觉得这种市场化的模式，企业只是为了赚钱，加重学生负担。——这种指责也不成立，第一，市场化怎么了？赚钱怎么了？如果一种市场行为，既能给自己带来利益，又能带来公益效果，为解决教育公平问题带来贡献，有什么不可以呢？亚当·斯密说过："我们的晚餐并非来自屠宰商、酿酒师和面包师的恩惠，而是来自他们对自身利益的关切。"很多公益正是私利所驱动的，解决公共问题需要市场思维，对市场不能有道德洁癖。第二，有人说这会加重学生负担，这也是不懂现实情况，购买直播课并不是学生掏钱，而是当地政府。这属于市场提供产品，政府购买公共产品，政府和市场合作提供教育资源。

还有人不屑地说，光靠一个屏幕就能解决教育公平问题了？教育公平不是技术能解决的。——"光靠什么什么不能解决"也属于"根治苛求"，虽然这种模式的主体是一个屏幕，但支撑这种模式的其实不只是技术。用心去看的话，从这篇报道中，我们能看到政府的投入，看到很多人文层面的投入。比如成都七中老师的投入，某位七中的老师，在结束分享、离开远端学校时，一转头，发现全校学生，乌压压一片，全站在各自教室的窗前，和他挥手告别。通过直播或录像，他们都听过他的课。他愣住了，然后开始哭。他从未想象过自己能有那么多学生，"好几百人，可能要上千……"负责网校的人跟记者说，"你知道吗？这个学校，其实只交了一个开通直播班的钱。"他笑着说，他早就知道学校其他班都在"偷录"直播，各自播放，"但没关系，所有人都很开心"。

支持这个事业的，绝不只有冷冰冰的技术，更有人心，这正是报道能够感动屏幕那边我们无数人的地方。

（微信公众号"吐槽青年：曹林的时政观察"2018年12月14日）

不要嘲讽《南方周末》的新年献词了,你不配

让很多人脸上写满焦虑的2018年就要过去,《南方周末》的新年献词如期而至,对献词的嘲讽、批评和叹息也如期而至。活在"让无力者有力,让悲观者前行""总有一种力量让人泪流满面"这种经典献词想象和媒体抗争叙事中的人,认为如今献词中那种空洞的抒情和尴尬的高潮,实在让人失望,与其"为赋新词强献词",还不如有点自知之明,保持沉默,避免年终献丑。我倒觉得不必如此苛刻,报业寒冬中,每一份坚守都很了不起。确实,每一个这样的你都是英雄,生活实苦,渺小如你我这样的个体,需要"看清生活的真相后仍然热爱生活"的自我确证。

平心静气地看这篇献词,不是带着那种被受害者情绪主宰的愤世嫉俗,不是带着让别人去当烈士、当贞女、当圣母、当上帝、当永不妥协的抗争者和激情澎湃的拯救者的期待,而带着对他者的同情理解,带着对当下传统媒体和媒体人遭遇的困境与冲击的体会,就不会那么苛刻了。我们都不要装外宾,不要脱离现实环境而用一个理想的标准去苛求媒体。

这几天查阅文献时看到了中国学者对芭比·泽利泽教授的访谈,泽利泽教授对"阐释共同体"和集体记忆的研究是新闻学研究者的必读书目,在谈到"让新闻理想少一点阳春白雪"这个话题时,她说了一段意味深长的话:"我担心的是新闻理想和实践之间的关系。我们总是千方百计地想要确保我们的新闻理想是纯洁无瑕的,但与此同时,却不去考量实践层面所发生的变

化。我们需要有针对性地考察新闻在中、俄、英、美等国的具体情况和工作条件，而不是不假思索地去预设新闻记者的工作缺乏激情和深度。不可否认的是，新闻业肯定存在一些不良面向，但我想强调的是新闻业没有得到公正的对待——因为大家都只看到理想的状况，而对于在地新闻实践的多样性和复杂性关注得不够。新闻实践强调的是实际操作，所以我呼吁转变这个方向、改变这个假设，在使用理想标准来评价新闻业的同时，也要避免遮蔽新闻记者所面临的实际变化。新闻业的工作已经足够艰难了，我并不认为理想准则会让新闻工作变得更容易。"

说得多好啊，如果我们不尝试去理解媒体的困境，不尝试理解新闻实践面临的实际变化，我们是不配批评《南方周末》的新年献词的。去年这时候，我也批评过《南方周末》的献词，题目叫《不要让新年献词的调门高过媒体报道的贡献》——"让献词少点精致的煽情主义，从高高的抒情层次上走下来，多谈点具体问题和实际愿景。缺乏报道干货，献词调门就别太高。"——后来我在反思中意识到，这属于站着说话不腰疼，让别人多批评、多监督、多抗争、多面对现实问题，可是，我自己在评论中又触及了多少时代痛点、面对了多少现实问题、指向过多少敏感热点？说来真的很惭愧。传统媒体的冬天，调查报道在凋零，舆论监督很弱势，这时候不在于说了什么，说得是不是动听，而在于，活着，仍然在说，坚持在说！

这种坚持，本身就很珍贵。

这就是媒体人的一份新年献词，一年快过去，新一年的日历快翻开，做一份总结，说几句新年愿景，不要赋予一份献词太高、太重、太宏大的意义。"春晚"为什么越来越难办啊？正因为被赋予的意义太多，每个领导提几句意见，考虑到每个人的口味，每个部门每个行业每个群体都想得到体现，还能好看吗？大学毕业季的校长献词为什么越来越难写了？因为毕业献词已经脱离了原先那种"老师好好跟毕业生说几句"的初衷，变成了一种在舆论聚光灯下表演的华丽文体，带着强烈的剧场表演色彩，起草的时候，迎合着"10

万+"的口味,不是想着给学生有用的经验,而是想象着大众审美的目光,想象着在媒体上出彩,拼金句,拼段子,拼情怀,拼个性,拼不同,拼辞藻,最后成了如今那种精致的丑陋模样,对着大众讲而不是对着学生讲,不好好说人话。

媒体的新年献词不也是这样毁掉的吗?被赋予了太多的沉重意义,寄予了太多的厚重期待,符号、意义和关注成为媒体评论员的负担,领导盯着,大众盯着,同行盯着,读者盯着,扭曲了新年献词本来的自然姿态,变得搔首弄姿,变得无病呻吟,变成一场自媚他媚的抒情维密秀。新年献词成为献丑,有很多原因,一个重要的原因在于,"春晚"般的众口难调,无限添加意义,让献词不堪重负。如果不想让媒体以后的新年献词更难看,就少点儿意义强加吧,做减法,在意义上给媒体人减压。他们要做的只是对读者说句"新年快乐",一起回忆一下过去,一起展望一下新一年,这就够了。

在《南方周末》的这篇新年献词《每一个这样的你都是英雄》中,有些话说得挺好的,不要相信乌托邦,要活在真实世界中。"我们只有并且最好欣然,接纳世界的真实模样,接纳生活的本来面貌。在此基础上,不堕信心,不失希望,不断从中汲取前行的力量。"是的,我们需要这种认清生活真相后的英雄主义,做自己的英雄。

前段时间,在一所大学演讲后,一名学生提了这样一个问题:作为学新闻的人,她忧心于微博舆论场被明星娱乐所占据,热搜基本看不到严肃话题和公共热点的讨论,看不到事实真相。我问她:"作为一个学新闻的人,你自己在微博上写过严肃的评论吗?发过几条有价值的微博?发起过几次理性的公共讨论?"她回答说:"没有。"我说:"问题就在这里,微博不是一个'你说我听,你发我看'的传统平台,在微博这个开放的平台上,你是围观者,也是生产者,是内容的一部分,你如果自己什么都不做,不去输入有价值的内容,而只是批评别人全是无聊的娱乐,这是对自我的放逐。最不喜欢'用户'这个词,'用户'对应的是消费逻辑中的信息喂养,只是一个使用者和消费者，而不是拥有主体性的参与者和生产者。"

我接着对她说："很多社交平台其实都很开放，里面的信息是多元的，你可以自主地选择，不要等着别人喂养信息。比如，热搜都是娱乐，但你可以不看热搜啊，可以关注严肃的博主，可以关注事件当事人发的微博，可以参与到热点事件中去，可以去自己搜索'真相'。热搜是别人给你设置的议题，是别人的喂养，你要学会跳出惯性和思维舒适区，自己动手在自己的眼前开辟一道缝隙，看到那些被忽略的新闻，看到热闹后的寂静和沉默中的螺旋，看到喧闹热搜后的冰点，看到被'10万＋'数字暴力碾压过的人。"

这篇文章的题目在犹豫中改了好几遍，到底是"你不配"，还是"我们不配"。我很想用"我们"，因为这也是一种自我反思，但又不喜欢"我们"这个称呼所包含的站在高处振臂一呼的代表癖，不想代表别人，所以，还是用"你"吧。这是一次对话，而不是指着他者鼻子的说教，这个"你"中，也包括着"我"。

（微信公众号"吐槽青年：曹林的时政观察"2018年12月28日）

反杀案定音：舆论油门和司法刹车的精妙配合

舆论热切关注的昆山反杀案有了官方定论。当地警方称，根据侦查查明的事实，并听取检察机关意见和建议，依据《中华人民共和国刑法》第二十条第三款"对正在进行行凶、杀人、抢劫、强奸、绑架以及其他严重危及人身安全的暴力犯罪，采取防卫行为，造成不法侵害人伤亡的，不属于防卫过当，不负刑事责任"之规定，于海明的行为属于正当防卫，不负刑事责任，公安机关依法撤销于海明案件。

舆论一片欢呼，什么是"让人民从个案中感受公平正义"？这就是。在人们心中，此案已不只是一起个案，而关系到人们对"正当防卫条款"的信心，对法治的信心，对"做守规则的好人"的信心。有人说："这是舆论的胜利。"我觉得应该是法律的胜利、道义的胜利，一起舆论与法律良性互动的典型案例。有人说："我又相信法律了。"——不必这么夸张，不必因个案而在悲观与乐观中起伏，法治的进步，需要这样的公民参与。

反杀案发生后，舆论一片咆哮，便有人担心"一片呼吁杀得好"的舆论海啸会干扰司法独立，警方做出定论后，这种担心又冒出来了。我一直觉得，"舆论干扰司法"是个伪命题，法律永远不可能在黑箱中运行，法律无法隔离舆论的参与。"让人民从个案中感受公平正义"，一个重要的方面就是，不排斥公众的围观。正如此案，法律人应感谢这样的舆论参与，感谢一开始此案就置于阳光之下，避免关起门来的审判损害司法的公信力，让法律接受人心与天理的审视监督,让法律有了在人心中加分的机会。

说"舆论干扰司法审判",试问,哪个国家的司法是在真空里运行的?哪个社会的法律能脱离社会环境?尤其像昆山反杀案这样的热点案件,事关公众痛点,交织着道义、伦理、法律、人情的冲突,必然形成围观。舆论关注是正常的,如果司法轻易就被这样的正常围观所干扰,那这样的司法也太脆弱了。司法自信的一部分,就包括各种抗干扰能力。"司法独立审判"这个命题最原初的意义,并非针对舆论,而是公权力,是行政意志,是领导的条子和背后的权钱交易。舆论有时虽然在怒吼,在咆哮,看起来"舆情汹涌",其实只是一种即时情绪,即使法律做出所谓"反民意"的判决,民众也没啥办法,就那样判,能有啥办法呢?

说"舆论干扰司法审判",隐含着这样一层意义,就是不让人讲话。公众就这样的热点事件发表意见,是民众一种不证自明、天经地义的自然权利,即使天塌下来,即使真的形成所谓"干扰",这种权利也不可剥夺。权利有优先次序,表达权优先于其他推理出来的权利,"干扰司法"就属于那种推理和想象出来的后果。对于"干扰司法"这样的命题,主要是限制公权力,而不是限制私权利。为防范干扰,应该规定官员和司法人员不能对正在审判中的案件表态,而不是让舆论保持静默。怎能静默呢?好人的这种沉默,正是让坏人嚣张的关键原因。

说"舆论干扰司法审判",也太小看司法的程序安排了。为了防范司法被干扰,案件从侦查、起诉到审判,设置了重重程序,如果每一次程序都坚守底线,每一个关口都严格司法,法律的底线就能得到捍卫,就不会被干扰。拿昆山反杀案来说,这不是警方可以独自做出判断的,还涉及检察,涉及多重的程序。不要低估法律人的理性和冷静,人民负责咆哮,法律负责冷静,一个是油门,一个是刹车,两者精妙配合,社会的列车才能在一个个的司法判决中稳定前行。

说"舆论干扰司法审判",是否认司法的透明性。有透明,必然会有一定的"干扰","干扰"不可避免,重要的是"抗干扰能力"。我们的司法史证明,没有一起案件是在阳光透明下误判的,那些冤假错案,都是在远离公众监督的黑箱中制造的。阳光只会让司法更谨慎,而不是让司法更激进。

油门和刹车,一个都不能少,愿昆山反杀案中舆论与法律的良性互动能成为一个典范,让法律更阳光,让人心更信赖法律。

(微信公众号"吐槽青年:曹林的时政观察"2018年9月1日)

新华社记者不听社长的,只听事实的

听新华社朋友讲过前社长田聪明的一件往事。记者调查涉及某部门的一件丑闻,该部门领导给田社长打招呼,问能不能让记者别报道,田社长回应说跟记者了解一下相关情况。事实确凿,调查很扎实,那篇针对相关部门的批评报道还是发出来了。后来的一次开会,那个部门的领导碰到田社长,挤兑说:"看来社长说话不管用啊,记者不听社长的话。"田社长不客气地怼回去了,说:"是啊,新华社记者不听社长的,只听事实的。"

"新华社记者不听社长的,只听事实的。"——这一句话真是荡气回肠,是对新闻专业主义精神的最好阐释。新闻的王国里如果有国王的话,那个国王就是事实。尊重客观事实,告诉公众真相,这正是新闻这一行业存在的合法性基础。盖伊·塔奇曼曾说:"客观性是媒体人自我防卫的策略仪式。"对于新闻人来说,"事实"更是一种基础性的职业防卫的策略仪式,无论面对什么压力——当事人的狡辩、政客的压力、熟人的招呼、企业的公关、诽谤诉讼的压力、网络暴力的围攻——一句话就可以怼回去:"我说的是事实!"《新闻的十大基本原则》一书提到:"法国第一张报纸虽然由政府所有,但是其编辑在创刊号上承诺:在一件事上我不会向任何人屈服——那就是我对真实的追求。"

靠什么直言不讳还能让人接受?事实。靠什么保持"虽千万人吾往矣"的底气和自信?事实。靠什么总得罪人却能让人尊敬?事实。靠什么在面对重重压力时敢于去签发重大的舆论监督报道？事实。事实就是媒体人的护身符，媒体人的勇气、智慧、判断、思想、良知、权力都来源于它。人们依赖一个媒体，喜欢一个媒体人，也都源于他们在报道事实上的公信力。据说《华盛顿邮报》有一个原则，即为了追求真实，报纸应该做好牺牲物质财富的准备，只要这一牺牲对于公众利益来说是必要的。

"新华社记者不听社长的，只听事实的。"——这句话给我很多启示。

第一，媒体领导要有事实自信，敢于担责任顶压力。被批评的相关部门找关系，让社长阻止稿件面世，田社长在了解情况并看到事实确凿之后，支持了记者，没有屈从于庸俗的关系，这很了不起。不仅是站在记者一边，更是站在事实一边，总编辑没有理由扣压一篇事实确凿的报道。媒体的公信力就是这么建立起来的，事实就在那里，你不报道，其他媒体会报道，你总是不报道那些看得见的事实，你这份媒体就会被公众瞧不起，无论你有多高的级别，无论怎么号称自己是多主流的媒体，在公众眼里只会不断被边缘化。

一个媒体的气质，很多时候就是社长、总编辑的气质在新闻纸上的投射。媒体领导有担当，有新闻理想，新闻纸上就会洋溢着那种理想主义气质，记者身上都会熏出那种味道。否则，媒体就没有灵魂，报道就没有精神，无非是一篇篇由碎片化的信息拼凑而成的文字。媒体卖给广告主的是什么？不是版面，而是事实所塑造的公信力，媒体人不是向顾客出售内容，而是和受众建立一种关系，这种关系建立在对事实的忠诚上。如汤姆·布罗考所言："报道事实真相创造了媒体与公众的联系，然后媒体再把这种联系租赁给广告主。"

在关系社会，媒体掌握着报道的权力，当然会被"找关系"，稿件会受到公关压力。我常跟一些媒体朋友说，千万不要惯着那种"关系"，长此以往，被这个"关系"摆平，屈从了那个"关系"，报道就会被"关系"所淹没，"台将不台，报将不报"，就没法干新闻了。既伤害了媒体品格，更寒了记者的心。常被"关系"摆平，也会被那些被监督对象瞧不起，无法树立媒体报道的权威。让人尊敬的方式，不是遇到关系就三缄其口，而是直言不讳的批评。

弗林特在《报纸的良知》里提到了当年堪萨斯《恩波里亚新闻报》的一个案例，这家报纸在某天的醒目位置报道了该报两名记者因违反交通条例而被带到警局的消息，记者的姓名也被曝光了。然后该报评论说："下一回，你到报社来，想要我们隐瞒对某事负有责任的人的报道，就请记住今天这个报道。这两位被告都有令人尊敬的家庭，他们都有看到这条新闻就会死的生病的亲人，而且他们都有一份新闻一见报就会丢掉的好工作。"——说得多荡气回肠！对自家的记者都"下得了手"，没有任何情面可留，足以让那些"求情的朋友"闭嘴。

第二，记者要具有调查事实的能力，我从来不觉得新闻行业是一份靠勇气、良知和正义的冲动去赢得尊重的行业，靠的是事实的调查能力。有确凿和权威来源、交叉核实、用脚采访用笔还原的事实，总编辑才有签发的底气，否则的话，仅靠着模糊的判断和自以为是的正义感，靠着单方的信源和捏造的采访，既是给总编辑挖坑，更是给自己的职业挖坑。当一个行业不谈专业技能，不谈调查的方法，而都大谈良知、勇气和道德，那这个行业是很危险的。

新闻这个行业的专业内涵，就是调查事实的技能：少依赖电话和微信，多去面对面采访；少去想当然脑补，有疑问就去问；少点儿轻信，不能用信息代替专业求证；少点儿"互联网+"，多去新闻第一现场；少点儿"10万+"的欲望，多点儿对事实的好奇心；克制评论的冲动，一个准确的报道本身就是它自己的最佳社论。

一位《南方周末》记者曾经反思说："我从不认为报道弱势群体比报道跨国公司更有道德优越性。出现在我们报纸上的一些新闻，新闻操作上存在的硬伤被忽略，文中显露的底层情怀却受到美誉，显示出对新闻评价'道德化'

的苗头，这是十分值得警惕的。"这种反思，也是对事实逻辑的尊重，不是看你是鸡蛋还是石头，是弱者还是强者，而是听事实的。

（微信公众号"吐槽青年：曹林的时政观察"2018年8月8日）

"扶贫干部与女贫困户结婚"的报道为何让人反感

看到网媒转载的一则报道,题为《湖北扶贫干部与女贫困户结婚:一来二去便熟悉起来》,讲了一名扶贫干部和女贫困户的爱情故事,在扶贫工作中,两人一来二去便熟悉起来,有了感情,最近领了结婚证。按理说,这是好事,天下有情人终成眷属,应该祝福他们。可为什么这篇报道读来那么让人感觉别扭呢?

看清楚,不是这种婚姻让人感觉别扭,而是这种报道让人反感。报道中刻意强调两方的身份,强调"扶贫干部与女贫困户结婚",并过多地将这种结合与扶贫工作联系在一起,当成"扶贫工作的成果",报道框架的叙述中带着浓厚的"扶贫典型塑造"色彩,这是让人反感的根源。

爱情和婚姻,是男人与女人的事,是私事;而扶贫工作,扶贫干部与贫困户之间的关系,是公事。——这篇报道硬把爱情婚姻这种私事与扶贫这种公共事务"撮合"在一起,为了"佳话传播"和"典型宣传"效果,混淆了公私权界,混淆了私人情感与公共关系,本想塑造扶贫佳话,强化"带着感情去扶贫"这个宣传点,却用力过猛,成了"高级黑"。扶贫归扶贫,私人情感归私人情感,两者不可硬去"拉郎配"。

这是"扶贫干部"与"女贫困户"的结合吗?当然不是,这是一个单身男人与一个单身女人的爱情故事,新闻里提到,"早些年因为性格不合,男方和前任妻子离婚,和女儿一起生活。而女方呢,是走马镇红土村12组人,今年46岁，离婚后，因为家中没有生产资料，没有收入来源，只能依靠在外务工维持生计，回家的时间也少。"——都是单身，有婚姻和家庭的需求，走到一起，很正常，平常的男女爱情故事，干吗非要强调"扶贫干部和女贫困户"的关系？从逻辑上看，他们的结合跟"扶贫干部"和"女贫困户"的身份没有关系，跟扶贫没有逻辑关系，只不过碰巧，一名扶贫干部碰上了女贫困户，两人产生了感情，碰撞出了爱的火花。

如果一个患者在医院里与护士产生了感情，难道要上升到"医患关系"？一个官员与群众有了感情，就要上升到"官民关系"？一个女孩爱上了警察，就要上升到"警民关系"？一个厅级干部与经商的妻子感情不和而离婚，就是"官商关系"的破裂？这样一归谬，就能看到"湖北扶贫干部与女贫困户结婚"这种身份硬扯的荒唐。

记者和通讯员可能也是出于善意，想用一个新的角度宣传扶贫成绩，但这种角度只会成为"高级黑"的角度。宣传扶贫成绩，有很多好的角度，如村民脱贫、村民致富、生活的改善，甚至可以写村民的脱单——生活改善了，原先很多光棍找不到老婆，但现在富起来了，附近的姑娘愿意嫁到这里了。脚接地气，会抓到很多的好角度好新闻。但拿扶贫干部和女贫困户的"脱单"说事，生硬地归功于扶贫，只会让扶贫工作尴尬。

这种新闻，混淆公事与私事，会在逻辑上传递一种让人不舒服的感觉：扶贫，不仅要扶"生活"，解决单身问题，还要"以身相许"去解决别人的单身问题？这种逻辑暗示很不好。扶贫干部的扶贫工作，是公事，与一个贫困户产生感情，是私事，混在一起说，会让人感觉这好像是"公权私用""公事私办"了。其实不是，那名干部并没有这样，并不是出于"对贫困户的同情"（男方说："说到底，是她的勤奋感动了我，不等、不靠、很坚强。"），而那个贫困户看中的也不是他的"干部身份"，是像其他男人女人间的互相吸引一样。但报道的叙事逻辑和典型框架、身份的代入，带来了负面的传播效果。

报道刻意把这段佳话与"扶贫工作"联系在一起，比如从男方的视角说了这样一段话："扶贫扶的是感情，感谢精准扶贫工作，让我再次收获了爱情和亲情，不管别人怎么看我们，我们都一定会把这段感情坚持下去。"——我不知道这话是男方的真心话，还是被通讯员和记者诱导出来的，无论如何，用"扶贫扶的是感情"来阐释这段感情，是不合适的。扶贫需要的那种感情，是干部与群众的血肉联系，是公共的，不是私密私人关系，而男女关系是私密的情感，这里面的逻辑不能转移、偷换和混淆。

过多地把婚姻的情感与扶贫绑在一起，对双方也是不好的。因为"扶贫"走到了一起，以后如果私人感情出现问题，是不是就要连带着说是"扶贫工作出现裂缝"了？是不是就是扶贫干部对女贫困户没有感情了？生硬绑架带来的反向效果就是这样的。

扶贫工作需要干部与群众的密切联系，需要鱼水亲情，但这种关系是公共的，这种感情应该是保持某种距离感的。《湖北扶贫干部与女贫困户结婚：一来二去便熟悉起来》这种典型报道，无意中在混淆公私中破坏了那种距离感，带来了负面传播效果，让人对这样的"扶贫"产生质疑。

所以，这样刻意和扶贫绑在一起的"佳话"和"典型"，还是不要也罢。有些通讯员和记者，能不能安静一下，能不能别眼里总写满宣传的欲望，默默地祝福他们，尊重他们的隐私，而不是非要将别人的隐私拿到阳光下当政绩典型，当新闻宣传的佐料。

（微信公众号"吐槽青年：曹林的时政观察"2018年7月17日）

关于性侵，几种不要脸的逻辑

反性侵之火从高教圈烧向公益圈，继"长江学者"这个词被毁掉后，"公益名人"又成笑话。最新的热点是，一知名媒体人被曝涉性侵丑闻，当事人长文讲述遭性侵经历，此后几名女记者也实名举报曾遭此人性骚扰。网帖是否属实，需要进一步证实，但诸多女记者的实名举报，有较高的可信度。虽说做新闻和评论这一行"信任不能代表求证"，但很难相信几个有一定知名度的女记者会以自己的名誉为代价去诬蔑一个跟自己没有利害冲突的人。

且不说此次性侵案的具体事实，就说说在这次性侵问题上，几种厚颜无耻不要脸的狡辩逻辑。

第一，有人煞有介事地说："近来一系列反性侵事件受人操纵，是为了转移疫苗事件的视线。"说得有鼻子有眼，仿佛洞若观火掌握确凿证据——你看，在火爆的性侵案舆论下，对疫苗的关注是不是渐渐冷了？这种阴谋论，当段子扯扯还可以，笑一笑就行，但竟有很多人一本正经地说，还有很多人一本正经地信了。疫苗问题确实很重要，但其他热点、其他问题，就不能追问了？为什么不能一边追疫苗问题，一边追性侵问题呢？这两者对立吗？活在阴谋论中的人，不坏，主要是蠢。接下来说几种不是蠢而是很坏的逻辑。

第二，"摸一下怎么了，摸你时你又没反抗，又没有直接和明确地表达反对，你不直接说，怎么知道你是接受还是反对呢？"——这样的狡辩充满了直男的腐朽逻辑，为什么非得让女性"直接和明确地反对"，女性没有直接反对就可以摸?这里适用的不是"法无禁止即可为",而是"法无规定即不可为",在与女性交往的尺度上,女性没有表达"可以",就是"不可以",而不是,女性没有表示"不可以",就"可以"。

第三,"一个女的,大晚上跟人出去喝酒,还跟人坐上出租车,竟然还跟着一起去茶楼了,肯定也不是什么好女人。"——这是性侵者常用的"洗地"逻辑,将对方污名为"坏女人",在转移视线中为自己推脱责任,这种人习惯把自己打扮成"被勾引"的无辜者角色。记得丽江游客被打毁容案中,也有类似"三个女的半夜3点多在外吃烧烤,你不觉得有问题吗?"的网帖在带节奏。

关于这个问题,有一篇文章总结得很好:"我撩头发不是对你的性暗示,我咬嘴唇不是对你的性暗示,我吃冰激凌吃香蕉不是对你的性暗示,我答应和你一起吃饭不是同意和你上床的意思,朋友聚会我喝酒很爽快,不是邀请你灌醉我然后去开房的意思,喝完酒打了一辆车只能代表我们回家顺路,没有一起开房的意思,你摸我大腿我没说话闪开了是给你留面子,不是暗示你再摸一次的意思。"——总结得很棒,即使穿着性感,那是女性的权利,她可以"骚",你不可以"扰",拒绝物化女性,这就是基本的现代文明。

第四,"真被性侵了,那去报警啊,干吗上微博写公众号制造舆论压力,用舆论把人名声搞臭的用心太歹毒了。"——这个逻辑也站不住脚,遭遇性侵,采取何种方式维护自己的权利,这是当事人的选择自由。可以去报警,可以选择自媒体曝光,可以选择其他法律途径。你说网帖是诽谤,是侵犯名誉,那可以对簿公堂啊,没有哪一条法律规定不可以用这种方式维权。

第五,"搂一下抱一下摸一下,多大的事儿,这是某些圈的社交方式,大家不都这样?"——我不知道哪个圈哪个行业的社交方式是这样的,可以不顾别人的感受搂搂抱抱,可以随便去摸人家的大腿。想起某明星当年被曝光出轨后说过的一句经典名言:"我犯了一个所有男人都会犯的错。"——有些人自己犯错,甚至犯罪,还把一个群体甚至整个圈子都拉来给自己垫背,真够无耻的。"文人"不是可以风流的代名词。

第六,"性骚扰是私德问题,不要拿到公共领域中来进行舆论审判。"——性骚扰还真不是私德问题,不只是道德和作风问题,而是法律问题,是公共问题,有必要拿到舆论中来讨论。性骚扰虽然面临着取证难的问题,但无法掩盖这是一个违不违法的问题,而不能当成道不道德的"小事儿"轻描淡写。

第七,"这是要把某个群体搞臭的节奏啊?"——动辄"搞臭谁谁谁",同样属于阴谋论,一两个人,代表不了一个群体,一两个人的事不要让一个群体为之背锅。不要让判断超过证据所允许的限度,有一分证据做一分判断,有三分证据做三分判断。吃瓜群众可能会被带节奏,但无论如何,黑的不能被说成白的,干净的不能被污名为脏的,要有对事实和法律的自信。

这些都属于最基本的讨论常识,逻辑的ABC问题。常识问题上混淆是非,就不只是"三观"和理解力的问题了,更让人怀疑心术和品质。是的,那句话说得很好:"如果你母亲说她爱你,先核实一下再接受。"对于性侵的事实判断,需要客观和谨慎,需要耐心等待"实锤",不能陷入"渣男框架叙事"而轻易站队,不能被单方叙述逻辑牵着走,不能让评论跑在新闻事实的前面,但基本的逻辑和价值问题不能扭曲。

(微信公众号"吐槽青年:曹林的时政观察"2018年7月26日)

学了四年新闻去做"公号狗",不丢人但丢了魂

首先强调,我并没有觉得做公众号有什么不好。如果把工作当成一个饭碗,不影响生活作息,不影响家庭团聚,收入能养家糊口,就是一个好饭碗。新媒体、自媒体扩展着媒体外延,创造了很多新岗位,让学新闻的毕业生就业时有了更多选择。对新媒体充满好奇,有一份很好的新媒体offer放在面前,符合自己的兴趣,有什么不可以呢?

这篇文章,不是写给那些急于找工作的新闻毕业生看的,而是写给那些心中放不下专业、有新闻执念的学生看的。对一个一心想从事新闻行业的学生,学了四年新闻去做公众号,当然不丢人,但丢了专业的魂。第一份工作就做新媒体、自媒体,只会离自己所热爱的专业越来越远。

从媒体职业成长的规律来看,有一条路是不可逆的——第一份工作选择传统新闻采编岗位,在积累了内容生产资本之后,转型是很容易的,轻易就能转到新媒体岗位或自媒体创业。而第一份工作就做新媒体、自媒体,是一条新闻不归路,只能沿着这条路径走下去,离新闻越来越远,不可能回到传统新闻采编岗位。在当下体制语境中,新媒体、自媒体虽然也叫"媒体",但只是从传播和平台属性来看,而非新闻生产意义上的媒体。绝大多数新媒体、自媒体做的不是新闻,比如咪蒙,跟"新闻"八竿子打不到一块去,是以个人内容IP为核心的观点变现。咪蒙能复制吗?在公众号泛滥、观点过剩的舆论场,越来越难了。

学新闻、做公众号创业去变现，没什么不可以，但第一份工作最好别做这样的选择。不能只顾眼前，要有长远的职业规划，要站在十年、二十年的长时段来看今天的就业。第一份工作去传统媒体，完成了原始积累，有了这个起点，以后可以选择的路就很多，能胜任公关、舆情、政务平台、宣传那些泛媒体、泛新闻岗位，会有不错的转型身价。而第一份工作就选择新媒体、自媒体，以后就业的路就可能越来越窄了。

一个传统媒体的新闻采编岗位，宁愿要一名没有任何新闻采编经验的"小白"毕业生，从头开始训练，而不会要一名在新媒体、自媒体做了多年却没有新闻生产经验的"老油条"。对于一个泛新闻岗位，有新闻从业经验的人当然更有竞争优势。泛新闻岗位，不是新闻岗位，而是从新闻延伸出去的岗位——这些岗位，有新闻从业经历才能做得更好。

前几天一名学生问我，怎么才能找到一个既能锻炼自己的新闻采编能力，又有新媒体传播成就感的地方？我明白，她觉得传统媒体与新媒体各有利弊，她想追求鱼和熊掌兼得。坦率地说，带着这样的想法去找工作，会很痛苦。这样的工作，是需要靠自己努力工作一步一步接近的目标，没有一份这样的现成工作放在你的面前。一个符合自己理想的工作状态，从来都不是现成的，而是个人努力的结果。既想拥有传统媒体那样的内容生产资本，又想拥有新媒体那样的收入和传播资本，是不可能的。对于学新闻的人来说，只能一步一步地努力实现，从最基本的工作做起，完成新闻从业的原始积累，坐几年冷板凳，然后才有主动选择的能力与资本。带着传统的内容基因，到什么平台都可以变现。

怎么样才能找到一份既能锻炼自己的新闻采编能力，又有新媒体传播成就感的工作？一个仍在学新闻、还没有任何资历和积累的人，没有资本问这个问题！在内容的故乡，站在新闻采编的起点上，努力干几年，再来问这个问题，才有意义。周庆安老师说得好，"我们都没有经历过关于放弃的教育，没有学会放弃"。就业，可能就是一个学会放弃的过程，放弃不切实际的期待，放弃干扰专业初心的诱惑。

上次写了那篇文章《泛新闻化就业与新闻学的合法性危机》后，不少留言都说："你以为我们不想进传统媒体吗？""你以为传统媒体的门槛有那么好跨吗？"能理解这种现实压力的焦虑和岗位硬约束的无奈，但我想问的是，你们说传统媒体的门槛很高，可扪心自问，你们为越过这个门槛做过多少努力？在接受大学四年的新闻教育过程中，你们为新闻采写编评投入过多少精力？在这些课程学习中做出过多少可以让考官眼前一亮的作品？在新闻教育之外又储备了多少支撑做新闻的知识准备？在媒体的实习过程中如何证明自己配得上这个岗位？哪份好工作没有高门槛，哪个好岗位不需要努力去获得。

我的好几名学生，都是大二、大三就看准了心仪的媒体，大学一直在为进入这样的媒体做准备，修双学位，去媒体实习，在精神上接近这份媒体所要求的气质，在实习中证明自己。他们的目标很明确，无论如何，一定要完成自己从业的原始积累，他们也知道，理想是一步步努力实现的。他们现在都发展得很好，在好的平台上很快有了自己的代表作，有了江湖身价，跳一次槽升一次值。他们没有沦为新媒体、自媒体工序上可替代的"人手"，而是成为新闻江湖中的"人才"和"人物"。

不要抱怨传统媒体的门槛，首先反思自己做过多少努力。新闻本就是一个专业含量稀薄的专业，一般新闻院系也都是一所学校中管理最松散的，专业积累关键靠自己。新闻系的学生，如果早早沦为"新闻佛系"，对新闻漠不关心，对热点没有关注和评论热情，懒于思考，懒于动笔，逃课成风，自由散漫，大学四年没写过几篇文章，没好好上过几门课，没认真读过文献，没到媒体扎扎实实地实习一段时间，没有多专业的通识积累，这样的"新闻佛系"毕业生，不失业不被虐才怪，不被传统媒体拒也才怪。

那篇文章后的很多留言都在集中吐槽"传统媒体收入很低"，我一直强调一个观点——别太矫情，传统媒体收入不算低，在职业薪酬排行榜上，传统媒体处于中间,很正常。如果指望一份工作很快就能买房,没有哪份工作可以实现这个目标,那不是专业和工作的问题,是房价的问题。如果学了某个专业找了份工作都不能养活自己,那也不是专业的问题,而是自己的问题。传统媒体也许给不了你财务自由,但完成了原始积累,它会给你实现财务自由的资本。

做公众号当然挺好,但完成了新闻生产的原始积累再做公众号,跟第一份工作就做公众号相比,差别在于:前者当老板,后者只能当人手,当小编,当"公号狗"。

(微信公众号"吐槽青年:曹林的时政观察"2018年8月13日)

好像本科毕业已经不配找工作一样

这个困惑，由来已久。常看到大学和媒体宣传各种"学霸宿舍""学霸舍友"，将"全寝室保研或考研"作为示范和佳话。这几天冲上热搜的一条新闻是，武汉某大学一则佳话："优秀会传染，寝室8人全保研，入学时就约定'全寝保研'。"随便搜一下，可以见到很多类似的新闻："最牛学霸寝室全部考研成功""某宿舍全员保研，颜值与实力并存""10个学霸宿舍，38人全读研"。与"全部考研保研"绑定的"学霸寝室"，已成为一种惯用的榜样塑造框架。

励志当然很好，刻苦用功去追求深造，也值得学习，但总觉得这种励志框架中带着一种"考研保研比工作更优秀"的价值暗示。

有人说，人家宣传"学霸寝室"全部考研保研，只是说他们优秀，并没有说找工作不好、不优秀啊。——虽然没说"找工作"不好，却在典范塑造的选择中隐含着一种价值判断。我们见过"学霸寝室：6人全拿到名企offer""学霸寝室：8人全进入理想单位""学霸班级：38人全部找到心仪工作"这样的新闻报道吗？视野之内好像没见到。对学霸的定义就是以考试为中心——会学习，在各种考试竞争中脱颖而出，而不是，学习很优秀，毕业后被各单位争抢，找到了一份理想的工作。树立何种典范，体现了根深蒂固的价值偏向，温水煮青蛙的慢炖中，人们似乎也已把"本科毕业后最好读研"当成不证自明的事，好像本科毕业不配找工作一样。

我佩服那些成功保研和坚持考研者，那需要强大的学习毅力，锚定一个目标不放松，过着图书馆、自习室和寝室"三点一线"的冷板凳生活，不为窗外喧嚣所惑。我担心的只是，对学霸的狭窄定义与示范，会传递一种选择时的盲目——把本科当成研究生预科班，进入大学就放弃了以"找份理想工作为目标"的选项，直奔下一个阶段，直接以保研和考研为目标，将下一个阶段更高学历当成最优选。考研保研不是出于主动和理性的选择，而是一种随大流的从众，没有尝试"专业优秀到能找份好工作"的努力，就先接受了"考研比工作要好""研究生比本科更好找工作"的结论。

有人说，现在本科毕业工作这么难找，学历水涨船高，招聘要求膨胀，很多用人单位都以硕士为底线学历，现实逼着学生追求考研保研啊。不错，这好像是主流认知，但我想说的是，不要还没有努力，就放弃了另一种"优秀"的方式。拿新闻专业来说，有学生咨询我考不考研时，我一直以来的观点是，别把研究生当成回避矛盾的缓冲地带，如果本科毕业能努力找到一份好工作，就不必去考研。新闻实务工作，实际并不需要研究生学历，本科进入媒体是新闻从业的黄金入口点，那时最有新闻理想和闯劲，最有实践冲动，最有新闻好奇心，也是最好的年龄。读了研究生，经过更多的研究熏陶和学术训练后，心理上可能离实践和实务就远了。

还是拿新闻行业来说，确实，现在进好的媒体比较难，尤其是以本科学历。但不能放弃这样的努力，我认识好几个同学，为了进入心仪的媒体做新闻，大二便开始为此做准备（而没有把考研保研当第一选项），了解那家媒体的文化和对员工的要求，研究其报道风格，有针对性地做充分的知识和实践准备。用校园实践作品争取到进入这家媒体实习的机会，毕业论文也以研究其"编辑部文化与名记者关系"为题，非实习期间也保持着写作供稿的联系，毕业时顺理成章地进入了那家媒体。好的单位，不会拒绝这样的优秀人才，学历可能只是在信息不对称下，对普通人设置的一种筛选机制。

并不是让大家都去模仿这种方式，有很多努力的方式，其他专业未必如新闻专业一样。我想说的是，不要未经努力就接受"本科找不到好工作""进不了好媒体"的迷思,不是基于理性思考而是基于逃避和从众,把考研保研当成天经地义的第一选项,把惰性、惯性当作天然性和必然性,以"考研保研比工作优秀""大家都在考研"来掩盖对另一种努力的恐惧和回避。好像考研保研在当下已经成为主流选择,大学里各种机制都以此为中心,绩点、教学、奖优、课程设置、教育导向,都烘托着考研保研的氛围,把每个人卷入其中,跳过工作选项而直奔考研,"学霸寝室"的典范塑造也是这种教育文化的一种表现。

为什么要设置本科呢?这不是研究生预科阶段,而是具备通过四年专业学习、能在职业系统中找到一份工作的能力。当然,具备这种能力,并不意味着就要去找工作,我想说的是,"具备这种能力"是衡量这个阶段"是否优秀"的重要方面,而不是其他,不是"考研保研比工作更优秀"。

是的,千军万马争相考研,可能是学历贬值的结果,而不是原因,人们只是顺从于残酷的现实,很多时候缺乏主动选择的能力。但我想说的是,在"结构化"面前不能失去思考能力,不能被别人定义的"优秀"牵着鼻子走。学历膨胀,是教育退化和供需失衡的双重后果——本科专科化,硕士本科化,博士硕士化——没有提升社会的学历层次,某种程度上是一种退化和消耗。我们能做的是,清楚地认识自己,不是他人导向而是自我导向,自己去定义"优秀",学好这个阶段应有的知识,具备这个阶段应有的能力,敢于面对挑战,而不是盲目随大流,本科毕业配得上一份好工作。

向那些努力争取考研保研的同学致敬,只要这种选择是出于自己的深思熟虑,而不是对未来不知所措时的盲从和权宜,努力终会有回报。会学习善考试的学霸挺好,我也喜欢另一种学霸:能学以致用,清楚地知道自己需要什么,敢于不考研,在该找工作的阶段勇于面对挑战,具备拿到优秀工作机会的能力。工作后有了问题意识和深造欲望,再带着实践困惑,选择回学院深造。

(公众号"吐槽青年:曹林的时政观察"2020年10月24日)

第五辑
冰点暖评

我最珍视的评论,仍是收在这一辑的暖评。写一篇带着愤怒意气的尖锐评论,并不难,但写出一篇既触及现实又给人以温暖的评论,并不容易。暖评实践坚持六年了,读者的反馈支撑着我的自信,有时候温和的坚定,比不妥协的犀利,更能打动人心。我用这些带着温度的文字表明,并不是"歌颂""鸡汤""鸡血""英雄"才能带来温暖,冰点视角的冷静思考,一样能柔软人心,一样能"用一个思想影响另一个思想"。评论员往往有两个心灵,一个金刚怒目,一个慈眉善目。

善于从小处着手，以小见大

开头要学会降维，也就是学会把你想要评论的事物降一下维度。比如你要谈中国的大学，能不能先从一个具体的大学，如清华谈起；如果你要谈学生会官本位现象，能不能从你的亲身经历谈起。这叫降维。之所以要降维，第一，宏大的抽象的概念，你往往驾驭不了，具体的、小的概念，你才能驾驭。第二，跟读者套近乎，以让读者熟悉的方式进入一个话题，从小处着手，往往会使读者有亲近感和代入感。

举个案例，国庆70周年有很多歌唱祖国的歌，大家还记得最流行的一首吗？不是那种宏大的、奔放的歌曲，而是大街小巷和电视台都在播放的《我和我的祖国》，这首歌适合各个年龄的人在各种场合唱。这就属于对"爱国"这个宏大的话题进行了降维，降到了每个人都能有情感代入的那个层次。

"我和我的祖国，一刻也不能分割；无论我走到哪里，都流出一首赞歌；我歌唱每一座高山，我歌唱每一条河；袅袅炊烟，小小村落，路上一道辙。我最亲爱的祖国，我永远紧贴着你的心窝；你用你那母亲的脉搏和我诉说；我的祖国和我，像海和浪花一朵；浪是海的赤子，海是那浪的依托；每当大海在微笑，我就是笑的旋涡；我分担着海的忧愁，分享海的欢乐；我最亲爱的祖国，你是大海永不干涸；永远给我，碧浪清波，心中的歌。"你看，就像一个人对另一个人的感情，拟人化了，维度降下来了，就会让人感觉非常亲切。

再说一篇非常著名的评论，题目叫《我们在割稻子》，是1941年抗日战争最危急的时候，重庆《大公报》的一篇社论。这篇社论是为了凝聚全民抗日的决心和信心，没有写那种宏大的口号，而是从"割稻子"这个亲近的角度切入：

> 早稻已熟，农村正忙收割。今春本有旱征。入夏连得透雨，迄今乃获丰登。正在这时候，敌机频频来轰炸我后方城市。就在最近的十天晴明而敌机连连来袭之际，我们的农人，在万里田畴间，割下了黄金之稻！所以我们还是希望天气晴朗，敌机尽管来吧，请你来看我们割稻子！抗战至于今日，割稻子实是我们的第一等大事，有了粮食，就能战斗！

结尾是这么写的：

> 三年来的经验，已使重庆人学会怎样在敌机空袭中生活，人们既不曾因空袭而停止呼吸，而许多工业照样在防空洞中从事生产。就拿本报的情形来说，在我们的防空洞内，编辑照常挥笔，工友照常排版，机器照样印报，我们何尝少卖了一份报？话说回来，让无聊的敌机来肆扰吧！我们还是在割稻子，因为这是我们的第一等大事。食足了，兵也足；有了粮食，就能战斗，就能战斗到敌寇彻底失败的那一天！

这个细微的角度，从小处着手，即降维，比宏大的口号更有号召的力量。我还想起了另外一篇文章，《中国青年报》记者写北京地铁，题目叫《北京地铁是一个每天都在发生奇迹的地方》。北京地铁有很多可以写的，有很多宏大的成绩、光荣的事迹、领先世界的方面，但我们的记者很会降维，他没有写那些宏大的东西，而是找到跟普遍人有联系、让普通人有感觉的描述角度，他是这么写的：

西二旗站平均每月有20只鞋、70多个背包玩偶挂件掉落在站台下的道床上。车站准备了拖鞋,方便那些挤掉鞋子的人回家。站务员清理轨道时捡到过5本房产证。一位老太太曾经这样形容:"高峰时车门一打开,地铁就像'哗'地吐了一样。"

你看,通过降维,一下子把我们的感觉调动起来了。后面写得更精彩:

北京地铁每天都在发生让人意想不到的故事。有的地铁司机一天要喝11包咖啡,而这些人每天要重复960多次手势动作。一名巡道工每个月都会磨破5双棉袜,每年要检查12万个铁轨零件。早晚高峰时,车站广播员要把一句话重复1800多次。

喝咖啡,手势动作,磨破棉袜,一句话重复多少次——这些行为我们也有,但跟地铁工人比较,一下就有感觉了。从小处着手,既能驾驭,也能起到杠杆效应,成功地把读者调动和撬动起来,对一个陌生的事物有了感觉。

"二战"期间,美国的一份战时广告语是这么说的:"'自由'这些词,只有当我们把它们打碎成我们日常生活中十分熟悉的碎片时,它们才能团结我们。"比如著名的"四大自由",其中有免于恐惧的自由,很抽象。插图大师罗克韦尔创作宣传画时就给它降维了——什么叫免于恐惧?一对父母守护在孩子的床前,父亲站在一旁,关爱地凝视着沉睡的孩子,母亲则小心地为其披好被子。一下就有了感染力,评论也需要这种从小处着手。

从小处着手,考验着我们自己的理解能力,当我们真正理解了一件事情,才能用通俗易懂的、有日常生活亲和力的方式把它讲出来。比如,"几何级数"这个概念,它的繁衍力量是非常强大的,强大到什么程度呢？如果你说"非常强大"，说明你自己对它还是没有概念，但如果你能说"一张纸对折50次的厚度是从地球到月亮的距离，这就是几何级数的繁衍力量"，别人一下就明白了。

从小处着手的另外一个方面，是会将故事娓娓道来。会写文章的人，一般开头都喜欢讲一个故事，比如之前的咪蒙，以及现在的很多自媒体高手，他们的文章开头都是这个套路——"我的一个朋友""我的前男友""我的前实习生"——这叫作"先把一个道理打碎成你日常生活中十分熟悉的碎片"，从小处着手，把情绪营造出来，把你带到故事里来，然后，你不知不觉地就接受了这个道理。

我建议大家在文章中多讲故事，特别是多讲自己经历的故事。这样的故事往往很有带入感，第一，体现了与人分享的真诚——我经历了一件什么什么事——就像朋友间的聊天，而不是居高临下地讲大道理。第二，成功实现降维，把道理变成生活的碎片。第三，体现了一种独特的附加值——这种经历比较特别，只有在我的文章中才有。评论的价值，有时可能就在于这个故事打动了别人。写作评论时，要学会调动起自己有而别人没有的知识、专业、角度、体验、情感、经历等。

她没能走上考场，但所有人都给了她满分

这个将让很多人毕生难忘的高考，终于落幕。这届孩子确实太难了，生于"非典"，考于"新冠"，网课的艰难、延期的阴影、洪水中赴考、地震中答卷，是啊，天降大任，注定不凡。很难，但这些18岁的孩子如果看到一名同龄女孩的难时，就觉得这些都没什么了。无论怎么难，起码都在苦读十二年后走上了考场，但那名叫陈薇薇的高三女孩没能等到这一天，生命永远停在了18岁时的5月，停步于考场之外。我仿佛看到她在跟那些觉得很难的同龄人说："走上考场的你们多么幸福，你们的未来多让人羡慕。"

谢谢你来过这个世界，很遗憾以这种方式认识你。不为这名女孩写点什么，便觉得良心不安。但愿这些文字，能让这个名字被更多人知道，让这种光芒多温暖和照亮几个人。

如果不是在高考当日，她的妈妈发文缅怀，这个名字已经不会再跟高考产生联系。18岁的湖南女孩陈薇薇是江华二中的一名高三学生。7月7日，她本应参加高考，但却在5月14日因淋巴瘤不幸去世。在生命弥留之际，薇薇委托父母将遗体捐献出去，因为她觉得淋巴瘤比较复杂，她的身体或许有研究价值。高考这天，妈妈又想女儿了："苦读了十二年却没能如愿参加高考……儿来一程，母念一生。"

这句"儿来一程，母念一生"，让很多人泪奔。逝者已逝，读到这个故事的人再感动也会很快遗忘，但母亲永远无法释怀，会带着这种痛活到生命

终了。照片上的女孩美得醉人，笑靥如花，越美好就越让人心痛；弥留之际捐献遗体，越善良越让人心疼。在她本来应该坐在考场的日子里，网民用这些留言在她的人生答卷上批下满分："有些人，永远18岁，原来真的有女孩子那么漂亮，她去做小天使去了，漂亮的天使在另一个世界闪着光芒。""下辈子不要做天使，做一个普普通通、健健康康的姑娘。在那个世界要快乐要开心，更要保护父母亲人健康。"

感谢这位母亲在高考日对孩子的纪念，用这种方式为孩子"完成"了高考。其实，不用母亲操心，孩子早就为走不到高考的自己交上了"答卷"：她坚忍地面对病痛，她委托父母把遗体捐出去，也许能在科研中有利于他人，减少他人的病痛。很多人都看到了这份答卷并打上了满分："高考或许是人生中一场意义非凡的大考，但你已经交出了一份完美的人生答卷。孩子，你的高考已经满分了。"

"你的高考已经满分了"，这不只是对生者的安慰、对逝者的致敬，不只是一种情感抒发，更是对高考价值在"改变个人命运"这种常态叙述基础上的升华，对这种利他价值的致敬。我想起前段时间在社交媒体一段广为流传的话："只用自身境遇锚定价值坐标的人，可能是没有什么真正的价值的，价值观这件事的出发点从来不仅仅是关心自己的命运，而是关心众人的命运，并且相信它最终会与自己的命运相关。"价值观如此，对待高考的态度何尝不是如此。薇薇同学在弥留之际，想到"淋巴瘤比较复杂，她的身体或许有研究价值"，跳出自我无可挽回的命运思考，而关心众人的命运。她没能走上考场，但她用灿烂的笑容和一颗金子般的心，证明了自己没有辜负这十二年所接受的教育：对生命的态度、对他者命运的关怀、对意义的思考。

人的一生，应该怎么度过才更有价值？父母和书中教了我们很多，但当人的一生无法顺利度过，遇到这种走不到终点的大劫大难时，应该如何面对？父母和老师可能都没有讲过，面对这个超纲题，薇薇同学给出了自己的答案，怎能不给满分？

提到高考，当下主流的叙述都是在谈它的公平、它作为平民的上升通道、它的"改变个人命运"，可我们有没有想过，高考也是一个走到更广阔的空间、进入更大的世界、经过高等教育之后在改变个人命运的同时获得了改变他人命运的机会？高考不仅是利己的、提升个人的镀金机会，更是在提升个人价值中让自己有能力用专业所学去帮助他人：当一个用新闻推动社会进程的记者，当一个如疫情中逆行治病救人的医生，当一个改变乡村孩子命运的老师，当一个用研究改变世界的科学家。这种"影响他者命运"的大叙述常常被"改变个人命运"的小叙述所遮掩，薇薇同学没能走到高考，生命之花还没有绽放就已凋零，但她拼命跑在了很多人的前面，尽力让自己留下的身体能影响他人命运。

我看到一个网名叫"KSH千千"的女孩子留言说："我是17岁的时候确诊淋巴肿瘤的，现在我马上二十岁生日了，很庆幸我参加了高考，也读了一个学期的大学，虽然现在一直在化疗，也掉光了头发，但是我还是希望有一天能够继续我的校园生活。"愿这个孩子能早日康复。觉得生命很难的人们、刚走出考场的孩子们，珍惜自己的奋斗机会，从这些在凋零中奔跑、绽放和闪光的生命中，看到光芒，看到努力应该追求的价值。

（微信公众号"吐槽青年：曹林的时政观察"2020年7月9日）

不埋在仇恨中的陶勇医生，能否让人心柔软一些

说到仇恨，将心比心，可能没有多少人比陶勇医生更有资格选择仇恨。作为一名自己贴钱帮贫困患者做手术、处处善待患者的好医生，一名被患者感谢"点燃了重生的希望"、让无数患者重见光明的天使，却被一个他救治过的病人砍倒在血泊中，头部被砍三刀，刀刀可能致命。而在这之前，为了保住这个病人的眼睛和视力，他忍着巨大的腰痛和背上的六颗钉子，做了两个小时的复杂手术。好人不仅没有得到好报，而且被恩将仇报，被自己救治的病人残害。不要说亲身经历了，仅仅只是听闻，都让人愤怒和战栗，心愤难平，这是什么世界啊。

找不到不恨的理由，恨垃圾人丧心病狂，恨医闹暴力，恨对医生保护不到位，恨"农夫与蛇"的现实版。——人们恨得咬牙切齿，可作为当事人和最大受害者的陶勇医生，却选择了跳出仇恨。虽然还没有完全康复，但情况已经好转，在最近的一次直播中，陶医生说到人生中最为黑暗和沮丧的两个月时，形容如同"鬼门关里走了一遭"，他表示不想把自己埋在仇恨中，希望康复后能返回工作岗位。他说："那位伤害我的患者可能就是充满了痛苦和仇恨，才做出这么极端的行为。同样的东西，如果用一双能发现美的眼睛去看，会感受到温暖和关心，如果你只看到阴暗，把自己埋入无限的仇恨中，就会与这个世界的美好无缘。"

这段话让人泪流满面，经此大劫，如果陶医生愤怒地骂几句伤害他的人，

我们心里可能还好受些，他有理由恨和骂，有理由觉得这个世界欠他的，有理由听到无数声"对不起"和公众的声援，但他竟然没有表达仇恨，而是放下了。这种放下，让人们心里更加难受，觉得无法释怀，欠这样的好医生太多。仇恨最容易，而陶医生选择了最难的事。

网民常常批评一种动不动"让别人放下"的圣母腔调，置身事外，站在虚幻的键盘道义高地，替别人原谅，让别人放下，要别人宽容，慷他者之慨。但陶医生不是让别人放下，他是受害者，他是头上被砍了三刀、差点被夺命、刚从鬼门关走回来的人，他有一万个理由不原谅。这种"跳出仇恨"震撼着人心，更疗治着被伤医暴力撕裂的人心。一个人心中有多大的爱，拥有多宽广的胸怀，内心有多明亮，对人间正道有多强大的信仰，才能这样超越仇恨，在被最大的恶意伤害后仍保持着爱的能力。

"如果你只看到阴暗，把自己埋入无限的仇恨中，就会与这个世界的美好无缘。"这句话如果是从哪个成功名人嘴里说出来，只是一句矫情的"鸡汤"，但从一名受到致命伤害的医生嘴里说出来，就有了一种震撼人心的力量。世界上只有一种英雄主义，就是在认清真相之后依然热爱。说实话，当我看到陶医生说他仍然要当医生，仍会像以前那样善待患者时，真忍不住泪水盈眶。必须要好好呵护这样的英雄主义，善待这样的好人好医生，不要让他再受到半点儿伤害，这个社会要对得起他受害后的依然热爱。

我知道，这是一个有着如金子般美丽心灵的医生，在疗治人心，他不希望社会和医患因为这起伤害而撕裂，不希望残忍的伤害在社会中埋下敌意和仇恨。"上医治未病，中医治欲病，下医治已病"，而一个大医，能在医治病痛之外医治人心。每一次伤医事件，每一个发生在医院的暴力伤害，都给人心带来了很多焦虑和仇恨，给一个群体带来了心理阴影，给群体间带来撕裂。有人感慨"不敢再做好人"，有人感慨"谁还敢让子女当医生"，有人害怕医生对患者有了心结，仇恨在人心间树起了一堵堵墙。陶医生作为仇恨的受害者，没有埋在仇恨中，而是选择"放下"。真希望那个挥起砍刀的人能看到陶医生的这种态度，在高尚面前生出忏悔之心。

陶医生说，当他从 ICU 转到普通病房的时候，看到满楼道的鲜花，护士说不知道谁送的，很多也没有名字标签，他形容那一瞬间"自己的眼泪都快下来了"。——这是用善的眼睛治疗人心，让人们别被极端罪恶遮蔽而看到多数之善。他还谈到了从医生变为患者的心路，从患者角度看到了医患不信任带来的种种问题，看到了慢性病对人的消耗，这是用换位思考治疗人心。他还提到2002年治过的一个两三岁的小患者，家境贫穷，来北京治病居无定所，命虽保住了，但另一个眼球没保住，孩子依然阳光开朗。当孩子的父亲知道陶医生被砍后要给他捐1000元，陶医生没收但受到巨大的感动，这更让他坚定不能埋在仇恨中。这是医生的自我治愈，也是社会伤口的治愈。陶勇是眼科医生，眼睛是心灵的窗户，治眼睛的他也在治愈着人的心灵。

对于医患关系，我向来不敢有太乐观的预期。面对陶医生的以爱吻痛，只希望这个社会的仇恨能少一些，人心能柔软一些，对医生能好一些。

（微信公众号"吐槽青年：曹林的时政观察"2020年4月2日）

我喜欢店员这份战胜职业性冷漠的善良

"女孩水杯遭熟人下药，被好心店员所救"，看这件事的最新消息，真是太舒服了，如沐春风，如临秋水：深圳福田警方依法刑拘涉嫌强奸的赵某，通报中点赞了见义勇为的店员，商场给这家店铺发来表扬信，授予"见义勇为好店铺"并奖励员工。常被一些大爱感动，这件事虽然很平凡，但让我有一样的感动，店员让我看到了一种战胜职业性冷漠的善良所带来的力量，如此平凡，但很多时候不正是平凡的人们给我最多感动？

对店员来说，可能挺平凡，举手之劳。可对那个被救的女孩来说，一点不平凡，就是救命之恩啊，如果喝下那杯水，如畜生渣男所愿，这辈子可能就毁了。对公众来说，也不平凡，你知道这件事为什么引起公众那么大的关注吗？人们从中感受到了一种可能被身边陌生人保护的无声善良，一种被一张隐形的善良之网罩着的安全感，不会太担心自己的孩子出门后被骗，不会担心女儿独处时被人欺负，不会害怕家里老人出门摔倒时没人扶，不会恐惧于一个人走夜路时步步惊心。

这种安全感，曾被很多冷漠事件撕扯和吞噬，体验过那些庸常的漠然，那些事不关己眼皮都不抬一下的麻木，会更能体会到这份善良的珍贵。所以网民不吝赞美之词，各种"将善良捧在手心呵护"的花式点赞："这也是'姐姐来了'""嘘寒问暖不如打笔巨款""应该减免租金表钦佩之情"。这就是隐形的保护网形成的过程，在深圳的小伙伴可以近距离去店里感谢他们了。

这是怎样一份善良呢？这是一份战胜了职业性冷漠而从心底流出的善良。几年前，我在这个专栏写过一篇文章，题目叫《你我终将陷入职业性冷漠，但总有热情如初者》，谈到我们身边诸种冷漠的一种典型症状——职业性冷漠。这名店员和店家在此一事件中的表现，让我们看到的不仅是教科书般的救人方法，更看到了教科书般的职业性善良——一种战胜了职业性冷漠，而把对他人的友善融入骨子里的善良。不是一张"将筷子含嘴里挤出来的"程式化笑脸，不是一种"你付钱，我服务"的机械交易心态，而是一种以合宜的方式关心他人、让这个岗位赢得尊重的职业精神。

什么是职业性冷漠？你我可能都或多或少地经历过，最明显的特征就是一张对身边事物失去情感、对他人悲欢无动于衷的僵硬的脸。各行各业都可以看到那张僵硬木然的脸：医生僵硬的脸，那张脸也曾经热情微笑过，但每天看那么多病人，日复一日年复一年，当初的热情早已消退，做好职业要求的事就行了。城管僵硬的脸，可能工作之初也并不那么凶，也会好好说话，但无数次琐碎日常执法后，工作的要求，很容易就塑化成那种职业性冷漠面孔。教师僵硬的脸，哪个教师没激情燃烧满怀理想过，哪个教师没对学生热情、耐心、宽容过，但带过那么多班、教过那么多学生、上过那么多课后，激情和耐心也被岁月消磨了，只剩下职业性冷漠。还有记者僵硬的脸、官员僵硬的脸、保安僵硬的脸、服务员僵硬的脸。

就拿这名店员来说，她本可以对眼前发生的一切无动于衷——上好了菜，又没叫我，其他的关我什么事，拿服务员的工资能操全职保姆和警探的心？是的，看到那男的往那女孩的水杯里放了东西，谁知道放的啥？我又不是警察，管这闲事干吗？万一有什么误解，万一这男的打人？万一投诉了扣我奖金？万一事后报复？跟店长说，万一被店长训斥"关你屁事"。——这些都是心中那个职业性冷漠的"自我"可能发出的声音。但"超我"战胜了职业性冷漠，店员第一时间以换水为由拿走了杯子，告诉了女孩，并在女孩离开时跟了一段距离保护她。

如果只是一个糊口的饭碗，就是个谋生手段而已，而如果在这份工作中创造性地关怀他人，以他人的利益、尊严定义自己的利益和尊严，这份工作就有了让人尊敬的职业精神。这名店员和店家，不只帮了一个女孩，也以那份超越职业性冷漠的善良给这份工作镀了道义之金。我喜欢这种超越职业性冷漠的善良，它没有迎合客人喜好的夸张笑脸，没有洋溢着让你点赞的取媚欲望，没有缺乏社交距离的过度热情，站在让你觉得安静、不受打扰的地方，不事张扬，默默地关注，于无声处，在细节中，保护你。

　　习惯了在"不要跟陌生人说话"中以冷漠对抗冷漠，习惯了传说中的那些"他人即是地狱"的野蛮丛林策略，也习惯了"多练点功夫保护好自己"的狼性自保策略，这种来自陌生他者的善良，尤其珍贵，尤其有治愈效果。对了，我们要让好人被记住，她是深圳福田星河COCOpark温野菜的店员。

(《中国青年报》2020年7月17日)

医生被"宠着",让人安心,也让人惭愧

"特殊待遇"总会引起普通人的不平之感,但这样针对医生的"特殊待遇",没有人会觉得不平,而且总觉得还"特殊"得不够!——桂林79家旅游景区向全国医务人员免费开放一年。安徽黄山49家旅游景区面向全国医护工作者免门票。江苏多地景区对医护工作者免费开放。美团公益基金会捐赠2亿元人民币,第一期2500万元已定向支持多省援鄂医疗队,对已派出成员账户发放5000元慰问金,一个都不能少;除了定向捐赠外,美团还联合"真功夫""麦当劳""如意馄饨"等商家,至今已为一线医护人员免费送餐几万份。企业捐助、社会关怀、商家服务,热情像潮水一样涌向医护人员。

没有人会觉得这是什么"特殊待遇",他们离开妻子、丈夫、孩子、父母,穿上白袍在没有硝烟的战场成为战士,用生命在最危险的地方战疫。——这真是在拼命啊,残酷的数字见证着这个职业的危险:截至2月11日,全国报告感染新冠病毒的医务人员1716人,其中6位不幸殉职,仅武汉一地医务人员就有1102人感染。截至14日,25633名医疗队员驰援湖北,超过汶川大地震救援规模。拿什么才能表达出人们的敬意,人们做些什么才能觉得心安?真的,再多的"报答"与医生的付出相比,都微不足道,人们只能尽自己一点微薄努力去为医生做点什么,才觉得心安。

给医护人员发慰问金,送热饭,一个都不能少;旅游景点免门票;网约车司机免费送医护人员上下班——有网友说,看到医生像这样被"宠着",

才觉得安心。这时候，没有什么比看到作为抗疫中流砥柱的医护人员在一线哭诉"不是告急，是没有了"，更让人感到痛心；也没有什么比看到物资紧缺后医护无防护而"裸奔"的场景，更让人心酸心疼。医护人员这时就是人心安稳的定心丸，他们面色严峻，公众就无法放松；他们保持微笑，人们就会感到事情糟糕不到哪里去。母亲突然去世，火神山医院护士泪奔朝着家的方向三鞠躬；浙江掏空"家底"；多家医院医护人员出征前集体剃长发明志"不胜不归"……这些抗疫群像如雕塑一般刻在人们心中。

院长们送行含泪说的"一个都不能少"，与企业和公众在关怀医护人员时所说的"一个都不能少"，心意相通。5000元的慰问金不算多，送份热饭，免个门票，开车接送，都算不了什么，但这代表了社会对这个群体"不表达一下就觉得有着巨大亏欠"的敬意。人们的种种心意，背后都有着这种"何以为报"的亏欠心理，只能有钱出钱，有物资出物资，有车出车，哪怕只是为他们提供一辆免费骑行的共享单车，也觉得稍稍安心一点。医护人员付出了那么多，我们怎么能不做一点事情呢？这些表达，不只是解燃眉之急和保障基本服务，也是危机所驱动的一次尊医教育。

一名医生朋友在转发社会关爱新闻时，说了一句："好久没有这种被'宠'着的感觉了。"这话真让人难过，也让人惭愧。这点社会回应，根本算不上什么"宠"着。如果这也叫"宠"着，只能说过去对这个群体的关怀和尊重太少了。一个救死扶伤的高尚职业，一个付出了比普通职业多很多努力才能执业的专业（医学院毕业要比一般专业难得多），一个在最危险的时候必须逆行冲在一线的群体，理应受到更多尊重。如果有一个职业是这个社会每个人必须打交道的，除了教师，就是医生，我们终将有一天会把自己的生死托付给医生，在医院里出生，在医院中等着医生的拯救，在像新冠疫情这样的危急时刻无比依赖医生。生命相托，生死之交，社会难道不应该多点感恩回应？

有人可能会觉得，这时候才知道应该"宠"着医生，对医生好一点，是不是有些功利？我觉得这不是功利，而是基本的服务保障和应有的感恩与补偿，人们这时候对医护人员能做的，也就只有这些了。医生也可以自己叫网约车，在网上订餐，医生并不缺慰问金，景点免门票，他们多数人都没有时间去旅游。——公众从表达中获得的心安，可能比医生获得的更多。平常的时候，虽然也有生老病死，但人们并没有感到对这个群体的迫切依赖，危机让人们对医护"超出其所得的贡献和担当"看得更清楚，所以总想带着愧疚去做点什么。

应该记住疫情中的这些场景，记住医护人员的大义付出，不要再让这个群体寒心。火线中的关爱当然重要，医护们最需要的可能不是什么"特殊待遇"，而是日常的尊重。他们愿意跟其他人一样花钱买门票，一样排队等网约车，而不愿看到骂医、仇医、伤医的事情发生，不愿看到甚至在疫情中还出现恶对医护的事情。危机不久可能就会过去，人们很快会回到生活的常态，医生不担心这些"特殊待遇"的失去，担心的是，因为疫情生死之交而改善的医患关系，会重归让人尴尬的常态。

"非典"有过的教训，已经在这次疫情中重复了很多，让全民付出了巨大代价。但愿这一次社会能够超越健忘，真正地长记性。尤其是上上下下对医护人员的尊重，应该成为抗疫的宝贵遗产。不需要格外的宠，只需要寻常的爱、平等的尊重。那样的话，无论是慰问金，还是那些热饭、那些门票、那些颂扬医护的诗歌，才更有意义。灾难是医生和人们都无法承受之重，不要让危机和生死去教人们学会尊重医生。

（微信公众号"吐槽青年：曹林的时政观察"2020年2月15日）

目睹无数悲剧之后，"尬暖新闻"是野蛮的

什么是"尬暖新闻"？这是我的一个发明，指的是那些生产者觉得很温暖，动机很善意，但在传播过程中却让读者觉得尴尬无比，评论跟帖中翻车的新闻。自己感动得热泪盈眶，网民却集体带着嘲弄的眼神将温暖解构，尴尬的笑声在风中飘荡。以前在另一篇文章中，我点评过当年的"尬暖新闻"，如"哑巴说话""盲人订报""失明老人装电灯""吃辣寻亲""老人去银行取5100元后钱散落路边，好心人沿路捡回5600元""虽然暖气暂时无法供应，但国家政策是温暖"，等等。此次疫情传播中，也出现了大量这种"尬暖新闻"，比如这些：

《有召必回，某地医务人员徒步七十里返院战斗》——报道意图很好，想表现医务人员的专业精神和奉献情怀，第一时间上"战场"，暖。但，为什么要让他们徒步走七十里？这是救命的工作，为什么没有基本的交通保障以解他们的后顾之忧，能让医务人员以饱满精力投入救命工作？

《双胞胎孩子出生不到20天，她却主动申请投入抗疫一线》。报道写道："丈夫含泪把妻子送到医院，经过7个多小时的长途驾驶回到家后，刚起床的两个孩子稚气地问：'妈妈干吗去了'？"——文章本意想写医务人员的奉献，但出生不到20天的孩子怎么开口说话了？好尴尬。后来回应说是记者把两个事迹搞混了。另一条类似的"尬暖新闻"是，"植物人笑了"。

更奇葩的是，这段时间好像"扔下一万元就跑"的新闻特别多。如在

江西遂川，无名氏扔下一万元就跑；湖南长沙一小伙儿，扔下一万元和一句"捐口罩"就跑；宁波黑衣女子在派出所扔下一万元就跑；乘客在机场扔下一个小白箱就跑，工作人员打开后愣了，全是口罩和一次性手套。还有佛山、大理、亳州、六安、绍兴等地，有的扔在派出所，有的扔在政务中心。搜索一下，可以发现很多类似"扔下一万元就跑"的新闻。有人质疑这些新闻的真假，怎么凑巧有这么多"扔下一万元就跑"？

我倒不怀疑真假，这就是人们的善良，一个地方报道了"扔下一万元就跑"的暖心事迹后，其他地方的人会受到触动和鼓励，从而效仿这种独特的捐赠方式，于是成为一种现象。"扔下一万元就跑"挺让人感动，也很温暖，但这样的报道多了，难道不感到尴尬吗？怎么县委大院就这么随意地让进来了，派出所安保形同虚设；机场扔个小白箱就跑，这不吓人吗？置公共安全于何地？应该多鼓励正规途径的捐赠，而不是反而增加很多中间环节的捐赠方式，朴素的善意需要专业的引导。还有，一般"扔下一万元就跑"的人，往往都是一些本身就不宽裕的人，他们的生活也要考虑。收了他们的钱，公众会感觉很难受，于心不忍，于心不安。实际上，这传递的不是真正的正能量，而是报道者的自我感动。弱者的这种善意，应该婉拒。

还有某地雪后地上写的"武汉加油"，被改头换面嫁接到其他地方，好像我们的新闻与报道想象力，已经枯竭到要通过复制这种"正能量照片"才能填充版面和频道的境地。有网友不无讽刺地说："为了让我们感动，你们有些媒体真是拼了。"这些话像刺一样，打脸啊，让新闻人难受。

这些都属于"尴暖新闻"，有些不仅尴，而且让人感觉是通讯员和记者刻意的操作，有摆拍或造假之嫌。之所以尴，或者是违背了新闻真实性原则——夸大、虚构写作，用文学笔法造新闻；或者是不合时宜，无视灾难中种种让人窒息的沉重，在悲情中硬造温暖硬凑感动，让公众感受到了冒犯，感受到了善心被消费；或者是完全站在自己的角度，而没有设身处地考虑他者的现实问题，比如是不是愿意剃去长发，是不是愿意面对镜头。无视新闻的真实性和灾难中的人性，闭上眼睛自我感动、自我抒情的人，最容易在"尬暖"中翻车。

最让媒体人忧心的是，"尬暖新闻"之所以层出不穷，除了专业伦理和操守的缺失外，还从侧面折射出某些媒体疫情报道核心内容的缺失。没有基于真相的调查，没有对一线现实的呈现，缺乏深入挖掘核心事实的安排和勇气，核心报道不够，就拿自以为是的温暖和感动来凑。自己的记者不去深入报道，而是依靠通讯员"喂养"的种种"事迹"，这种未经专业精神去"用脚采写，用笔还原"的所谓"事迹"，最容易"尬暖"成寒。通讯员急于"凑事迹"而发稿宣传本单位，专业媒体如果不好好把关，专业媒体人如果缺乏"四力"（脚力、脑力、眼力、笔力），脚不沾泥地，坐办公室等来稿照登，报道翻车事件会无穷无尽。

爱惜羽毛啊，媒体丢不起这人。抗疫需要暖新闻，不需要"尬暖新闻"。

（《青年记者》2020年6月15日）

城市打破寂静重生烟火气，需成都式刺激

看到成都城管这个规定，挺感动。城市寂静了这么久，甚至寂静到让人害怕，才更知道那种烟火气多么值得呵护。车水马龙不只是生计，更是一座城市的生命。听到街头商贩的叫卖声、吆喝声，心理上才会从疫情中走出来。

成都正式发布《成都市城市管理"五允许一坚持"统筹疫情防控助力经济发展措施》，实施审慎包容监管政策，为之前受限的流动商贩创造宽松的氛围："在做好疫情防控和清洁卫生工作等前提下，允许在居民居住集中区开辟临时占道摊点摊区，允许临街店铺临时越门经营，允许流动商贩在一定区域贩卖经营。有条件的地方可设置占道夜市。允许互联网租赁自行车企业超出原来划定停放点，占用城市道路停放车辆，方便群众骑行。"

从宽松的"五允许"中能感觉到一座城市对烟火气有强烈渴望，经历了这种长时间不正常的寂静后，才更知道平常甚至厌烦的喧闹有多可贵。让流动商贩先活跃起来，让人看到了一座城市的善意，这样的开禁，不只是让城市活起来，更是让低收入者有了活路。走街串巷路边摆摊的，多属于低收入人群，城市近两个月只维持较低限度的运行，这段时间蹲家里没收入，一般白领都能承受，起码还可以网上办公，但摊贩缺乏这种在线资本和转身能力，收入刚性，抗风险能力非常弱。疫情给每个人的生活都带来了冲击，对这些需要靠街头摆摊养家糊口的零就业家庭来说，冲击甚至是致命的。所以张文宏说，不尽快复工，其他因素导致的死亡率将远高于新冠病毒。

宽待流动商贩，允许临时占道，越门经营，占道夜市，在平衡防控与管理中最大限度地给商贩开工空间，这种人性化之举既给了城市活力，也给了商贩活路。最近不少地方领导都在为本地复工复产绞尽脑汁地营造氛围，有的上街点小吃，有的出席开工仪式，有的逛夜市，相比这些自上而下的"领导路线"，成都提供了一种自下而上的"平民路线"：作为城市商业生活的毛细血管，商贩流动起来，街头活跃起来，有了烟火气，城市就有了该有的生气。

为了帮中小企业渡难关，此前各地都出台了不少政策。这段时间，该减的税都减了，可以免的费都免了，房租能不收的就不收，给企业缓解了很多压力。但像这种流动商贩，他们的弱势在于，弱小到够不着享受那些优惠，减免房租，房子那么贵，他们根本租不起，无处摆摊就没有任何收入来源。像成都这样放宽监管政策，开辟临时占道摊点，是用公共政策的调节赋利于民。商贩有了活路，居民享受到了便利，城市有了休养生息的空间。

疫情下城市可怕的寂静也许更让我们明白，城市之所以称为城市，光有高楼大厦是不行的，还要有车水马龙，有喧闹的叫卖声。理查德·塞纳特对城市的经典定义是，一个陌生人可能在此相遇的居民聚居地。大街空无一人，没有了相遇的机会，城市就不是城市了。流动的商贩，也是一座城市让我们可以相遇的活力之源，商贩要生存，我们要生活，人间烟火可能比光鲜的外表更重要。

当然，成都的这种新规可能是阶段性的，宽松是暂时的。我还是希望，这种阶段性的宽松能在实践中做一种尝试，商贩们善用这种宽松的放权，不扰民，不影响通行，不带来环境卫生的问题，与市民和管理者和谐相处，使宽松不产生负外部性，不影响防控效果，也许会被接受为一种常态的善治措施。

成都的这种对流动商贩的放权，让我想到，不仅应该效仿具体的城管政策，还应该学习这种让企业和行业休养生息的政策导向。宽松、审慎包容监管，就是让受到重创的行业或个体能够有休养生息的空间，经过疫情折腾，不只是流动商贩，很多受到大冲击的行业和企业都需要休整才能缓过劲来。光让复工复产，是不行的，停了这么长时间，哪有能力说复工就复工，说恢复就恢复，需要公共政策去帮他们调养和缓冲。

复工复产，不是一纸复工令就行，而需要休养生息之善政的驱动，像对待流动商贩那样，该宽松的宽松，该松绑的松绑，起码一段时间才能缓过劲来。这种休养生息的政策性红利，可能比发多少消费券更有长效，更能让社会在疫情重创后恢复常态。

(《光明日报》2020年3月17日)

像盯着赵英明老公那样，盯着对医护的承诺

驰援武汉的医护辞别黄鹤楼，懂得感恩的武汉人，用最隆重的方式送别这些与这座城生死之交的天使们："谢谢你，为武汉拼过命；最美不是樱花，是战斗在一线的你；是你们，为生命架了桥，你们用血肉之躯，守护万家灯火。"经历过生死，才更明白这些告白背后发自肺腑的深情。网友很有意思，隔空喊起了赵英明的老公，告诉他："你老婆回来了，你准备好做一年的家务了吗？"

赵英明是谁？网友记性真好，疫情之初，各地驰援武汉悲壮出征时，四川广元医疗援助队伍出发现场，一名丈夫带着哭腔追着车大喊："赵英明，听到没有，平安回来，平安回来一年的家务我包做了。"赵英明是医院护士，这句话火遍全网，感动了很多人，被称为"最美情话"，赵英明后来接受采访时还说过："老公，我一定平安归来，还要监督你做一年的家务。"现在平安归来了，公众第一时间提起家务的承诺，赵英明丈夫说："包一年家务对我来说是一件很幸福的事。"

当初是悲壮，现在是幸福，公众也分享着这种幸福。我想，公众的这种记性，不只是出于对一条新闻、一句话、一个承诺的记忆，这是一种知恩感恩报恩的集体记忆。战疫走向尾声，战士们平安归乡，我记得张文宏说过："等疫情结束我会非常安静地走开，坐在门诊角落！"现在，医护们安静地离开，人们觉得欠着医护很多，急于想表达一种"我们不会忘记"的深厚情谊。

集体喊话赵英明老公的背后，更有这样一层心声：当医护用生命保护我们时，社会做出过很多承诺，现在安全了，我们会在云端盯着对医护的每一个承诺，监督每一个承诺的兑现。

赵英明老公的家务，那是私人的事，人们更关心的是那些公共承诺——财政给医护的补贴和补助、轮休补休调休、强制休息和带薪休假、解决医护人员编制、职称评聘方面的倾斜、子女入学上的政策、景点门票的免费，等等。赵英明丈夫说"包一年家务是很幸福的事"，这时候，各地各部门履行这些对医护的承诺，也应该是幸福的事，这是医护们应得的。这些承诺，不仅是哪个地方、哪个部门的承诺，更代表着公众的承诺，因为这些承诺用的都是公共资源，是代表公众用公共资源对医护进行感恩。让这些承诺兑现，也是公众的事。

前段时间，媒体曾报道某地"医护集体放弃申领补助"的新闻，引起公众的不满，正如我们不忍心看到一线医护不顾健康工作一样，也不愿看到他们无补助的拼命付出。他们放弃，我们于心不安。——属于他们的补助，为什么反让他们去"申领"，这种"集体放弃"会不会产生某种强制压力？媒体曝光后，当地已经整改，重新发放补贴。这也给各地提了一个醒，不要给医护享受这些补助和补贴设置任何可能对他们产生压力的政策障碍。主动到一线去的人，用生命去工作，肯定不会考虑什么补贴或奖励，不会计较得失。——他们不计较，我们必须计较，不折不扣地把各种承诺送到他们手中，公众才安心。任何可能让医护享受不到关爱的障碍，都是对公众良心的冒犯。

所以，种种补贴和福利，不要让医护填无穷无尽的表，不要让他们去申领，不要走那些可能会制造障碍的形式。驰援湖北的名单不是清清楚楚吗？悄悄地把钱打到他们的卡里，该解决编制的立刻去解决，职称评聘别搞那么多申报材料，就一句话，经过战疫一线的考验，还不够吗？照片中他们脸上被防护服和口罩勒出的深痕，就是最好的"材料"。

前段时间，媒体还曝光过某地医院一线补贴名单，领导专家拿到的钱比服务确诊患者的医护人员都高，一线员工遭遇了各种克扣，此事引发舆论极大哗然。云监督的公众，绝不允许再发生这样的事，公众眼里揉不进半粒沙子，尤其揉不进贪医护之功的沙子。罗尔斯说："正义之为社会制度的第一美德，如同真理之为思想的第一美德。"人心有一把尺子，医护在战疫中表现了一个群体的专业美德，公众有责任捍卫属于他们的公平正义。

除了这些物质上的承诺，还有很多道义上的承诺：善待医护，保护医护，不能让流汗流泪还流血的事情再发生；尊重专业人士的判断，让他们免受非正义的训诫；严惩种种伤医行为，让他们免于种种暴力侵犯。这些承诺，都应该写进制度里，写进法律里。防护服后那些善良的眼神、脸上那些被勒出的伤痕、那些给我们带来慰藉的日日夜夜，应该经常浮现在我们眼前。

（微信公众号"吐槽青年：曹林的时政观察"2020年3月18日）

外卖最熟悉,送外卖的却是我们最陌生的人

说起当下城市人最熟悉的事物,莫过于快递和外卖,很少有哪一天能离开它们。但吊诡的是,我们最陌生的,也许正是送外卖的人。别不服,每天点那么多外卖,那么多骑手给你送过外卖,说说今天送外卖的是哪里人?外卖兼职之外他的主业是什么?他是"80后",还是"90后"?他干这行几年了?肯定说不出。人们只关心自己那份外卖的速度,很少会关心后面送外卖的人,在人们的印象中,那只是一个叫作"送外卖的"模糊群像。说来很惭愧,我常点外卖,却没有考虑过这个问题,感谢"阿里本地生活",给我们熟悉却陌生的骑手们画了一个清晰的画像。

近日,"饿了么"宣布外卖骑手升级为"饿了么蓝骑士",这些蓝骑士是怎样一群人呢?据"阿里本地生活"发布的《2020饿了么蓝骑士调研报告》显示,八成蓝骑士来自农村,"90后"占比达47%。在骑手籍贯来源最多的五座县城中,60%为国家级贫困县。此外,超过一半的骑手拥有"多重身份",26%的骑手同时是小微创业者,4%的骑手兼职自媒体博主;每年寒暑假,许多大学生选择成为兼职骑手来体验生活。当脱下骑手工服,他们可能是公司白领、小店店主,甚至是健身房教练。

这是一个让人感到温暖和友好的调研报告。创造了这么多的就业岗位,尤其是为国家贫困县创造的这些岗位,很了不起,体现了平台经济在创造就业上的优势。尤其要考虑到,骑手岗位是依附于新业态的一种新职业,属于

传统外的新增岗位。除了30万骑手的就业岗位，2020年还继续为100个贫困县提供超2万个骑手就业机会，在疫情冲击中小微企业、就业遇到困难的当下，这些"饭碗"尤其可贵，让人看到了这种零工经济在灵活就业上的弹性优势。30万个岗位，不只是30万人，背后是30万个家庭的生计。如果想到他们多数来自贫困县的农村，这种就业所托起的民生，就更重要了，有了收入就好，一个家庭就有了生气和未来。

依赖外卖生活的我们，从这份调研报告中不仅看到外卖行业创造了那么多的就业，为扶贫做出了巨大贡献，更看到了外卖后面的人，如你我一样在忙碌的城市中拼命奔跑、努力生活的人。调研报告让他们从作为城市生活背景的"匿名群体"中走出来，被看见、被尊重和被善待。

他们不只是我们常说的"送外卖的"，而是一个个具体的、有名有姓有故事的人；他们不只是穿行在大街小巷、戴着头盔的城市背景，不只是平台上一个个符号化的ID，一个个总是被我们电话催着"快点快点"的人。我们和他们最多的接触可能只是接过外卖时客套地说一句"谢谢"。他们跟我们一样热爱生活，追求幸福，有的来自国家级贫困县，到大城市闯荡，追求自己的梦想；有的一边送外卖一边做着创业准备，有的把送外卖当成体验生活的一种方式，有的在自媒体上记录着每天的外卖生活。我们接过外卖时接触的那双手，可能是一个大学生，可能是一个小微创业者，可能是那份调研报告提到的每一个人。

看到这个画像，了解了外卖骑手这个群体，我想，人们今后看这些骑手时的眼光都会柔和很多，接过外卖时说那声"谢谢"的语气，都会温和很多。送外卖的他们，是和我们一起努力的人。一座城市的文明正在于，人们开始关心和了解身边的陌生人，关心那些过去被忽略的人，了解他们的悲欢和梦想。可能，这正是"饿了么"关怀自家的蓝骑士所包含的人情味，也是那份给骑手们画像的《2020饿了么蓝骑士调研报告》所要传递的善意和文明。

一个社会的文明，也在于越来越关注那些匿名的服务者，很多时候，他们虽然是城市生活的一部分，维持着现代生活的运转，却在折叠的城市圈层中作为匿名化的群体和生活背景而存在，就像我们在超市购物时的背景音乐一样。很少会去关心身边那个环卫工来自哪里，修楼的那个工人的孩子多大了，送外卖的那个年轻人有什么样的故事。曾跟一个骑手聊过，很有意思，对骑手有了新的了解，比如在我们所在的一二线城市，会觉得骑手这个职业并不高端，但在很多小县城，骑手在可能排名薪资最高的职位之列。在一些偏远县城，代理商甚至介绍说，做骑手竟然是要"找关系"的，因为收入高，想应聘的太多了。当我们从自己的圈层中跳出来尝试了解另一个圈层的人，交流起来，很多偏见和误解就会被打破，目光和语气会柔和很多。

当他们在人们印象中只是一个"送外卖的"匿名群体时，人们与骑手之间的交流，至多只是接过外卖时一声"谢谢"之交，而当对这个群体有了更多了解时，以后可能就不一样了。知道那是一个来自国家级贫困县的追梦者、一个体验生活的大学生、一个对未来满怀憧憬的创业者，也许就可以多聊几句了。这就是我前面提到的，人们今后看这些骑手时的目光都会柔和很多。这就是很多类似"调研报告"的社会学意义之所在，了解身边那些熟悉却陌生的群体，既是让生活在不同圈层的人多些交流，也是让这些人真正融入城市和社区。

外卖平台创造了很多就业岗位，很了不起，比这更可贵的是，他们在努力让这些岗位上的人去融入他们所工作的城市和社区，从匿名群体到一个个具体的人，被看到、被了解和被尊重，就像我们在这份调研报告的生动画像里所看到的。

（微信公众号"吐槽青年：曹林的时政观察"2020年4月22日）

读懂钟南山说的"看的不是病,而是病人"

这场抗疫中,媒体镜像里的钟南山院士是多元的 —— 一位医术高明的医生、一位说真话有权威的良心人格、一位在关键时刻以扭转局势者出现的关键先生、一位逆行武汉的高龄老人。人们在各方面依赖他,他作为医生的专业身份倒常被其他身份遮掩。近来他受访时谈到的"医生看的不是病,而是病人",让公众看到了他作为一位出色医生的仁者仁心。正如他在传记《钟南山传》一开头的那句话:"其实,我不过就是一个看病的大夫。"

我们常说"看病",医生看病,患者到医院看病,看的到底是什么呢?钟南山说:"医生看的不是病,而是病人。我们要经常想到的是,在医学里有什么问题解决不了,你怎么去解决?像我四十年前在英国,就开始跟导师研究慢性阻塞性肺疾病,当时诊断很清楚,但是治疗很落后,后来技术改进了很多,但对病人的治疗仍然没有带来实质改变。"看到这段话时,我想起一个记者报道中写到的他亲眼看见的细节:钟南山在冬天会用手捂热听诊器,然后再给病人听诊。直到如今,钟南山给病人看病都是主动俯下身,一只手臂托着患者后颈和肩的部位,扶着患者慢慢躺下,等检查完之后,再慢慢扶起来。

擅长解构概念的语言学家们说,社会群体所使用的语言,通常是被设计用来确保他们特殊的和优越的地位的。"看病"这个词,可能就隐含着一种以器官为中心的身体规训和诊治观念,哪儿生病就治哪儿。"看的不是病,而是病人"，"病"和"病人"一字之差，凸显出医疗观念的天壤之别。钟院士的意思是，医生要将患者作为一个人来看待，而不是各个器官的集合体，医学不只是技术的医学，更是人的医学。

一个"人"字，让我想起特鲁多医生充满人文气息的墓志铭："有时去治愈，常常去帮助，总是去安慰。"特别是当下面对新冠病毒，并没有什么特效药，没找到有效的治愈方法，如张文宏所言，最有用的特效药可能就是自身免疫力。这种情况下，"看的不是病，而是病人"的医疗人文理念尤其重要。读懂了这句话，也就读懂了疫情时期的很多有关医患的新闻为什么那么让人感动，读懂了冰冷技术之外的温暖关怀对治愈的疗效。

还记得这个感人的场景吗？一名医生陪着患者看夕阳，看哭了很多人。刘凯医生在护送病人做CT的途中，停下来，让已经住院近一个月的87岁老先生欣赏了一次久违的日落。落日余晖下的两个身影，病人和医生，这个温暖人心的瞬间被拍下来后，感动无数网友。这注定会成为一个经典的、能驱散"疫郁"的治愈场景。在这个场景中，87岁的老先生被当成一个整体的人受到了关怀。夕阳剪影中的两人仿佛不是医患，而就是两个热爱阳光的人。最新的好消息是，老先生已经可以出院，能轻松走百米，他是武汉爱乐乐团的小提琴手，此前医疗队返程时，他拉了一首小提琴曲《沉思》以表示感谢。

从很多医生和患者的日记中，看到的也都不是陌生的医学术语和冷冰冰的技术描述，而是我们熟悉的生活场景。重病监护室医生刘娟在日记中写到病人老孟时说："他喜欢听我给他讲重庆的夜景、火锅，以及我们的医疗队。"她送给老孟一张医疗组自制的卡片，写的都是对他的鼓励和祝福，老孟拿着这张卡片反复看，迟迟不肯放下。黑龙江首例确诊患者高先生经历了气管插管等手术，一度没法说话。医护人员将他儿子鼓励父亲的话，通过视频等方式传递给他，给了他很大的精神支持。一个刚进方舱时很烦躁的患者说："负责本病区的汪医生一直耐心地安慰和说服病人，声音很柔和，特别让人安心。"

这几天在看社会学家罗伯特·K.默顿的《社会研究和社会政策》，在"医学教育社会学"那一节谈到了"患者是一个整体的人"的观念。患者到医院看病，他不只是一个医生偶尔接触到的"陌生人"。患者是一个全面的人，这包括患者的人际关系和社会环境。亨利·科恩爵士建议医学院课程应该引入这样的观念："学生们必须使自己相信，当一个患者来到医院后，他便离开了自己的环境，离开了他的职业、家庭和他的朋友。然而这些方面可能极大地影响其生病的起因和过程，如贫困而导致的营养不良、家庭中的慢性病影响等，我们的教学必须保证，医生不应该是一个视野狭窄的人。"社群主义者泰勒在批评当下的工具理性时也谈道："在医学上，技术进展常将病人单纯看作需要解决的技术问题的场所，而排斥将他们当作有生活经历的活生生的个人的治疗方法。"

患者是一个整体的人，不只是那个病变的器官，"医生看的不是病，而是病人"，一句洋溢着人文关怀的温暖话语，真比特效药还重要。

（《人民日报》2020年4月9日）

案板下的女孩映出一个社会对读书的信仰

案板下学习的女孩,那个专注的神情和认真的姿态,将会深深地印在很多人的脑海里,时常给人们以力量和光芒,就像当年那双充满求知渴望的"大眼睛"。

女孩叫柯恩雅,今年7岁,是湖北五峰渔洋关镇一年级的学生。4月3日复工后,父母在集贸市场卖卤菜,她就一直在卤菜店的案板下上网课,已坚持一个多月。一向挑剔的网民,在这组照片前变得无比温柔,有的说:"孩子,你努力的样子真美。"有的说:"她眼里的光感染了我,案板上是生活,案板下是希望。"照片引发关注后,女孩的妈妈在社交媒体发文称没有给孩子创造好的学习环境,"感觉对不住她",网民纷纷留言鼓励说:"不要觉得愧疚,物质生活并不是全部,小姑娘灿烂的笑容,说明你们是最好的父母。"

确实,小姑娘笑得非常灿烂,外人可能觉得案板下学习的环境太差了,可从她的脸上根本读不出半点儿苦难感,而满是跟母亲在一起的幸福感。那种阳光和欢乐,甚至让那些觉得这是"苦难"的人感到羞愧,孩子真像那苗壮成长的坚韧幼苗,给点儿阳光就能灿烂,案板下的狭窄空间也挡不住那种光芒。

看最新消息说,女孩上课已经有宽带了,相关单位也被那张照片中的求学姿态所感动,免费为孩子开通了一条新宽带。这个社会,总是对那些努力奋斗、拼命生活、向上攀登的人特别温柔,总有一种把他们揽在身后保护他们、让他们过得稍微好点儿的冲动。当人们在为这个女孩鼓掌,用热情的转发和点赞鼓励她时,何尝不也是在鼓励自己,点赞那个曾经一起奋斗的自己。案板太低,空间太窄,小恩雅在案板下上课时经常被碰疼头,我们可能没有在闹市的案板底下读过书,但有几个人的生活没有遭遇过"案板下"的艰难——遭遇到某个至暗时刻,生存空间逼仄压抑,挤在一个小角落。

女孩没有生活阅历,没有觉得"案板下读书"是什么恶劣的学习环境,不会觉得这是苦难,但经历过生活艰难的人们对案板下的狭窄逼仄有体验之痛,所以产生共情。对这个孩子的温柔情怀,也是给曾经或正在"案板下奋斗的自己"的一份温柔。

除了对奋斗的尊重,最让我感动的是,从案板下的女孩、她的家人,还有整个社会的热心关注中,看到了我们的社会对"读书改变命运"这个信念深入骨髓的信仰。因为这种信仰,照片上那个专注学习的神情才那么打动人心。

从新闻中看到,夫妻两人都得在摊位上工作,孩子年纪小,一个人在家没人照顾,网络学习又需要监督和辅导,只能带着孩子一起到市场,让她待在案板下稍微安静一点的空间,卖菜时还可以随时辅导学习。无论如何,即使生活再艰难,也不能误了孩子的学习,这就是中国父母对读书的信仰。而案板上的生活,其实也是以孩子的读书为中心,赚未来的学费,为读书创造更好的条件。即使生活再困顿,只要想到孩子可以通过读书改变现在的命运,向上流动,再辛苦也能承受。案板上下,是无数中国家庭的缩影,把希望寄托在孩子读书上。

像恩雅这个年龄的孩子,未必懂这些,未必像她的父母那样知道读书和学习的意义,但家庭和学校教育的熏陶、日常的强调和引导,这种信仰一定已经在她心中埋下了种子。因着这种朦胧的信仰,她才在案板下那么懂事和专注,充满对求知的渴望。

人们被这一情景打动,不正因为在这个家庭对读书的信仰中也有着自己的影子？这是一种浸入每个人骨髓的信仰，这个社会主流人群中的绝大多数人，都是通过读书一路走上来的，深信读书能改变命运。生活再困苦，日子再难熬，处境再艰难，只要有书读，教育这扇门平等地打开着，那道光就能照亮每个人的未来。案板下那个读书的身影和她对读书的坚定信仰，让有同样信仰的人们产生了强烈的共鸣。媒体上每天会有无数个"暖闻"瞬间让人热泪盈眶，好人有好报，恶行受惩罚，努力的样子被记录，可能没有什么比"读书改变命运"的故事更能温润人心，给人以一种更深沉的前行力量。

想起一句美好的诗，"用一束光点亮另一束光，用一束光温暖另一束光"。对案板下女孩的全民关注，是一个信仰燃起另一个信仰，一个信仰照亮另一个信仰。

(《中国青年报》2020 年 5 月 15 日)

解禁占道经营，城管也终于不必再承受骂名

看到一条新闻，反转式的结尾，让人感到挺温馨。四川仁寿县，挑着扁担在街边卖水果的老婆婆碰上执法的城管人员，当大家以为老人要因占道经营被处罚时，执法人员却挑起了老人的扁担，并帮老人在市场中找到摊位。这段视频引发热议后，相关城管表示，原先大家对城管的看法不是很好，他们希望通过自己的每一次执法能够改变人们对城管执法人员的认知。

最近舆论正热议"解禁占道经营，释放就业"，各方都在谈这一善政对释放就业的重要，既解放了摊贩，让城市有了烟火气，创造了饭碗，也方便了日常生活。从这条新闻中我看到了善政的另一善果，在解放摊贩的同时，也解放了城管，新闻镜像中总是以负面形象出现的城管，终于不必再承受常态化的骂名。当与小贩从"猫鼠"关系转为"鱼水"关系后，两个群体近乎你死我活的冲突也将终结，城管在这场疫情推动的静悄悄的革命中获得新生。

成都应该是第一个推行"解禁占道经营"善政的大城市，3月中旬，这一政策甫一推出就赢得舆论盛赞，我应该是第一个以评论为成都点赞的评论员，呼吁"城市打破寂静重生烟火气，需成都式刺激"。此后多地跟进，成都后来称这种解禁创造了8万多个就业岗位，总理在记者见面会上也提到了流动商贩，称"我们西部有个城市，按照当地规范，设置了3.6万个流动商贩的摊位，结果一夜之间就有了10万人的就业"。中央文明办也明文要求在今年"全

国文明城市"测评指标中，不将占道经营、马路市场、流动商贩列为文明城市测评考核内容。

　　创造的就业岗位和拉升城市人气，是看得见的好处；暂时看不见而慢慢会释放的好处是，将极大改善市场经营者和管理者、城管与小贩的关系，从而重塑城管形象。像本文开头那种"城管帮助小贩"的和谐街头景象，将不是偶然的"暖闻"个案，而成为常见场景。记得3月时，成都当时的提法很谨慎，叫"实施审慎包容监管政策"，其实就包含着对城管的减权，将本来属于商贩的街头还给商贩，让城管成为服务者。这个过程中，城管失去的可能是部分权力，却能极大地改善一直被舆论诟病的形象，从让人厌恶的驱赶者变成"可以求助"的服务者。

　　记得多年前的一篇新闻报道，曾深描过城管在城市管理中的尴尬存在。那是在一场小贩与城管的冲突血案后，有媒体采访一个地方的城管，那个城管说得很无奈："看到摆贩的小贩，去管吧，可能砸了他们的饭碗，如果不去管，放任视之，自己的饭碗可能会被砸，毕竟这是自己的职责。"这个"两个饭碗论"让人唏嘘，最无法调和的矛盾和激烈的冲突，就是饭碗的矛盾和冲突，因为饭碗就是生存。两者的冲突，不是恶魔与弱者的对抗，那些被描述为"凶神恶煞"的城管，脱了制服，也是需要到街头买菜做饭的百姓。面对舆论的仇视，他们也是承受着污名和缺乏话语权的人。

　　一句"城管来了"，生出许多让人笑不出来的段子。一个少年在母亲被城管驱赶后眼露的那个仇恨的目光，让人不安。"两个饭碗"的对抗，是一种结构性、无法调和的矛盾，不是靠某个执法者的善意或怜悯可以化解，也不是"人性化执法""眼神执法""温柔执法"之类的改进可以消除，它深嵌在两个群体的利益内核中，三天一条撕扯的小新闻，七八天一条流血的大新闻，都源于深层次的饭碗冲突。城管挥之不去的形象危机、小贩的生存焦虑，也都源于此。

　　解禁，即是一种解放，在释放了无数个岗位中创造了就业饭碗的同时，也解放了城管的饭碗。这场静悄悄的革命，并没有互为消长地端走城管的饭碗，而是一次多赢，让城管的饭碗不再有那种"砸别人饭碗"的道义压力。城市当然还需要城管，因为解禁占道经营并不是"可以随意摆贩"，而要遵守相关规定，在规定区域和规定时间内摆摊，不能影响交通。占道夜市，也存在秩序维持问题。当管理摆脱了那种"端走饭碗"的对抗式存在时，就大大地减负了。小贩不必害怕闻城管色变，不会一句"城管来了"就如鸟兽散，城管也不用担心走在街上被人戳着脊梁骨骂，不用再担心因一起丑闻连累整个群体而被舆论吊打。

虽然这是应对疫情冲击所采取的暂时举措，带有"保就业"的政策功利色彩，但既然解禁了，就会在城市中形成新的稳定、平衡和路径依赖，给很多城市管理者带来观念冲击，并渐渐形成"放开是常态，禁止是例外"的城管新常态。此前改革最大的阻力可能是城市审美的管理洁癖和部门既得利益障碍，疫情对城市的冲击打破了这两重阻碍——相比烟火气和饭碗，管理洁癖简直就是罪恶，民生艰难下，管理权也得为饭碗权、生存权让道。在静悄悄的减权让利革命下，城管一开始可能会觉得权力小了，但逐渐会感受到这种放权对自身带来的减负效果，既有工作的减负，也有形象的减负。

至于有人担心"一放就乱"，害怕街头会失去安宁、卫生和秩序，这个不必担心，一方面，摊贩会珍惜这种来之不易的权利，另一方面，解禁本就是有管理保障的解禁，而不是放任。车水马龙，引车卖浆者，本就应该是城市日常，人们应该习惯去接受一种热闹的平衡和各美其美的生活和谐，而不是反生活反日常不宜居的整洁寂静。

（微信公众号"吐槽青年：曹林的时政观察"2020年5月9日）

对快乐教育仇视到容不下一个孩子的笑容

"一个倒数第一的小学生考了倒数第二"的欢乐视频,让看者也被那种欢乐所感染。成都一个网友分享了自己接孩子放学的视频,孩子兴高采烈地说自己有一个好消息和一个坏消息,好消息是自己考了倒数第二名,坏消息是没有考及格。从视频中能看到孩子的欢快,也能感到发出这段视频的家长看到孩子快乐时的开心。很多人感慨,家长和孩子心态都很好,快乐最重要。

看新闻很欢乐,不过,看评论却很丧很难过。如此欢乐而让人减压的场景,却遭遇一些丧意满满的跟帖,让人感觉快乐好像成了一种罪过。看看这些评论:"家里如果没矿,相信快乐教育你就输了。""孩子不懂事就算了,家长不能不懂事。""别人家孩子快乐就行了,快乐教育嘛,别的家长更快乐。""现在以不及格为荣了吗?现在笑,未来哭。""一棵棵快乐教育的小韭菜。""太好了,少了个竞争者。""小学如果不及格,将来在这个社会很大概率会活得不轻松。""快乐最重要,好一碗毒鸡汤。"

这些阴阳怪气的评论,看得人心惊肉跳。幸亏那个快乐的孩子看不到这些评论,不然她在这个应该快乐的年龄都不敢快乐、不敢再有笑容了。这都怎么了?对快乐教育仇视到都容不下一个孩子的笑容,容不下一个从倒数第一考到倒数第二的小学生欢乐一下了?没考好,家长和孩子都不配拥有快乐吗?

实际上,这个视频根本没提到快乐教育,没有上升到什么理念,没说平常"不管考多少，快乐就行"，只是快乐了一下。没考及格而考了倒数第二，就应该垂头丧气吗？这些对快乐教育充满敏感和仇视的评论，让人看到了教育焦虑、过度竞争、弱肉强食、社会达尔文主义的恶意，对世道人心的扭曲；也看到了甚嚣尘上的焦虑营销在人心中留下的恶果，面孔扭曲的焦虑成功地驱逐着快乐。那句"快乐教育嘛，别的家长更快乐"，让我想起一家培训机构极具焦虑煽动力的宣传语："你不让我辅导你的孩子，我就去辅导你孩子的竞争对手。"贩卖的焦虑情绪，终于成功和彻底地碾压了快乐，甚至连一个笑容都成了奢侈品，成为被规训的对象。

我并不是那种快乐教育的信徒，并不觉得学习是快乐的，也不觉得教育可以在那种"只有赏识没有挫折""宝贝你真棒"的快乐过程中就可以完成。学习是辛苦的，需要一定的挫折和压力，甚至需要适度的惩罚方式。人天然惧怕学习的挑战，天然避苦爱乐，学习需要某种反天性的、克服惰性的刻苦付出。但我反对将挫折教育推向一个极端，变成"虎妈狼爸"那种为了成绩而牺牲所有快乐的棍棒教育。

一个网友说得很好："看那些评论，好像把孩子搞得不快乐，就一定能成绩好似的。"是啊，孩子从倒数第一考到了倒数第二，没及格，兴高采烈地跟家长说"一个好消息和一个坏消息先听哪个"，家长应该怎么办？劈头盖脸地把孩子骂一顿，羞辱几句，"不及格还好意思说是好消息，倒数第二不觉得丢人"。——这样打击孩子，孩子就能学好吗？实际上，很多孩子对学习失去兴趣，就是从这种劈头盖脸的一顿臭骂开始的，从"考砸了你就没资格快乐"开始的。

想起某一年高考作文题那组漫画："考了100分，一个吻；从100分到98分，一个巴掌；考了58分，一个巴掌；从58分到60分，一个吻。"很多孩子就是在这种不由分说、"要么耳光，要么吻"中与父母渐行渐远的——根本不问过程，只看结果，考好了才配得到吻和快乐，考砸了只配得到巴掌。实际上，当那个孩子说"一个好消息和一个坏消息先听哪个"时，她是知道

"不及格"和"倒数第二"是不好的,只不过是以这种方式为自己和父母减压。劈头盖脸骂一顿,搞得很不快乐,很多时候只会让孩子更加厌学。

孩子不是学习的工具,学习不是孩子的全部,除了学习之外还有生活,如人格的培养、个性的舒展。让孩子把成绩当成自己的全部,把孩子的成绩当成家长成功的全部,认为成绩好了才配快乐,这种教育也许只会塑造出失去快乐能力的悲剧人格。成为令人羡慕的"别人家的孩子",却一点儿都不快乐,人们目睹过太多这样的悲剧案例。在排斥快乐教育中,不能连快乐也扔掉了。实际上,快乐与挫折压力并不对立,学习应该有挫折,也应该有快乐。快乐是孩子的天性,成人们不能自私地将自己的焦虑都投射到孩子身上,泯灭了孩子的天性。这个孩子在视频中展示了比同龄人更强的表达能力和心理素质,不值得骄傲吗?

快乐并不意味着就是松懈,有时不是"快乐"和"学习效率"不可兼得,而是成人缺乏陪伴和投入的耐心。毕竟,训斥和棍棒有一种成人对教育的掌控感,而快乐容易产生一种失去掌控的感觉。于是,快乐成为教育的奢侈品,在焦虑弥漫和主导的氛围中,快乐与减负成为罪恶,连一个没考好的孩子的天真笑容,都觉得如临大敌。

一条被丧文化淹没的评论很有治愈效果:"挺好,小孩眼里亮晶晶的,有星星。"但愿人们都能看到孩子眼里的星星,而不是被焦虑蒙住了眼睛。

(微信公众号"吐槽青年:曹林的时政观察"2020年6月9日)

别让"用命改变学生命运"的正能量单薄无力

近来媒体关于丽江乡村校长张桂梅的报道,真是泪洒互联网,老师哭着讲述山里女生考大学的艰难,让我们看到了"知识改变命运"在很多地方的沉重和不易,需要山一样的力量才能让命运跳出贫困大山。作为全国第一所全免费女子高中校长,张桂梅让1600多名女孩走出云南贫困大山,而她的身体却每况愈下。一个女老师要做肿瘤手术,张桂梅让她请假,她说:"能穿衣服,我就回来……我的学生可以考到厦大、川大、武大!我们是用命换来的。""我救了一代人,只要她们过得比我好就足够了。"

"知识改变命运,读书跳出贫穷",这是人们常说的话,似乎是不证自明的天理,可在很多地方并非如此,"知识改变命运"的信仰不仅需要有人去播撒,更需要有人用力去托起,有时甚至要用毕生的投入和生命的代价。张桂梅让人泪目的山村教育实践告诉人们,在这样的大山里,"知识改变命运"的信仰很多时候是以"用命改变学生命运"的生命投入写成的,一个人、一群人扎根在大山的命运,换来了一代人、几代人命运的改变。

"知识改变命运","知识"不是一个抽象的存在,而是一个个在教书育人实践中具体的知识分子。在知识是奢侈品的地方,其实是"教书的人"在改变人的命运。城市里形成了完善的教育体系,使学习成了自然的事,从出生就进入这个教育体系,能享受到知识熏陶和阶层流动的命运。而在贫困的大山中则不一样,起点是命运和知识的荒芜,很多时候一个老师就是一所学校，一个有知识的人就是一种教育和文化象征，这个人怎么样，知识就怎么样，人们对教育的态度就怎么样，就像张桂梅对大山的意义。我们觉得习以为常的事，有人首先得用命去拼。

网民用数万点赞和留言向张桂梅致敬，有的说："何止是救了一代人，这是斩断了贫困和愚昧的传递，您用您的血肉之躯，为学生架起了知识的桥梁。"有的说："沧桑刻在她脸上，骄傲洋溢在她脸上，这才是老师啊。培养一个女娃，可以改变三代人，她们的未来是你一手托起的，教育界有这样的老师守护，民族才有希望。"一个网民的留言获得了很多认同："我们也承认知识可能改变不了命运，世界有很多问题我们都无能为力，可是知识可以给他们更多选择的机会，让他们走出去，看到世界其实是多姿多彩的。"

期待张桂梅老师能看到这些温暖的留言，让坚守在大山中的她不感到单薄，而感受到有无数人站在她的身后。不是一两个生命在燃烧自己去改变山里娃的命运，而是很多束光在一起簇拥另外很多束光，聚合起一种交相辉映的光芒。每次看到这些用生命在投入的无私奉献者，充满敬意之外，都会有某种心疼、心堵和歉疚之感，觉得欠她们很多，害怕感动成为一种自私的悲情审美。千万不能只是眼睛一酸很快就背过身去，感动之后很快忘记。我们不能只是做一个站在这个"奉献故事"之外的感动者，不能一次次只是把这样的新闻当成励志和感动的故事，而应该跟张桂梅老师站到一起，一起分担，努力让"读书改变命运"不那么沉重，不需要"用命去改变学生命运"，不需要用命运的牺牲去换取命运的改变。

张桂梅老师在大山里无私贡献，燃烧自己而点亮无数孩子的命运，让她们看到光，是顶天立地并震撼人心的正能量。这个正能量，需要更多人的参与，让张桂梅老师不孤单，才是不单薄而更让人温暖的正能量。相比艰难的坚守和张桂梅老师憔悴的面容，更想看到媒体报道后各方的参与——当地政府加大投入，当地教育部门在教育资源上的公平倾斜，更多志愿者帮助，等等，人努力之外的制度力量才更有力。感动是一种易逝的情感能量，很容易在感动之外产生无力感，只有带动制度一起去推动进程，才能让无力者有力。正能量需要不断的滋养，才能变成凝聚人心源源不断的精神能量。

除了张桂梅老师的坚守，还想看到不断有后来者接过她的事业，让"教育改变命运"生生不息。她让1600多名女孩走出贫困大山，走向很多名牌大学。相信这些已经改变命运的人当中，一定会有人选择回到这里，成为"张老师""王老师""马老师"，继续帮更多的人改变命运。精神生生不息，代代相传，正能量在命运改变者之间以这样的方式传递，才能成为一种更巨大的绵延力量。

除了张桂梅老师的奉献，还想看到这座大山里人们观念和生活的变化。"知识改变命运"，改变的不只是读书人，还有她们的家庭和她们生活的环境。"读书跳出贫困"，不只是获得学历的人跳到了作为他者的城市，成为家乡人羡慕的中产，而留下一个凋零和空心的乡村，乡村本身也需要在"知识改变命运"中一起改变，成为美丽和富裕的乡村。大山很穷，知识不只是把人才送出大山，也应该让知识在大山里沉淀，成为乡村的底色。这样，"知识改变命运"的正能量，才不会单薄无力，才是更深沉、更抚慰人心的温暖力量。

（微信公众号"吐槽青年：曹林的时政观察"2020年7月3日）

报北大考古的女孩给了很多人一记闷棍

湖南女孩钟芳蓉以文科676分的成绩报考北大考古专业，有人不解，有人盛赞，有人不屑，有人宠之，震动了大半个考古界。女孩崇拜的考古界权威樊锦诗教授专门写信鼓励她"静心读书"，希望社会不要再打扰她。这件事说明，贫困限制不了一个人的想象力，思想的贫困才会；阶层固化不了一个人的身份，思维的僵化才会。很多人折腾一辈子才能明白，甚至始终都明白不了的道理，跳不出的固化囚笼，钟同学却如此早地就明白和跳出来了，让人羡慕。报自己喜欢的专业，而不是别人眼中赚钱、好就业的专业，这个让很多人"意外"的选择，恰恰在回归常识中碾压了那些被庸常成功经验所囚禁的人，给了这些人一记思想闷棍。

"留守女孩""寒门学子""穷人家的孩子""赚钱的专业""好就业的专业""冷门专业"——每一个标签，其实都是一个囚笼，刻着世俗偏见的烙印，限制着人的想象力：留守的，就会如何；寒门出身，就应该怎样；哪个专业赚钱，哪个专业没前途，哪个专业好找工作；寒门学子该报什么专业，有钱人该报什么专业。带着对"寒门""考古"，还有所谓"热门专业"的狭隘认知，一个个被贫困想象力扼杀的人，以过来人的成功经验的名义，扼杀着下一个人的想象，形成社会中平均且平庸的套中人格。

正是这种庸常成功经验对自由想象的扼杀，使人们对成功的想象是那么的单一。有闲阶层曾编出一个段子，对陕北"放羊娃"死循环般的单一追求充满同情:"你每天干什么?""放羊。""放羊为了什么?""挣钱。""挣了钱呢?""娶媳妇。""娶了媳妇呢?""生娃。""生了娃,让他干什么?""放羊。"贫困限制了穷人的生活想象力,在"放羊"与"生娃"中重复,但那些貌似生活在开放环境中的人又如何呢?有人以戏仿的方式编出另一个单一的人生循环:考北大清华→努力学习→"北上广"找工作→挣钱→买房娶媳妇→生娃→考北大清华。这个版本的单一梦想,见证了另一种贫困——思想封闭、思维僵化、缺乏热爱和自主追求所带来的梦想贫困。

正如放羊娃的追求中没有"梦想""兴趣"和"喜爱"的位置一样,在"考名牌大学→赚大钱→生娃考名牌大学"的死循环中,一样没有"梦想"和"热爱"的位置,两者相比,只不过是一种"低级贫困"与一种"高级贫困"的区别。同情着前现代放羊娃的现代人,不过是在另一种较高的物质层面上重复着"都市放羊"的生活:做着自己不喜欢的工作,过着没有热爱的生活,做着他人眼中的成功样子,红红火火浑浑噩噩,终其一生碌碌无为。

谢谢小钟同学,她不一样的选择,让我们看到了一个有主见的灵魂追逐自己热爱之事业的自由模样。当然,考古未必是其真热爱的事业,人在每个阶段的想法不一样,也许历尽千帆之后她又发现了新的热爱,但她起码在这个重要阶段敢于去自主地做出判断,敢于在价值排序中把"兴趣"和"热爱"放在比世俗所认为的"赚钱""就业""身份地位"更高的位置。特别是在高考择业这个重要的人生关口,特别是她还背负着他者眼中的"留守"和"寒门"的标签,这种选择更了不起。被单一梦想和当下利益锚定的鸟儿们,被物欲和浅见囚禁的鸟儿们,就不要用你们被囚禁的"安稳",去嘲笑飞鸟的自由了。

什么专业赚钱,什么专业好就业,什么专业更有前途,这种以专业为中心的衡量标准,本身就是一种主体错置的误区。决定一个人前途的,永远是作为主体的人的努力,而不是某种专业身份,人始终处于决定性的中心和主体位置。没有什么专业带着必然赚钱的基因,也没有哪个专业可以保证你必然找到好工作。"没有不行的专业,只有不行的人",所谓热门和赚钱,只是一种世俗的成功学意识形态在一个短时段的数据统计中制造的幻象,在这种统计中根本看不到人,忽略了个体的努力及个体的巨大差异。人是由自己的努力所定义的,而不是由专业所定义的,人不是专业的工具。在计算机和金融专业里,有一堆退学的人、一堆在游戏中成为废才的人,也有一堆找不到工作的人,专业应该背这锅吗?

我一向认为,在大学里,以兴趣为导向的人的饱满和完整发展,比专业重要多了。卢梭在《爱弥尔》中说:"在使爱弥尔成为一名军人、教士或行政官员之前,他先要使他成为一个人。"约翰·斯图亚特·密尔也声称:"人首先是人,然后才是商人、企业主或专家。因此,让教育使他们成为有能力、有理智的人,他们以后在社会中所担当的角色会满足他们自己。倘若你把他们培养成有能力的、明智的人,他们就会成为有能力的、明智的律师或医生。"

所以,每当有学生让我推荐专业或者阅读书目时,我都会跟他们说,特别是文科,本科阶段最好选一个不需要对应着明确工作岗位的专业,读一些不是以找工作、考试、赚钱为目的的书,掌握无功利的、跨专业的、整体的知识,在文史哲通识熏陶中成为一个知识金字塔基宽厚的人,在兴趣和好奇心的驱动下打开一个开阔的世界,而不是一开始就把自己关在一个狭窄而自闭的专业牢笼里。当你有了这种宽厚的积淀,成为一个饱满而明智的人,加上一定的职业训练,就会成为饱满而明智的法律人、新闻人、学术人。

知识和专业在思想层面其实都是相通的,前段时间读严耕望先生的《治史三书》,就发现史学研究跟新闻专业追求,很多方面都是共通的。比如,"注意与自己意见相反的证据,对历史真相要尽量少下否定的断语。"——扎实的新闻调查和真相求索,不也需要这种专业主义精神吗?陈垣教授说:"尽可能引用原始或接近原始史料,因史料每经一次改编,其信息真实性就可能多一次流失或改塑。"——这与新闻对信源的要求是一样的,要一手信源,不要二手三手,不要百度。"真正高明的史家,应该看人人所能看得到的书,说人人所未说过的话。"——对评论家的要求,何尝不是如此?钟同学选的考古专业,与这些知识也都相通,有了厚重的知识积累,她既可以成为一名优秀的考古人,也可以成为优秀的新闻人。

今天热门的专业,四年后可能就是冷门了;今天在统计数据上赚钱的专业,四年后可能就不行了。专业的"冷热"不断在变,而对人才的判断标准不会变。热爱一个专业,那就果断去选择吧,没什么比这个更重要了,热爱是成就一个人最好的内驱力,在热爱中打开一个知识世界,在热爱中让自己的思想明智、人格健全。工作机会、体面生活、财务保障,是一个人努力的自然结果。牺牲自己的热爱,寄望于以他者为导向的专业的"热门性"和"赚钱性"来为自己的未来保底,这是舍本逐末。大学四年都盯着一份工作,在找工作的焦虑中学习,培养出来的可能只是一个永远处于知识更迭焦虑中、可被替代的人手(而非一个行业的"人才"和"人物")。带着热爱去追求,初心有处安放,可以走得更高,更远。

我相信聪明如钟同学一定明白,非以找工作和赚钱来衡量,以后北大考古毕业,如果找不到工作养不活自己,她绝不会怪到北大和考古身上,那只能怪自己不够努力。珍惜自己的热爱,让它在自己的生命中有安放之处,至于工作、财务、生计,那是努力的自然结果。钟同学这记颠覆庸常选择的思想闷棍,在这个充满茫然、诱惑、随机的考后择业季,但愿能让那些习惯他者导向的人多一点思考。

(微信公众号"吐槽青年:曹林的时政观察"2020年8月2日)

我没忍住粗口,也没忍住眼泪

读同事王鑫昕那篇文章《他没再回复微信,然后名字出现在凉山牺牲名单》,眼眶好几次湿润。凉山森林大火,27名森林消防指战员和3名地方扑火人员遇难,曾跟鑫昕一起采访过的凉山支队报道员代晋恺也在牺牲名单里。听到这个噩耗时,鑫昕是这样写的:"我没忍住粗口,也没能忍住泪水。"

记者写这句话时,手一定是颤抖的。

很多人可能不是太理解记者与消防员的这种情感。美联社记者莫特·罗斯伯曾说:"当半夜接到电话时,消防员需要做的只是穿上衣服去灭火,而记者做的是必须告诉人们,是谁点的火以及他为什么要点火。"罗斯伯说的是两种职业在面对火灾时的不同责任,但我看到的是,这两种职业都是"逆火"而行,随时准备应对各种突发。他们经常在奔往同一目的地的路上,并肩作战,面对共同的风险。起火的地方,一个把它叫作工作战场,一个把它叫作新闻现场。

记者最不愿写的新闻,就是"他永远倒在了他的战场"。这篇报道在公众号推出后,因为触动公众泪点,阅读量迅速攀升。同事们都痛心地说,不希望再有这样的"10万+",只希望他们回来。看文章后的留言,无一条不催泪。

想起伊恩·莫里森在《战地记者》中讲的一个故事。在斯坦利港陷落之后,一位《格拉斯哥先驱报》的战地记者布鲁斯向报社发回稿件后,编辑在电话里说他的报道有些苦涩，布鲁斯抱怨说："那是因为我感到苦涩。"事情是这样的，一位也叫布鲁斯的士兵和这位记者关系很好，并多次一起喝酒，但这位士兵却在战争就要结束的时候受伤了，并可能因此终身残疾。布鲁斯为他的同名朋友的遭遇感到非常难过，这种情绪影响了他，也影响了他整体的报道基调。

布鲁斯也是没忍住粗口，没忍住眼泪。

还想起几年前的记者节时，一名警察给记者写了一封信，此时翻出来看，别有一种沉重。那一年，警察与媒体在热点事件上发生了好几次冲突，那封信，是一个职业向另一个职业的告白，信中谈到了两个职业的很多共性：

第一，这两个职业都很辛苦。哪一个不是经常熬夜、风尘仆仆？哪一个能朝九晚五坐办公室？哪一个没有在救灾现场吃过盒饭？哪一个没有半夜接到电话，就从被窝里跳起来赶赴现场？

第二，收入和付出都不成正比。哪一个说起收入，不满眼都是泪？哪一个不是职业病高发？哪一个没有悼念过殉职牺牲的同行？哪一个没有为了工作愧对家人的时候？

第三，都是被"妖魔化"的职业。都被老百姓骂过吧？都有过被误解却无法解释的时候吧？都有过不理解却要服从命令的时候吧？别人都以为我们享受多少特权，但无数次风餐露宿、高风险，换来的只是职业荣誉感的一路下行。都曾说过，再不能让孩子将来干这行吧？

信中说："除了这些共性，还经常同行。汶川地震，我们都是最先冲向危险之地的，你为了报道灾情，我为了抢救生命。全国'两会'时，我们同时站在最热闹的广场，你忙着采访代表委员，我默默守卫大家安全。长江沉船时，我们同坐在最冰冷的河岸，你记录悲怆，我搜寻遗体。"

那封信还解释了为什么在很多灾难现场会拉上隔离带，拦住记者不往里冲："为了保护你的生命安全，我必须坚决地把你拦在外面。"一边是生，一边是死，也许，面对凉山森林大火那份沉重的遇难者名单，更能读懂这份刚毅的温柔情怀。

（微信公众号"吐槽青年：曹林的时政观察"2019年4月3日）

你我有幸可以不必去感知信息的价值

"信息对你有什么价值?"

如果突然被人问到这个问题,你可能会一脸蒙圈,觉得提问的人一定有问题吧,有一种被问"你是谁、你从哪里来、你要到哪里去"的终极命题的灵魂拷问感。信息的价值,这需要知道吗?讨论这个又有什么意义?

这不是一个无聊的问题。信息的价值毋庸置疑,别的不说,现在让你与手机隔离——常上"今日头条"的你突然上不了了,"抖音"出个小故障暂时无法登录——你很快就会明白信息的价值。面对这个问题时的茫然无感,不知从何说起,恰恰说明信息已经深深融入人们的生活世界,渗入思维、身体和本能中,变成日常习惯的有机部分,熟悉到让我们无感,根本感知不到它的存在。我们被信息包裹,就像被大气层包裹;我们靠信息做出理性决策,就像靠空气呼吸一样。你能意识到大气层的存在吗?你能感知到空气的存在吗?大气层和空气的重要,只有在我们失去的时候才能意识到,信息对现代人也是一样。当你憋气憋到快窒息的时候,你才知道空气的价值,信息的价值也是这样定义的。

你我有幸可以充分享受着信息带来的红利,而不必去感知它的价值,不必感受它的存在,就像一个人可以自由呼吸,而不必感知空气的价值与存在。信息的价值不是在"有"中定义的,而是在"无"中,当你需要努力去感知信息价值的时候,往往都是身陷无奈、孤独、彷徨、绝望、怀疑人生的信息孤岛之时。

挺喜欢"今日头条"做的这个年度回顾,让一些用户讲述信息给自己带来的价值,从这些温暖的故事中看到了人本主义的信息意义。普罗塔哥拉曾说:"人是万物的尺度。"信息的价值,也是以人为尺度的。一个叫陈湘华的人,通过"今日头条"找到了她失散三十多年的亲人;一个与女儿关系紧张的单亲妈妈,知道女儿喜欢狗,她为了了解狗,上"今日头条"的"犬道文化"学习,把女儿的爱好变成了自己的爱好;一个学农的大学生对自己的专业一直很自卑,迷茫时从"今日头条"的专业内容中找到了方向,有了对农业的信心;一群总担心自己的猕猴桃找不到销路的农户,也从这个信息平台上找到了自己的用户。

"我们一生都在寻找,寻找知识、爱情、事业和幸福。"这句话真有一种穿透人心的力量。我想,编导在写这段话时,一定泪流满面。是啊,这一生,我们谁不在寻找呢,谁不曾望尽天涯路,谁不曾"衣带渐宽终不悔"。同是天涯寻觅人,"今日头条"的故事里,我们还看到了找到师傅的非遗传承人、找到事业方向的中年人、找到爱情的大龄女,信息给普通人创造着价值,也让普通人实现了自我价值。

有过寻亲的经历,感受过那种绝望的煎熬,也许才知道信息的价值意味着什么。媒体报道过一位绝望的母亲,寻找3岁时被拐的孩子,不放过网上任何一条相关信息,疯了一样在孩子失踪地附近打听消息。前段时间媒体报道,"头条寻人"这个公益项目已经通过人工智能帮着找到了超过8000人。孤独者找到了伴侣,迷茫者找到了方向,滞销的生产者找到了消费者,在经历过被信息区隔后,他们都切身和强烈地感受到了信息的价值,那就是重燃生命希望的一道光。有了信息打下的这道光,在生活中挣扎的他们,才拼命地往上爬,抓住属于自己的人生、事业和幸福。

从信息中获得价值,是人类古老的本能。米切尔·斯蒂芬斯在《新闻的历史》里讲到了人类在早期历史中利用信息的故事。1663年,英国官员兼商人塞缪尔·佩皮斯在日记中提到,他本想为过期的商船购买保险,幸亏造访一家咖啡馆时,碰巧听说来信报告,商船已安全抵达纽卡斯尔。信息可以省钱,佩皮斯就因此省下了额外的保险费。1665年,英国人马钱芒特·内德汉姆的《政治家信使报》已经以"本周抵达伦敦港的船只"为题,刊登了货船、始发港与所载货物如"油、汤、橘子、肉桂和水果"的详细目录。在传播技术落后的古典时代,信息是奢侈品,中国最古老的报纸"邸报"只供官僚内参。

生于信息爆炸时代,我们生而被各种信息包围,信息深深嵌入人们的生活世界,以让人无感的方式发挥着它的价值,信息轰炸甚至让人产生厌倦。我们很少会停下来去感受信息的价值,在朋友圈看到推送的某个消息,笑出几块腹肌;等地铁时看一段视频,时间不知不觉就过去了;写作的时候,忘了某个词的用法,搜索一下立刻弄明白了;到一个地方旅游前,先到网上看看别人对这个地方的评价和推荐。选股票、开车出门、找租房、找保姆、找工作、订餐、了解所在行业的创业风口、春节回家给老人带什么……很难找到一种与信息无关的行为。写这篇文章的时候,"今日头条"正好弹出一条有关油价的新闻,称"油价两连涨几成定局,重返7元时代有谱吗",潜移默化地影响到了我今天加不加油的决定。

有人说,手机是人类长出的一个新器官,其实,成为人类新器官的不是手机,而是手机上的信息。

"假如给我三天光明""寂静的春天""你所浪费的今天是昨天死去的人奢望的明天,你所厌恶的现在是未来的你回不去的曾经"。——看看,对人们最重要的事物,往往都是由"失去"所定义的。失去了信息,人类会怎样?很难想象这样的现实,但曾有人研究过没有了报纸后的情景,1945年纽约城发生报纸工人大罢工,学者贝雷尔森聪明地利用了这个研究机会——纽约人不能读到新闻,将会发生什么?失去的不仅是信息,还有一种生活方式,早餐时一家人没有一起可以讨论的话题,母亲没法给孩子读报纸上的连环漫画。

而在今天这个信息时代,一个人如果失去与信息连接的方式,后果更不敢设想,想象一下哪天我们忘带手机后的焦虑症状,就是那种感受。

这就是移动互联网带给普通人的信息红利,新媒介提供了越来越多的连接方式。面对无时无刻的信息推送,我们甚至会产生强烈的信息厌倦感,但每每想到,也许那一条信息会温暖一个人,会点亮另一个人的人生,会让某个等待的人眼前一亮,会开启一个美丽的故事,那该多美好啊。

(微信公众号"吐槽青年:曹林的时政观察"2019年1月30日)

哀悼李咏，为一辈子逗我们笑的人哭一次

看到哈文发的微博"永失我爱"，李咏因病去世，一惊，太突然了！几年前李咏在事业巅峰突然从央视和"春晚"离开时，就让人惊讶，此后完全消失于舆论视野。没想到重新出现在新闻视野中，竟是永别的噩耗。正值壮年，带给过我们那么多欢乐，陪伴过我们那么多届"春晚"，一代人的记忆，真让人痛心，这种痛，是同为媒体人、同为中年人的痛。

李咏留给我们的记忆，无论是"春晚"中的形象，还是他主持的其他娱乐节目，都是在逗我们笑。这一次，为这个一辈子逗我们笑的人哭一次。哈文发布那条"永失我爱"的消息时，正是周一早高峰的末尾，我好几个朋友都是在开车时知道这个消息的，把车停在路边，泪流满面，好像丢了最珍贵的东西。李咏其实已在大众视野中消失了好几年，却让人感觉昨天一直在主持节目，面孔那么近。

导演"于三娘"在哈文微博下留言说："我为咏哥写了十年的主持词儿，从没想过告别竟是如此突兀的一个结尾……感觉此时的自己，像个文字能力归零的傻瓜，不知该如何安慰哈姐……我愿天堂里从此多了一个亦庄亦谐的声音：我是主持人李咏，下期节目再见！"

人们怀念或纪念一个人时，总喜欢找一些宏大的意义，找一些大词，把他跟一些高大的符号、崇高的价值联系在一起，精神啊，意义啊，情怀啊。李咏让我们怀念的地方正在于，找不到那些宏大的意义，也找不到什么"鸡

汤"式的格言，他在我们的生活中留给我们的记忆，就是那副招牌式的笑脸和单纯的快乐——那一晚上笑一笑，那一分一秒笑一笑，那一句话一个词笑一笑。他不端不装，他不拿腔拿调，他征服我们的气场，就是说人话，像一个老朋友一样逗你会心一笑，捧腹大笑，把人肚子笑疼。他不在我们的朋友圈，却因为这种笑好像从来没离开过我们的朋友圈。

不讲套话，不用添加生硬的意义符号，追求纯粹的快乐，笑过了，快乐过了，就把他忘记。——如果非要上升到某种精神，就把它叫作平民的娱乐精神吧。李咏的努力，也许正在于这种娱乐精神，他努力想把这种在民间舆论场、在生活中很平常的单纯娱乐精神带到央视，带到"春晚"，让国家大台更平民、更接地气一些。回忆每年"春晚"主持人的分工，李咏很少念那些"高大上"的台词，他担当的角色、他念的主持词、他的串场，很简单，就是逗观众笑。

中国的电视娱乐节目，一边是太端着，也挺好玩，也很卖力，甚至用力过猛，就是让人乐不起来；一边是太俗，有时候甚至是low，装疯卖傻，没有底线。李咏可能正介于这两者之间，在国家与民间、雅与俗、政府与市场之间寻找一种平衡，在娱乐的国家话语与民间流行中找到共鸣点，在国家台的平台上弥合娱乐分歧，让两者都能接受。他做到了，某种程度上甚至改变了央视的娱乐语态，让央视主持人在娱乐上"敢出格一点"——咏哥都能那样，观众都很喜欢，为什么就不能放松一点。他神一样的存在，为央视争取到了很多年轻观众，让央视在娱乐上不至于输地方卫视。

可是，他突然从电视上消失了，在事业巅峰时离开了他热爱的荧屏。现在回想，每一个像这样突然从公众视野中消失的公众人物，也许都经历了某种无法向外人道的人生变故，或痛，或悲，或惊。只是，有些人经历变故后，又回来了，满血复活。可是，李咏带来的却是永别的消息。看了一下李咏的最后一条微博，是2017年11月23日，感恩家人和所有人。哈文说李咏已经抗癌17个月，也就是说，李咏在2017年5月已经知道了自己的病。

2017年11月5日,他转发了一段娱乐节目的搞笑视频,连用五个笑脸。那个时候,他正在做抗癌治疗,但仍在微博上逗自己粉丝笑。

人生没有"下期节目再见",爱讲笑话的李咏肯定不愿意怀念他的人们说:"李咏的离去与一个时代终结。"李咏走了,一切都在继续,娱乐还娱乐,欢笑还欢笑,只是,再也没有带着他招牌式坏笑的"非常6+1"和"幸运52"。那个坏笑,陪伴了多少人长大,成为多少人模仿的样子。以前每次看到他的面孔总想笑,这一次,为一辈子逗我们笑的人哭一次。

(微信公众号"吐槽青年:曹林的时政观察"2018年10月29日)

不要把卖米的奋斗贩卖为无力和焦虑

这篇《卖米》，看得我泪眼蒙眬。小时候也有过类似的经历，暑假跟着妈妈一起去镇上卖菜，常想起毒辣的太阳下舍不得吃一根冰棍的情形。还因为，我跟作者张培祥是同龄人，都是1997年进入大学，2001年读研，热爱文学和写作。2003年时张培祥曾参与湖南卫视"新青年"专栏的策划，那个时候，我也在湖南卫视兼职参与另一栏目的策划，也许在台里还碰过面。因为白血病，她的生命停在了2003年8月27日。她的追悼会上，央视主播撒贝宁致悼词时，全场恸哭失声。2004年北大首届校园原创文学大赛颁奖会，给她获得一等奖的《卖米》颁奖时，飞花已逝，颁奖会成了同学们寄托哀思的追悼会。

2004年《当代》发表了张培祥这篇纪实长文，曾引起轰动。那一年我刚毕业参加工作，从《读者》上读到这篇文章时，不知道文字背后的故事，还以为只是一则流行的励志"鸡汤"，所以当时并没有什么感觉。十四年后，这篇文章被从浩如烟海的文字中翻出来，在社交媒介引发了更大的轰动，她的故事再被媒体提起。

这十四年，媒介和文学环境发生了巨大的变化，每天都生产无数的"10万+"，但经典就是有一种穿越时空、震撼人心、让人泪流满面的力量，不是快速消费的爆款，常被时间记起，常被翻出来让人洗涤一下人心。与其说是经典的力量，不如说是真实的力量。不是营销号编出的煽情"鸡汤"，背后是一个真实的人和她为了生活而用尽全身力气的真实奋斗、真实的残酷,真实得让人感觉窒息,真实得让人感觉很想说几句,却堵得说不出一句话。

人们从《卖米》中读出很多东西,有人读到的是朴实文字的力量,几乎没有什么修辞,真实的生活永远比无病呻吟的描写更能触动人心;有人读到的是生活的沉重,有些人只为生活就已经花光了所有的力气,这世间没有感同身受,唯有亲身经历;有人读到的是社会分配不公和农民生活困顿、农村卖谷粮的被动和被压榨,以及背后的体制问题;还有人读到的是沉重的叹息,天妒英才,命运真的很不公平,有的人出生在富豪家庭,无病无灾长命百岁,有的人生在贫苦家庭,缺医少药难熬出头,好不容易熬出头却是这个结果。

那句话说得好,"这个世界上真没有谁活得比谁容易,只不过是有人在呼天抢地,有人在默默承受并努力坚忍地生活"。很多媒体都刊登了张培祥在医院治疗时穿着病号服的那张照片,很喜欢她的笑容,面对镜头时笑靥如花,那时候她可能已经知道自己时日不多,这个笑容可能比呼天抢地地抱怨命运不公,更能戳痛人心。这也是《卖米》最让人泪目的地方,轻轻地写,轻轻地说,没有被贫穷压弯了腰,没有声嘶力竭地控诉和义愤填膺地抱怨,没有用苦大仇深的悲情腔调去渲染底层的沉重无力。

不要把卖米的奋斗偷换为一种无力和焦虑。贩卖无力和焦虑,是当下新媒体和自媒体惯用的流量策略,张培祥的悲情经历,在有些人看来也许写满无力、无奈、无常和焦虑。生于贫穷之家,好不容易跳出农门,进入中国最高学府,拼命地奋斗,想改变自己和家庭的命运,却在崭露头角时英年早逝,一家人痛失这个让他们骄傲的希望后,又回到贫穷的原点。

我没有读到半点无力和焦虑,我读到的是奋斗的意义和努力的价值。生命的长短是我们无法控制的,生活的无常、重病、灾难,也在我们力所能及之外。生在什么样的家庭,更是无法选择,只能承受。对这些方面感到无力与焦虑,没有任何意义。奋斗的意义就在于,在自己的努力所能控制的地方，做得最好，拼尽全力，不留遗憾。这正是张培祥让我们感动的地方，她在自己努力可控的方面做到了最好，在有限的生命长度里活出了最优秀的模样——靠自己的努力跳出农门，考上中国最好的大学，在大学里写了一百多万字，争取到策划名栏目的机会，在大学赢得那么多人的尊重，把短短二十四年的生命过得那么充实、优秀、闪光和波澜壮阔。生命是她无力控制的，她只败给了病魔，但她的奋斗又使她以另一种方式活下来了，十多年后她的文字和故事还被人提起，被人缅怀，被人致敬。

"天妒英才""命运不公""底层无力"的消极感慨毫无价值，看看张培祥穿着病服的笑容，向她24岁活出的优秀致敬！别浪费在朋友圈无病呻吟的无力、焦虑、脆弱和矫情中，专注那些自己努力能改变的事情！

（微信公众号"吐槽青年：曹林的时政观察"2018年6月1日）

边灌着"归来仍少年"的"鸡汤",边走向圆滑厚黑

前几天在课堂上跟同学讨论一篇文章,题目叫《又一个孩子被教会了闭嘴》。文章是我的朋友老徐写的,他有感而发,忆起自己年轻时被"修理"的经历,他说:"在我刚走上工作岗位,现实就雷厉风行地给我上了生动一课:这世界,只有闭嘴才有饭吃,只有消磨锐气才有岁月静好。"他引用了那句常被人提起的话:"我们三岁学会说话,却用一生学会闭嘴。"

老徐一向温和克制,早被岁月"修理"得貌似胸无大志,虽才气横溢却在生活中刻意低调内敛,不喝酒不抽烟不讲黄段子,也不带保温杯,人刚到中年就练就了与世无争、无欲则刚的无趣样子。他嫌"评论部主任"头衔是个麻烦,早早辞了这官,写些自由而无用的文字,偶尔发几句类似"又一个孩子被教会了闭嘴"的牢骚。面对年轻人身上的沉沉暮气,"五四"时有个学者激愤地说:"有些人30岁前就死了,只不过到70岁时才埋。"

我想,老徐这篇文章虽然传递了悲观和消极,写满了"自我埋葬"的无奈,但我相信,他的内心一定没有埋葬自己20岁、30岁时的青春和理想。

上一节课,问台下风华正茂朝气蓬勃的同学们怎么看《又一个孩子被教会了闭嘴》这篇文章,竟有不少人认同。我是反对这篇文章的,人怎么可能一辈子都在打鸡血,一生都会遭遇让人意气风发的正能量呢?人的一生肯定会遇到很多类似的负反馈事件和负能量际遇,做新闻就是跟这个社会的病态打交道,阴暗、丑陋、龌龊、苟且、颠倒黑白,正义被嘲笑,法治被践踏,

善良以看得见的方式被打击。大雪压青松,少数人是"挺且直",多数人可能就在这种负反馈中走向精致的利己和理直气壮的厚黑,走向无可救药的犬儒主义、虚无主义和市侩主义。

我也想说真话啊,可你看看那些说真话的人的下场。我也想保持单纯啊,可你看看那些单纯者过得怎么样。我也想做好人啊,可是你看看做好人的代价,扶老太太的小伙儿被讹诈,救人的医生被小偷顺走钱包,见义勇为的年轻人受伤后流血又流汗。我也想遵守规则啊,可是你看看那些守规则的人,考公务员被挤掉,升职时没希望,评奖学金时被善交际善关系者完虐。——好人有好报,守规则的被尊重,都是骗人的鬼话。

是的,生活中确实有很多这样的负反馈事件,比如这样的新闻:绿灯亮时过马路的姑娘被闯红灯的货车压过,老实等红灯的出租车司机被违反交规的车碾压。——这些新闻背后常常是齐刷刷的类似留言:"不守规则的人活着,守规则的人却死了。这让守规则的人情何以堪?"可是,难道不是应该把矛头指向违反规则的人,诉诸法律去惩罚违反规则的人,反思违反规则者制造的悲剧?而不是在负反馈中撒娇"守规则没好报",然后心安理得地做一个厚黑者,理直气壮地无耻和油腻。

最近在看康德讲绝对命令和假言命令,康德提到人的自由追求:"只要我的行为被生物性所决定,或被社会性所规范,那它都不是真正的自由。自律地行动就是根据我给自己所立的法则而行动,而不是听从于本性或社会传统的指令。只要我们是在追求欲望的满足,那么我们所做的任何事情,都是为了某种外在于我们的目的,我以这种方式充饥,以那种方式来解渴,我们不是自由地行动,而是在根据一种外在给定的规定性行动。"

什么意思呢?也就是说,我们不要为所追求的"好"去设置条件,做好人就是做好人,做好人是绝对命令,不要给"做好人"设置"有好报"的条件。讲实话,说真话,不说假话,是绝对命令(当然,真话并非一定要说,底线是不说假话,不创造性地说假话),不能为"说真话""不说假话"设置

"得到尊重得到响应"的条件。我做好人，讲真话，不说谎，是遵从我内心的道德律令和头顶上灿烂的星空，不是看别人的脸色，不是为得到奖赏。假言命令是典型的工具理性，如果你想要A，那么就做B，如果一个行为只是作为一种达到其他目的的手段时才是好的，就是假言命令。守规则，做好人，不说谎，应是遵从内心的绝对命令，不能为这个道德律令设置"有什么好报""有什么好处""我能得到什么"的前提。

做媒体写评论的人常常会陷入一种职业无力感和倦怠感，因为今天所写的、所批评的、所呼吁的，只是重复十多年前的那些内容——公开啊，监督啊，透明啊。社会在很多方面超稳定，问题有一种巨大的惰性，使新闻和评论只能重复，新闻不过是旧闻。很多方面没什么变化，呼吁了没什么用，为什么还要做新闻？哈维尔说得好："我们坚持做一件事，并不是因为这样做了会有什么效果，而是这样做是对的。"媒体人的职责就是报道，报道事实和真相，至于改变，不是媒体人能决定的，不能因为"改变太难"就放弃媒体人的专业追求，放弃自己原初的新闻理想，留下一声"去你的新闻理想，姐赚钱去了"，扬长而去。

说出真话是对的，做错的是其他人，我为什么要闭嘴？做好人是对的，"没好报"是社会惩罚机制出了问题，我为什么要放弃做好人的操守？守规则是好的，"不守规则的活着"是个案，也终将受到惩罚，为什么放弃自己的规则意识？我常常跟学生说，要跳出自己那些暂时的身份而看到自己的"普世身份"，你只是暂时的北大清华人、暂时的北京人、暂时的专业人、暂时的路人，很多身份都是暂时的，而永恒的身份是：一个人，一个公民。要更珍惜将一辈子附着在你身上的那个身份，从那个带着永恒和普世性的身份去看问题，才能保持你作为人的本真和纯洁，脱离低级趣味，跳出利益和思维盲区。

也只有这样，站在太空中看地球，站在永恒的身份上看自己，站在二十年、三十年后看今天，你的内心才会强大，你的坚守才会坚硬，你才会有一副好人的盔甲、说真话的勇气和在奔跑中调整呼吸的从容、乐观、韧性和爱能。不必总是热泪盈眶，不必靠那些"鸡汤"续命，不必自怨自艾、愤世嫉俗。

我跟同学们说，学新闻的尤其需要这种"不被负反馈干扰"的定力，因为你们将来从事的这份职业就是跟这个社会的病态、阴暗和无处不在的"丧"打交道，你们要通过专业给自己打造一副盔甲，避免被弥漫的负面磨掉自己的锐气，避免被嘈杂干扰自己内心的宁静，不要撒娇说"又一个孩子被教会了闭嘴"，说话是我们的职业，这份追求，不休不止。

学新闻做新闻的，尤其需要"在奔跑中调整呼吸"的耐心和智慧。从事的这份职业，会遭遇不同的工作环境，有高山，有深林，有大海，有黑暗，在不同的社会气压下你需要不断调整自己的呼吸。否则的话，无法在这份职业上持久奔跑，要么窒息，要么透支，要么瘫软在地寸步难行。

我们在毕业的时候，同学们总会送上一句"愿历尽千帆，归来仍少年"——什么是"归来仍少年"？不是少年的鲜嫩模样，颜值终将败给岁月，少年是一种心态，是二十多岁时对事物的本真认知、不死的理想，是康德说的那些绝对命令。什么是"归来仍少年"？是像罗兰说的那种英雄主义，认清生活的真相后仍然热爱生活。什么是"少年心"，是历尽千帆后仍保持纯真，而不是身在校园未经打磨时的天真豪言。那句话说得好："太多的人错误地把天真理解成纯洁，假如你经历过沧海桑田，你还坚持你，那是纯洁；假如你见过的世面太少，你以为你是纯洁，但那是天真。"

我们需要珍惜风华正茂时的纯净天真，更要有在面对各种丧文化和负能量冲击、见过世面后保持纯洁的能力，收起那种"又不相信美好"的摇摆人格，在变幻不定的新闻背景中有一个泰然自若的人格，不计较一城一池的得失，守脑如玉，日拱一卒，归来仍是少年。

（微信公众号"吐槽青年：曹林的时政观察"2018年5月4日）

我为什么不忍批评"反全职太太"的张桂梅

张桂梅校长又上热搜了,但这一次不是让全网热泪盈眶,而是卷入观点争议,让支持她的人感到心情复杂。她在一档专访节目中表达了对"女性当全职太太"的鲜明反对,她讲道,一名学生领着丈夫和孩子回到华坪女中,准备给母校捐一笔钱,当她得知这名学生已做起全职太太,便直接轰人:"你给我滚出去。家庭那么困难,把你供到现在,反而当起了全职太太?"

当全职太太怎么了?为什么不能尊重别人的意愿呢?说尊重女性独立,为什么不尊重"女性成为全职太太"这种独立选择呢?有谁比一个女性自身更知道什么对自己有利、什么能让自己幸福、什么更适合自己?每个人都有自己的生活观和幸福观,为什么非要把自己的这种偏执以如此强烈排斥的方式强加到学生身上?当全职太太怎么就对不起"教育改变命运"了,贫困生出身怎么就不能当全职太太了? —— 一个个问题像雨点一样飞向曾被视为"教育天使"的张桂梅,天使的人设似乎因为那个"滚"字而黯然失色。幸亏是张桂梅说了这句话,网民能口下留几分情,如果是一般人,早被"群殴"得鼻青脸肿了。

我觉得当全职太太是一个人的自由,也并不意味着就没有自我和缺乏独立,但我实在不忍去批评张桂梅的观点。当然,会有一定的道义因素,面对这样一位"教育圣雄"般的人物,批判本身似乎有失道义和力度。泰戈尔的一首诗是这么写的:"如果你在黑暗中看不见脚下的路,就把你的肋骨拆下来，当作火把点燃，照着自己向前走吧。"——张桂梅就是这样的人，把自己的肋骨拆下来当火把，点燃了很多大山里的女孩前行的路。她为了教育，为了改变那些女孩的命运，连自己的命都不要了，用命换来一代人的命运。说到关心、爱护、心疼、尊重那些大山里的女孩，我们这些蜷缩在都市咖啡厅里、在键盘上敲敲字、热衷于谈论抽象概念的人，怎么比得上她？我们谈论的只是抽象概念，她却引渡了几千个女孩走出了大山，我们没有理由觉得我们比她更"懂""贫困山区女孩教育"这个命题。

这么说并不是失去了一个评论员的判断力，好像一个人成为道德典范，身上有了道义光环，就不能被批评了。不是这个意思。道德圣人也会有认知局限，张桂梅用生命在做教育，并不意味着她每句话都是对的。我说的"不忍"更包含着"同情的理解"这个意思，不要把"支持还是反对全职太太"当成一个抽象的命题，当成吐槽大会、脱口秀、大专辩论赛供选手抖机灵的辩题，而要进入张桂梅所生活和面对的那种环境中，进入"贫困山区女孩教育"这个具体语境中来理解"反对女性当全职太太"这个命题，看到它的条件性、矛盾性、语境性和问题针对性。

很多人首先是被那个"滚"字刺激了，如果进入语境，就不会把这个字当成激烈对抗中那种粗野、排斥、敌对的意思，而会看到一位教育者又爱又恨、像父母不满孩子某种行为时那种带着失望意味的"滚"。

好像不近人情，人家过来捐款，你何以这种态度？人家当全职太太，怎么碍着你了？这可能正是张桂梅作为校长的态度，善良是有牙齿的，学校虽然很缺钱，但对钱的接受是有原则的。接受捐款，接受的不仅是钱，而且也有一种认同的价值观。以后跟学生介绍这笔捐款时，怎么介绍呢？我们的毕业生、你们的师姐捐的？她靠什么给学校捐钱？张桂梅可能觉得无法向学生传递一种她一直传递的独立价值观。一个人可以选择自己的生活方式，但捐款涉及学校倡导的价值观，所以我理解她的那种坚韧的立场。她就像一只老母鸡一样，张开翅膀，护着下面的那些小鸡，生怕她们辛苦培育的价值观受到任何一点误导和伤害。

在抽象层面争论"有无权利当全职太太"并没有什么价值,只有打成生活的碎片,在水里泡一泡,在风中晾一晾,日晒雨淋一下,才有生活的质感。张桂梅也许正是在这种生活质感中持那种观点的。如果看到山区的贫困,看到很多大山里女孩的命运——她们没读书,一辈子就被绑在了山里,绑在了丈夫和家庭中,绑在了几个孩子身上,重复着贫困的命运并承受着生活的重压——也许就能理解张桂梅所说的"家庭那么困难,把你供到现在"包含的失望了。"读书改变命运",对一般人来说,就是可以有多元的选择:当诗人、出国读书、追求自己的兴趣,甚至是当一个幸福的全职太太。可在经历了极度贫困、穷怕了,因为缺乏事业缺乏独立而在恶性循环中苦怕了、卑微怕了之后,很容易对那种"本以为读了书可以改变命运却又被家庭绑住没了自己"的选择充满警惕。

作为大山女孩的摆渡人,作为拼着命去让女孩通过读书获得独立能力从而改变命运的人,把"一个女孩读书可以改变一家三代命运"当成信仰,当看到自己教出来的孩子读了书却没有自己的"独立事业",还能给学校捐钱,可想而知她的愤怒,甚至觉得是一种价值观的挑衅。

这就是我不忍批评的原因,如果身处她的位置,我可能也会这样做。

(公众号"吐槽青年:曹林的时政观察"2020年10月28日)

多数人可能都没有藐视绩点的资格

这波声讨"绩点"的大学舆论热潮，很像前些年媒体讨伐收视率、阅读量、发行量时的情绪，一副"忍够了"的集体愤懑。新闻评论课的第二次作业，很多同学都写到了关系自己切身利益的绩点，大家所表现出的复杂感受，与那篇刷屏的《绩点为王：中国顶尖高校年轻人的囚徒困境》很相似。既恨其泯灭了自己的兴趣，让成功压倒了成长，在极度竞争和同伴PK的消耗中"卷"得精疲力竭，又觉得绩点作为大学的一种筛选和竞争机制无可厚非，奖学金、保研、就业、出国等涉及资源分配的环节，需要一个客观评价机制，绩点可能是最公平的评价标准。

让我高兴的是，我们评论班的同学们在分析"绩点困境"时，并没有跟风把矛头指向作为评价机制的绩点标准，而是反思自身对绩点的态度，很多时候不是绩点不行，而是自己不行。比如夏英歌同学看到了"内卷"之"内"，陷在小群体内部世界内耗的大学生，看不到外面的世界；涂艺秋同学看到了"认清你自己"是解决竞争焦虑的最好办法，意识到自己缺乏哪方面的才能，绝不是多残酷的事；热依娜同学同样看到了"自我认识教育的缺位"，"弄不清自己真正想要什么"可能是"内卷"之源；叶红梅同学分析了成绩与知识的割裂；贾云菲同学也关注到了这一点，"当我们眼中每一科目的价值化为成绩的数字时，反而会忽视对这一科目本身知识的重视"；王梦丹同学批评了那种把"内卷"当便利贴的矫情，别把甩锅"内卷"当成逃避奋斗和拒绝努力的托词。

我尤其喜欢韩珂嘉同学的反身叩问:"我不在乎绩点,我配吗?"一个"配"字说到了关键,面对绩点的筛选,可能多数人都不配吐槽和藐视它。如果你想清楚了自己的未来,不去以绩点争奖学金、保研和出国机会,那你可以藐视它;如果你对自己有清晰的认知,十分了解自己想要什么,有一个远比绩点高远的目标,那你可以藐视它;如果你足够优秀,在大学里取得了比绩点更重要的成绩,这个成绩能让别人忘掉你的绩点,那你可以藐视它;如果你在大学读了很多书,学了很多知识,思想丰富而厚重,眼中有光芒,内心充实宁静,那你可以藐视它。如果这些都没有,目光迷茫,不清楚未来,腹中空空,缺乏知识自信,那就老老实实去拼绩点吧。

绩点是大学一个重要的筛选机制,真正优秀的人才,不会被绩点淹死。哲学教授刘擎读博士的时候,抱怨专业训练中的各种规制和条条框框,束缚住自己的思考。导师对他说:"你要是连专业训练的关都过不了,就别指望成为什么思想家。大多数博士生毕业了就是个专业工作者,没有多少人会成为真正的思想家或者政治哲学家。真正的哲学家是经过这些专业训练以后,还能跳出来的,还能回到哲学问题。真正的哲学家不会被专业训练淹没的,你要是被淹死了,就活该,我们不需要这么多。"言下之意,专业训练是一个过滤天才的机制。

绩点是一种类似的考核和筛选机制,也是大学竞争的一个门槛,驾驭和超越了它,你才能追求卓越。绩点制度预设的前提是,大学生为自己的前途负责,专业学习和知识获得是自己的事,不是做给别人看的数字。像那种为了一个高绩点而选"水课",通过各种精明算计和理性经营的选课,巧妙绕过有知识难度和挑战性的课程,选"什么都学不到"却有高绩点的课,那岂是绩点的问题?完全是自己欺骗自己。貌似钻了绩点空子,其实是在自我内卷中被绩点所过滤,淹死在绩点筛选中。

不要怕绩点会埋没人才和大师,哪有那么多人才?绩点关都过不了,谈何人才？绩点门槛面前都那么迷茫，或内卷其中，或将其当成终点，或在精致算计中放弃真正的知识追求，这样的人只是在大学里延续着高考中"最好的考生"之身份，永远不会成为最好的人才。

大学考核需要绩点，尤其刚进大学，根本不知道自己努力的方向，又失去了高考那样明晰的目标，很容易迷茫松懈。当你进入大学，还没清楚自己的兴趣是什么，要追求什么，不知道四年该怎么度过，那就先奔着绩点去努力，肯定没错。绩点的意义首先在于公正考核，即使有问题，也是公平地承担。这只是一种评价标准，不是唯一标准，更不是终极标准。大学教育的过程，就是在底线的绩点筛选中让一个人去超越绩点，在多元发展方向中去成就在知识上最饱满的自己。超越绩点有这样几重含义：一是能驾驭绩点，而不是被绩点所驾驭；二是看到绩点的工具性，赋予绩点饱满的知识内涵；三是在这个过程中找到自己的兴趣，认识自己，让心灵有比绩点更充实的依托。

这是一个让自己有资格去藐视绩点的过程，当你越过了这个针对每个普通学生的筛选标准，或者内心有了自己坚定的标准，看到了大学之外更高远的标准，你才可能跳出绩点半径，向外去追求卓越，在广阔的世界中舒展自我，与"人才"而不是"考生"竞争。这可能也是在大学努力的意义，缩短为绩点所惑的迷茫时间和功利阶段，不被绩点卷耗，有更多的空间发展自由的自我。

（公众号"吐槽青年：曹林的时政观察"2020年10月7日）

很多孩子变坏，都是从第一次被冤枉开始的

很久没像这样了，人们面对一条新闻时如此感动，为一个孩子受到善待而欣慰。看到警察的调查还孩子以清白时，很多人松了一口气，比给自己洗清某种委屈时还高兴。孩子的心灵是一张白纸，这种教育能在这张白纸上留下铭记一生的美好，以及对规则和正义的依赖。

重庆10岁男孩被疑划车却坚决否认，父亲认赔3500元，民警看监控追查三天，真相反转，事实证明不是孩子划的，车主退让了赔偿并给孩子道了歉。很多网友觉得这条新闻太治愈了，是看多了那种"不敢做好人"之类堵心新闻后的治愈。男孩父亲事后发声说："这件事情能得到圆满解决，真的要感谢认真负责的邹警官，虽然事情本身不是很大，但是邹警官一直觉得不能冤枉孩子，积极沟通，反复研判，连续几天查阅监控录像，尽心尽力去寻找真相，还了孩子一个清白，守护了孩子心灵中的阳光。"

优秀的家长、负责的警察，让一个诚实而坚定的孩子更加坚信正义的力量。教科书般的办案态度、教科书般的教育过程，不仅在一个孩子心中投射进阳光，也是一次鲜活的诚信教育、法律教育、家庭教育、家长教育。

培根的这句话常被引用："一次不公正的审判，其恶果甚至超过十次犯罪，因为犯罪虽是无视法律——好比污染了水流，而不公正的审判则毁坏法律——好比污染了水源。"这句话用在这里尤其贴切，如果开始对孩子的错判没有及时纠错，那么这件事的恶果是非常严重的，孩子的心就是水源。但

负责任的警察扭转了这个结果，用实际行动把培根那句话改写成——"一次公正的审判，其善果甚至超过十次善行，因为这种公正的审判滋养了正义之源，尤其当这种判决事关孩子、被孩子凝视的时候，更是如此。"

很多孩子的变坏，都是从第一次被冤枉开始的。尤其是当大人都觉得你做错了，肯定是你做的，甚至你的亲人都一口咬定是你干的，连象征着法律正义的警察叔叔都这么认为时，就会觉得无所适从，天塌下来了。明明心里清楚不是自己干的，但孩子自己无法自证清白，说什么都被大人武断地判为"孩子撒谎"。成人面对这种情况时，也许还能诉诸自我调查和法律诉讼去澄清冤情，而一个孩子能怎么选择？很多时候，他只能在内心选择不信任这个世界——既然我不被信任，我为什么要信任别人？法律都这样，怎能靠它去讨回正义？——这种心结得不到疏解，渐渐就会选择相信拳头、欺骗、厚黑、尔虞我诈。

这件事告诉我们，有时候成人的武断是多么可怕，而孩子面对那种武断时又是多么无助，他们的世界，就是大人对他们贴的一个个标签，他们的价值观和世界观，就是在一个个这种标签中形成的。面对某种对孩子的指控时，成人更多顾及的是自己的面子（而不是孩子的感受），早点解决，责问孩子，不顾场景地进行羞辱，本能觉得孩子会撒谎，没有事实证据就妄下结论，不给孩子解释机会。不是用平等的姿态和确凿的事实去说服，而是用家长权威去迅速"解决"。

因为反衬出这些问题，这条新闻才格外触动我们，这名家长太值得学习了，这个处置的过程体现了对孩子的尊重：在证据对孩子不利的情况下，没有恼羞成怒，没有通过羞辱和呵斥孩子来维护自己的面子；意识到在公开场合这样七嘴八舌地询问孩子，是对孩子的不公平，即使做错了事，也应该在孩子有安全感的情况下进行教育；也不能以"闹"的方式解决，会给孩子形成错觉。先行协商解决，尽快带孩子离开，回家后再进行心与心的沟通。回家后与孩子长谈，孩子坚持说不是自己干的，确信与孩子无关，趁机跟孩子讲了"如何面对这种似乎洗不清的误解"的道理。这种耐心，以及与孩子基于事实和信任的平等交流，是教育应有的样子。

邹警官尤其值得赞赏，一名父亲对自己孩子的耐心与信任，是天然的情感使然，而一名警察对陌生孩子的负责，却需要格外的职业精神。好像不是太大的事，他似乎可以根据当时的情况就做出判断，无须费心费力去看那么长时间的监控，事情已经在赔偿3500元中解决了。但他没有"糊涂官判糊涂案"，没有放过疑点，没有觉得"孩子的事是多大的事啊"，而是觉得要拿证据说话，孩子不是自己的，但法律正义与每个人相关，即使这事是孩子干的，也要用证据让孩子心服口服

一名优秀的父亲和一名负责的警察，不仅避免了对一个孩子的伤害，让孩子有了规则和诚信自信，也是对社会公义的滋养，好人不会被欺负，老实人会有法律保护。孩子变坏，就是从第一次被冤枉开始的，怎么说都没人相信，从而选择相信拳头，迷信反规则潜规则，甚至破坏规则。相比教育孩子不说谎和相信正义，成人担任着更多责任，一个良性循环，需要从成人开始。

（公众号"吐槽青年：曹林的时政观察"2020年10月23日）

我不是"小编",我写的不是文案

在社交平台和自媒体写文章,跟帖中常能见到这样的评论:"这个小编说得好""小编又胡说了""我最喜欢这个小编的文章,给小编加鸡腿"。每次看到"小编"这样的字眼,总忍不住腹诽吐槽几句:"我不是小编,我是正经做新闻的,我是严肃的评论员。"这感觉,很像《喜剧之王》中周星驰不断认真强调的:"我是一个演员,我不是死跑龙套的。"当网民用"小编"这个词描述写作者时,像极了说"你就是一个死跑龙套的"。

考察"小编"的词源,本是网络新闻从业者的自黑自嘲,通过对"编辑"这个传统专业身份的祛魅和消解,以"小"的前缀将身份萌化(萌,其实体现着一种权力关系,小对大、弱对强、求对施、服务对消费的卖萌),从而与网络受众打成一片。新闻业"小编"的出现,与淘宝中"亲"字的流行是同时的,是市场意识形态的权力关系在日常话语中的一种体现,隐喻着服务者对消费者的跪舔,生产者通过俯首低眉的迎合、自贬、谦卑,表达对市场和受众的顺从,用淘宝那套修辞来说,"小编"跟"店小二"一样,你爱什么,我就卖什么,你想看什么观点,我就提供什么观点。

久而久之,听惯了"小编"的网络土著们,已经习惯了那套"读者大爷—网络小编"的话语,把所有在网上看到的文章都看作是"小编"写的,把新闻生产者、评论作者、作家、文字工作者都当成了"小编"。"小编"成了网络上对新闻从业者的通用表述,这是新闻业被矮化、工具化的可怕表现。

我为什么那么反感"小编"这种称呼呢？因为它包含着对新闻业传统专业价值的否定——你从事的不是什么有价值的内容生产，只是一个"小编"（死跑龙套的）。"小编"意味着没有主体性，不是以专业来定义自己，而是以市场需求和受众欲望来定义，以流量为导向，读者需要什么，我就编什么，读者让怎么编，我就怎么编，在"读者爸爸"面前，我就是一个"小编"。"小编"嘛，不是挖掘事实，不是生产内容，不是严肃写作，缺乏一种与公共价值相连的专业品质，只是一个工具化、可替代的、供吊打的人手。一个"小"字，瞬间将自己的身份矮化，低到了尘埃里。

在新媒体内容生产的话语体系中，另一个谋杀了新闻专业价值的表述是"文案"这个词。一篇文章后，常常看到这样的署名："文案/某某某"。"小编"常常传来一段文字："老师，你看看这段文案如何？""我来配一段文案，写一段适合传播的文案。"什么是文案？它本来是商业系统的一个概念，是公司或企业中从事文字工作的职位，文字不是主体，而是用来表现策划者已经制定的创意策略，是一个与广告创意先后相继呈现的表现过程、发展过程与深化过程，存在于广告公司、企宣、商业传播与新闻策划工作中。"文案"在新媒体、自媒体交流话语的泛化，文字工作沦为"文案"，见证着商业权力对文字写作的凌驾。

"文案"这个词意味着，文字并没有主体性，只是体现商业创意的附庸。当然，在广告、宣传、公关、营销工作中，文案是不可缺少的工作。但当文案泛化时，文字都用文案所代称，没有了作者，没有了创作，都成了体现别人某种创意的文案，专业价值就被谋杀了。文案的流行，见证着新闻和传播严肃内容生产力的丧失、专业主体性的稀释，被广告、宣传、公关、营销所主导。想起了新闻学家詹姆斯·凯瑞那篇忧心于"新闻被传播入侵"的著名演讲，他强调，新闻不同于传播，更不同于广告、宣传、公关。普利策捐建新闻学院时就曾强调，"这是新闻学院，只教与新闻生产相关的课程"。文案对新闻的入侵，碾压以文字为中心的内容主体，见证着新闻专业价值的被殖民化、被转基因。

在媒体转型语境中,我还反感另一个表达,就是"一张图让你了解什么"(其实很多时候,图反而把文字可以说清的信息复杂化了,一张图,常常又臭又长,既费眼睛又费流量)。这深深体现着文字的焦虑,好像转化成"一张图"才具有了获得读者青睐的传播正当性,在这种图像拜物教中,专业主体性也被消解。并不是每件事都适合用图像去表达,也不是每件事都适合用"一张图"去表达,这种简化自身以迎合他者观感的表达,带来了专业主体的退隐,也弱化了理性思考。印刷文字把主体建构为理性的、自主的自我,有助于形成写作主体和阅读主体的交互主体联系。而那种迎合视觉的简化与图像化,抽离了内容的专业内涵,也抽空了传播的主体。

我不是"小编",写的不是文案,不会迎合你的读图偏好,就这样。

(公众号"吐槽青年:曹林的时政观察"2020年12月14日)

四川人把被网暴吓得瑟瑟发抖的女孩护在身后

一名确诊感染新冠病毒的成都女孩被人肉、被污名、被骚扰，这让人觉得耻辱。她的道歉，加重了公众的耻辱感，本来作为受害者的她，是该被道歉的对象啊，怎么反而道歉了？还好，她的家乡，四川和成都的官方与民间的齐发声，集体站出来捍卫一名受害女孩的权利，让人觉得挺温暖的。这种为一个网暴受害者的齐发声，让我们看到了一个地方的风清气正，看到了"德不孤，必有邻"的正义力量，看到了立法保护隐私、避免公民信息裸奔的紧迫性。

这名女孩有什么错呢？确实，她接触的人比较多，超出常人，她的行踪可能加速了扩散，但她并不知道自己感染新冠病毒啊，她是不折不扣的受害者。她从事的是正当职业，以合法方式出入各种公共场所，没有违反当地抗疫规定。如果她早知道自己感染，如果她不那么"赶场"，如果身体不舒服就多待在家里休息，该多好啊。可岂能以这种"后见之明"去要求一个无论是在法律还是在道义层面都没有做错的人，而让她承担她理性不及、无法预期的行为后果？

还好，虽然恶评和人肉很可怕，但起码当地官方、媒体和民间表现出了超正的"三观"，并且勇敢地挺身而出，把被网暴吓得瑟瑟发抖的女孩护在身后。当地官方媒体第一时间发声，批评了那种把矛头指向该女孩的扭曲声音，以媒体羽翼护住这名新冠和网暴的双重受害者。比如《成都日报》评论称：

"聚会又如何,那是她的私生活,有不被他人随意浏览点评的权利。确诊后如实说明自己的行动轨迹配合流调,应该得到关心。"当地警方没有迟疑和打马虎,迅速行动,查处了散布泄露该女孩个人隐私的网民,有效遏制了网暴的蔓延。四川省委书记针对此强调,注意保护患者隐私,做好群众心理疏导,坚持制止网络暴力。

网暴很冷漠,暴露了人性在匿名和乌合从众下的自私与野蛮。官民齐发声很温暖,不仅温暖了那名受到双重伤害的女孩,也让厌恶了网暴、面对网暴人人自危的舆论,感受到了正义的力量。

这么多的人为一个人受到不公正遭遇而发声,这是一个正派社会应有的担当。是的,她首先是"一个人",该重读的地方是"人",而不是数量上的"一个"。她是我们众多人中的一个,作为应该受到法律保护和道德呵护的人,不能让她感到孤立无援和孤单无助。人是一个集合概念,这个集合概念是由一个个鲜活的生命个体组成的,爱"人",不是爱"抽象的人",而是爱具体的、身边的、实实在在的人。从这个意义上说,四川上上下下集体为这名女孩发声,就是以人为本的生动直观体现。

应该这样一起站出来撑她,因为,网暴是一个匿名的、邪恶的、无所忌惮的群体,是公民作为个体无法招架的,必须更多人站出来去体现正义面对网络邪恶的力量。经历和目睹过网暴的人,都知道那种瞬时被攻击、信息狂轰滥炸所带来的精神压迫,还有被世界抛弃的、让人窒息的恐惧感。路见不平一声吼,让戴着匿名面具的网暴者看到正义是一种不可冒犯的大潮,是一种不可触碰的底线,是冒犯了就会被群起而攻之的神圣价值。

应该向四川学习,学习他们敢于对网暴势力亮出坚硬的牙齿,为普通人当靠山。这名受害的女孩绝不是一个人,而代表着无数的场景中,无穷个可能被人肉、被攻击、被网暴的个体。她就是我们每个人,没有比她更平凡的人了,不去惹别人,过着自得其乐的生活,平淡如水。不小心被感染后,身份被放到网上,一切都变了,隐私被泄露,成为暴力攻击的对象,手机被打爆。暴露的问题让人不寒而栗：谁掌握着我们这些隐私？谁在往网上传？谁在拿着网络砍刀砍向无辜者？为什么会形成这种可怕的议题？谁在带节奏？——这种事情不是个案啊，隔几天就会在网络上演，过段时间就会制造出新的受害者。我们的隐私信息被无限榨取，信息保护形同虚设，总会在某个时刻以这种方式爆雷。这不是一个人的私人问题，而是一群人的公共问题、大问题。不能欺负老实人，不能把法律当儿戏。

这也是官方的一种应有的担当。为了流调而公开患者部分信息，当这种"必要的公开"给公民带来困扰，成为网暴的导火索时，官方必须挺身而出，为"公开的信息被违法使用"进行矫正，保障患者信息的用途止于防疫抗疫，从而消除民众对流调和公开的担忧。

但愿这种集体发声的暖流能变成一把有利刃的法律之剑，让沉默的大多数都站出来向网暴说"不"，以法律诉讼让那些自以为法不责众、自以为匿名可以为所欲为的人，付出法律代价。保护个人隐私不只是公民自己的事，更是那些掌握着数据和信息的部门的事。路见不平一声吼，是道义支持，更应是法律援助、法律亮剑。公安部门多顺藤摸瓜多通报几个，那些面目狰狞的网暴者可能就被吓住了，匿名上网时才会有所收敛，民众才会有安全感。

（公众号"吐槽青年：曹林的时政观察"2020年12月11日）

谁不是说着"凡尔赛"的话，过着"拼多多"的日子

看到一篇文章，真被标题触动了：《你以为我是北大学霸，其实我连滚带爬》。文章写到一名"毕业于北大中文系"的年轻人，在外人看来无比炫目的光环下，拼命成长的故事。为了配得上那个光环，为了不被别人翻着白眼说"这就是北大中文系毕业生啊"，他拼出了洪荒之力。岁月流转，经历了2020年之后，人们辞旧迎新的心境更强烈，前几天的盘点评论中，我写过"不妥协"和"正直"，这篇我想写写"拼"。跌跌撞撞的2020年，连滚带爬的我们，拼得太不容易了。

前几天北京疫情流调信息所反映的常人生活状态，曾让很多人唏嘘不已。"上班—加班—吃包子—公交车—往返几十公里上下班—很晚回家，还要复习考研—到医院看生病的家人—转场兼职"，生活轨迹所反映出的艰辛让人感慨北漂之拼。有人对比了不同城市流调信息所反映的常人生活，成都人好像就是吃喝玩乐、茶馆打麻将，重庆人好像是泡在火锅店。真的是这样吗？这只是一种刻板的误解和附会，成都、重庆、长沙，哪个城市的人不在拼呢？

去年为了写一篇关于成都幸福感的文章，跟好几个成都人交流时，他们都谈到了一个比喻：就像湖面上的天鹅，看上去闲情逸致、无所事事，但在水面以下、人们目光所不及之处，他们的脚掌在拼命划动，生怕落后于人。他们表面上的悠闲，不是无所事事、胸无大志的懒散之闲，不是在茶馆和麻

将馆间转场,而是努力拼搏让自己有能力过上、配得上一种悠闲生活的生活精神。外人羡慕成都的慢和悠闲,只有成都人自己知道,那其实是自己努力的结果。一个人、一个家庭、一个城市,只有足够拼,才能过上那种让外人羡慕的安逸生活。

就像流调中的那些北京人一样,也像那名"北大学霸"一样,为了幸福的生活,脚下在拼命地划动。朋友圈里写着自己理想的生活,发着自己理想的美颜样子,不小心在流调中"暴露"了背后的拼、不足为外人道的努力。就像你只看到成都流调中的茶馆、歌厅和麻将馆,而没有看到凌晨五点的成都街头面孔,没有看到这座大城市中那些连滚带爬为了供房贷而拼的年轻人。

前几天与一位学经济的朋友聊当下热点,不知怎么就聊到了"凡尔赛"和"拼多多"。他的一句话很有意思,"谁不是说着'凡尔赛'的话,过着'拼多多'的日子?"他说,"拼多多"这几年的火,不是没有理由的,它契合了这个社会多数人的生活之拼,贴合了我们当下的民情与生活。用欧文·戈夫曼的话来说,"朋友圈、社交平台上的那个自我,是呈现给别人看的、是别人眼中的我,是理想中的我。表演者往往会隐瞒那些与他的理想自我及理想化表演不一致的活动,正如医生从不显露自己的过失,修理工从不会让人看到忘装回电视机原处的螺丝,一个精致讲究的白领丽人绝不会不洗头就出现在人面前,除非她觉得你不值得让她花时间洗个头"。

社交是一种表演,而背后本真的生活,不需要表演,那就是无须修饰、连滚带爬的拼。拼才会多,越积越多,才有底气过一种更好的生活。曾看到一个数据——"拼多多"月活用户达6亿多人,刚看时觉得这个数字很庞大,细想一下,真不算大,拼是一个奋斗社会的生活底色,一边努力挣钱一边拼单。特别是在遭遇到很多"黑天鹅"的2020年,未来充满迷茫和不确定,人们只有比以往任何时候更拼,才能驾驭那些可能让一个人、一个家庭很狼狈的不确定。2021年,更不敢懈怠和辜负。

"凡尔赛文学"被群嘲的时候,我没有跟风去踩踏那些"凡尔赛"年轻人，正像"伪精致"（精致的朋友圈人设后面是一地鸡毛的生活）被当成负能量受到炮轰时，我没有觉得这是什么社会问题。谁在朋友圈没一点"凡尔赛"的倾向？人前塑造自己精致的形象，人后过得并非那样，这不很正常嘛。无论在前台塑造出怎样的人设，在人后在咬牙拼搏的人，都值得尊重。就像我们请朋友吃饭时，总想显得很大方和阔绰，而自己过日子时，总想方设法去省钱去拼一单。"凡尔赛"的表演，是社交。社交之所以累，是因为每个人都试图表现出自己其实并不具备的品质。拼，是自己要过的真实日子，无须任何修饰。把在朋友圈晒的那些光鲜状态当成日常生活现实，那种思维才不正常。

回到流调中那些用力生活的打工人，人们对此的唏嘘更多不是同情，而是一种人同此心的共情，谁不是这样拼呢？或者说，谁在某个年龄、某个人生阶段没那么拼过呢？家里没矿的，相信什么"站在风口就能飞起来"的故事就输了。这些年轻人，他们的朋友圈可能跟我们的一样，都是云淡风轻和岁月静好。流调不是用残酷的轨迹把生活打回原形，而是在无奈中把不愿示人的生活底色暴露出来。风雨中像个大人，阳光下像个孩子，成年人的生活，底色就是这样的拼。

（公众号"吐槽青年：曹林的时政观察"2021年1月2日）

第六辑
读书杂记

这一辑会分享一些读书方法和写作技艺。一个人的批判性思维，正来自他在读书写作实践中所积累的东西。一边读，一边写，一边总结，批判性思维就是在这种"读、写、思"的往返流转中层累晶化。读书怎么避免"读了白读"？怎么克服读大部头著作前三十页的枯燥感？如何锁住知识和积累材料，从而在写作时信手拈来？如何通过批判性思维给写作加分？本辑结合时事案例给出了一些经验。

多读书,积累写作问题意识和对话资本

写评论不是靠自己那些胡思乱想的点子,也不是靠一个个火花,靠的是这方面的积累。曾经有人描述他刚开始写论文的那种心态,我觉得很有代表性,我过去写论文的时候也有过这样的心态:

> 每次写论文都是这样一个过程:定下选题的时候,有一种改写整个学术史的幻觉和冲动;开始写的时候,有一种困难重重在所不惜的坚韧;写到一半的时候,有一种求生不能求死不得的痛苦;写完了之后,终于明白自己就是一个学渣。

为什么会有这样的心态呢?就是缺乏积累。因为你根本不知道前人说过什么,很容易浮躁地觉得前人说的算什么东西,我的想法有多牛。而为什么会越写越难呢?因为写作的过程就是一个掏空你自己的过程,就是把你的知识积累释放出来的过程、论证你原初论点的过程。但是如果你缺乏积累,只会是一个空洞的火花和想法。

同样,写评论也经常会有这样的幻觉。刚开始有一个点子觉得特别好,角度太牛了。但是才写了一点点,你到网上搜一下,这个论点十年前就有人写过了。这就是缺乏知识积累,缺乏阅历,没见过世面。多读书才能在思想资源的积累上摆脱对网络的过度依赖。评论写作是需要知识的资本积累的,有一个健全、完整的知识结构,才能写出好的评论。那么这种积累从哪里来呢?让人担心的是,现在很多学生基本不看书,而是满足于从互联网上获得信息,把互联网上获得的那些碎片化和野鸡化的信息当成知识和理论,把自己的知识体系和结构建立在这种网络根基上。这是很成问题的,

厚积才能薄发，有完善的知识体系才能有健全的判断，碎片化的网络知识带来的只会是肤浅同质和情绪化的思考，既无法给读者带来附加值，也无法在写作中提升自己，只会越写越空。

徐贲在《阅读经典》中提到，互联网上获得的巨量信息造成了拉里·桑格所忧虑的"知识贬值"现象："全世界互联网服务积累的信息越多，信息越是容易获得，比较而言的知识就越不稀奇，越无吸引力，我担心互联网已经大大削弱了人们对知识独特性和知识为何值得追求的感受。信息的超级丰富，其实让获得知识变得更困难了。"确实，这也是我一直强调在阅读上要做到"互联网－"的原因所在，做减法，不要养成对网络的依赖。

胡适曾狠狠地批评过同时代的一些评论家："天天打牌吃花酒，从来不做学问的研究，也不做社会的考察，只靠一个真滑的头脑。"评论学界和业界曾有过"评论写作可不可以教"的讨论，评论当然是可教的，一方面可教的是写作规范，另一方面是怎么把阅读中内化的"缄默知识"激发出来，你首先得储存着这些"缄默知识"，肚里没货，"靠一个真滑的头脑"，写出来的只能是抖机灵的大路货。

我在好几所大学讲座的时候，都在强调读书的重要性，虽然看上去是一句空空的口号。每个老师都在强调读书的重要性，但我们很少会因为老师的强调就把它当成习惯。我经常愿意跟大家分享对读书问题的一些看法。杨绛先生曾说过这样一句话："你的问题主要在于读书太少而想得太多。"我们现在的很多年轻人都是这样，有很多想法，甚至有很多奇怪的、偏执的想法。想法很多，但没有想得深，就是因为自己读书太少，无法驯服自己的想法。如果你有知识积累，有了想法，那么你或者是论证了它，或者是推翻了它，是可以驯服它的。

这个社会的怪论为什么那么多呢？就是因为真正认真读书的人

太少了，大家都流于浅层，浮于表面，在奇怪的问题上钻牛角尖。

有学生看过我的书后夸我："曹老师，你的那本《不与流行为伍》写得太好了。看了你的书后，我的人生观、价值观都发生了很大的改变。"作为作者，听到这样的话非常开心，但是其实这样对你非常不好，因为你轻易地被一本书改变，说明平时读书太少了。如果你自己对这个问题没有看法，就很容易被别人的任何一种看法所影响，不管别人说什么，你都觉得太好了、太棒了。只有当自己拥有阅历和积累时，你才会去怀疑，有自己真正的判断，而不会随波逐流。

我曾经发过一条微博，引起了很多人的同感。我说："现在很多人的悲剧都是，在大学里用四年时间感慨大学过得太慢了，走出大学后，再用剩下来的五十多年怀念大学，感慨大学过得太快了。"我们不要再走入这样的悲剧了。在每个阶段就要做每个阶段应该做的事。我们经常说，这个时代限制了我们的思想和表达。但是应该反问我们自己，曾有过思想吗？尝试过表达吗？

"读书越少的人对环境越不满意，读书越多的人对自己越不满意。"我们总是轻易地就把问题推给别人，推给社会、体制，这恰恰是一种浅薄的表现。我们看到一些文章貌似深刻地高谈阔论——这个问题的根源在体制，那个问题的根源在体制——其实这些看法都是非常浅薄的。动不动就把问题推向体制，其实恰恰是一种惰性的表现。好像推向体制就无解了，体制问题就是一个终审判决，其实这是最浅薄的结论。体制难道不是由一个个具体的人组成的吗？体制难道不是由一个个具体的细小的制度组成的吗？我们需要的有洞见的解释，恰恰是指出人的问题在哪里，那些魔鬼的细节问题在哪里，而不是推向一个抽象的、宏大的体制。只有当我们深入地了解一个事物时，才不会做出这种非常浅薄但自以为非常深刻的判断。

读书，有必要读一些有挑战性的书，不能在舒服区和温暖区徘徊。有一句话说得很好，"如果一辈子只读你读得懂的书，那你其实没读过书。如果永远只看合乎你想法的书，你永远只会知道你已经知道的事"。

以记忆之网和写作锁住知识，避免读了白读还给书本

新闻史学家方汉奇先生有做读书卡片的习惯，这些读书卡片有什么用呢？有一次方先生在接受媒体访谈时谈到这些卡片的作用——帮他的记忆形成了一张立体的网。他说："一个新的材料掉进去，立刻就被这张网锁住，成为它的有机组成部分。如果你的这张网大且厚，自然产生的联想和提示就会让你接受新信息时相对容易；反之，你的网又薄又小，基础不够厚重，那记忆就比较困难。"方先生强调："所谓天才超群的记忆力，秘密不过如此。"

这个"解密"让人恍然大悟，难怪方先生讲课引经据典时那么潇洒，对浩如烟海的史实能信手拈来，也难怪他的记忆那么好，过目不忘，原来是这样一张能吸附材料和知识的记忆之网，"网"住了他读过的书和看过的材料。我们常有这样的困惑，读过什么书，学习过某种新知识，当时很兴奋，但不久就不知道"扔"到什么角落去了。翻那些读过的书，常常很陌生和沮丧，这书我读过吗？明明读过啊，上面还画了，可怎么都忘了。问题不是记忆不好，而是自己缺乏一个好的读书方式，没有形成一个立体的、可网住新知识的记忆之网。

在我看来，记忆之网不仅是有形的读书卡片，也是一种边读边想的、清晰的问题意识。以某个相对稳定的问题关怀为圆心，像滚雪球一样越来越大，所有跟这个问题相关的阅读都吸附到这个雪球上，也就像那张网"网"住新信息、新材料、新知识了，而不会发生"水土流失"。我读书，在某段时间内

一般都会带着某个问题去读，读什么书时都会想着这个问题，读书与现实形成"互文"。这种问题意识也是一张网，让那些看似不相关的知识都网到了以这个问题为圆心的记忆之网上。

没有网状勾连，知识就会流失。网式读书法，是一种锁住知识和思想的好方法。我们的应试教育体系中，流行"点式记忆"，也就是以"知识点"为中心的记忆，点与点之间没有联系，很容易就忘了。还流行"线式记忆"，靠构造某种单向的因果线性关系去记忆，但知识往往不是线性关联的，而是非线性的耦合相关，线式记忆很容易就"断"了。还是网式记忆比较好，构建自己能锁住新知识的记忆之网，形成知识、材料和理论的深度有机勾连。

有了问题意识和网状勾连还不够，要让别人的思想真正固化为自己信手拈来的个人知识，进入默会的心智结构，还有关键一跃，即要动笔去写，在写作中应用，把记忆和记录中储存的"死知识"，变成与日常、当下舆论场中的现象、问题、热点关联思考的"活思想"。读书与写作互相激发、成就和巩固，边读边想产生思想火花，为写作提供了思想资源，激活了对现象的深入观察，写作在应用客观知识中创建了个人知识，这是一个让勤劳的读书写作者变得越来越厚重的良循过程。读书，不是记忆的过程，要通过写作去记忆。写作，不是一个"掏空"自己知识储备的过程，而是激活记忆之网的过程，推陈出新，知识因此活络为一个人的思想，就不可能被忘记。

语言学家说，道理是在语言中获得其确定形式的。同样，记忆也是如此，作为模糊形态的记忆，是在写作实践中获得其确定形式的。我还记得2002年刚开始写新闻评论的时候，首先是因为在大学期间读了不少书，知识积淀让自己有了表达冲动，那些思想火花点燃了对社会问题的思考，身体里涌动着一种表达欲。当时读了语言哲学家维特根斯坦的一些书，朦胧地知道了他的一些观点，比如他认为以往的哲学都误解了语言的本性，提出了一些根本就不存在的问题，思想混乱不堪，哲学的目的就是让人聪明，理清头绪，看到混乱背后的本质。这段论述中有一段妙语，我当时记下来了，他说："一个人陷入哲学混乱，就像一个在房间里想要出去又不知道怎么办的人，他试着想从窗子出去，但窗子太高；他试着从烟囱出去，但烟囱太窄；其实只要他一转身，就会看见房门一直开着。"

记下来，"养"在我的读书笔记中，如果不用，当时再兴奋，记得再牢，也会忘记的。很快就"等"到了用的机会，几天后有一条新闻说，某地酝酿一项针对车辆管理的制度，即"尾号无4"，避开"4"这个很多人忌讳的数字。此举引发争议，有人说这是在迎合不健康的数字迷信心理，等等。在题为《"尾号无4"的帕累托改进意义》的评论中，我就借鉴了维特根斯坦的这一思想，批评了那种刻舟求剑的僵化思维。因为在评论里灵活地运用阅读中积累的思想资源，刚出道的这篇评论，后来得到了很多评论名家的赞赏，大大增强了我作为评论新人的信心。这个写作应用的过程，就让相关知识和思想固化到知识结构中，不再发生"流失"。

我对"专业权威的争夺"这个话题感兴趣，读了吉尔因的边界理论、芭比·泽利泽的阐释社群理论，应用到对当下新媒体与传统媒体在专业权威问题上的边界冲突分析中，写了几篇评论和论文，相关思想就进入到我的记忆之网了。写作，是一个调动自己各种思想感官的坚硬劳动过程，光读光想，调动起来的感官很有限，所以很容易流失，写作才是"身体思想资源"的全面调动。当然，这个应用的过程不能是"两张皮"，要有贴合的思考，是读书、思考与写作的自然嵌合，而不是卖弄学问的掉书袋。

如果说思想和知识是一种财产，那么，约翰·洛克的洞见是，"财产权来源于劳动，劳动这种行为使物品本身附着了某种排除他人共有权的东西，物品的自然形态被改变，劳动产生了私人占有"。实际上，写作即是一种在思想中"固化"某种资源的劳动过程。阅读，读的还是别人的东西，记下来，仍然是别人的东西，一段时间后，还会"还"给别人，还给老师，也就是"忘了"。如果你在写作中去灵活应用，与现实问题结合起来去思考，把书上的知识和别人的思想，用自己的语言表达出来，注入自己的思考，这才使记忆完成关键一跃而有了自己的劳动，驯化成了自己的思想。

进化论说"用进废退"，读书和记忆也是如此，真正记下来的，都是你在写作中使用了的，否则都会还给书本和老师。

（微信公众号"吐槽青年：曹林的时政观察"2020年4月23日）

释放写作想象力

C. 赖特·米尔斯教授的《社会学的想象力》，这本书我隔段时间就会读一次，尤其是最后一章米尔斯谈"治学之道"，每次读都会有新的收获，激荡出新的问题意识。本书不仅教人如何入境学术，更是传授一种思想方法，即如何将那些宏大的公共议题与个人的微观日常、生命体验相关联，从而激发出一种社会学想象力，避免"你看云时热切，你看我时眼盲"。

比如，米尔斯建议人们记日记，以捕捉日常中的"边角闪念"（fringe-thoughts），也就是那些杂七杂八的念头，当你因什么事件或观念感受强烈时，一定不要让它们从你头脑里溜走。我也一直坚持着这样的习惯，这些杂七杂八、不成熟的念头常常"养"在我的笔记本中，成为"养着的选题"。看到某个最新时事时，想象力被激活，这些念头自动就会从笔记本里爬出来，成为一篇文章。想法多了，而且形成积累，自然会孕育出对新闻热点的观点想象力。时事评论不是一个绞尽脑汁"掏空"自己的过程，而是一个在想法和经验积累中不断丰富自己的过程，每一次写作，都扩展了对一个问题的想象力，把那些零散的想法聚合起来，变成一个成熟的看法。想法和看法多了，并逐渐系统化，就成为一个人的思想。有了相对系统的想法，就能避免变成那种"你的问题在于读书太少但想得太多"的喷子。

在这种积累的基础上，米尔斯提到了很多释放想象力的方法，比如有意颠倒比例感，看到情境背后的社会结构，通过考虑极端情况和思考问题的对立面来获得洞见，换一种新的分类方式来释放想象力，等等。思维闭合和固化者，不必互道一声"傻瓜"然后拉黑彼此，多读读米尔斯，跳出思维盲区，解放自己的社会学想象力。

现在之书、未来之书、过去之书[*]

现在之书:《交往在云端:数字时代的人际关系》,南希·K.拜厄姆著,董晨宇、唐悦哲译,中国人民大学出版社。

推荐理由:社交媒体和人际关系是当下的热门显学,我一般不太喜欢这类追逐时尚和热点的新书,认为热门的事物和对它的思考是需要沉淀的。但这本书吸引了我,让我对似乎很熟悉的社交媒体有了深层次的认知。译者董晨宇在序中谈到了"让陌生之事变得熟悉"和"让熟悉之事变得陌生",避免过于熟悉而形成的平庸化危险。我正是带着这种陌生化的视角来理解社交媒体这个已经深嵌入我们日常的熟悉之物。我喜欢这种让自己感觉陌生化的阅读,这样才能增长见识,如果只看合乎既有想法的书,永远只会知道已经知道的事,形成见解的内卷化。

作者作为第一代深度的社交媒体使用者,通过扎实的研究对社交媒体做出全新的阐释。比如对于技术与社会的关系,她跳出了乌托邦和反乌托邦的视角而提出了驯化论:"技术决定不了我们,社会也决定不了技术,但可以驯化技术,我们如何使用和表现这些技术,谁使用它、如何使用它、谁不使用它,会影响到一种技术的后续发展,技术最终呈现出的样态,是人驯化出来

---

[*] 本文为凤凰网读书推荐。

的，就像人对宠物的驯化一样。"她还谈到了成年人对儿童使用新媒体的恐惧，本质并非道德恐慌，而是成年人害怕丧失控制权的表现。父母常将新媒体视为控制和监视孩子的手段，而孩子却将其视为实现独立和隐私的方式，冲突由此产生。

常有人痛心疾首地认为作为中介的社交媒体毁灭了具身的社交，作者认为，"中介并不意味着贫瘠，中介化交流应该被视为一种新颖、兼容的混合交往方式，不是具身交流的缩减版本，新媒体并不会用虚假的模拟来削弱或替代真实的参与，大多数人并没有利用这种去实体性来创造梦幻的或者根本上具有欺骗性的自我"。

未来之书：《说理》，陈嘉映著，华夏出版社。

推荐理由：我是在读了几篇论文后被陈嘉映的说理思想所吸引，从而准备读《说理》这本书的。与普通从技术层面谈说理不一样，作为哲学家，陈嘉映是从哲学这个比较抽象的高维层面来谈的。谈的不是一事一议那种普通道理和常识观念，而是道理之道理，即"根本道理"。他说："哲学大抵就是穷理，道理是在言说中成形，哲学家不停留在日常道理上，他们追问理后之理，思想的最高任务是通乎根本的道理，要培养直面一切道理都不确切之境的勇气。"他认为，"知识就是经过辩护的真看法、真信念，真知是带有论证的看法。论证要求达到公共可通达性，双方必须共享大量经验，论证才可能有效。真理是我们的本性、自然和天性，真理赢得我们所有的人，而不是一些人战胜了另一些人。我们最好不要把真理视作简单的名词，而把它视作成就动词"。

这可能是一本比较难啃的书。用哲学教授张一兵的话来说，"所有真正杰出的思想家的观念，都是以特定的精神内居于生命对世界的意会体知之中。他们的言说和文本无不是生命对象化的结果。我们听他们的演讲和阅读他们的文本，只有像他们一样，以特定的方式内居于世界和生命的交融中，才可能真正意会式地入境于他们的精神世界"。从这个角度看，读哲学家陈嘉映的《说理》是有门槛的，是一次阅读挑战。只有静下心来耐心去读，甚至有"读半个小时没看懂回过头去再读"的心理准备，才能慢慢进入那种思想的境界，在顿悟和启思中享受思辨的张力。对于一些难啃、需要坐冷板凳硬阅读的书，我一般都是等有比较充分的时间，孤独、安静地去读，免得自己的浮躁糟蹋了别人的思想。我们常抱怨别人的书写得晦涩难懂，很少反思其实自己的耐心还没有超过二十分钟。别人思考了一辈子的问题，哪可能让你一张图就读懂、五分钟就明白？

我常跟学生说，读一个人的书是需要资格的，要有耐心去获得这个阅读资格，而不是轻易扔一边。再难读的书，克服了前三十页的阅读痛苦，坚持一小时之后你可能就慢慢读进去了。别指望一下子就被吸引，前三十页往往是作者设的障碍和门槛，真正感兴趣的人自然能迈过门槛并真正入境。大家的问题在于，容易被书的标题吸引，却连二十分钟的耐心都没有。

读这样的书有什么用呢？如果以"立刻能用上"的功利心态来读书，会比较失望，这可能是一本"无用"之书。但诸种知识中最高层次的知识，都是非功利的，无用即大用，读书本身就是目的，它不能变现，却可以给人智慧、让人聪明。

过去之书：《语言学的邀请》，塞缪尔·早川、艾伦·早川著，柳之元译，北京大学出版社。

推荐理由：二十年前写评论的时候，我没有读过任何一本教我怎么写评论的书，完全是凭常识感和言说本能写作。读了这本《语言学的邀请》后意识到，如果早读到这本书，自己的评论能上很大一个台阶，所以后来我都会推荐这本书给每届学生。这本书不是像维特根斯坦那样从语言学角度分析话语，而是从思想层面——如何在抽象的阶梯上游刃有余地驾驭语言，"写着写着就没话可说"的问题出在哪里，什么叫"转圈子式思想"，屁话何以成为屁话——作者给出了非常精妙的阐释。

我的读书笔记上写了很多本书的妙语，如："判断下得太早，往往会使我们看不清近在眼前的事物。"（说的是避免形成一种自我闭合的逻辑，避免让过早的结论封闭了多元的可能。）如："一个伟大的小说家、戏剧家或诗人，就是一个将许多广泛的人生经验完美地综合起来，使它们有一种秩序的人。"（格尔兹称为"寻找复杂并使之有序"。）如："倘若有人问你一个无法回答的问题，你只要说上一番动听的好话就可混过去。"（读懂这句话，就能理解很多公关修辞和"彩虹屁话"的妙用。）

这本书的作者嘲讽有些人："这就是为什么许多演说家、报纸专栏作者、毕业典礼致辞者、政客和学校里的雄辩家，一接到通知便能对着任何题目讲上半天，老实说，许多学校里的语言和演讲课都只是教人这种本领——即便没有什么内容，也要说得头头是道。"读到这段话时，我真笑出声来，脑海里浮现出很多人的形象。

尼采问："谁在说话？"马拉美说："是语言自身在说。"说理就是说话，把握了语言的逻辑，才能避免被花言巧语所欺骗。经典的价值就在于，无论什么时候读，你总能读到与现实对应的世相，更深刻地理解现实。

（凤凰网 2020 年 4 月 22 日）

"抖音"毁不了我们,但无脑"鸡汤"会

最近在看媒介理论家保罗·莱文森的代表作《软利器》,谈信息革命中媒介的进化。从这本书中的每一个字都能闻出莱文森身上的味道——一位坚定的媒介进化乐观主义者,他毫不留情地批评了社会对新媒介、新技术的习惯性偏见。作为麦克卢汉媒介理论的继承者,他引用了麦氏经典的"后视镜理论":"现代人总是站在后视镜中看一种新技术、新媒介,看不到前面的新环境,总认为旧媒介比新媒介更合法,把新媒介说得一无是处。"

有意思的是,掩卷沉思点开朋友圈时,一篇文章映入我的眼帘,标题很惊悚:《"抖音"是如何毁掉我们的》,后面还加个括号,写着"深度好文"。印象中,这是篇旧文,隔段时间就会到朋友圈蹭一把"抖音"的热度,制造一轮家长焦虑,收割一波"傻白甜"流量。如标题所言,文章以激烈的道学口吻把"抖音"批得体无完肤:火爆是它的错,娱乐是它的错,没耐心读书是它的错,不思考是它的错,赚钱是它的错,乐在其中是它的错。最后扣了个可怕的罪名——"毒品软件"。

文章的棍棒逻辑和咪蒙式修辞("毁""毒""死""杀")让我一乐,这不正是莱文森所批评的那种"后视镜"式的偏见和眼盲吗?读史能让人明智,这话一点都不错,光看这种所谓"深度好文",你甚至会觉得这种批判饱含着对人类命运、精神世界的关怀和忧虑,可读了莱文森在《软利器》中所写的"新媒介新技术被批判史",看到以往每一个新媒介、新技术在出现之初在

"后视镜"魔咒中所承受的那些骂名，你就会明白这种文章的扯淡、肤浅和无知了。

一切历史都是当代史，莱文森告诉我们，每一种新媒介、新技术刚出现的时候，都曾受到过类似"毁掉我们""杀死思想""娱乐至死"的严重指控。当然，那些曾被激烈批评的媒介和技术，不仅没毁掉人类，反成为日常生活不可缺少的部分，延伸着人们的肢体，反倒是那些危言耸听的"毁灭论"在历史的"后视镜"中成为后人的笑料。

苏格拉底是口头传播时代的精英，面对文字传播的出现，这位智者忧心忡忡地说："文字传播不利于对话，对文字传播的依赖将毁掉人们的记忆力。"——历史很快打了敬爱的苏格拉底的脸，如果不是柏拉图《斐德罗篇》的文字记载，历史根本不会记住苏格拉底讲过什么。媒介进化的车往前开，而有些人只爱看"后视镜"，文字处理技术出现时，戈尔·维达尔曾绝望地说："文字处理正在毁灭文学。"——"后视镜"的视野使他坚持认为，"汗流浃背地在纸上书写才有利于产生优秀的作品"。摄影术出现以后，保罗·德拉罗什也悲壮宣告"绘画死了"。

米切尔·斯蒂芬斯在《新闻的历史》中同样记载过这种"后视镜"式认知。1854年电报出现后，众多拥趸热情赞扬它能将"人类威严的声音传遍世界各地"，而同年出版了《瓦尔登湖》的梭罗却以不屑的口吻说："我们急于在大西洋底下铺设隧道，好让旧大陆的消息提前几周到达新大陆，但第一条传到美国人耳朵里的消息，可能是阿德莱德皇后得了百日咳。"20世纪初，威廉·麦基维把电影描绘成"培养罪犯的学校"。20世纪70年代初，芒福德激烈地批评技术与电视，他认为，电视的即时性相当于洗脑的工具、一种剥夺感觉的形式，使人失去方向，感到迷惘。芒福德甚至认为计算机是最嗜血的先锋之一，其吮血的对象是书籍，电脑把一切人类经验简约为当代人的经验和此刻的经验，这种短暂的记录会抹掉自己的痕迹。

够了，不用再引述了。估计这些思考都被当时一些人当成过"深度好文",也像今天的《"抖音"是如何毁掉我们的》一样,在当时的朋友圈收过人们的智商税。现在看就会明白,基本都是扯淡。在这些悲天悯人的"深度好文"作者眼里,人类是多么脆弱啊,轻易就会被毁灭。按这些人的逻辑,人类已经被毁灭无数次了,被文字毁了,被电报毁了,被报纸毁了,被电视毁了,被互联网毁了,被微博毁了,被"抖音"毁了。"毁掉"这词在这些人嘴里像儿戏,张口就来。

我是一个传统媒体人,也是传统内容的坚守捍卫者,甚至觉得新媒体应向传统转型,但我从没有认为新旧媒体存在对抗关系或者新媒介有什么原罪。我喜欢莱文森描述媒介演化时所用的比喻,他认为媒介的演化史就是一个官能的补救史,就像窗帘对窗户的补救:"墙壁是最原始的媒介,古人为了透光透风,墙上少砌一块石头;但雨雪和寒冷乘虚而入,为解决这个问题,作为补救,窗户应运而生。"——既让人看到外面景观,又温暖安全。但产生了新问题,窗户容易让外人向室内偷窥。结果,窗帘出现了,窗帘就是窗户的补救性媒介。媒介的演化,从莎草纸到今天的短视频,经历了同样的补救性演化,人的肢体在媒介的演化中不断延伸,电子文本的补救性媒介作用,解决了苏格拉底指责的文字没有互动性的缺点。短视频传播,不是对文字、书籍和严肃思考的取代,而是一种官能补充。

且不说短视频里不只有娱乐,即使娱乐一下又如何呢?娱乐仿佛成了新媒介的一个原罪,可娱乐有什么错呢?这两天关于家长"崩溃式辅导孩子作业"的各种短视频在网上盛传,那天我给孩子辅导完作业后,跟孩子一起在"抖音"上看了那些视频,肚子都笑疼了,这种轻松和娱乐有什么不好呢?一边焦虑、喊累、抱怨压力大,一边在道德上贬低新媒介带来的娱乐,真让人无法理解。"抖音"会取代严肃阅读吗?当然不会,现代人丰富的生活世界容得下多种媒介的共存——刚翻完欧文·戈夫曼的《日常生活中的自我呈现》,然后到短视频中感受一下呈现、冲突吗?莱文森这段话怼得好:"那些极端的批评者敦促我们完全放弃电视,尽可能读书。这一建议等于说,放弃新出现的无窗帘遮拦的窗户，回到没有窗户的墙壁。所幸的是，没人听这种屁话。"

莱文森还看到媒介批评里一个普遍的错误，他称之为"埃吕尔式错误"，也就是批判技术的童年或青春期形式，"他们看不见媒介的种系发育，他们的批评最有效的靶子是负面的、永恒的柏拉图式的形式，换言之，他们的靶子在媒介演化的真实世界里根本不存在"。——真是一针见血，那些对短视频的批判，无论是"上瘾深陷其中"，还是"沉浸于感官娱乐"，抑或"不再有耐心读长文"，都是批评者想象出来的"稻草人"，如咪蒙团队虚构出的"状元之死"。实际上，媒介演化是由人选择的，其趋势是越来越符合人的官能需要。去年看过一个有关"抖音"的视频，讲了30个家庭中父母跟孩子一起玩"抖音"的故事，一起学猫叫，一起喵喵喵，融洽的亲子关系让人感觉很温馨。我关注的不是"抖音"，而是这些家庭通过新媒介形式在陪伴中一起娱乐和学习的生活方式。媒介真没有原罪，很多人的恐惧和排斥，是对自己不愿花时间陪孩子一起尝试的躲避。

少读点儿朋友圈里的"深度好文"，多读点儿历史，就会对"毒鸡汤"多点儿免疫力。"抖音"毁不了我们，没有什么能毁掉我们，包括垃圾"鸡汤"。可怕的不是什么"坏人"，而是假好人。

（微信公众号"吐槽青年：曹林的时政观察"2019年3月1日）

浙江这篇高考满分作文侮辱了语文

看到那篇题为《生活在树上》的浙江高考满分作文，看第一遍时难受，第二遍时还是难受，第三遍时终于崩溃，这样矫揉造作、故作高深、不知所云的作文成为满分作文示范，既侮辱了语文，侮辱了汉语表达，侮辱了读者，也侮辱了无数语文老师。这样不说人话的文章拿满分，传递了一种什么样的写作价值观，让那些按常识写作要求教学生写作文的语文老师情何以堪？又让那些在考场上好好写人话的考生情何以堪？

"生活在树上"的立意很好，体现了博览群书、丰厚积淀所带来的思想深度，最后一段的最后一句尤其好："生活在树上，始终热爱大地，升入天空。"既点题，又让人回味无穷，和"个人与家庭和社会期待的关系"这个题旨交相辉映。作者读了很多书，可惜食而不化，思想上消化不良，表达上又染上了流行的炫技病和学院腔，表达便成了一场灾难。全文的亮点，也就最后一段的最后一句了，其他都是让人费解的典故隐喻、制造阅读障碍的欧化语态、牵强附会硬掉书袋的引用、叠床架屋的复杂长句、完全不想让人读明白的生僻字堆砌、简单道理复杂化的臃肿浮夸。这些，属于米尔斯在《社会学的想象力》所竭力批判的"拜占庭式错综繁复的拆解和组合各类概念、繁文冗语的矫饰做派"。

这样的文章，不说给零分，第一个阅卷老师给39分，已经是非常手下留情了，最终作文审查组竟判了满分，这种反常识的评判标准和审美，让人感觉匪夷所思。评论表达,是为我们的思想穿上衣裳,在表达中让思想成形,底线是要让人明白你在说什么,有基本的公共可通达性。满分作文,更应该有文字和思想的通透性,是那种让人一口气读完产生触电感的深度好文,既有酣畅的阅读快感,又能回味无穷,在思想深度产生强烈的共鸣。可这堆佶屈聱牙、让人痛苦地读几遍也不知道说什么的东西,凭什么满分呢?凭阅卷老师也没读懂?

我在《时评写作十六讲》的"评论语言"那一章讲到,评论的语言是交流的语言,应该尽可能用人人通晓的大白话,每一个让人费解的概念和话语,都是在制造阅读障碍,假如你用的某个词没有自明性,而需要停下来解释一下,那就别用这个词,"需要解释"就是一种阅读障碍。看看这篇千字文,作者刻意用了多少已经在日常交流中消失的生僻词在卖弄:"嚆矢""振翮""薄脊""孜孜矻矻""一觇""玉墀""婞直"。想起一位学者说过,他在哥伦比亚大学新闻学院上学的时候,隔壁班有个学电视新闻方向的英国女生,因为在节目里用了"decade"这个词,被老师骂了一堂课。老师说,考虑到电视受众的理解,不能用"decade"这种比较复杂的词,要直接说"ten years"。

语言因交流而存在,特别是评论的语言,应该是公共的,而不是私人的。好的评论,应该能让人在一气呵成的流畅阅读中感受思想的深度,语言最大限度地隐身,让读者入思想之境而感觉不到语言"中介"的存在。晦涩的概念和语言,不仅构成阅读障碍,还会形成"视境中断",也就是人们常常感觉到的"隔"。读几句就咯噔一下,读几句就皱眉头,无法进入观点和思想语境。葛兆光教授在一篇文章中对比了两首诗,就很典型,"两个黄鹂鸣翠柳,一行白鹭上青天。"——杜甫写得多好,用寻常而熟悉的表达,描绘出一幅极有代入感的景致,成为千古绝句。相比之下,同样的情景,王安石写的就形成了"视境中断":"萧萧搏黍声中日,漠漠春鉏影外天。"——读者心里肯定就咯噔一下,"搏黍"和"春鉏"是什么东西?停下来去查一下辞典,就形成了节奏上的"隔"。其实"搏黍"就是黄鹂,"春鉏"就是白鹭。

所以斯蒂芬·金曾说:"写作真正最糟糕的做法之一就是粉饰词汇,也许因为你对自己用的小短词感到有些羞愧,所以找些大词来代替。记住用词的第一条规矩是用你想到的第一个词,只要这个词适宜并且生动即可。"他嘲讽那种华丽的英式语法:"美式语法不像英式语法那么严格(一位受过一定教育的英国广告商能把螺纹避孕套的杂志广告文字写得像大宪章一样),但美式语法自有它不修边幅的魅力。"是啊,简单直接的表达多好,直线是到达目的地的最佳路线,直接表达也是。所谓人话,就是具有这种简单清晰、可辨识的美。

至于引用,引用名人名言是中学生作文装点门面常用的技巧,但千万不能过度引用。这篇作文另一个毛病就是炫耀性的过度引用,卖弄色彩太深。引用应该注重以下几个原则:第一,别人说得非常精彩、深刻、隽永,能给自己的文章添彩,那就引用,一般的话反而形成冗余。比如谈妒忌,"一个乞丐永远不会妒忌千万富翁,而只会妒忌另一个钱讨得比他多的乞丐",说得多好,引用一下能增色。第二,能自己说的话就尽可能自己去说,能少引用就少引用,非必要不引用,引文太多也是一种形成"视境中断"的阅读障碍。第三,尽可能引用有公共认知度的佳句妙语,在共通的知识经验中激起共鸣,而不是那些很少人知道的冷僻语言。比如,作者第一句引用了海德格尔的"一切实践传统都已经瓦解完了",并不广为人知,远没有马克思那句"一切坚固的东西都烟消云散"有名和贴切。

此外,这篇文章引用了社群主义者麦金太尔的那句"我的生活故事始终内嵌在那些我由之获得自身身份共同体的故事之中",陌生、晦涩且别扭,远没有引用马克思的那句"人的本质在其现实性上,是一切社会关系的总和"更加公共通晓和契合作者想表达的观点。

这篇文章还有一个更大的问题,就是抽象程度太高,高到不仅自己无法驾驭,读者更无法理解。好的文章应该能够在抽象的阶梯上游刃有余。所谓抽象的阶梯,即从"云端"到"地面"的阶梯,要"及物及人",也就是要让抽象概念触及现实中具体的人和物，在现实中找到对应的具象落点，避免"你看云时热切，你看我时眼盲"。"生活在树上"是一个抽象的哲学隐喻，这种隐喻到底对应着什么？什么样的态度才是"在树上"的生活？"地上"和"空中"分别隐喻着什么？好的文章，在读者一脸蒙圈时，会及时来个"比如说"，走下抽象的阶梯，到某个具象的层面让读者明白你的所指。通过"及物性"将当前化的生存图景置于读者眼前，使人读来不隔。通篇是海德格尔、卡尔维诺、麦金太尔、尼采，却没有一个及物、及人、及现实的具体案例，哲学家的论文也不敢这么写啊。

全是抽象的大词，没有一个及物及人的案例，说明作者自己根本没弄懂那些概念。所谓真懂，就是能降一个维度，把道理表达出来并举一个案例，否则就是生吞活剥。我之所以建议评论写作最好能遵守"三个案例原则"，特别是要能举出反例，就是逼着写作者去"降维"，在"降维"中与作为人的读者对话，与鲜活的现实对话，有对话，才有人话。

最后我想说说阅读和思想。这篇作文显示作者有很多阅读积累，能旁征博引。但不客气地说，作文所呈现出的内容，反映出作者的阅读是有较大问题的，读了太多自己在这个年龄段理解不了的书，读的顺序不对，很容易消化不良。一位智者说得好，"只知其一，等于不知"。每个学科都有自己完整的文献谱系，哲学有一个知识谱系，按照这个知识谱系去读书，才会融会贯通。知识的积累是层累式构架，一层一层地累积，后人通过颠覆前人，形成自己的体系。对现代性缺乏了解，就沉迷于后现代文本中，既读不懂，也容易错置问题意识。后现代批判是以现代性问题为思想坐标的，掌握了现代性理论，才能读懂后现代，否则只会走入歧途。对结构主义宏大深沉的知识体系毫无了解，就追逐热点，沉迷于后结构主义的理论怪说中，能掌握什么呢？只会是一些晦涩的大词。对费尔巴哈、谢林、费希特、黑格尔、马克思的学说，门都没摸到，碎片式地阅读，就把维特根斯坦、海德格尔、卡尔维诺、萨特、尼采、米沃什拉出来装门面，是这篇作文所呈现出来的混乱和别扭。

  这样一篇挂着哲学之名的文章,也是对哲学的侮辱。一位哲学教授曾说:"哲学作为爱智之学,生来就是一种澄清行为,澄清自己的真实意图,澄清语言造成的困惑。"而这篇《生活在树上》,哪是在澄清啊,分明是在卖弄中制造混乱。给一堆胡话打满分,可见打分的人脑子里也是一团糨糊。

        (微信公众号"吐槽青年:曹林的时政观察"2020年8月3日)

让我目瞪口呆的是那些力挺争议作文的功利理由

关于浙江那篇满分高考作文的争议还在继续。有人觉得诸多批评对一个考生而言太苛刻了,我想这是一种误解,没人把矛头指向那个考生,指向的只是无法说服常人、拿不出服众干货的满分评判标准。为了写这篇文章,我又读了三遍那篇作文,更加理解了奥威尔所说的,"不真诚是影响语言清晰的最大障碍"——根本不想让普通人读懂,赌遇到一个会被大词震住的阅卷老师。还想起另一句话,"清晰、直接的写作远比文体华丽的写作更费力气"。说到底,这样把一堆晦涩大词堆一起而不考虑别人的理解,是一种投机取巧的偷懒行为,不想付出让人理解的力气。

考生写出这种作文,我不奇怪,毕竟这种不说人话的矫揉造作文章太多了。作文被评为满分,我也不奇怪,有些阅卷老师就好这一口。让我目瞪口呆的是,那么多为这篇满分作文辩护的奇怪理由。明明自己没看懂,就文章说不出个子丑寅卯和所以然,还装出很宽容很伯乐的样子,脱离文本以非作文的标准强立论:"他还是个孩子,能读这么多书已经很不错了,反正我在这个年龄写不出来""这是应试作文不是评论,谁没有年少轻狂过,这个年龄不炫技,什么年龄再炫?""阅卷老师认同就行,你算哪根葱。"

作文就得拿文本说事,脱离文本本身谈作文,都是耍流氓。作文评分,就得按作文的标准,而不是其他标准,那些奇怪的辩护理由,多脱离了文本本身,我没见到一个通过正经分析文本,发掘出文本逻辑、语言和思辨之美,从而用文本本身捍卫文本满分正当性的辩护者。

满分作文，并不是完美的、无可挑剔的，在语言、逻辑、构思、角度、品相上让每个人都点赞的作文，我平常对作文评分的标准是：各方面表达达到基准线，只要在某个方面极为突出，或者有思想深度，或者角度别致，或者结构创新，或者有某种大关怀，都可以高分、满分。从这个标准看，这篇作文并不配，语言是晦涩的，观点是普通的，读书和引文虽多，却没有服务于论点，反成为阅读障碍；立意虽好，论证却撑不起立意。我仔细分析了作者的论点和逻辑，论点无非是谈"自我与社会期望的平衡"这个简单浅显的道理，却包装得那么费解。段与段之间缺乏层层推进的逻辑张力和黏合度，道理的同义反复，而不是剔肉见骨的论证，中间抽掉某一两段根本看不出来，即缺乏完整的结构内敛。

有人说："作文不能只有一个标准，教育和写作应该鼓励个性。"这话没错，文无定法，套路本就是让人打破的，高考作文并没有什么不可超越的刻板仪轨，但个性不能走向标准虚无主义，作文毕竟是写给人看的，无论怎么彰显个性，怎么像巴赫金所说的那样，"用狂欢化的表达去颠覆社会等级秩序、藐视权威、重估价值"，首先要把想法表达清楚，在表达的基准线上用这个社会多数人能读懂、符合汉语语法、符号接受习惯的方式写清楚了，这是写作的元规则。库柏曾说："一个最能支持人之学养的证据，便是其平实的言语，即摆脱了庸俗和夸张的朴素。"在元规则之下，再谈风格、个性和思想。

好，再来看看那些奇怪的辩护理由。

有人说："这是应试作文，不能用公开发表的评论标准去要求，阅卷老师能看懂就行。"我极其反对这种投机取巧、投阅卷所好、为高分而不择写作手段的功利理由，以应试为名而降低对作文的要求，扭曲写作规则，将应试标准凌驾于作文标准之上。高考作文虽然不发表，无须面对公众，阅卷老师主导着判断，但阅卷老师作为读者，跟普遍读者和这个社会的主流审美判断，是没有多大差异的。阅卷老师也是人，他应该以普通人对文章的评判去给分。

阅卷老师是随机的平均人，你无从判断他的独特口味，只能以一种面向普通公众、与普通人对话的姿态去写作，把道理讲清楚，讲深刻，角度独到。你无从判断遇到的是一个偏爱文言文还是偏爱翻译腔的阅卷者，就像写报刊文章时不知道读者是一个保险员还是一个面包师，只能尊重表达本身的规则，以平均人为想象的他者。

阅卷者掌握着打分的权力，但这种主权并不属于阅卷者，尤其打出满分并高调公布时，更要接受公众的审视和规则的考验。基于高考重要的选拔特性，阅卷的视角是专业的，也是公共的，阅卷视角与规则不应该是封闭的，不应鼓励一种投阅卷者喜好的赌博，而应接受公共写作规则的苛刻考量。什么是公共写作规则？就是拿出来接受大众眼光的评判。阅卷老师是一个公共人，而不是纯粹个人，应经得起万民悠悠之口的判断，经得起无数陌生普通他者目光之审视。

有人说："高考作文就得炫技，这种选拔性考试，某种程度上就得比炫技。"这话没错，并没有人反对考生炫技，关键是，你得足够炫，炫得让人服气，不能炫到让多数人都觉得"你说的是什么东西"。像这种文字，就是失败的炫，可以作为负面教材的炫。柯勒律治说过，"在同一种语言之内，任何句子如果可以用另外更简洁的句子替换，且不造成意义流失或有失庄重，那它就不是好句子"。——炫思想炫深度，却让人不知道你在炫什么，明明可以用简洁的句子却写得如此不知所云，这种坏句子只能算是炫砸了。

有人说："高考作文跟一般文章不一样，考的是学生的积累。从文章看，作者在这个年龄读了这么多书，够得上高分。"我反感那种"不一样"，总觉得是考试就可以凌驾于普遍写作规则之上，就可以免于写作规则的审视。高考作文，确实看学生的积累，但绝不是掉书袋般的积累，而是综合积累，这种积累包括：知识积累、思想的清晰度、表达的流畅度、看问题的深度，等等。有时候，表达的清晰度比引用了多少名人名言更重要，只有真正理解了读的那些书，融会贯通，才能用自己简洁明了的、他人一看就明白的语言表达出来。如果只看引文数量和名人名言频次，而不看逻辑和表达的清晰度，那考前背一些海德格尔、萨特、尼采、哈贝马斯、施密特的名言就行了。

有人说："考场作文，在那么短的时间内写一篇作文，你还能要求别人怎么样？"既然是短时间的命题作文，是急就章，更应该讲究表达效率，把精力花在用简洁的文字表达独到深刻的观点上，而不是花在用偏僻字词替换普通字词上。清晰原则有这样几个表现：第一，让主要人物做主语；第二，用动词表达主要动作。作家余光中先生曾批评当下的汉语被污染被翻译体欧化，他说："中文措辞简洁，句式灵活，声调铿锵……目前中文的一大危机，是西化……英文好用抽象名词，其结果是软化了动词，也可以说是架空了动词……当代的中文也已呈现这种病态，喜欢把简单明了的动词分解成'万能动词＋抽象名词'的片词。"抽象、冗长、艰涩、浮夸的写作风格，就是"动名"成癖，这篇考场作文染上了这种流行病。

有人说："谁没有年轻过？谁在年轻时没有这样'装'过？"辩到这里，已经有那种常见的"他犯了一个普通男人都会犯的错"的味儿了，更隐现"你知道他有多努力吗"之万能宽容逻辑。我们都年轻过，现在成熟了，更知道那种语态的问题，当然应该说出来。这不是宽容不宽容的问题，而事关写作原则、评分公平和价值导向——2021年的考生都看着，2020年其他考生也看着，他们都也还年轻，应该树立怎样一种满分典范，这事关一个社会对写作、表达和交流的理解。济慈曾说："倘若诗歌不能像树上的叶子那样自然地出现，那就最好别出现了。"——写作和表达都是这样，应该鼓励一种去虚饰去浮华的自然表达，而不是鼓励装腔作势，尤其在这个扣写作人生第一颗扣子的美好年龄。

再强调一句，无意针对考生，只是针对满分的评判判断。

（微信公众号"吐槽青年：曹林的时政观察"2020年8月4日）

高考作文是在给那些有批判性思维的人加分

看到今年各地作文题，一个总体感觉是，更凸显了批判性思维的重要，总在奖励那些有批判性思维的考生。无论是全国Ⅰ卷的"管鲍之交"，还是全国Ⅲ卷的"如何为自己画好像"，或者全国新高考Ⅰ卷的"疫情中的距离与联系"，北京卷的"每一颗都有自己的功用"，天津卷的"中国面孔"，江苏卷的"信息茧房"，都在考查学生面对一个抽象的命题时，能不能从多元、辩证、差异的角度看问题，能不能在写作中为抽象命题找到与现实映衬的具象落点。每一个题目都强调"角度自选"，有竞争力的好角度、巧角度不是考场临时拍脑袋碰巧想出来的，而是批判性思维的产物。

什么是批判性思维？对于作文审题来讲，就是一个看到他者的命题框架（解构）并找到自己思考落点（建构）的思维过程。我一向主张高中生应该有批判性思维的训练，学习思维方式而不是应试技巧，才能在面对一个具体命题时"降维打击"，轻松破题，在角度位移中找到自己的"菜"。

今年考题都设置了不同的场景——读书会发言、演讲稿、一封信、主持词——这些都是形式，万变不离其宗，关键还是评论的能力。接下来我用在《时评写作十六讲》和几次评论直播课中讲过的批判性思维方法，来全景解析今年的几个高考作文题。

一、以评论基准线为跳板，找到评论抓手

我最喜欢的作文题是全国 I 卷：

> 春秋时期，齐国的公子纠与公子小白争夺君位，管仲和鲍叔分别辅佐他们。管仲带兵阻击小白，用箭射中他的衣带钩，小白装死逃脱。后来小白即位为君，史称齐桓公。鲍叔对桓公说，要想成就霸王之业，非管仲不可。于是桓公重用管仲，鲍叔甘居其下，终成一代霸业。后人称颂齐桓公九合诸侯、一匡天下，为"春秋五霸"之首。孔子说："桓公九合诸侯，不以兵车，管仲之力也。"司马迁说："天下不多（称赞）管仲之贤而多鲍叔能知人也。"
>
> 班级计划举行读书会，围绕上述材料展开讨论。齐桓公、管仲和鲍叔三人，你对哪个感触最深？请结合你的感受和思考写一篇发言稿。

我在《时评写作十六讲》中提到过，拿到一个题目，不要急于去构思角度，先想想命题者出题意图可能是什么，别人拿到这个题目时会想什么？会集中在哪个方面进行讨论？这个思考过程叫寻找话题的基准线，也就是多数人对这个话题的讨论域。抓住话题的基准线，第一可以保证不会偏题，这个基准线会牵引着你，避免你离题万里而不自知，想象力要有缰绳，不可天马行空。第二可以用别人的想法激活你的想法，想想别人拿到这个话题想什么，就是一种对话；很多时候，想法是在对话中激发出来的，可以在别人的思考基础上延伸，也可以把别人的观点当成靶子。总之，寻找基准线的过程就是一个话题域锚定并"站到别人肩膀上去思考"的过程。

好，这个材料的基准线是什么呢？可以很容易想到，命题者已经半暴露了他的意图，齐桓公、管仲和鲍叔，对哪感触最深。——很明显，这是一个关于如何对待人才的话题。在人才的维度上，如果说管仲是个人才，那齐

桓公会用人，鲍叔会识人才。齐桓公不仅是个人才，还是个人物，能驾驭人才，不拘一格善用人才。鲍叔不仅是个人才，还是个识人并甘居比自己更牛的人才之后的有德贤才。哪种是人才最重要的品质？你最欣赏哪个人才？这就是一个重要的基准线，价值排序见仁见智，在不同的问题意识和比较参照系中突出你最欣赏的那一个，结合当下现实，看谁说得精彩。

如果让我写，我会写鲍叔的知才识才，我会沿着"识才"这个角度伸展开，一般人可能只会想到鲍叔识管仲，这只是一种浅层次的、人人能看到的"识"，更重要的是"识才"的另外两个面向：第一，识齐桓公这个才——相处辅佐那么久，知道这是个明君，能接受像管仲这样曾辅佐过自己的对手，并差点让自己送命的人才，为我所用。如果鲍叔不识齐桓公这样的人才，跟错了人，不识时务地向一个心胸狭窄的上级推荐敌人，那就死定了。第二，识自己的才——知道自己几斤几两，明白管仲比自己厉害，齐桓公更需要管仲，就主动让位，甘居更强的人才之下，而不是武大郎开店。识齐桓公这个才，识管仲，识自己——鲍叔，天才啊！"识才"就是评论的抓手和线头，纲举目张。

如果让我写，我还可能结合当下现实，写人才使用中的公心与私心。在这个材料中，几个人才都有一个令人欣赏的共性——出于公心，没有私心。出于公心，连曾经是自己的对手，甚至差点让自己送命的人才都敢用；出于公心，举荐比自己厉害的人，甘居牛人之下当助手；出于公心，为了齐国兴盛，放弃前嫌。公职的要义在于公，人才使用，需要这样的公心，不是圈子，不是亲信，不是送钱就给个岗位，更不能花钱冒名顶替。

二、借助比喻和意象的延伸去拓展思维

我在《评论写作的十大独家技巧》那一次直播课中讲到了这种方法——借助比喻和意象去延伸。比如面对"后浪"这个比喻时，你能不能想到，这个概念背后有一个庞大的概念家族，你如果能想象到它周围的这个家族，那

就叫意象的延伸。从"后浪"想到"前浪",想到"中浪",想到"大海""沙滩""弄潮儿""浪潮""潮水的方向""假浪""波涛汹涌的海面之下深沉的平静",等等,这就是延伸。这么一延伸,思维和角度就打开了。

此次作文题,好几个题目中都包含着比喻,比如全国Ⅲ卷:

> 人们用眼睛看他人、看世界,却无法直接看到完整的自己。所以,在人生的旅程中,我们需要寻找各种"镜子",不断绘制"自画像"来审视自我,尝试回答"我是怎样的人""我想过怎样的生活""我能做些什么""如何生活得更有意义"等重要问题。
>
> 毕业前,学校请你给即将入学的高一新生写一封信,主题是"如何为自己画好像",与他们分享自己的感悟与思考。

"镜子"和"自画像"就是一种比喻,怎么看到自己,怎么定位自己,以什么为参照物,就是新闻传播学中的"镜中自我"和"符号互动"。对于这面镜子,可进行比喻和意象的延伸——什么镜子,能照出一个怎样的自我?是扭曲而失真的哈哈镜?还是自欺欺人的美颜滤镜?还是只看到过去而看不到未来的"后视镜"?或者是醉生梦死的幻境?从乔治·莱考夫的角度看,隐喻是我们赖以生存的镜像,由一个比喻想到它的家族,思维就活络开了。

自画像——我看到的关键意象在于"自",我们的人生我们自己做主,对于我们自己的未来、自己的定位,自己去画,不是父母画,不是老师画,不是其他同学画。准确定位自己,有一个稳定的判断,不会因为一次月考成绩下降就怀疑自己,不会因为从99分到94分,就像某年高考作文题中的家长那样"不由分说地给一个巴掌"。

思维僵化和固化的人,只能就看得见的东西进行评论,被眼前的事物套牢了,想象力被关进了套子里。而思维开放的人,能从看得见的东西延伸到看不见的,从"浪"想象到它的后面看不见的大海和沙滩。建议大家拿到一个题目时，要善于在纸上画思维导图，这个导图能帮着你思考和导航，"导"到跟一个概念有着家族联系的其他概念上，你的思维就打开了。

走过2020年的春天，你对"中国面孔"又有什么新的思考和感悟？——"面孔"也是一个比喻，同样考验着意象的延伸。

三、找到有代表性的反对观点，当成支点和靶子

我在《时评写作十六讲》中讲到一种方法——用驳论调动起自己的思维，让自己的思维活跃起来，用否思去建构，也就是用驳论去凸显自己的观点。找到一种有代表性的反对观点，在反驳这种代表性观点中清晰表达自己的观点。

比如全国Ⅱ卷的题目：

墨子说："视人之国，若视其国；视人之家，若视其家；视人之身，若视其身。"

英国诗人约翰·多恩说："没有人是自成一体、与世隔绝的孤岛，每一个人都是广袤大陆的一部分。"

"青山一道同云雨，明月何曾是两乡。""同气连枝，共盼春来。"……2020年的春天，这些寄言印在国际社会援助中国的物资上，表达了世界人民对中国的支持。

"山和山不相遇，人和人要相逢。""消失吧，黑夜！黎明时我们将获胜！"……这些话语印在中国援助其他国家的物资上，寄托着中国人民对世界的祝福。

"世界青年与社会发展论坛"邀请你作为中国青年代表参会，发表以"携手同一世界，青年共创未来"为主题的中文演讲。请完成一篇演讲稿。

这题目看起来好写，其实不好写，有话可说，但很容易写得很空很虚，全是正确的套话，跳不出宏大的题意。可以用我的这个方法——找一个具体的落点，在反驳某个流行的代表性观点中体现，带着问题意识去让主题找到具体的落点，并跟时事形成紧密的结合。比如，可以反驳"甩锅论"，反驳那种对别人的灾难幸灾乐祸的思维，反驳那种认为可以独善其身的思维。这样一个正在发生的热点话题，需要考生能够对相关现象有较多的了解，才能够驾驭观点。

说"一个东西是什么"，可能不太容易定义，但通过强调"它不是什么"，就比较容易去阐释并找到现实落点了。宏大的虚题，往往需要一个如"一滴水"那样具体的事物为映射点，用一滴水去映出阳光。全国新高考I卷"疫情中的距离与联系"这个题目，也需要找到"一滴水"，找到"距离产生美"的疫情现象支点。

四、用批判性思维跳出他者之锚，避免作茧自缚

上海卷的题目也很有意思：

> 世上许多重要的转折是在意想不到时发生的，这是否意味着人对事物发展进程无能为力？请写一篇文章，谈谈你对这个问题的认识和思考。

这个题目尤其考验批判性思维，千万不要被题目表象所迷惑和带节奏，从而走向虚无主义和宿命论。世上许多重要的转折虽然是在意想不到时发生的，但并不意味着人对事物发展进程无能为力，"人民群众创造历史"这个"三观"定力不能被干扰。

第一，其实，多数重要转折都是在人们看得见的努力之后、在预料中发生的，但因为是在预料中发生，人们没有格外注意，就像新闻规律那样，狗

咬人不是新闻，人咬狗才是新闻，人们对特殊个案的特别关注反而导致忽略了日常。第二，许多重要的转折是在意想不到时发生的，"意想不到"并不是没有人的努力，而是人的努力没有被看到，很多事情无法当时判断，多年之后才更清晰。第三，机会只青睐那些有准备的头脑，机会只给努力的人，很多时候不要太急功近利，努力了自然有回报，总会在某个时候给你回报，不要指望贵人相助，不要指望天上掉大馅儿饼，不要太在乎一城一池的得失，进一寸有一寸的欢喜。

江苏卷的题目也很有哲思意味：

> 同声相应，同气相求。人们总是关注自己喜爱的人和事，久而久之，就会被同类信息所环绕、所塑造。智能互联网时代，这种环绕更加紧密，这种塑造更加可感。你未来的样子，也许就开始于当下一次从心所欲的浏览、一串惺惺相惜的点赞、一回情不自禁的分享、一场突如其来的感动。

这说的是"信息茧房"啊，想起我写过一篇题为《作茧自缚》的短文：

> 互联网时代，谁是这个房间里最聪明的人？互联网专家戴维·温伯格在《知识的边界》中提了一个很有脑筋急转弯意味的问题。谁呢？领导、专家、女主人、博士、诺贝尔奖得主？都不是。结论是，房间本身——是容纳了其中所有的人与思想，并把他们与外界相连的这个网。这个网，要与世界相连，不能作茧自缚。

> 想起去年这个时候在一所大学做演讲，在后来的讲座交流环节中，一名女生提了这样一个问题："当下很多社交平台过于娱乐化，满眼的明星八卦，这个遛狗，那个牵手，这个出轨，那个恋爱，面对这种信息环

境我们该怎么办？"我在回答中反问了她三个问题：第一，为什么我的朋友圈和微博上很少看到这类信息？第二，其实网络上的信息很多元，有很多严肃新闻和严肃评论，你自己有没有尝试主动去获取这些信息，而不是等着被喂养？第三，你不仅是信息消费者，其实也应该是一个内容生产者，你为改变你所批判的不良信息环境做过什么努力，写过几篇严肃的评论，挖掘过多少有价值的真相和数据？

我的反问有点尖锐，但交流过程很愉快，那名提问的女生说自己意识到了"在社交平台主动获取信息"的重要性。今天回过头来看，这个"提问"和"反问"正说明了网络时代"主动选择和内容生产"的重要性。主动选择，才能消除某种固化的媒介在你的视域中造成的盲区，从而看到更广阔的世界，看到明星娱乐新闻背后的丰富世相。互联网提供了一个开放的世界，如果你只关注你喜欢的人、跟你同在一个圈子里的人，然后等着看他们每天发的状态，你的视野就被你的选择限定了；如果你面对手机屏幕毫无作为，只等着新媒体的喂养，你也只能享用那些含有种种添加剂、营养单一的信息。

房子真是一个万能的隐喻，打破"信息茧房"，也是让信息平台成为"最聪明的那个房子"。一个陷入"信息茧房"的人，正如维特根斯坦描述陷入哲学混乱的人："这个人在房间里想要出去却不知道怎么办，他试着想从窗子出去，但窗子太高；他试着从烟囱出去，但烟囱太窄。其实只要他一转身，就会看见房门一直是开着的。"

日常受到过批判性思维的训练，并关注时事热点，这些题目都不是什么事儿。

（微信公众号"吐槽青年：曹林的时政观察"2020年7月7日）

写高分作文，押题最low，高手押的是时粹

上一篇《高考作文是在给那些有批判性思维的人加分》，通过对今年高考作文题的解析，强调了批判性思维对"解锁题意、构思角度"的重要，这篇文章想谈谈写出高分作文的另一种素养——时事感，也就是对重大时事和社会热点的日常浸透所形成的带有时代活性的表达语感。

为什么有些人拿到高考作文题时脑袋一片空白，瞬间被题目"吃"进去了，跳不出来，紧张到不知道写什么？因为没有时事感，驾驭不了话题。

为什么有些人能勉强构思出一个论点，可是写几句就觉得没话可说了，只能硬憋硬挤，翻来覆去就那么几句车轱辘话？因为没有时事感，缺乏可以驾驭观点的、由此及彼的案例和材料。

为什么有些人的文章总是跳不出空话套话，案例永远是套路作文中用滥了的材料，跳不出司马迁、霍金、爱因斯坦、李白、屈原，语言则是面目可憎的社论语言、教材语言和文件语言？因为没有时事感，缺乏最新热点时事案例的积累和思考，无法把这个时代人们最关心的、能激起公众痛点的案例用到文章中。

可以注意到高考作文命题的一个基本倾向，就是与时代和时事贴近的时事驱动型写作。每年的作文题都是一个年度时段中时代精神、集体心灵和时代热点的反映，万变不离其宗，时代和时事是作文命题的母题，时代是出题人。这也要求考生要跟上这种命题节奏，提升写作的时事感，让案例、观点、

思维带着这个时代的活性,而不是用那些死的套路和死的材料。

要像一个时事评论员那样写高考作文,触及当下的痛点和痒点,多灵活运用当下的时事案例,体现对当下现实问题的思辨,这就是作文的时事语感。

一、押题是下策,押时粹做好备料是高手

每年都会有人押题,猜命题者的口味和趋势。这其实挺蠢的,茫茫的话题之海洋,捉摸不透的命题灵感,你怎么押啊?就算能大体猜到疫情话题,但这个话题域也太没有边际了,根本猜不到会从什么角度、以哪个具体的点命题。押题是一种赌博式的无效行为,我在《时评写作十六讲》和几次写作直播课中也谈到了,应该学会去押时粹。

什么是时粹?就是时代之精华、时事之精粹,是一个年度时段中关系到国计民生和多数人精神心灵的母题。高考作文命题,基本是在这个话题域中去搜寻。比如2019年的作文题——"劳动与人工智能""'五四'100周年""中国味""新中国成立70年",等等,就体现了当年的时粹。今年的作文题更是如此——"疫情""信息茧房""焦虑中的自我画像、自我定位""中国面孔""对人才的态度",也是时粹的体现。

时粹是一种话题域很广的存在,押时粹有什么用呢?有大用!押时粹,也就是时事之精华,不是为了像押题那样准备一个具体可套的材料,碰运气赌命运。押时粹的过程,是一个熟悉这一年度影响着国民心灵的大事、大热点、大现象的沉浸过程,从而能够把这些材料和思考灵活地运用到一个具体话题的分析中,从而让文章带有让人眼前一亮和高分颜值的时事语感。

对,押时粹,是一个为写作备料的过程,让这些材料和思考成为你写高分作文的厚重背景和时事血肉。所谓押时粹,就是不管出什么样的题,这些反思时代主题的思考和材料,都有可能用上,信手拈来,从而为文章添彩加分。

比如疫情，是今年必然的母题，如果你在这个问题上有贴近热点的准备和思考的话，无论出什么题，你都可以跟疫情挂钩，从而体现自己的时事语感。比如，关心疫情的人应该都能注意到钟南山和张文宏，我在公众号里好几次写到这两位关键人物。如果我是今年的考生，无论如何我会备一堆与这两个人相关的材料、评论和思考，他们就是抗疫的某种象征和精神代表。不管怎么出题，我都能灵活地用到文章中，勾连当下，体现时事活性。

全国I卷的"管鲍之交"，谈人才，这不正好撞到你准备的"时粹"上了？说真话的钟南山，"非典"时就说了一些可能让官方不喜欢的话，在有地方不说实话时他大胆地说出了真话，后来成为良心科学家的象征，也受到重用；这一次抗疫中逆行到武汉，也成了抗疫的中流砥柱。张文宏也是，从传统角度看可能是一位非主流的医生，不看领导脸色，爱说大实话，还怼记者，但基于专业而受到了重用。把"管鲍之交"与抗疫结合起来，写怎么用人才，文章是不是既有时事活性，又有话可说？

对于这个准备好的材料，写天津卷的"中国面孔"可以用，写全国II卷的"携手同一世界，青年共创未来"可以用——媒体报道外国专家时用的是"美国钟南山"，张文宏用英语通过视频与其他国家的专家分享中国抗疫经验，这些都是能体现"携手同一世界"这个主题的、带着时事活性的好材料。而像"如何为自己画好像""疫情中的距离与联系"的题目，都可以灵活运用。

押时粹，其实不是像押题那样的去碰运气，而是让自己的思维在梳理时粹中带上时事活性，让这种重大议题、重大人物、重要观点在你的文章中活学活用，让人看到你视野的开阔和对时代的关注。"文章为时而著"，作文考查的是你的思维能力，也考查你对所身处的这个时代的认知。没有时事活性的文章，只能套那些陈旧的典型，如司马迁、霍金、爱因斯坦、巴尔扎克、司马光；而有时事活性的文章，会写钟南山、张文宏、马云、马化腾、李子柒、华为、任正非。

当然，这不是套路，不是用一种同质化代表另一种同质化，不是生搬硬套,而应该是一种自然的时事涵化过程,是灵活运用的活水。比如,关注了总理所说的"有6亿人月收入在千元之下",舆论场很多人都觉得不可思议,这种"不可思议",不正是"信息茧房"的表现吗?正如网上那组颠覆很多人认知的数据——"我们的国度有10亿人没坐过飞机,90%以上的人没喝过星巴克,50%以上的人没喝过农夫山泉……"中国很大,有很多角落。关注书本外的时事,其实也是一个打破"书本茧房"的过程,避免写作都是那些同质的套路和材料,而有新鲜的、灵动的、带着现实气息的素材、论据和问题意识。

二、把握时粹带来的驾驭感和表达欲

时粹,是反映着时代精神和集体心灵的话题域,无论谈论什么话题,都绕不过这些精神母题。比如这一轮高考年度时段,起码有三个话题形成时粹基座:疫情、中美贸易战(华为与一个国家的核心技术)、新媒体与社会焦虑(李子柒、算法、"信息茧房"、贩卖焦虑)。谈什么话题,可能都能绕到这几个基本母题。

去年华为身处断供危机时,任正非接受媒体采访的万字长文,太值得去读了:对一个国家核心技术和基础研究投入的看法,如何避免被人卡脖子,对教育、国家命运、如何爱国、怎么看美国芯片的态度,尤其是对人才的想法,太值得深读细读了。

任正非说:"第一次世界人才大转移,是苏联的三百万犹太人转移到以色列,以色列成为了一个科技高地。第二次人才大转移又来了,美国排外,大量人才进入不了机密研究。美国著名媒体写了一篇文章反问美国,'中国如果发明了治癌的药物,也危害国家安全吗?'美国癌中心辞退了三个华人科学家,中国人发明癌症药,难道也危害国家安全了吗?"

任正非说:"我们在全世界有26个研发能力中心,拥有在职的数学家700

多人，物理学家800多人，化学家120多人。我们还有一个战略研究院，拿着大量的钱，向全世界著名大学的著名教授'撒胡椒面'，对这些钱我们没有投资回报的概念。"

任正非说："5G标准是源于十多年前土耳其Arikan教授的一篇数学论文。Arikan教授发表这篇论文两个月后，被我们发现了，我们就开始以这篇论文为中心研究各种专利，一步步研究解体，共投入了数千人。十年时间，我们就把土耳其教授的数学论文变成技术和标准。我们的5G基本专利数量占世界27%左右，排第一位。土耳其教授不是华为在编员工，但是我们拿钱支持他的实验室。"

读了任正非这篇著名长文的学生，如果读懂了，这样的母题在很多话题上都可以用。语文老师要善于将日常授课与时事紧密结合起来，帮学生梳理时粹，梳理时粹中的代表性观点和经典文献，熏陶学生的时事思维、时事活性和时事语感。

有了时粹的梳理准备，命题者出什么题，你都不用怕了，一切尽在掌控。不管出什么题，写的时候都可以用这些反映着时代关键特质的典型人物、典型现象去破题，让题目与时代碰撞，摆当下的"事实"去讲题中的道理，写出一篇贴近时事、带着时代活性的文章。你拿着一个准备好的金锤子，看到什么都可以去敲一敲，以不变的时粹应话题之万变。这些时粹材料的积累，既在沉浸中锻炼了思维，更形成了一张话题之网，网住了话题域。

没有这种让自己沉浸时粹中的准备，就会慌，就会怯场，不知道命题者会出什么牌，脑袋空空，拿到试卷，一下子就被题目给唬住了。而如果你有了时粹准备，就不会慌了。无论出什么题，备的料都能够驾驭，也不怕写几句就没话可说，总能跟那几个时事母题挂上钩。任正非这个人物，可以跟爱国关联，可以谈对人才的态度，可以写"中国面孔"。

"取法乎上，得乎其中。取法乎中，得乎其下。"押具体的题，无效而危险，如买彩票撞大运，大海捞针漫无边际。而"取法乎上"，关注作为母题的话题域，作为反映时代精神心灵的人物、现象，适用度和匹配度就非常高了。不是空洞说理，不是在空话套话中生搬硬套，而是与现实问题产生勾连，摆当下之事实，用近来发生的、人们有印象的时事作为案例去说理，这应该也是阅卷者最喜欢的作文。阅卷者从中不仅看到你的思维和角度，更看到你开阔的视野，对热点时事的关注，以及将书本知识与现实问题结合起来思考的实践思维。

三、积累时事案例和材料的几种方法

常有人问我"高考议论文"与"时评"的区别，我觉得，一篇好的高考议论文，就是一篇好的时评。高中生多缺乏理论和经验积累，不太了解社会，对一些事情只能做比较空泛的"议论"，摆事实（间接经验、书本材料），讲道理，从而写一篇议论文。而时评不仅要"议论"，更要有针对性和含时量，紧贴时事、时局、时势、时弊和时象，应时而议，因时而作，摆"带着时事活性"的事实，讲"能触动现实痛点"的道理。议论文是应试的评论，而时事是应时的评论，好的议论文应该能超越"埋头应试而不闻窗外事"的空泛议论，而与窗外的时事结合起来，往时评的方向去发展。

我一直认为，高中生应该抬眼看社会，让自己具备时事素养和媒介认知。不说其他，仅拿高考来说，可以注意到一个趋势，现在的高考题都越来越活了，不仅是作文，语文的其他题目，以及历史、政治，甚至英语、数学，都与热点有关联。应该养成关注时事的习惯，用课本知识去观照时事，从时事中汲取营养，去强化课本认知。不能让"高中生"这种身份限制了自己的视野。

前几天，我还跟一名语文老师聊到这个话题。我说，命题者都是时事新闻场中的人，他们的命题框架中肯定会带着"时事"的影子；阅卷者也都身处时事新闻场中，他们也会更青睐那些带着现实关怀和时事活性的作文。贴近时代，贴近时事，这本来就是议论文应该有的样子。任你命题七十二变，逃不出当下这个时段的话题域，比如今年，无论议论什么，能绕得开疫情吗？能绕得开华为和核心技术吗？能绕得开新媒体吗？

高中生如何提升时事素养和媒介认知呢？不是临时抱佛脚，需要日常积累，需要有意识地培养。积累，是一个滴灌、熏化的过程，我在《时评写作十六讲》中谈到过，最好的积累方法是"网状积累"，不是线性记忆，无关联地记一大堆，很容易迅速遗忘。而"网状记忆"能让材料和案例联系起来，由此及彼，触类旁通，看到一条新闻想到另一个案例，梳理旧案例时想到一个新近发生的新闻，这就是网状积累。

作文材料积累，可以从这几个方面入手，形成自己的时事案例库。

第一，反映时代特点、精神风貌和主流气质的典型新闻、典型人物、代表性现象。那么多热点，每天都此起彼伏，让人眼花缭乱，根本关注不过来，这时候就需要家长和老师帮着做梳理和减法，关注那些关键性事件和关键性人物。比如，疫情是必然要关注的，而疫情这个时代性、决定性的事件，又有一些核心关键词，比如"人类命运共通""驰援武汉""社会停摆""钟南山""张文宏""致敬医护人员"，等等，围绕这些关键词去积累材料。

比如钟南山和张文宏，这两位科学家都很有特点，社交媒体有很多关于他们的文章，他们有代表性的言论、事迹、特质，都可以记下来。比如一篇叫《钟南山，一个狠人》的文章，很多材料都特别有感染力，可以摘录下来。张文宏有不少名言金句，体现了他在疫情中的专业和担当。从这些代表人物身上，可以看到抗疫的缩影，他们既是热点，也是可以见阳光的"一滴水"。从善于找这个时代的典型人物、现象级新闻和代表性观点中去备料，姚明、刘翔、孙杨、科比、郎平，都是现象级人物。

第二，日常作文训练培养"三个案例意识"。建议平常的作文训练，可以多集中于结合当下的热点时事去思辨和议论：怎么看待"风月同天"和"武汉加油"？怎么看待给抗疫医护子女加分？怎么看待算法推送形成的"茧房"？怎么看待李子柒的走红？讨论这些话题，不仅培养对当下热点的关注，还要养成论证的习惯。什么叫"三个案例意识"？就是写作文的时候，要逼着自己举例，强迫自己养成一篇议论文中起码要举三个案例的习惯，两个正面案例、一个反面案例，或者两反一正，或者两中一西，或者两现代一古代。

关于"三个案例"，我曾在写作直播课中专门讲到，就是让议论文更有时事活性。没有案例，文章太硬，感觉写着写着没话说，道理几句话就讲完了；而案例太多，又让人觉得太软太水。三个案例比较适中，既没有让案例压过道理，又让文章有血有肉，有案例支撑。最关键的是，这种"三个案例"的训练会让这些案例成为你的积累，搜集在文件夹中的案例是死的，你用了，才会成为活的，并凝聚在你的网状记忆中，下一次写作的时候可以随时激活，关键时候信手拈来。

第三，养成"书本—时事"对偶性思考的习惯。平常写作训练的时候，要到新近发生的热点中去搜寻对应的新闻，用"具象的热点"去对偶"抽象的话题"。谈爱国的话题，可以在近来热点中找到什么对应话题？有哪些反面案例？（举反面案例，会使论证更有说服力）谈国家核心技术的话题，可以找到什么话题？对偶性思考，也是一种网状记忆的勾连方式。

更多其他积累材料的方法和写作技巧，可见《时评写作十六讲》和几次写作直播课。

今年高考刚过，新一个高考季又开始了，三年五年前就开始积累，当然最好，现在开始，也不算晚。作文之所以在语文和高考中占那么大的比重，因为这是一种最能体现一个考生所积累的综合素养的考核方式，你的文字、你的思维、你的时事视野、你的课内知识、课外阅读的掌握程度、你在这一阶段的"三观"深度，都体现在这篇作文中。

我一直觉得，一个人的文章，可以从他坚持超过一年的那些习惯中找到影子和答案；一个人的文章，是他那些坚持超过一年以上的好习惯所成就的。

关注时事，读几本经典；每半月拿一个热点、痛点、爆点话题练下手，写完后跟评论高手的同题文章进行比较；每月梳理下当月重大时事中的典型人物和广为流传的故事，并尝试用到文章中；看新闻后面的跟帖评论，并把精彩评论记下来，一年两年三年后，你将受益无穷。从现在开始吧！

（微信公众号"吐槽青年：曹林的时政观察"2020年7月12日）

后记

越近中年,越不敢有半点懈怠和辜负

我把一本书的后记,当成结束一段思想旅程的庄严仪式。既是与自己的对话,也是与读者的对话,更是一种与年度心情的对话。编一本时评集,不是把一个年度的文字堆放到一起塞给读者,而是思考、思绪和思想的整理,取舍、分类、编排、顺序、修订、导言,都是一种再生产。写的时候是作者,编的时候是读者;写时身在热点中,读时站在另一个后视的时点,岁月流转之际,以读者视角重新打量这些文字,于我而言,也是把自己作为社会学方法,对2020年的反身性思考。

2020年于我而言很重要,我的博士论文成功通过答辩,博士提前毕业了。在翟天临事件后,高校严把博士培养关,号称是"最严毕业季"的当下,不要说提前毕业,就是在学制年限内正常毕业都很难,更何况又是中国人民大学这所对学术要求出奇严格的学校。我似乎有充分的理由可以不这么拼:在职读博,单位工作忙,日常事务多,既在大学讲课,又要写评论,还要给各单位做培训,且人近中年须兼顾家庭。论文稍慢一些,完全可以理解。我没有"放过"自己,狠狠逼了自己一把,逼着早早把论文写好,早早达到提前毕业需要的那些条件。我在论文"致谢"的开头这样写道:

> 致谢是需要资格的。经受过挑战,站在一个经过努力跋涉而抵达的路口,才让自己配得上写一篇走心的致谢,感谢那些在这段艰难攀登中给予过帮助的人。感谢,不是可以随意说出口的套话,这是一次心灵仪

式,一个交代,一篇总结,一次历尽千帆的学术旅程后,与当初那颗少年初心的对话。翻了下这三年多写的读书笔记和做的文献阅读摘录——文献阅读近千篇,读书笔记十万多字,文献摘录二十多万字;访谈了一百一十多位学者、记者,整理出二十多万字的访谈材料,发表了八篇相关学术论文。读这么多文献,做这么多摘录,访谈这么多专家,就是为了让自己能够与这个选题对得上话,也配得上各位尊敬的师友的帮助。你们无私的帮助让我不敢有丝毫懈怠和辜负,必须拼尽全力才对得起这些帮助。

确实如此,越是靠近中年,越不敢有半点懈怠和辜负。中年是个承受着各种期待、被人依赖、又容易受伤的年龄,网上有个段子说:"不要大声责骂年轻人,他们会立刻辞职;对于中年人可以往死里骂,尤其是有孩子有房贷的。"我的中年心境,倒不是怕谁敢这么骂我,我怕的是辜负。去年5月,在"前浪"跟"后浪"讨论得最奔腾的时候,"中浪"们是沉默的。背负着生活重量的他们没时间讨论这些伪问题,他们的朋友圈从来都是岁月静好、云淡风轻,但脚下却拼命地划动着。

前段时间,看到一位我喜欢的法律学者写了一段年终感言,下面这段尤其心有戚戚:"人到中年不得不学会的一招就是,即便过得狼狈不堪,也要表现出云淡风轻的样子。这算不得是一种虚伪,而更多的是保护自己不受进一步伤害的方法;因为知道,越表现得惊慌失措,就越容易出错而被人利用,也越容易困于网中而难以自拔。这也是作为中年人该有的体面吧。想哭就哭的自由,自告别儿童时期起,就日益变得奢侈,在渐行渐远中终成消逝的背影。不是没有眼泪,也不是没有崩溃的时刻,只是不适合以缺乏节制的方式来表达。"

日子很平淡,读书、写字、教学、讲座,与最优秀的一群年轻人为友,倒没遇到什么狼狈不堪的事,只是担心会有辜负。因为自己所从事的工作都与公共相关，那端有无数双眼睛充满期待地盯着自己。就像我每次公众号推送文章的时候，都特别小心谨慎，生怕某个由于我的认知局限和盲区的表述可能产生冒犯。新闻和教育有很强的公共性，一个人言论的社会影响越大，公共性越强。我知道很多学生在看我的公众号和评论，看我的《时评写作十六讲》和《时评写作十讲》。好几次讲座之后，都有学生拿着我的书说："老师，我是因为一直看你的评论才选择读新闻的。"每每这时候，我感受到的不是"影响到别人"的虚荣，而是压力。

所以，我写评论、讲评论、研究评论的时候，心中总会想着那些明亮的眼睛，不敢懈怠和辜负。我总担心自己学识太浅，认知不够，文章会局限别人的思维，所以拼命地读书，不断地输入，让自己有写作的底蕴和底气。疫情调慢了生活节奏，整天待在家里，一个好处是可以有大把的时间静心读书，不必陷于庸常而像个陀螺一样停不下来。去年很充实，如饥似渴地读了好几本平常望而生畏的大部头，把学术资源库人文社科类下载最多的论文读了一遍。这些读书心得都融入这学期的评论课中，尽力通过提高自己的认知水位，去给学生打开一扇开阔眼前世界的思维之窗，欣慰的是，效果很好。

我知道很多中学生在读我的文章，甚至当成评论的范本在模仿。所以我写作时特别担心，在"三观"和表述上会误导如一张白纸的孩子们，在构思和表达时特别谨慎。高兴的是，这些写作既帮到了他们的应试写作，更锻炼了他们的批判性思维，公众号下常有一些孩子的留言，表达他们的阅读心得。

我甚至还担心自己的"中年心态"会影响到表达，评论失去清新和锐利，会给学生带来不好的示范。因此，一直在写作中提醒自己：应该沉稳、理性和成熟，但绝不能失去评论应有的锐气和批评基因。做了这么多年的媒体和新闻，难免会积累一些疲倦、无力感和职业性冷漠，但我在讲授新闻评论时，尽力不会把这些疲倦、无力传递给年轻人。他们正是风华正茂的时候，应该从他们身上感受朝气和自己的评论初心，学习他们的新锐，而不是反用"中年暮气"去压抑和规训他们的表达。

  评论里体现了一个人读过的书、走过的路、交往过的人，以及在变动不居的热点中努力多停留一会儿的思考。这本书里，记录着我的2020年以及过往。法国有句谚语说："过去有比现在更多的未来！"有努力了的过去，才有更多自己可掌握的未来。经历了不确定的2020年，站在这个新十年的节点上，这本书也献给所有那些我爱的和爱我的人！

2021 年 1 月 15 日

图书在版编目(CIP)数据

时评中国.3,用温和的坚定抗拒冷漠 / 曹林著.—北京：北京大学出版社，2021.6
ISBN 978-7-301-32120-1

Ⅰ.①时… Ⅱ.①曹… Ⅲ.①时事评论－中国－文集Ⅳ.① D609.9-53

中国版本图书馆 CIP 数据核字 (2021) 第 065562 号

书　　名	时评中国3：用温和的坚定抗拒冷漠
	SHIPING ZHONGGUO 3: YONG WENHE DE JIANDING KANGJU LENGMO
著作责任者	曹林　著
责任编辑	张丽娉
标准书号	ISBN 978-7-301-32120-1
出版发行	北京大学出版社
地　　址	北京市海淀区成府路205号　100871
网　　址	http://www.pup.cn　新浪微博：@北京大学出版社 @阅读培文
电子信箱	编辑部 pkupw@pup.cn　总编室 zpup@pup.cn
电　　话	邮购部010-62752015　发行部010-62750672　编辑部010-62750883
印刷者	河北吉祥印务有限公司
经销者	新华书店
	787 毫米×1092 毫米　16开本　31.75印张　440千字
	2021年6月第1版　2024年11月第13次印刷
定　　价	72.00元

未经许可，不得以任何方式复制或抄袭本书之部分或全部内容。
版权所有，侵权必究
举报电话：010-62752024　电子信箱：fd@pup.pku.edu.cn
图书如有印装质量问题，请与出版部联系，电话：010-62756370